四川省人力资源社会保障发展研究报告

2019

主 编 饶风　副主编 唐青

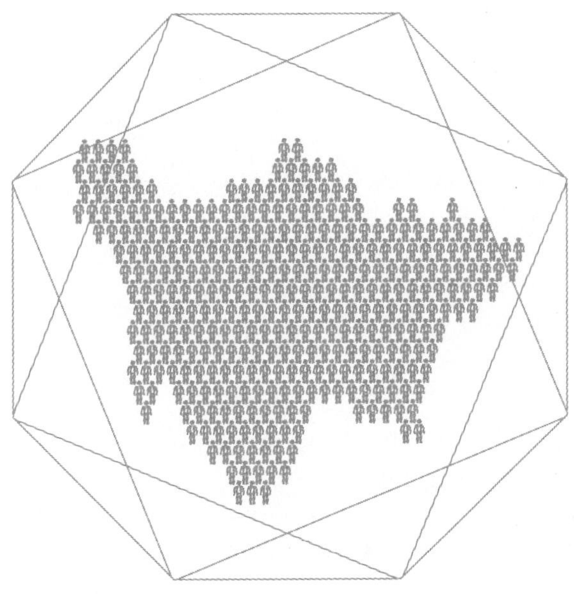

西南财经大学出版社
Southwestern University of Finance & Economics Press

Research Report on the development of human resources and social security in Sichuan Province

图书在版编目(CIP)数据

四川省人力资源社会保障发展研究报告.2019/饶风主编．—成都:西南财经大学出版社,2020.12

ISBN 978-7-5504-4723-3

Ⅰ.①四…　Ⅱ.①饶…　Ⅲ.①人力资源管理—研究报告—四川—2019②社会保障—研究报告—四川—2019　Ⅳ.①F249.277.1②D632.1

中国版本图书馆 CIP 数据核字(2020)第 253324 号

四川省人力资源社会保障发展研究报告(2019)

SICHUAN SHENG RENLI ZIYUAN SHEHUI BAOZHANG FAZHAN YANJIU BAOGAO(2019)

饶风　主编

唐青　副主编

责任编辑:汪涌波

封面设计:傅瑜

责任印制:朱曼丽

出版发行	西南财经大学出版社(四川省成都市光华村街 55 号)
网　　址	http://www.bookcj.com
电子邮件	bookcj@foxmail.com
邮政编码	610074
电　　话	028-87353785
照　　排	四川胜翔数码印务设计有限公司
印　　刷	成都金龙印务有限责任公司
成品尺寸	170mm×240mm
印　　张	20.5
字　　数	479 千字
版　　次	2020 年 12 月第 1 版
印　　次	2020 年 12 月第 1 次印刷
书　　号	ISBN 978-7-5504-4723-3
定　　价	88.00 元

四川省人力资源社会保障发展研究报告

（2019）

主　　编　饶　风

副主编　唐　青

编委会成员　李光复　王汉鹏　马　杰
赵国蓉　刘　玥　韩　琪

前 言

“十三五”时期是四川省人力资源社会保障事业开拓进取、快速发展的五年。五年来，积极就业政策全面落实，就业局势长期保持稳定；社会保障制度改革扎实推进，基本建成覆盖城乡的社会保障体系；人才人事制度改革不断深化，创新创造活力持续释放；构建和谐劳动关系工作有力有效，劳动关系保持和谐稳定；行风建设持续加强，人社公共服务进一步优化，有力促进了全省经济发展和社会和谐稳定。

“十三五”期间，我们以服务决策、服务中心工作为目标，围绕人社改革发展中的重点、热点和难点问题的解决进行了积极探索，优化选题，深入调研，形成了一系列研究报告，这次结集出版的14篇是其中的代表性成果。《深入实施就业优先战略　实现更高质量和更充分就业》是为贯彻落实党的十九大重要精神，省人社厅按照省委部署组织开展的重要专项课题研究，该成果在省委专题会上进行了汇报。以互联网经济为代表的新业态蓬勃发展对稳就业、保就业和高质量发展发挥了重要作用，新就业群体的权益保障引起省委、省政府高度关注，我们敏锐地把握住这一热点难点问题，进行了长期跟踪研究，形成《四川省新就业形态研究》这一阶段性成果，对完善相关支持政策、加强新就业群体权益保障提供理论支撑。作为全省政务调研课题，《四川省人力资源开发现状分析及对策研究》等多项调研成果，已报省政府研究室汇编供领导决策参考。《加强四川省高层次人才队伍建设助推经济高质量发展》被中国人事科学研究院评为2020年度一等奖。《四川省加强多层次养老保险体系建设研究》是利用全民参保登记数据所做的理论和实证研究，被评为中国劳动和社会保障科学研究院2017年度优秀科研成果。此外，农村劳动力就地就近转移、就业扶贫政策效果评估和多层次养老保险体系建设等课题都是当前人社工作中具有很强现实意义的研究选题。这些研究成果对于开拓视野、创新思路、推动四川省人力资源社会保障实际工作的有效落实发挥了较好的参考作用。

党的十九届五中全会对“十四五”规划和2035年远景目标作了战略部署，明确将“实现更加充分更高质量就业”和“多层次社会保障体系更加健全”作为建设社会主义现代化国家的重要内容，将“激发人才创新活力”作为创新驱动发展、全面塑造发展新优势的重要支撑，人社事业进入新发展阶段，面临新的阶段性特征和问题，有一系列新的重要课题需要进一步深化研究，迫切需要包括人力资源社会保障领域的专家学者、从事实际工作的同志以及社会各方面力量共同参与研究和解决，增强成果的理论性、前瞻性和应用性，为推动实际工作提供参考和理论支撑。

值此四川省人社系统制定“十四五”规划之际，我们将“十三五”期间的主要科研成果汇集成册，既是对近几年人社实践经验的总结，也是对人社领域的若干理论问题进行的探索和思考，其中一些观点、思路和对策措施可供制定“十四五”规划参考。我们将以此为契机，进一步弘扬调查研究传统，创新调查研究方法，多出调研精品，为人社事业高质量发展贡献智慧。

最后，在本书付梓之际，对我们所做研究提供过帮助和支持的中国劳动和社会保障科学研究院、中国人事科学研究院、省委政研室、省政府研究室、省发改委、省人社厅、省统计局、四川大学、西南财经大学、省社科院等单位的各位领导和专家深表感谢！

四川省人力资源和社会保障科学研究所

2020 年 12 月

目　　录

就业篇

社会保障篇

人事人才篇

就 业 篇

深入实施就业优先战略
实现更高质量和更充分就业

摘　要： 以全面贯彻党的十九大有关精神为主题，结合四川省推进“一个愿景、两个跨越、三大发展战略”的总体谋划，对推动实现更高质量和更充分就业相关问题进行了深入研究和探讨，具体分析了四川省新时代就业工作面临的严峻形势和任务目标，厘清实现更高质量和更充分就业的内涵、思路，针对目前就业结构性矛盾，提出对策措施，为推动实现更高质量和更充分就业提供有力支撑。

关键词： 就业　就业优先战略

一、新时代四川省就业工作面临的形势和任务

（一）发展基础

党的十八大以来，四川省委、省政府始终高度重视就业，做出了一系列重大部署，在四川省经济下行压力加大、自然灾害频发的情况下，努力推动实施就业优先战略，大力实施就业促进民生工程、大学生创业引领计划，引导支持农民工等人员返乡下乡创业，实施“援企稳岗”政策，制定实施就业扶贫“九条措施”，积极做好民族地区和地震灾区的就业工作，重点群体就业总体稳定，就业核心指标好于预期，保持了全省就业局势总体稳定，对稳增长、促改革、保民生发挥了功不可没的作用。

1. 就业规模持续扩大，就业结构不断优化

五年来，全省累计城镇新增就业 485. 25 万人，城镇登记失业率始终保持在 4. 2%以内。城镇就业人员比重由 2012 年的 30. 3%提高到 2016 年的 33%。第三产业就业人数占比从 2012 年的 32. 8%提高到 2016 年的 35. 6%。人力资源市场供求平衡，求人倍率始终保持在 1 以上。

2.“双创”带动就业成效明显

全省累计 53 万人参加创业培训，发放创业担保贷款 125 亿元，扶持自主创业 12 万人，带动就业 33 万人。引导扶持 51. 9 万名农民工返乡创业，创办各类生产经营主体

13. 1 万个，实现总产值 719. 6 亿元，吸纳就业 159. 4 万人。实施大学生创业引领计划，帮助 4 万余名大学生成功创业。

3. 就业创业技能素质显著提升

截至 2016 年年底，全省共建技工院校 81 所，就业训练中心 118 个，民办职业培训学校 1 389 个，加上各类企业职工培训中心，年职业培训能力超过 100 万人。2012—2016 年，全省利用就业创业补助资金累计组织 305 万人参加就业技能培训和创业培训，培训后的就业率和创业成功率分别达 79. 2%和 54. 1%。

4. 重点群体就业保持稳定

全省共招募 6 470 名“三支一扶”计划大学生到基层服务，为 33. 7 万名离校未就业高校毕业生提供就业创业服务，组织 4 万人参加就业见习，帮助 31. 3 万人实现就业，高校毕业生初次就业率都保持在 85%以上。我省阿坝藏族羌族自治州、甘孜藏族自治州“9+3”学生共毕业 2. 5 万人，初次就业率始终保持在 98%以上。农村劳动力转移就业高位平稳运行，转移输出总量从 2012 年的 2 414 万人，增加到 2016 年的 2 491 万人；劳务收入从 2012 年的 2 389 亿元，增加到 2016 年的 3 833 亿元，增幅达 60. 4%。帮扶城镇失业人员再就业 137 万人，就业困难人员实现就业 45 万人。全面摸清了 211. 12 万贫困家庭劳动力底数，评选了 100 个省级就业扶贫示范村，认定了 594 个就业扶贫基地，举办了 2 124 场就业扶贫专场招聘会，创造了就业扶贫的“四川经验”。妥善安置 171 户企业 62 301 名职工，切实做到“转岗不下岗、转业不失业”。

5. 公共就业服务体系不断健全

实施“互联网+公共就业创业服务”，开发网上办事大厅及手机客户端，线上业务办理功能增强。全省共办理求职登记 600 万人次，提供职业指导、职业介绍、创业指导等服务 540 万人次。2014 年，启动实施全省农村劳动力实名制登记入库工作，2 365. 4 万转移农村劳动力和 1 069. 2 万未转移农村劳动力登记入库，实现就业服务体系动态更新管理与“家底清”“去向明”。

（二）发展机遇

1. 党中央、国务院始终高度重视就业工作

党中央、国务院坚持把稳定和扩大就业摆在经济社会发展的优先位置，根据发展的阶段性特征多次调整完善积极的就业政策体系，为新时代做好四川省就业创业工作提供坚强的政治保证和有力的政策支撑。

习近平总书记明确指出，就业是永恒课题，牵动着千家万户的生活，任何时候都要抓好。党中央、国务院历来高度重视就业工作，坚持就业优先战略，把促进就业作为保障和改善民生的头等大事，摆在经济社会发展的优先位置，制定实施更加积极的就业政策，着力营造“大众创新、万众创业”新氛围，为新时代四川省做好就业创业工作提供了强大的政治保证。

按照中央统一部署，省委、省政府根据经济社会发展的阶段性特征多次调整完善积

极的就业政策体系，强化政府在组织领导、政策引导、兜底帮扶等方面责任的同时，更加强调发挥市场配置人力资源的决定性作用，突出创业带动就业和支持新形态就业，为实现更高质量和更充分就业提供有力的政策支撑。

2. 四川进入由经济大省向经济强省跨越的历史新时期

四川省现已进入经济规模与质量同步提升、工业化与城镇化双加速、多点多极发展整体跃升、产业加快转型升级、由经济大省向经济强省跨越的历史新时期，这为推动实现更高质量和更充分就业打下扎实的经济基础。

经济发展是促进就业的基础。近年来，四川经济增速虽有所放缓，但是在新常态下经济增长的结构在持续改善，增长的质量有所提高，内生新动能正在集聚，稳中求进的步伐迈得更加扎实。目前，四川整体上处于工业化中后期阶段，这一阶段的特点是制造业内部由轻工业快速增长转向重型工业快速增长，第三产业迅速发展，资本密集型产业占据优势。省委、省政府把工业强省的战略转化为高端制造业强省战略，提出保持高于全国的经济增长速度目标，实现从经济大省向经济强省的跨越，经济持续健康发展为扩大就业容量、提高就业质量奠定了坚实的经济基础。

3. 四川省新经济、新产业、新业态蓬勃发展

四川省新经济、新产业、新业态蓬勃发展，支撑就业的能力超预期，新经济与灵活就业、“平台+个人”等就业新形态结合在一起，构成巨大的就业蓄水池，为保持经济新常态下就业的稳定提供了有力支持。

新经济的发展在带动产业转型和空间转型的同时，与之相匹配的就业岗位也随之诞生，塑造出新的就业格局，带动了就业的转型。近年来，伴随着大数据、云计算、物联网等网络信息技术的突破发展，第一、二、三产业加快融合，智能制造、共享经济、电子商务、快递物流等新兴产业和新兴业态蓬勃发展，有力地促进了新一代信息技术在经济社会各个领域的融合创新，为经济发展培育了新动能，极大地释放了民间的创新创业潜力，拓展了就业新空间。据初步统计，截至 2016 年年底，四川省网商规模达到 38 万家，带动直接就业超过 200 万人，带动各类间接就业约 800 万人。成都市仅共享交通重点企业就提供了岗位 66.1 万个，占成都市 2015 年第三产业从业人员的 15.78%。新经济、新产业依托互联网技术催生出多元化的“就业新形态”，正在创造更多经济增长点和就业岗位，为大学生就业创业、化解产能过剩中下岗人员再就业和返乡农民工创业提供了大量机会。

（三）面临的主要矛盾

按照党的十九大精神，我国进入新时代的社会主要矛盾已经转化为人民日益增长的美好生活需要和不平衡不充分的发展之间的矛盾。在就业领域表现为，人民日益增长的对更高质量、更充分就业需要和就业发展不平衡不充分之间的矛盾，这一矛盾在当前又集中反映在日趋突出的结构性就业矛盾上，主要表现在以下几个方面：

1. 就业结构与产业结构不匹配

四川省就业结构明显落后于产业增加值结构，2016 年四川省三次产业产值构成为

12%：42.6%：45.4%，三次产业就业人数占比为37.6%：26.8%：35.6%，第三产业吸纳就业的潜力尚未充分发挥。从全国范围来看，三次产业就业人数占比为27.7%：28.8%：43.5%，第三产业就业比重分别高于第一产业和第二产15.8和14.7个百分点，已经成为吸纳就业的绝对主力。四川省第三产业就业比重低于第一产业2个百分点，高于第二产业8.8个百分点，就业人员产业分布与全国发展不同步，第三产业吸纳就业的潜力有待进一步挖掘（见图1）。

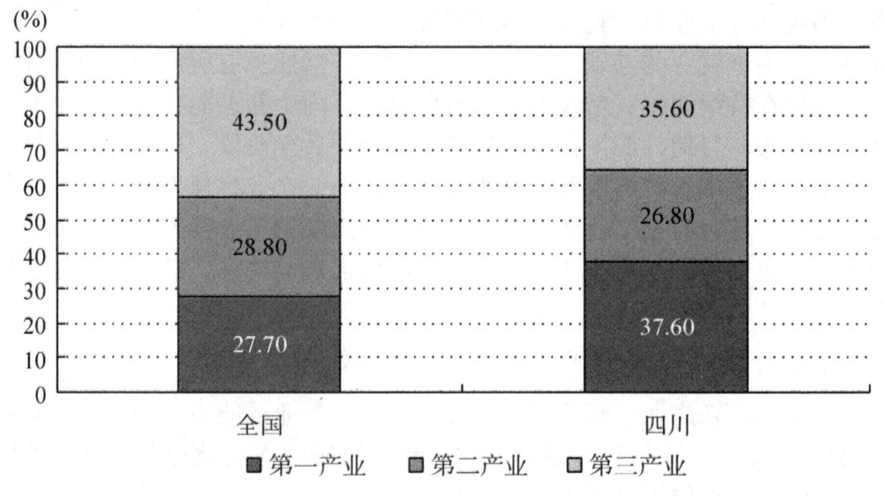

图1　全国和四川三次产业就业人员占比结构图

2. 人力资源结构与现代经济发展不适应

人才结构调整往往滞后于经济发展需求，进而产生与产业转型升级不协调、不平衡的矛盾，突出表现为技术技能人才和创新型人才短缺。截至2016年年底，全省技能人才累计680万人，高技能人才占技能人才总量的16.17%。以2017年第三季度为例，有职称或技能等级的人才求人倍率均在1.7以上，高级技师（职业资格一级）的求人倍率甚至达到4.66，而没有职称或技能等级的求职者求人倍率仅为0.89（见表1）。

表1　技能等级、职称供需情况

技能等级、职称	需求人数（人）	需求比重（%）	求职人数（人）	求职比重（%）	求人倍率
职业资格五级（技能等级：初级）	39 184	6.98	37 885	7.38	1.93
职业资格四级（技能等级：中级）	14 548	2.59	10 923	2.13	2.22
职业资格三级（技能等级：高级）	3 945	0.70	2 664	0.52	2.37
职业资格二级（技能等级：技师）	3 348	0.60	4 059	0.79	1.72
职业资格一级（技能等级：高级技师）	294	0.05	78	0.02	4.66
初级专业技术职务（职称）	32 588	5.80	40 730	7.93	1.69
中级专业技术职务（职称）	8 034	1.43	7 480	1.46	1.97

表1(续)

技能等级、职称	需求人数（人）	需求比重（%）	求职人数（人）	求职比重（%）	求人倍率
高级专业技术职务（职称）	1 204	0. 21	670	0. 13	2. 69
无技能等级或职称			408 990	79. 65	0. 89
无要求	458 572	81. 64			
合计	561 717	100. 00	513 479	100. 00	

数据来源：《2017 年第三季度四川省人力资源市场供求情况分析报告》。

3. 城乡就业结构不协调

目前四川省城镇化率只有 49. 2%，农村仍然有大量剩余劳动力需要转移。但是这些劳动力年龄偏大，文化技能偏低，转移就业难。另外，发展现代农业和实施乡村振兴战略又需要足够有效的人力资源支撑。在城乡间、区域间还存在妨碍劳动力、人才社会性流动的体制机制弊端，妨碍了公平就业。

4. 劳动关系不够和谐

四川省不同区域、行业、群体之间工资收入差距仍然较大，一线生产人员收入普遍不高，工资支付违规行为时有发生，拖欠农民工工资的现象仍然存在。此外，公共就业服务能力不能满足个性化、精准化需要，人力资源服务业发展滞后。

党的十九大报告指出“就业是最大的民生”，对实施就业优先战略提出了新课题、新要求、新任务。一是“要坚持就业优先战略和积极就业政策，实现更高质量和更充分就业”；二是“大规模开展职业技能培训，注重解决结构性就业矛盾，鼓励创业带动就业”；三是“提供全方位公共就业服务，促进高校毕业生等青年群体、农民工多渠道就业创业”；四是“破除妨碍劳动力、人才社会性流动的体制机制弊端，使人人都有通过辛勤劳动实现自身发展的机会”；五是“完善政府、工会、企业共同参与的协商协调机制，构建和谐劳动关系”。结合四川省实际，全面贯彻落实十九大重大部署，是当前和今后一段时期四川省就业工作的行动指南。

二、实现更高质量和更充分就业的内涵、思路和目标

（一）实现更高质量和更充分就业的内涵

“实现更高质量和更充分就业”，顺应了人民日益增长的美好生活需要，反映了我国当前经济转型升级对就业工作的新要求。

“更高质量就业”既是可量化的经济概念，也是个体的心理感受。对个人而言，更高质量的就业通常意味着合理增长的劳动报酬、稳定的工作机会、良好的就业环境、完善的社会保障和体面的社会地位。评价指标可以从劳动合同（集体合同）签订率达到

95%以上，社会保险全覆盖，工资增长水平达到或超过经济增速，落实带薪年休假政策，劳动保护制度健全等方面设计。对于一个经济体而言，更高质量的就业包括更充分的就业、更优化的就业结构、更高的劳动生产率、更和谐的劳动关系，等等。

“更充分就业”对个体而言，就是在某一工资水平之下，所有愿意接受工作的人，不仅获得就业机会，而且工作时间达到一定标准。对整个经济体而言，充分就业包含在更高质量就业的内涵之中，就是要求全社会的人力资源充分开发和利用。可以从城乡就业率、登记失业率、城镇新增就业、农村转移就业等指标来量化。

四川省以往的就业工作更多关注就业数量的增长，每年会确定城镇新增就业等发展目标。现在强调“提高就业质量”，意味着今后就业要注重“质”与“量”齐头并进、协同发展，这样才能“实现更高质量和更充分就业”。

（二）实现更高质量和更充分就业的基本思路

把实现更高质量和更充分就业作为经济社会发展的优先目标，落实完善积极的就业政策，坚持产业发展与人力资源开发相结合，统筹推进城镇和农村就业，加强公共就业服务体系建设，有效维护劳动者合法权益，使群众拥有更充分的就业机会、更强的就业能力和更高的劳动报酬，满足群众日益增长的美好生活需要。

（1）坚持就业优先。将促进就业摆在经济社会发展的优先位置，作为保障和改善民生的头等大事，依靠经济发展带动就业增长，通过扩大就业助推经济发展，促进经济发展与就业增长良性互动。

（2）坚持就业与产业发展相协调。完善人力资源市场机制，积极扶持就业新形态，不断拓展就业新空间，推动就业发展动力转换、就业增长方式转型、就业体制机制创新，实现就业结构与产业转型升级要求相适应、就业质量与各类群体的就业创业意愿相契合。

（3）坚持统筹城乡就业。推进城乡一体化发展和新型城镇化建设，促进城乡公共服务均等化。依托乡村振兴战略，加快发展现代农业，扩大职业农民就业空间。发挥劳动力市场作用，破除妨碍劳动力、人才社会性流动的体制机制弊端，促进农村劳动力转移就业。

（4）坚持促进就业与人力资源开发相结合。加快适应转变经济发展方式，推动发展向主要依靠科技进步、劳动者素质提高、管理创新转变的要求，强化人力资源开发，通过全面提升劳动者职业素质和就业能力扩大就业，提高就业质量。

（三）主要目标

1. 实现更充分就业

一是就业规模持续扩大，就业结构进一步优化，服务业从业人员比重不断提高，新产业、新业态就业人员总量大幅增长。到2020年，每年城镇新增就业100万人左右，农村劳动力转移就业规模达到2 500万人左右。二是有效控制失业，城镇登记失业率控制在4.5%以内，确保每个有劳动力的贫困家庭至少有1人就业。

2. 实现更高质量就业

一是劳动者技能水平明显提升，就业创业能力明显提高。到2020年，技能人才总量达到1 000万人，高技能人才占技能人才的比例提高到25%。二是劳动关系更加和谐稳定，劳动人事权益得到有力维护。就业环境更加公平，劳动用工管理更加规范，工资收入合理增长，加强劳动保障监察执法，提高劳动人事争议处理效能，显著改善就业质量，劳动者幸福感、获得感持续增强。企业劳动合同签订率达到95%，劳动人事争议仲裁结案率达到90%。三是社会保障体系更加健全完善，保障水平稳步提升。着力深化社会保障制度改革，不断优化完善社会保障制度体系，大力提升经办服务能力，实现法定人员参保全覆盖。基本养老保险参保率达到90%以上，基本医疗保险参保率稳定在98%以上，失业保险参保人数达到700万人，工伤保险参保人数达到770万人，生育保险参保人数达到720万人。四是公共服务更加高效便捷，公共服务能力显著提升。覆盖城乡的公共服务体系更加健全，基本公共服务均等化水平显著提高。所有乡镇、社区和行政村建立就业服务平台。

三、着力解决就业结构性矛盾，推动实现更高质量和更充分就业

（一）大力拓展就业空间

1. 积极发展吸纳就业能力强的产业，创造更多就业机会

实施《中国制造2025四川行动计划》，着力打造一批知名度大、吸纳就业能力强的标志性产业集群和基地。加快建立多元化现代产业体系，注重发展资本、技术和知识密集的先进制造业，大力推动传统产业转型升级，发展轻工业、纺织业、机械制造业、化工、冶金和建材等优势产业，使第二产业就业份额保持稳中有升。创新服务业发展模式和业态，大力发展研究设计、电子商务、文化创意、动漫游戏、全域旅游、养老服务、健康服务、人力资源服务等现代服务业，提高现代服务业就业比重。发挥中小企业就业主渠道作用，扩大市场准入范围，落实降税减负等扶持政策，鼓励中小企业利用电商平台等多种方式开拓市场，促进中小企业加快发展，不断提高经济增长的就业含量。

2. 大力发展新产业新业态，拓展就业新领域

深入实施创新驱动发展战略，大力发展新一代信息技术、高端装备、新材料、新能源、数字创意等战略性新兴产业，打造新的经济增长点，拓展产业发展新空间，创造就业新领域。鼓励创新创业发展的优惠政策向新业态企业开放，推动平台经济、众包经济、分享经济发展，支持发展新业态下的新型就业模式，完善适应新就业形态特点的用工和社保等制度，支持劳动者通过新兴业态实现多元化就业。

（二）大规模开展职业技能培训

1. 积极完善培训政策体系

加快建立覆盖城乡劳动者的终身职业培训制度，推动职业培训由服务特定群体向实行普惠培训转变，由侧重就业技能培训向强化岗位技能提升培训转变。优化职业培训补贴方式，采取直接补贴培训机构等方式组织开展集中培训，调动其参与职业培训的积极性。引导市（州）建立职业培训补贴标准动态调整机制，提高产业发展急需紧缺职业的培训补贴标准。

2. 着力夯实职业教育培训基础

深入推进高校创新创业教育改革，加快高校学科专业结构调整优化，健全专业预警和动态调整机制，深化课程体系、教学内容和教学方式改革。建立现代职业教育体系，更好地发挥职业培训作用，推进职业教育和职业培训精准对接产业和行业发展需求、精准契合受教育者需求，着力提高学生的就业能力和创造能力。统筹普通高中和中等职业教育协调发展，提高中等职业教育招生比例。大力发展技工教育，支持发展技师学院、高级技工学校，强化技工院校面向社会的职业培训能力。实施公共实训基地、产教融合发展、职业训练院等重大建设项目，夯实重点技工院校和优质培训机构的培训基础。依托职业院校和骨干企业建设高技能人才培训基地和技能大师工作室，落实项目接续支持机制，激发后续建设活力，提升高技能人才培训能力。支持民办职业培训机构发展，对办学质量高的，各地财政以安排项目方式给予扶持。推动职业教育培训机构和企业采取“互联网+”方式，搭建网络学习平台和移动学习平台，实现线上线下教育培训有机结合，更好适应参训对象多样化、便利化的参训需求，实现技能水平持续提升。新建一批高技能人才培训基地、院士（专家）工作站和技能大师工作室，推进公共实训基地建设发展。

3. 加快技能人才队伍建设

实施现代职业教育质量提升计划、产教融合发展工程、高技能人才振兴计划和传统工艺、非遗人才培养计划、大国工匠培训支持计划，提升技能技艺人才培养的数量和质量，加快培育大批具有专业技能和工匠精神的高素质劳动者和技能技艺人才。健全技能人才多元化评价机制，完善技能人才职业技能等级认定政策并做好与职业资格制度的衔接，建立职业资格、职业技能等级与相应职称比照认定制度，用人单位聘用的高级工、技师、高级技师可享受相应层级工程技术人员同等待遇。

（三）促进高校毕业生等青年群体、农民工多渠道就业创业

1. 整合完善创业政策

进一步简政放权，实行统一的市场准入和市场监管制度，最大限度减少对生产经营活动、一般投资项目和资质资格的许可、审批，努力保障创业机会公平。全面落实税费

减免政策，减轻创业者负担。健全创业培训体系，在高校和中职学校普遍开设创业教育课程，鼓励有条件的教育培训机构、社团组织、创业服务企业开展创业培训。健全创业服务体系，加强创业孵化基地建设和管理，规范服务行为，提高服务质效，积极探索通过政府购买服务等方式，引入社会化服务机构参与创业公共服务。加强宣传和舆论引导，弘扬创业精神，树立创业典型，营造崇尚创业、褒奖成功、宽容失败的良好创业氛围。

2. 促进高校毕业生等青年群体就业创业

继续把高校毕业生就业摆在就业工作的突出位置，结合产业转型升级，开发更多适合高校毕业生的就业岗位。积极推进政府购买基层公共管理和社会服务岗位吸纳高校毕业生就业工作，引导和鼓励高校毕业生到城乡基层和中小微企业就业。深入实施高校毕业生就业创业促进计划，健全高校毕业生就业创业服务体系，创新就业信息服务方式方法，运用“互联网+就业”手段，加强就业市场供需衔接和精准帮扶。加大就业见习力度，提高毕业生就业见习质量，确保见习补贴发放及时到位。对就业困难和长期失业的毕业生提供“一对一”援助服务。

3. 支持农民工和农民企业家返乡创业

鼓励已经成功创业的农民工和农民企业家把适合的产业转移到家乡再创业、再发展。支持农民工和农民企业家借力“互联网+”信息技术发展现代商业，实现本地产品与外地市场对接。统筹发展县域经济，着力培育优势产业带和集中发展区，引导返乡农民工和农民企业家融入区域专业市场。鼓励返乡人员发展休闲农业、林场经济和乡村旅游，促进农业与第二、三产业融合发展。鼓励返乡人员创办农民合作社、家庭农场、农业产业化龙头企业、林场等新型农业经营主体，带动返乡创业。

（四）实施乡村就业拓展行动

1. 就业政策和服务向农民延伸

引导农村劳动者转变观念，把县城、小城镇作为转移就业的主战场，更多地实现就地就近就业。整合城乡教育培训资源，加大对农村人力资源投资力度，提升农村劳动力转移就业能力。结合新型城镇化建设、产业转移升级和新农村建设，建立适应新型城镇化、新农村建设需求的农村人力资源开发和流动新模式，促进城乡人力资源开发和人力资本投资一体化发展。

2. 全力做好就业扶贫

将就业扶贫摆在脱贫攻坚和就业工作的突出位置，继续实施四川省就业扶贫九条措施，加大政策和资金支持力度，通过夯实基础、强化培训、劳务输出、托底安置等措施，加大东、西部劳务协作，确保每个有劳动能力的贫困家庭至少有一人就业。贫困家庭劳动力参照就业困难人员享受就业扶持政策。鼓励金融机构按照商业化可持续发展原则，运用扶贫再贷款优先支持带动贫困家庭就业发展的企业及新型农业生产经营主体。

（五）维护劳动者合法权益，提供全方位公共就业服务

1. 努力提高劳动者工资收入水平

完善劳动、资本、技术、管理等要素按贡献参与分配的体制机制，平衡处理好各类人员的工资关系。完善工资决定和正常增长机制，统筹推进地区附加津贴、公务员奖金制度等改革，建立符合事业单位特点的工资分配制度，推进企业工资制度改革，促进工资收入与经济发展协调增长。

2. 推进法定人员全覆盖

完善灵活就业人员、新业态就业人员、中小企业人员和农民工等群体参保政策，推动实现人人享有基本社会保障。

3. 积极构建和谐劳动关系

坚持系统治理、依法治理、源头治理和综合治理，保持和发展和谐稳定的劳动关系。健全劳动关系协调机制，研究界定新经济、新业态等多元化的劳动关系，完善政府、工会、企业共同参与的协商协调机制和组织体系，促进劳动关系和谐稳定。

4. 推进人力资源市场建设

加强人力资源市场法治化建设，完善市场管理法规体系。深化人力资源市场整合改革，统筹建设统一规范、竞争有序的人力资源市场体系，打破城乡、地区、行业分割和身份、性别、残疾、院校等歧视。规范招人用人制度和职业中介服务，密切关注女性平等就业情况，促进妇女、残疾人等公平就业。大力发展人力资源服务业，实施人力资源服务业发展推进计划，加强统筹规划和建设，重点打造中国成都人力资源服务产业园，促进产业集聚发展和产业链延伸。加强人力资源市场供求分析和预测，按季发布供求信息。开展人力资源市场诚信体系建设，加强人力资源市场监管，规范招用工行为，营造公平有序的市场环境。推进流动人员人事档案管理服务信息化建设，实现人事档案管理服务网上预约、网上审核、网上办理。

5. 提升公共就业创业服务水平

以建设群众满意的社会公共服务体系为目标，以服务平台标准化、服务基础信息化、服务机制协同化、服务行为专业化为路径和抓手，努力打造全省统筹、标准统一、智慧融合、方便快捷的公共就业创业服务体系。加强基层服务平台建设，完善服务功能，细化服务标准，优化办事流程。创新服务理念和模式，根据不同群体、企业的特点，提供个性化、专业化的职业指导、就业服务和用工指导。加强公共就业创业服务从业人员职业化建设，建立定期培训、持证上岗制度。落实政府购买基本公共就业创业服务制度，充分运用就业创业服务补贴政策，支持公共就业创业服务机构和高校开展招聘活动和创业服务，支持购买社会服务，为劳动者提供政策咨询、职业指导、创业指导、信息咨询等专业化服务。加强公共就业创业服务信息化建设，实施“互联网+就业创业

服务”专项行动，构建以实体服务大厅、网上办事大厅、移动客户端、自助终端等多种形式相结合、相统一的便民服务平台，为劳动者和用人单位提供方便、快捷、高效的就业创业服务。

主要参考文献：

[1] 马凯. 在就业创业工作座谈会上的讲话 [Z]. 国务院办公厅内部情况通报，2017-10-01.

[2] 刘燕斌. 抓住主要矛盾着力改善就业结构 [J]. 中国人力资源社会保障，2016(3).

[3] 中国就业杂志编辑部. 2017 年上半年就业形势分析会综述 [J]. 中国就业，2017(8).

（主笔：饶风　唐青　王汉鹏）

发展就业密集型产业
增加经济增长的就业容量研究①

摘　要：新常态下传统就业岗位减少，新经济新业态正创造大量就业岗位。对经济增速放缓而就业不降反增的现象，需要深入研究，这是一个重大的现实课题。传统劳动密集型产业的发展规律难以解释当前就业的基本形势，本课题开创性地提出“就业密集型产业”这一概念，重点探索回答就业形势严峻复杂背景下新的就业增长点在哪里，如何跟随产业转型推动就业转型，如何进一步完善积极的就业政策，打开就业工作的新局面。本课题着重从就业密集型产业概念界定、发展现状和趋势分析的基础上提出新的战略思路和相应的对策建议，旨在为决策提供理论依据和调研参考。

关键词：就业容量　就业密集型　经济增长

近年来，四川省经济发展进入新常态，在经济增速放缓的形势下，就业不降反增，总体保持稳定，说明在传统产业减少就业岗位的同时，一些新经济、新业态正在大量创造新的就业岗位，继续使用劳动密集型产业难以满足解释经济现象的需要。因此，本课题开创性地提出“就业密集型产业”这一概念，重点研究当前及今后一段时期，尤其在劳动力成本优势逐步消失、产能过剩问题严重的背景下，传统劳动密集型产业的发展应该如何定位，是否还有进一步拓展的空间；在全省就业形势更加严峻复杂的情况下，新的就业增长点在哪里；在大力提倡创新驱动发展的同时，如何处理好产业转型升级与稳定就业岗位之间的矛盾。本课题探讨就业密集型产业的概念、发展规律和识别标准等理论问题，结合四川经济发展的宏观背景和产业发展规划，分析四川省主要就业密集型产业发展的现状、趋势及存在的问题，并有针对性地提出对策建议，对进一步完善产业发展和促进就业创业的联动机制，继续扩大就业规模，保增长稳就业具有重要的现实意义。

① 本研究是四川省发展和改革委员会立项资助的2016年度重点课题项目。

一、就业密集型产业相关理论探讨

（一）就业密集型产业概念的提出与界定

1. 就业密集型产业的提出

就业密集型产业概念是从劳动密集型产业概念发展而来。学者对劳动密集型产业有各种不同的定义，有从投入的角度将其定义为生产中需要更多的劳动①；有从生产成本构成角度定义，即劳动力成本相对于资本成本所占比重更大；有从产出与劳动投入量的角度定义，用劳动强度来刻画劳动密集型产业。虽然界定的角度不同，但都可以分别归结为通过生产要素密集型产业的属性指标（要素密集度）与特征指标（结果指标）来定义，而运用属性指标的定义方法更能抓住劳动密集型产业的生产特征以及本质内涵。从现有文献来看，基于生产要素密集度的产业划分方法主要有两种：两分法和三分法②。两分法是利用劳动和资本密集度进行两次划分，再利用技术密集型指标把产业划分为技术密集型或非技术密集型（见图 1）。而所谓三分法是将产业直接划分为劳动密集型、资本密集型和技术密集型。

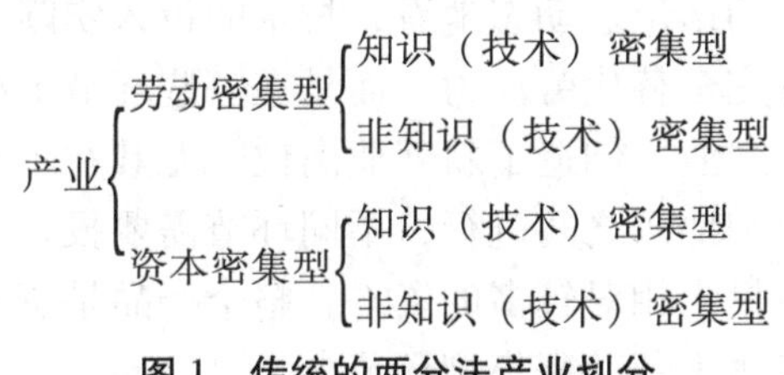

图 1　传统的两分法产业划分

具体来说，劳动密集型产业是指进行生产主要依靠大量使用劳动力，而对技术和设备依赖程度低的产业，在生产成本中工资与设备折旧和研究开发支出相比所占比重较大。资本密集型产业是指在单位产品成本中，资本成本与劳动成本相比所占比重较大，每个劳动者所占用的固定资本和流动资本金额较高的产业。技术密集型产业，又称知识密集型产业，是指采用复杂先进而又尖端的科学技术才能进行工作的产业，它的技术密集程度同各行业、部门或企业所用手工操作人数成反比。

当前，依靠科技研发及应用推动经济增长，以新科技应用为核心改变生产、生活的智能经济时代正在来临，诸如互联网、物联网、大数据等技术日臻成熟和广泛应用，正在掀起一场崭新的时代变革。一方面，现代信息技术和电子技术的广泛应用在不断替代人力，减少传统的就业岗位；另一方面，快速催生出新兴服务领域，也不断拓展改造餐饮、家政、物业等传统服务领域，就业领域更加丰富，就业方式更加灵活，就业观念更加开放，可以说新技术正在引发就业领域深刻的变革。在新经济、新产业、新业态不断

① 郑露曦，张向前. 我国传统劳动密集型产业国际竞争力研究［J］. 中国科技论坛，2010（9）：45-50.
② 黄桂田. 中国制造业生产要素相对比例变化及经济影响［M］. 北京：北京大学出版社，2012：23-42.

涌现并越来越活跃的背景下，继续使用劳动密集型产业概念已经无法解释这些新经济和新就业现象。有必要对劳动密集型产业概念的内涵外延进行重新界定，因此本课题开创性地提出"就业密集型产业"这一新概念。

"就业密集型产业"同过去常用的"劳动密集型产业""资本密集型产业"和"技术密集型产业"等概念有本质的不同，但也有密切联系。"就业密集型产业"不再局限于从生产要素的角度来划分产业，而是从产业发展的就业效应视角来研究产业的特征，出发点是"就业"。

2. 就业密集型产业的内涵与外延

人不仅是作为生产要素之一的劳动力参与到生产过程，而且人的全面发展本身也是生产发展的根本目的，因此实现充分就业是经济政策的主要目标。经济学理论认为资本与劳动力之间具有很强的替代性，在技术不变的条件下，边际效率递减规律会导致资本替代劳动力的效用越来越弱，但是加入技术创新的因素，资本与劳动力之间边际替代率的衰减速度大为减缓，如此说来，资本替代劳动力具有似乎无穷的潜力。这里存在一个问题，就是技术被作为外生变量或参量在考虑。然而，技术本身也是资本与劳动力的函数，技术进步除了投入资本还需要投入劳动力，只是这种劳动力是具有更多知识和更高技能的人才。如此说来，现代经济的发展并没有突破基本的经济理论，资本替代劳动力往往是在静态视角下得出的结论。动态地看，技术的投入实际上延伸了产业的链条，从全产业链看，资本并没有完全替代劳动力，而是在一些环节上减少了劳动投入，在另一些环节上产生了新的派生产业，创造了新就业岗位。尤其在全球化背景下，产品或服务的不同环节在不同的国家和地区之间进行，不同环节需要投入不同的生产要素，因此尽管可能生产整个产品需要投入相对较多的资本，整个产品是资本密集型产品，但是生产该产品的某些环节却可能属于劳动密集型环节。

基于以上认识，可以将就业密集型产业定义为在整个产业中或产业的某些环节上提供就业岗位较多，就业容量较大的产业。就业密集型产业不排除高技术与高人力资本参与，即就业密集型产业不一定是低效率、低附加值的产业。从外延上讲，就业密集型产业包括传统就业密集型产业（或劳动密集型产业）和现代就业密集型产业。

传统就业密集型产业是指在工艺技术上主要依赖劳动力，造成劳动力在产业内部有集约化趋势的产业，是一种单位劳动占用资金或资本少、技术装备程度低、容纳劳动力较多的产业。在概念上，传统就业密集型产业可以视同劳动密集型产业。

现代就业密集型产业是伴随着新经济的出现，不再简单地以传统就业密集型产业中资本与劳动之比作为判断标准。在现代就业密集型产业中，劳动、资本、技术三要素之间的比例关系呈现出多元化趋势，资本投入量大、科技含量高与提供就业岗位量大的特征共同存在，产业边界模糊。值得注意的是，如果传统就业密集型产业采用了大规模技术革新，变成高人力资本和高技术投入的行业，也可以被纳入现代就业密集型产业的范畴。现代就业密集型产业以现代服务业为主体，并包括具有以下特征的相关产业：其一，是伴随着现代信息技术的广泛运用而新出现的产业，例如电商、微商、现代金融、网约车、共享经济、网游等；其二，主要是新技术新科技的运用，而不是新技术新科技的研发；其三，与传统就业密集型产业不同，从业人员不仅是从事简单体力劳动的普通劳动力，也包括从事复杂劳动的高素质、高技能人才；其四，就业形态更加灵活，不再局限于传统的雇佣劳动关系，而是产生了各种自由职业、灵活就业、“平台+个人”等新就业形式。

总的说来，就业密集型产业范围广泛，吸纳就业能力较强，不仅包含传统的加工制造业，还包含了高效率、高附加值的产业。因此，当第三产业即服务业部分属于劳动相对密集型产业时，这也在本课题的研究范围内。

（二）就业密集型产业发展规律

1. 劳动密集型产业是工业化的逻辑起点

经济发展的基本路径遵循“劳动密集型——资本密集型——技术密集型”的顺序。通常一个国家工业化是从轻纺工业开始，劳动密集型产业的低端连接着农业经济，可以大量吸纳农业剩余劳动力，成为工业的起点；同时，它的高端与技术密集型产业相连，只有通过劳动密集型产业的充分积累和培育发展才有可能为工业化后期提供物质技术支撑；只有随着经济发展，资本积累，人力资本拥有量提高和要素禀赋结构得以提升，主导产业才能从劳动密集型逐渐转变成资本密集型和技术密集型，乃至知识信息密集型产业上①。

2. 劳动密集型产业发展具有长期性

新技术带来的产业转型升级并没有消灭传统就业密集型产业。当经济发展到劳动力要素的边际产出能力得到最大限度发挥时，会逐渐被资本和技术密集型主导的产业所替代，但并不代表劳动密集型产业就完全消失。劳动密集型产业与高技术并不是互相排斥的，传统的劳动密集型产业也可以在关键工序上采用现代化技术，而一些技术密集型产业也会在一些生产环节上存在着机器无法替代的手工作业，劳动密集型产业依然会在经济发展中扮演着重要角色。世界上发达国家和新兴工业化国家及地区的产业发展实践证明，劳动密集型产业发展延续的时间最长，并且直接影响到整个产业经济的发展。总体来看，各国和地区工业化发展初期劳动密集型产业与资本密集型产业的产值之比一般为75∶25，如果以55∶45为界作为劳动密集型产业占工业主体地位的标志，那么劳动密集型产业占主体地位的时间一般为整个工业化时期的60%以上。美国工业化时间170年，劳动密集型产业占主体地位大约有110年，占主体地位的时间比例约为65%；日本工业化时间120年，劳动密集型产业占主体地位80年，占主体地位的时间比例约为65%；韩国工业化时间30年，劳动密集型产业占主体地位的时间为20年，占主体地位的时间比例约67%；我国的台湾地区工业化时间40年，劳动密集型产业占主体地位25年，占主体地位的时间比例约63%②。

---

① 赵建军．关于发展不同要素密集型产业的理论争论及其启示［J］．当代财经，2005（1）：85-90.

② 刘文娟．劳动密集型产业演进的国际比较对中国的启示［J］．桂海论丛，2005（12）：31-33.

3. 现代就业密集型产业会逐渐替代传统就业密集型产业成为就业增长点

经济史显示，每一轮产业革命都只会改变就业结构，而不会减少总体的就业率，科技创新的加速，必然导致产业的升级和转型，新的就业机会、就业方式则会随之涌现。近几年，在传统产业对就业吸纳能力大幅降低的同时，新经济越来越成为拉动就业的新增长点。新经济的发展在带动产业转型和空间转型的同时，与之相匹配的就业岗位也随之诞生，塑造出新的就业格局，带动了就业的转型。随着移动互联网、App、移动支付等新技术、新应用的出现，高端装备制造、科学考察、医疗康复、教育娱乐、家庭服务等领域出现新的细分产业，共享经济迅速发展，带动汽车共享、住宿共享、社区服务共享等新经济形态不断涌现，进而创造了新的职业分工和就业机会。所以从长期来看，新经济不仅不会减少总体就业机会，而且将越来越多地吸纳传统产业挤出的就业机会，塑造更为合理的就业格局。以电子商务为例，作为流通领域的一种新商业模式，其发展带动的就业种类不仅是电商自身发展直接所需的专业技术人才、传统行业中的交通运输、仓储和邮政等，更是创造了一系列诸如网店店主、客服、网络模特等新兴职业。

（三）传统就业密集型产业识别标准

由于现代就业密集型产业几乎都是一些新兴业态，目前还没纳入正式统计的范围，缺乏进行数理分析所需的数据支撑，这里只讨论传统就业密集型产业的判断标准。学术界提出了制造业平均密集度法（刘仁毅，1985）、最大落差划分法（张长春，1994），灰色聚类法（李耀新，1995）、密集型产业系数排序法（陈湘桂，2005）等识别劳动密集型产业的指标体系。本文选取两种最常用的从要素角度出发划分产业类型的方法进行讨论，用来作为判断四川省传统就业密集型产业的标准①。

1. 密集型产业系数排序法

陈湘桂（2005）、曹悦（2007）、郑露曦（2009）等学者在进行劳动密集型产业相关研究中，采用“产业密集型系数”进行产业划分，并进行全行业排序。

$$I_i = \frac{L_i}{C_i}$$

其中，I_i 表示 i 产业的密集型产业系数，L_i 表示 i 产业的劳动力（从业人员），C_i 表示 i 产业年末的固定资产。根据定义，“产业系数”高的行业在相同投入下使用了更多劳动，从而劳动密集度高；而“产业系数”低的行业则投入了更多的资本，从而资金技术密集度高。

2. 要素密集度指数法

要素密集指数法是采用各行业的要素密集度与一国（或地区）三次产业的平均密集度进行比较，衡量要素的密集程度。劳动密度指数选用行业总产值与从业人员作为劳动

① 黄桂田. 中国制造业生产要素相对比例变化及经济影响［M］. 北京：北京大学出版社，2012：23-41.

密集型产业判断标准，计算公式如下①：

$$LAB = \frac{L_i}{V_i} \Big/ \frac{L}{V}$$

其中，L_i 为 i 行业的就业人数，V_i 为 i 行业的总产值，L 为该行业所属产业从业人员，V 为该行业所属产业总产值。一般将 l 作为分界点，如果 $LAB > 1$，则该产业属于劳动密集型；如果 $LAB < 1$，则该产业属于资本或技术密集型。该指标越大表示该行业的劳动密集度相对于全行业的平均水平越高。

以上两种方法均是现有文献中常用的从要素角度出发划分产业类型的方法，其中，密集型产业系数排序法在选取标准上多依据对劳动密集型产业的习惯性理解，主观性较强。同时，由于《四川省统计年鉴》中没有固定资产净值平均余额的数据，本文选用劳动密集指数作为就业密集型产业的判断标准，用于比较所有行业要素密集度所处位置。同时，在文献研究过程中发现，使用不同的指标，选择使用一年数据还是选择使用多年平均值数据，都会对产业分类结果产生影响。由于每个产业在发展过程中都存在不同程度的资本深化现象，因此本文选择使用五年平均值数据来判定劳动密集程度。

二、四川省传统就业密集型产业发展现状及趋势

（一）主要传统就业密集型产业识别

根据国家统计局行业分类标准（GB/T 4754—2011），国民经济行业共分 20 个门类（A~T），其中农林牧渔业（A）属于典型的就业密集型产业，且目前仍然存在富余劳动力，在本文中不纳入研究范围内。B~D 属于工业，根据相关统计年鉴数据可以细分为 40 个大类。E 为建筑业，F~T 属于广义的服务业（第三产业）。

基于前文对传统就业密集型产业的界定，工业、建筑业以及服务业中均存在就业密集型产业。因此，本文采用劳动密集指数分别对国民经济中工业和服务业两大产业的细分行业进行计算和排序。计算结果显示（见附表 1），国民经济中的 6 个门类与工业中的 40 个大类根据劳动密集指数可以分为劳动密集型工业、劳动密集型服务业以及资本密集型工业、资本密集型服务业。其中，劳动密集指数大于 1 的产业有：服务业中的三大门类，建筑业，制造业中的 26 大类，煤炭开采和洗选业，电力、热力生产和供应业。同时，为了更好地分析判断哪些产业对四川就业影响较大，重点考察其中从业人员总量超过 5 万人②的 19 个行业（见表 1）。

---

① 陈景新、王云峰. 我国劳动密集型产业集聚与扩散的时空分析[J]. 统计研究，2014(2)：35 - 42.

② 2012—2016 年《四川省统计年鉴》中分行业的就业人员数是指规模以上企业，因此“从业人员总量超过 5 万人”也只是规模以上企业的口径，并不是该行业的全部就业人员数。

表 1　2011—2015 年四川省产业劳动密集指数变化

行业	2012 年	2013 年	2014 年	2015 年
通用设备制造业	1.01	1.05	1.07	1.04
批发和零售业	0.94	1.01	1.05	1.22
金属制品业	1.14	1.10	1.11	1.09
电力、热力生产和供应业	1.08	1.06	1.58	1.17
电气机械和器材制造业	1.10	1.13	1.21	1.20
交通运输、仓储和邮政业	1.12	1.13	1.18	1.01
专用设备制造业	1.18	1.25	1.20	1.22
橡胶和塑料制品业	1.19	1.22	1.16	1.16
医药制造业	1.26	1.26	1.22	1.26
造纸和纸制品业	1.40	1.25	1.22	1.27
非金属矿物制品业	1.30	1.34	1.31	1.21
食品制造业	1.36	1.29	1.33	1.30
铁路、船舶、航空航天和其他运输设备制造业	1.40	1.50	1.41	1.40
纺织业	1.54	1.60	1.49	1.35
家具制造业	2.29	2.23	2.28	2.22
皮革、毛皮、羽毛及其制品和制鞋业	2.10	2.57	2.91	2.63
煤炭开采和洗选业	2.40	2.84	2.61	2.70
建筑业	2.70	2.70	2.67	2.81
住宿和餐饮业	3.84	4.16	3.94	3.68

数据来源：2012—2016 年《四川省统计年鉴》，其中第一产业、建筑业采用地区生产总值进行计算，工业采用行业总产值；农林牧渔业不在本研究范围内。

劳动密集型产业的劳动密集程度呈下降趋势。除煤炭开采和洗选业，皮革、毛皮、羽毛及其制品和制鞋业，通用设备制造业，专用设备制造业、电气机械和器材制造业，电力、热力生产和供应业这六个行业，四川省劳动密集型产业密集程度整体呈下降趋势。从要素密集度指数公式来看，劳动密集程度降低可能有两方面的原因：一是按三大产业划分的从业人员与产值比例增加；二是细分行业从业人员与产值比例下降。然而数据显示，第一、二、三产业从业人员与产值之比均呈降低态势。因此可以判断，行业密集程度的下降主要取决于各细分行业的变化，既与行业产值变动相关又与该行业从业人员规模变动相关。随着新技术的出现和推广，会导致部分制造业劳动力需求下降，因此在国民经济的很多领域中，劳动密集程度都会呈下降的趋势（见表 2）。

表 2 劳动密度指数变化

产值	从业人员	密集指数	行业（代码）
增加	增加（快）	上升	D44
	增加（慢）	上升	C38、C34、C35、F
	减少	下降	C17、C29、C30、C33、G、H
减少	减少（快）	下降	C22
	减少（慢）	上升	C19、B06

“十二五”期间，多数劳动密集型产业的劳动密集程度在降低，原因又分为几类。有的是从业人员规模虽仍在增长，但产值增幅却超过了就业增长，导致劳动力密集程度降低，如食品制造业，医药制造业，铁路、船舶、航空航天和其他运输设备制造业，建筑业等行业。有的是从业人员规模缩小，而且产值下降速度相对从业人员减少速度较缓，如交通运输、仓储和邮政业，住宿和餐饮业。

劳动密集程度在上升的产业较少，仅电力、热力生产和供应业，批发和零售业，电气机械和器材制造业，家具制造业四个行业属于产业与就业均增长的产业。值得注意的是，行业密集程度在上升并不意味着吸纳劳动力增强，其中从业人员减少速度较产值变化更缓和也会导致密集程度的提高，如皮革、毛皮、羽毛及其制品和制鞋业。

（二）传统就业密集型产业产值情况及就业情况比较

1. 产值情况

“十二五”期间，四川省劳动密集型产业总产值增长速度较缓，年平均增速只有 5.84%。从产值总量来看，2015 年产值或“十二五”期间平均产值大于 1 000 亿元的劳动密集型产业有煤炭开采和洗选业，医药制造业，非金属矿物制品业，金属制品业，专用设备制造业，电气机械和器材制造业，电力、热力生产和供应业，建筑业，批发和零售业，交通运输、仓储和邮政业，除煤炭开采和洗选业外，均实现了正增长（见表 3）。

表 3 2011—2015 年四川省劳动密集产业产值增长比较

行业	2011 年（亿元）	2012 年（亿元）	2013 年（亿元）	2014 年（亿元）	2015 年（亿元）	年均增速（%）
煤炭开采和洗选业	1 349.3	1 281.2	984.7	1 022.2	944.5	-6.88
皮革、毛皮、羽毛及其制品和制鞋业	326.3	306.0	261.1	249.9	297.7	-1.82
造纸和纸制品业	495.0	430.5	480.4	493.0	453.5	-1.73
纺织业	798.7	817.9	821.6	903.5	971.7	4.00
专用设备制造业	1 049.9	1 011.4	1 118.9	1 255.7	1 285.4	4.13
住宿和餐饮业	562.6	595.0	627.1	669.2	697.9	4.40
通用设备制造业	1 544.8	1 530.0	1 671.3	1 794.2	1 987.1	5.16
交通运输、仓储和邮政业	638.8	687.2	726.8	785.4	837.5	5.57

表3(续)

行业	2011 年（亿元）	2012 年（亿元）	2013 年（亿元）	2014 年（亿元）	2015 年（亿元）	年均增速（%）
家具制造业	383. 0	336. 7	390. 3	452. 6	504. 0	5. 65
电力、热力生产和供应业	1 645. 6	1 756. 3	1 980. 2	1 449. 8	2 196. 7	5. 95
批发和零售业	1 186. 6	1 321. 1	1 425. 2	1 532. 3	1 621. 7	6. 45
非金属矿物制品业	2 202. 3	2 091. 0	2 347. 3	2 601. 9	3 042. 8	6. 68
医药制造业	897. 1	871. 1	1 012. 3	1 172. 5	1 267. 9	7. 16
电气机械和器材制造业	958. 4	972. 1	1 049. 0	1 188. 8	1 360. 2	7. 25
橡胶和塑料制品业	656. 4	659. 3	773. 7	878. 2	938. 0	7. 40
金属制品业	757. 3	790. 7	920. 8	1 016. 0	1 089. 1	7. 54
建筑业	1 538. 1	1 782. 8	2 038. 2	2 225. 4	2 321. 4	8. 58
铁路、船舶、航空航天和其他运输设备制造业	376. 4	428. 2	509. 7	558. 7	601. 6	9. 83
食品制造业	563. 9	640. 4	766. 7	855. 0	976. 8	11. 62

数据来源：2012—2016 年《四川省统计年鉴》，其中建筑业（E）、第三产业（F、G、H）采用地区生产总值进行计算，工业（B、C、D）采用行业总产值，以 2011 年不变价计算。

分行业来看，产值下降的行业有煤炭开采和洗选业，皮革、毛皮、羽毛及其制品和制鞋业，造纸和纸制品业。其中，煤炭开采和洗选业减产最大，年均跌幅为 6. 88%。煤炭行业减产是由于根据国家化解过剩产能的需要，淘汰关闭小煤矿，小煤矿数量减少 20%以上，大型煤炭企业利润急剧萎缩①。2014 年《四川省人民政府关于化解产能过剩矛盾促进产业结构调整的实施意见》提出煤炭行业全面完成 2013 年、2014 年两年共关闭淘汰小煤矿 500 处的目标任务，淘汰落后产能 4 000 万吨②，《四川省人民政府办公厅关于煤炭行业化解过剩产能实现脱困发展的实施意见》提出，从 2016 年开始，用 3～5 年时间，退出关闭煤矿 215 处左右，化解产能 3 303 万吨左右，其中省属国有重点煤矿 18 处、产能 1 209 万吨左右，有效化解煤炭行业过剩产能，基本平衡市场供需③，预计在“十三五”期间煤炭行业产值与就业人员将进一步减少。

除以上三个行业，其他行业产值均有不同程度的上升。其中，食品制造业产值涨幅超过 10%。食品制造业和宏观经济具有较高的相关性，2011—2012 年是食品制造业的高速增长期。在经济增长的减速阶段，行业基本同步于宏观经济减速，2012 年下半年后，食品制造业的成长速度从 19. 7%下降到 11. 5%。历史数据表明，物价上涨初期将在一定程度上刺激需求，食品制造业利润增速也呈加速趋势（中信建投研究报告）。

① 四川省人民政府. 四川省“十二五”能源发展规划（川办发 65 号）[Z]. 2010.

② 四川省人民政府. 四川省人民政府关于化解产能过剩矛盾促进产业结构调整的实施意见（川府发〔2014〕10 号）[Z]. 2014.

③ 四川省人民政府. 四川省人民政府办公厅关于煤炭行业化解过剩产能实现脱困发展的实施意见（川办发〔2016〕59 号）[Z]. 2016.

2. 劳动密集型产业吸纳就业情况比较

劳动密集型产业吸纳就业能力下降。从就业人员总量来看，“十二五”期间劳动密集型产业从业人员占全部从业人员比例不断减少（见图 2）。2015 年，包括农林牧渔在内的 32 类（见文后附表 2）劳动密集型产业占全部从业人员的比例为 70.44%，较 2011 年减少 4.5 个百分点。即使不包含农林牧渔业，其占比在五年间也降低了 4.2%。

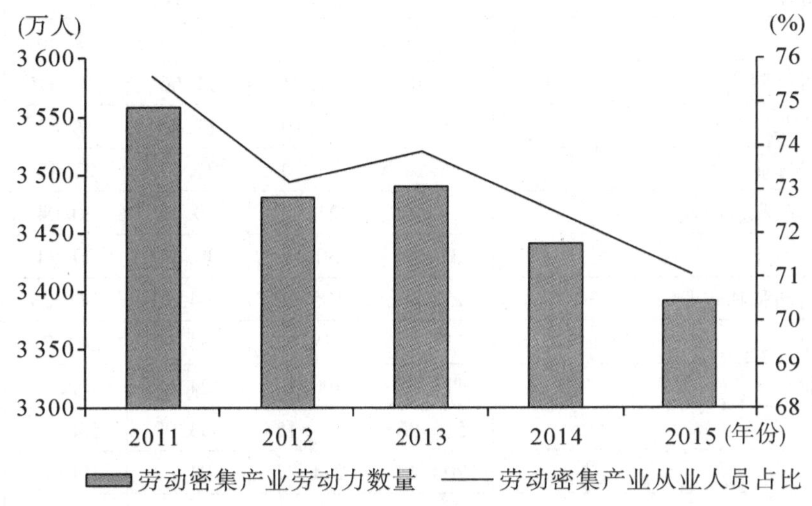

图 2 2011—2015 年四川省就业密集型产业就业人员变化

与资本密集型产业相比，劳动密集型产业就业规模虽大，但就业吸纳能力不断削弱。2015 年，利用规模以上工业企业数据计算可得，劳动密集型制造业的劳动力总量约为资本密集型制造业的 1.6 倍，劳动密集型服务业（住宿和餐饮业、批发和零售业、交通运输、仓储和邮政业）劳动力总量是资本密集型服务业（金融、房地产等）的 10 倍。“十二五”期间，劳动密集型制造业与服务业（32 类）从业人员总量维持相对稳定，农林牧渔业劳动力规模急剧下降，新增就业容量向资本密集型产业转移。

从细分行业来看，四川省吸纳就业量较大的产业主要有建筑业，批发和零售业，交通运输、仓储和邮政业，住宿和餐饮业以及制造业。其中，仅建筑业与批发和零售业吸纳劳动力规模在持续增长。即“十二五”期间，劳动力的分布正从工业、就业密集型服务业向建筑业、资本密集型服务业转移（见表 4）。

表 4 2011—2015 年四川省劳动密集产业吸纳就业情况 单位：万人

行业	2011 年	2012 年	2013 年	2014 年	2015 年
造纸和纸制品业	6.80	6.71	5.90	5.27	4.46
皮革、毛皮、羽毛及其制品和制鞋业	6.71	7.14	6.59	6.39	6.07
铁路、船舶、航空航天和其他运输设备制造业	6.36	6.64	7.51	6.89	6.55
橡胶和塑料制品业	9.53	8.74	9.27	8.91	8.43
家具制造业	8.49	8.55	8.55	9.04	8.67

表4(续)

行业	2011 年	2012 年	2013 年	2014 年	2015 年
金属制品业	9.83	9.98	9.99	9.92	9.23
食品制造业	8.58	9.64	9.69	9.99	9.86
纺织业	14.00	13.97	12.93	11.79	10.17
专用设备制造业	13.34	13.27	13.78	13.20	12.14
医药制造业	11.92	12.17	12.53	12.60	12.43
电气机械和器材制造业	11.10	11.81	11.66	12.57	12.64
通用设备制造业	16.29	17.19	17.25	16.82	15.97
煤炭开采和洗选业	35.14	34.10	27.47	23.45	19.79
电力、热力生产和供应业	13.56	21.12	20.59	20.04	20.02
非金属矿物制品业	31.79	30.18	30.81	29.84	28.63
交通运输、仓储和邮政业	152.40	135.22	134.30	141.28	120.91
批发和零售业	217.44	218.02	234.55	244.73	281.30
住宿和餐饮业	417.57	400.10	424.68	402.19	366.49
建筑业	516.96	511.15	533.00	538.73	555.34
工业总计	203.44	211.21	204.52	196.72	185.06
建筑业总计	517.00	511.20	533.00	538.70	555.30
第三产业总计	787.40	753.30	793.50	788.20	768.70

数据来源：2012—2016 年《四川省统计年鉴》，其中工业各行业采用规模以上工业企业指标数据，不能直接与建筑业和第三产业进行比较。

劳动密集型产业的劳动力需求增速低于全省就业增长率。经济增长是解决就业问题的基本前提，本文采用就业弹性系数（从业人数增长率与 GDP 增长率的比值）来衡量产业产值增长与就业增长的关系。该系数越大，吸收劳动力的能力就越强，反之则越弱。在表 5 中，有 10 类行业就业吸纳能力在下降，8 类行业吸纳就业能力增强，且装备制造、食品饮料属于四川省传统优势行业。

表 5　2011—2015 年四川省劳动密集产业就业弹性系数

行业	产值变化(%)	就业变化(%)	就业弹性系数
纺织业	4.00	-6.19	-1.55
交通运输、仓储和邮政业	5.57	-4.52	-0.81
住宿和餐饮业	4.40	-2.58	-0.58
专用设备制造业	4.13	-1.87	-0.45
橡胶和塑料制品业	7.40	-2.42	-0.33
非金属矿物制品业	6.68	-2.07	-0.31
金属制品业	7.54	-1.25	-0.17
通用设备制造业	5.16	-0.40	-0.08

表5(续)

行业	产值变化(%)	就业变化(%)	就业弹性系数
铁路、船舶、航空航天和其他运输设备制造业	9.83	0.59	0.06
家具制造业	5.65	0.42	0.07
医药制造业	7.16	0.84	0.12
建筑业	8.58	1.44	0.17
食品制造业	11.62	2.82	0.24
电气机械和器材制造业	7.25	2.63	0.36
批发和零售业	6.45	5.28	0.82
皮革、毛皮、羽毛及其制品和制鞋	-1.82	-1.98	1.09
电力、热力生产和供应业	5.95	8.10	1.36
煤炭开采和洗选业	-6.88	-10.85	1.58
造纸和纸制品业	-1.73	-8.09	4.66
第二产业	8.54	1.26	0.15
第三产业	8.03	1.95	0.24

数据来源：2012—2016年《四川省统计年鉴》，其中建筑业（E）、第三产业（F、G、H）采用地区生产总值进行计算，工业（B、C、D）采用行业总产值，以2011年不变价计算。

从就业弹性系数值来看，“十二五”期间就业密集型产业单位产值吸纳就业量低于全省平均水平。其中就业增量较大的行业有：电气机械和器材制造业，批发和零售业，电力、热力生产和供应业。其中仅电力、热力生产和供应业的劳动力需求增速超过经济增长的速度，表明电力、热力生产和供应业在发展就业密集型产业中又有所发展。而第三产业中仅批发和零售业劳动力需求在增长，但增速较经济增长更为缓慢。说明第三产业吸纳就业能力有待进一步提高，产业结构升级仍需进一步推动。煤炭开采和洗选业，造纸和纸制品业，皮革、毛皮、羽毛及其制品和制鞋业属于劳动力减少速度超过了经济衰退的速度，其他就业弹性系数为负值表明了在经济增长过程中就业量在减少。

从变化趋势来看，医药制造业，建筑业，电气机械和器材制造业，批发和零售业，电力、热力生产和供应业属于高产值行业，从产值和就业情况来看预期未来将成为四川就业密集型产业吸纳就业的重要行业。

(三) 传统就业密集型产业发展趋势及对就业的影响

1. 传统就业密集型产业发展面临的总体环境

目前四川全省整体上正在向着服务业经济转变。“十二五”期间，四川省三次产业结构呈“降一降二增三”的特征，三次产业结构比例从2011年的14.2：52.4：33.4调整为2015年的12.2：47.5：40.3（见图3），第三产业持续增长的势头良好。其中，第二产业内部重型化趋势明显，重工业占第二产业比重高于60%，资源类产业发展迅速；而第三产业内部仍以传统服务业为主，金融及其他现代服务业比重大幅度上升。

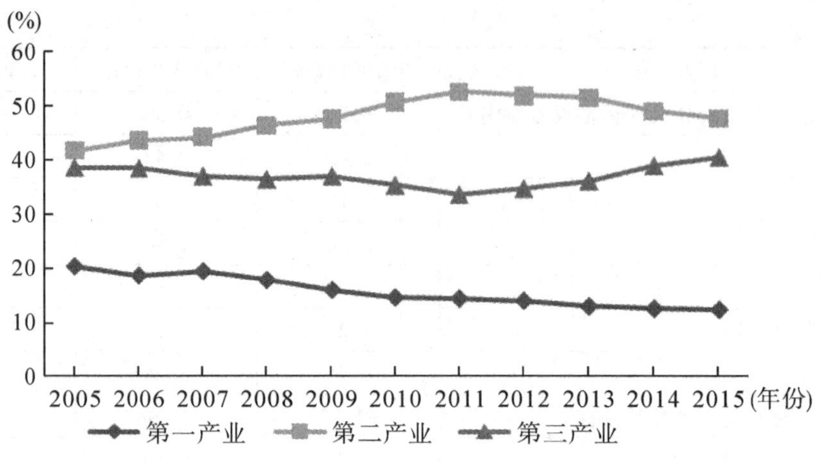

图 3　2005—2015 年四川省产业结构变化情况

按照库兹涅茨标准，可以判定四川省目前整体上处于工业化中期阶段。在这一阶段，制造业内部由轻型工业快速增长转向重型工业快速增长，非农业劳动力占主体，第三产业开始迅速发展，资本密集型产业占据优势，产业转型升级的突出特点是从工业经济向服务业经济转变。与全国平均水平比较起来，四川省仍存在较大差距，2015 年全国产业结构为 9.0：40.5：50.5，处于工业化后期阶段，并预计在 2020 年基本实现工业化。以产业结构年均变化速度为参照标准，四川全省在 2019 年左右进入工业化后期阶段，将由劳动密集型产业向资本密集型产业过渡，由劳动密集型工业向劳动密集型服务业转移。与工业化中期相比，一个重要变化是在中期依靠高投资、重化工业主导发展而支撑的高速增长将难以为继，潜在经济增长率将会自然回落，经济将保持中高速发展趋势，这也是当前经济进入“新常态”的深刻背景。在这样的宏观经济背景下，传统就业密集型产业的发展既充满了机遇又面临着诸多挑战。

经济新常态强调产业结构调整升级。四川省“十三五”规划强调，要以高端成长型产业和新兴先导型服务业为引领，推动先进制造业加快发展和传统优势产业转型升级，重塑产业发展新优势，不断提升四川产业核心竞争力。同时，要坚持调整存量和优化增量并举，加快发展电子信息、装备制造、汽车制造、食品饮料等传统优势产业，推动制造业转型升级和核心竞争力提升，形成全省重要的产业支撑，还要加快冶金、建材、化工、轻工、纺织、制药等传统产业技术改造和淘汰落后产能。根据前面的分析，这些传统产业几乎都是劳动密集型产业，在四川“十三五”时期仍然占据重要地位。其中，在装备制造、食品制造领域，实施工业强基工程，强化工业基础领域创新和配套能力，加快工业化与信息化融合，推进生产设备数字化自动化、制造过程智能化、制造体系网络化。

2. 传统就业密集型产业发展趋势研判

（1）理论和方法。从市场实现的角度考察，区域优势产业及其产业竞争力直接表现为在国内市场上的市场占有份额（δ）和盈利水平（γ）[①]。

---

① 孟庆红，龚勤林. 四川省第二产业行业优势分析［J］. 财经科学，2002（1）：84-89.

i 地方 j 产业市场占有率 δ_{ij} 定义为

$$\delta_{ij}=i\text{ 地方 }j\text{ 产业销售收入}/\text{全国 }j\text{ 产业总销售收入}$$

i 地方 j 产业盈利水平 γ_{ij} 定义为

$$\gamma_{ij}=\frac{a_{ij}}{a_j}$$

式中，a_j 为全国 j 产业平均销售利润率，即 a_j 为全国 j 产业总利润与全国 j 产业总销售收入；a_{ij} 为 i 地方 j 产业的销售利润率，即

$$a_{ij}=i\text{ 地方 }j\text{ 产业利润}/i\text{ 地方 }j\text{ 产业销售收入}$$

当 $\gamma_{ij}<1$ 时，表明 i 地方 j 产业盈利润能力低于全国同行业平均水平；当 $\gamma_{ij}>1$ 时，表明 i 地方 j 产业盈利能力大于全国同行业平均水平；在价格方面仍有潜力，即 i 地方 j 产业可通过降低价格进一步扩大其市场占有份额。

对于研究一定时期产业竞争力，以上这两个指标都是非常重要的。

设 C_{ij} 代表 i 地方 j 产业竞争力，则 C_{ij} 是一个由 δ_{ij} 和 γ_{ij} 确定的二维向量。图 4 表示在市场均衡价格下，三个不同地方同一产业的竞争力向量。

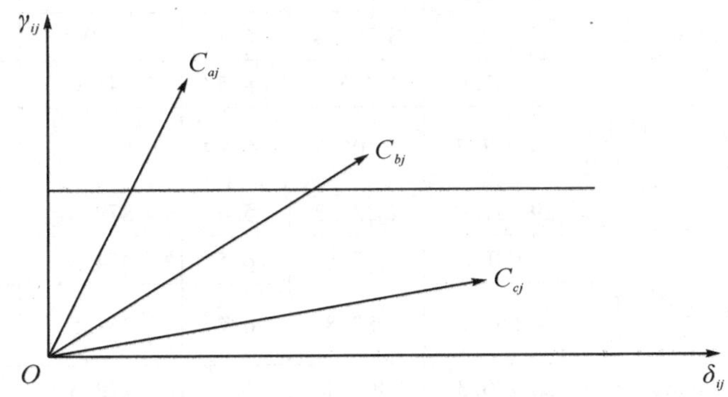

图 4　产业竞争力向量图

C_{aj}、C_{bj} 和 C_{cj} 分别为 a、b 和 c 地方 j 产业竞争力向量。图 4 中，虽然 c 地方 j 产业当前市场占有份额较高，但盈利水平远低于全国同行业平均盈利水平，已经丧失价格竞争优势，在未来的竞争中随着对手采取降价策略其市场占有份额势必下降。虽然 a 地方 j 产业当前市场占有率较低，但盈利水平远高于全国同行业平均盈利水平。该地 j 产业若欲扩大市场占有份额，可采取大幅降低销售价格的策略，发动“价格战”，有可能使 c 地方 j 产业处于严重亏损，甚至淘汰出局。在价格竞争过程中，全国同行业平均利润率不断下降，但全国同行业盈利水平线仍停留在 $j=1$ 的水平上，各地产业竞争力向量，将随着市场占有份额和盈利水平的变动而变动。

为了说明同一产业中不同行业或不同产品之间的比较优势，便于识别该产业中最具竞争优势的行业或产品，可以定义“显示性的比较优势指标”（revealed comparative advantage index），一般简称 RCA 指数。某产品的 RCA 指数定义如下：i 地方 j 产业中 k 产品在国内市场的占有率与 i 地方 j 产业在国内市场的占有率之比叫作 i 地方 j 产业中 k 产品的显示性比较优势指数。

（2）工业行业的相对比较优势分析。参照分析区域优势产业及竞争力理论，对四川省主要工业行业的竞争力进行分析（见表6、表7、图5）。基于数据的可获得性考虑，本文选择2015年全国工业和四川工业的数据进行比较分析。

表6　2015年全国和四川省劳动密集型工业行业收益指标比较

行业	全国			四川		
	主营业务收入（亿元）	利润总额（亿元）	利润率（%）	主营业务收入（亿元）	利润总额（亿元）	利润率（%）
通用设备制造业（C34）	47 039.6	3 142.9	6.7	1 971.4	103.9	5.3
金属制品业（C33）	37 257.3	2 239.3	6.0	1 034.3	52.0	5.0
电力、热力生产供应业(D44)	56 625.8	4 776.3	8.4	2 155.5	244.9	11.4
电气机械和器材制造业(C38)	69 183.2	4 524.3	6.5	1 100.7	52.8	4.8
专用设备制造业（C35）	35 873.8	2 186.7	6.1	1 194.4	86.4	7.2
橡胶和塑料制品业（C29）	31 015.9	1 962.4	6.3	890.6	57.6	6.5
医药制造业（C27）	25 729.5	2 717.4	10.6	1 164.6	108.6	9.3
非金属矿物制品业（C30）	58 877.1	3 789.4	6.4	2 710.5	139.2	5.1
食品制造业（C14）	21 957.6	1 876.6	8.5	941.0	67.4	7.2
铁路、船舶、航空航天和其他运输设备制造业（C37）	19 087.7	1 106.7	5.8	557.7	30.1	5.4
纺织业（C17）	39 987.0	2 224.3	5.6	879.8	44.0	5.0
家具制造业（C21）	7 880.7	512.6	6.5	474.8	28.5	6.0
皮革、毛皮、羽毛及其制品和制鞋业（C19）	14 659.8	980.8	6.7	261.5	15.6	6.0
煤炭开采和洗选业（B06）	23 770.3	405.1	1.7	772.3	27.5	3.6
造纸和纸制品业（C22）	13 942.3	792.8	5.7	426.5	20.7	4.9

数据来源：《中国统计年鉴（2016）》《四川统计年鉴（2016）》。

表7　2015年四川省劳动密集型工业行业竞争力分析

行业	市场占有率（%）	RCA指数	盈利率（%）
通用设备制造业（C34）	4.2	1.2	79.1
金属制品业（C33）	2.8	0.8	83.3
电力、热力生产供应业（D44）	3.8	1.1	135.7
电气机械和器材制造业（C38）	1.6	0.5	73.8
专用设备制造业（C35）	3.3	0.9	118.0
橡胶和塑料制品业（C29）	2.9	0.8	103.2
医药制造业（C27）	4.5	1.3	87.7
非金属矿物制品业（C30）	4.6	1.3	79.7
食品制造业（C14）	4.3	1.2	84.7

表7(续)

行业	市场占有率（%）	RCA 指数	盈利率（%）
铁路、船舶、航空航天和其他运输设备制造业（C37）	2.9	0.8	93.1
纺织业（C17）	2.2	0.6	89.3
家具制造业（C21）	6.0	1.7	92.3
皮革、毛皮、羽毛及其制品和制鞋业（C19）	1.8	0.5	89.6
煤炭开采和洗选业（B06）	3.2	0.9	211.8
造纸和纸制品业（C22）	3.1	0.9	86.0

数据来源：课题组整理。

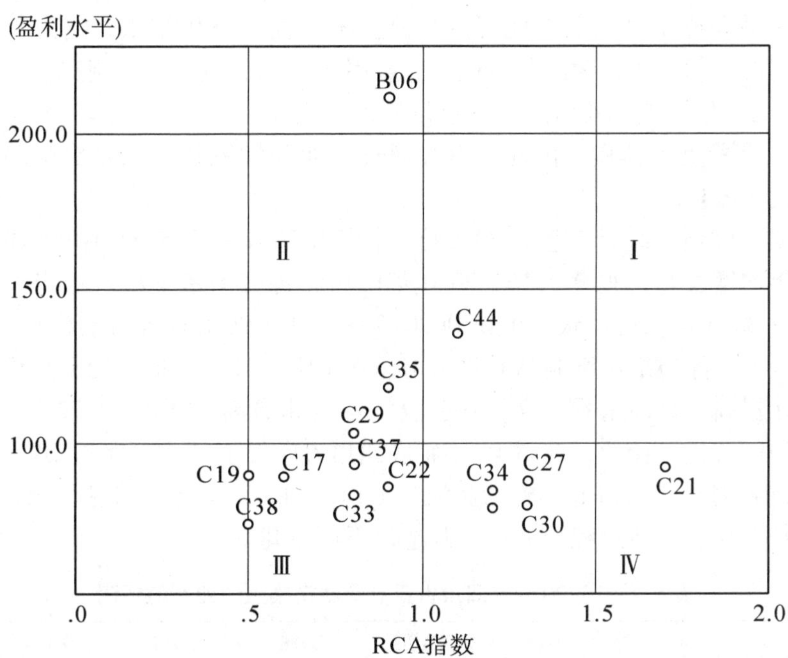

图5 四川省劳动密集型工业行业优势竞争力示意图

用盈利水平100%和RCA指数1将坐标划分为Ⅰ、Ⅱ、Ⅲ、Ⅳ四个区域。Ⅰ区域是四川省盈利水平和市场占有率都高于全国平均水平的行业所在区域，位于其中的行业是四川的优势所在；Ⅲ区域则正好相反，是两个指标都十分差的行业所在区域，是应该逐步通过市场专业化分工的行业；而Ⅱ、Ⅳ区域则表明有某种优势和劣势共存的行业所在区域。对比图5和表7可知，四川各劳动密集型工业行业位于Ⅰ区域的是电力、热力生产和供应业，这是四川十分具有优势的行业。位于Ⅱ区域的行业是专用设备制造业，橡胶和塑料制品业，煤炭开采和洗选业，其中煤炭开采和洗选业情况比较特殊，在政府大力化解过剩产能背景下，2013—2015年全省关闭淘汰退出各类小煤矿584处，退出产能4 826万吨/年，实现了减产增效。位于Ⅲ区域的是金属制品业，电气机械和器材制造业，铁路、船舶、航空航天和其他运输设备制造业，皮革、毛皮、羽毛及其制品和制鞋业，纺织业，造纸和纸制品业六个行业，这是四川应该通过区域分工转移出去的行业。位于第Ⅳ区域的是通用设备制造业、医药制造业、非金属矿物制品业、食品制造业、家具制造业 5 个行业，它们具有较强的市场占有率的优势，但是其盈利水平还有待提升。2015 年全省 400 户规模以上医药工业企业，产值超过 1 000 亿元，预计 2020 年医药工业销售收入达到 2 500 亿元，发展潜力较大。在食品制造业方面，白酒、茶叶、粮油制品、肉制品等都具有较强的竞争优势，2020 年，全省食品饮料产业可实现主营业务收入超万亿元。在家具制造业方面，四川是国内三大生产制造基地、四大流通中心之一，2015 年，四川家具行业总产值接近 900 亿元，虽然在经济下行压力下传统家具产业受到前所未有的挑战，但通过调整发展思路，创新商业模式，仍然具有进一步发展的前景。

3. 传统就业密集型产业演变对就业的影响

（1）部分就业密集型工业就业容量预测。根据前文分析结果，电力、热力生产和供应业，通用设备制造业，医药制造业，非金属矿物制品业，食品制造业，家具制造业 6 个行业是今后一段时期四川省可以重点发展的劳动密集型行业，这部分行业对劳动力的“吸引力”有着重要作用。因此，本文通过就业弹性系数法预测出这部分劳动力密集型行业的就业容量。

首先根据《四川省统计年鉴（2016）》计算出 2011—2015 年四川省各劳动密集型行业产值的年均增长率，假设 2016—2020 年四川省各劳动密集型行业产值的年均增长率仍与 2011—2015 年保持一致，可得到 2016—2020 年四川省各劳动密集型行业产值。从表 8 可以看出，除造纸和纸制品业年均增速在下降以外，其他劳动密集型行业产值的年均增速均在提高。具体来看，食品制造业年均增速最高，达到 14.72%，食品制造业属于四川省的传统优势行业，在 2015 年年底四川省印发了“中国制造 2025 四川行动计划”中也提到要对食品制造业实施工业强基工程，加快工业化与信息化融合，推进生产设备数字化自动化、制造过程智能化、制造体系网络化。

表 8　2016-2020 年四川省重点劳动密集型工业产值预测

行业类别	2016（亿元）	2017（亿元）	2018（亿元）	2019（亿元）	2020（亿元）	年均增速（%）
电力、热力生产和供应业	2 361.2	2 538.0	2 728.0	2 932.3	3 151.9	7.49
通用设备制造业	2 116.2	2 253.7	2 400.1	2 556.1	2 722.1	6.50
医药制造业	1 382.5	1 507.4	1 643.6	1 792.1	1 954.0	9.03
非金属矿物制品业	3 298.9	3 576.6	3 877.7	4 204.1	4 558	8.42
食品制造业	1 120.6	1 285.6	1 474.9	1 692.1	1 941.2	14.72
家具制造业	539.9	578.2	619.3	663.4	710.5	7.11
造纸和纸制品业	443.7	434.1	424.7	415.5	406.5	−2.16

数据来源：课题组整理。

经济增长与就业增长的关系一般用就业弹性系数来反映。就业弹性系数表示劳动力就业的增长率与经济增长率之间的比率，采用 GDP 每增长 1 个百分点带动的就业人数增长百分点表示。基于此，本文中假定四川省各劳动密集型行业产值年均增长率与2011—2015年相一致。假设 L 为就业数量，ΔL 为就业增加量，Y 为生产总值，ΔY 为GDP增加量，GL 表示就业的增长率，GY 表示经济增长率，那么，就业弹性（E）用差分公式表示为

$$E=\frac{GL}{GY}=\frac{\Delta L/L}{\Delta Y/Y}$$

用差分法计算出四川省各劳动密集型行业2011—2015年的就业弹性，并结合2011—2015年的产值年均增长率得出2016—2020年四川省劳动密集型行业就业容量（见表9）。

表9　2016—2020年四川省重点劳动密集型工业就业容量预测

行业类别	2016年（万人）	2017年（万人）	2018年（万人）	2019年（万人）	2020年（万人）	就业人数增长率（%）	就业弹性系数
电力、热力生产和供应业	22.1	24.3	26.8	29.6	32.6	10.23	1.37
通用设备制造业	15.9	15.8	15.7	15.7	15.6	-0.49	-0.08
医药制造业	12.6	12.7	12.8	13.0	13.1	1.05	0.12
非金属矿物制品业	27.9	27.2	26.5	25.8	25.1	-2.58	-0.31
食品制造业	10.2	10.6	10.9	11.3	11.7	3.54	0.24
家具制造业	8.7	8.8	8.8	8.9	8.9	0.53	0.07
造纸和纸制品业	4.0	3.6	3.3	2.9	2.6	-10.01	4.62

数据来源：课题组预测。

2016—2020年四川省劳动密集型行业就业容量较高的是电力、热力生产和供应业，其就业人数增长率为10.23%，到2020年可以吸纳32.58万人的劳动力，较2015年增加了12.56万人；医药制造业、食品制造业、家具制造业3个行业的就业人口也均有小幅度的上升，医药制造业、食品制造业、家具制造业到2020年合计可以吸纳33.73万人的劳动力，较2015年增加了2.77万人；通用设备制造业、非金属矿物制品业、造纸和纸制品业3个行业的就业人数呈下降趋势，尤其是造纸和纸制品业的就业人数年均降幅较大，达10.01%，通用设备制造业、非金属矿物制品业、造纸和纸制品业到2020年合计可以吸纳43.33万人的劳动力，较2015年下降了5.73万人。

（2）其他劳动密集型工业就业容量预测。2016—2020年四川省非重点劳动密集型工业的产值预测同样也是采用计算出2011—2015年四川省非重点劳动密集型行业产值的年均增长率，假设2016—2020年四川省非重点劳动密集型行业产值的年均增长率仍与2011—2015年保持一致，得到2016—2020年四川省非重点劳动密集型行业产值（见表10）。从表10可以看出，皮革、毛皮、羽毛及其制品和制鞋业、煤炭开采和洗选业产值的年均增速呈下降趋势，降幅较大的是煤炭开采和洗选业，较低的天然气价格是煤炭使用下降的主要原因，此外，风能、太阳能以及生物质燃料等新能源的兴起，也对煤炭行业造成了不小的冲击。

表 10　2016—2020 年四川省非重点劳动密集型工业产值预测

行业类别	2016 年（亿元）	2017 年（亿元）	2018 年（亿元）	2019 年（亿元）	2020 年（亿元）	年均增速（%）
金属制品业	1 192. 8	1 306. 2	1 430. 4	1 566. 5	1 715. 5	9. 51
电气机械和器材制造业	1 484. 7	1 620. 5	1 768. 7	1 930. 6	2 107. 2	9. 15
专用设备制造业	1 352. 2	1 422. 4	1 496. 2	1 573. 9	1 655. 6	5. 19
橡胶和塑料制品业	1 025. 6	1 121. 3	1 226. 0	1 340. 4	1 465. 6	9. 34
铁路、船舶、航空航天和其他运输设备制造业	676. 4	760. 5	855. 1	961. 5	1 081. 1	12. 44
纺织业	1 020. 6	1 071. 8	1 125. 7	1 182. 3	1 241. 7	5. 02
皮革、毛皮、羽毛及其制品和制鞋业	291. 0	284. 4	278. 0	271. 7	265. 5	−2. 26
煤炭开采和洗选业	863. 9	790. 2	722. 8	661. 2	604. 8	−8. 53

数据来源：课题组预测。

表 10 中，2016—2020 年四川省非重点劳动密集型工业的产值的年均增速大部分虽然都呈增长趋势，但是其就业容量却在逐渐缩小（见表 11）。从表 11 可以看出，除了电气机械和器材制造业，铁路、船舶、航空航天和其他运输设备制造业的就业人口在小幅上升以外，其余非重点劳动密集型工业的就业人口均呈下降的趋势。其中，煤炭开采和洗选业、纺织业是减少就业人口最多的行业，2020 年煤炭开采和洗选业的就业人口为 9. 65 万人，比 2015 年下降 10. 14 万人；2020 年纺织业就业人口为 6. 82 万人，比 2015 年下降 3. 35 万人。总体来讲，到 2020 年四川省非重点劳动密集型工业的就业人口比 2015 年将下降 14. 97 万人。

表 11　2016-2020 年四川省非重点劳动密集型工业就业容量预测　单位：万人;%

行业类别	2016 年（万人）	2017 年（万人）	2018 年（万人）	2019 年（万人）	2020 年（万人）	就业增长率（%）	就业弹性系数
金属制品业	9. 1	8. 9	8. 8	8. 7	8. 5	−1. 56	−0. 16
电气机械和器材制造业	13. 1	13. 5	13. 9	14. 4	14. 9	3. 30	0. 36
专用设备制造业	11. 9	11. 6	11. 3	11. 1	10. 8	−2. 33	−0. 45
橡胶和塑料制品业	8. 2	7. 9	7. 7	7. 5	7. 2	−3. 02	−0. 32
铁路、船舶、航空航天和其他运输设备制造业	6. 6	6. 7	6. 7	6. 8	6. 8	0. 74	0. 06
纺织业	9. 4	8. 7	8. 0	7. 4	6. 8	−7. 68	−1. 53
皮革、毛皮、羽毛及其制品和制鞋业	5. 9	5. 8	5. 6	5. 5	5. 4	−2. 47	1. 09
煤炭开采和洗选业	17. 1	14. 9	12. 9	11. 2	9. 7	−13. 37	1. 57

数据来源：本课题组整理。

（3）劳动力素质要求提升，劳动力供需结构失衡。技术进步是产业结构升级的根本动因，而技术进步又更加依赖劳动者素质的推动。四川省从低层次就业密集型产业逐步向高技术就业密集型产业、资本密集型产业过渡过程中，对劳动力素质也将提出新的要求。不同于就业密集型产业的低门槛、广吸纳特征，资本密集型产业具有技术装备高，投资量大，容纳劳动力少等特点，高技术就业密集型产业更是强调劳动力技能。四川省制造业将不再是简单的生产加工，而是融合了信息化、设备数字化自动化、制造过程智能化、制造体系网络化的先进制造业。

然而，在劳动力需求市场对素质要求不断提升的过程中，劳动力供给市场却难以匹配需求。

一方面，四川省整体人才水平难以支撑产业发展，在去产能和产业结构升级过程中将析出大量低素质劳动力。据“六普”资料显示，四川省文盲率相对全国水平仍然较高，平均受教育年限比全国低 0.6 年，与经济发展水平的要求还有较大差距。而在四川省产业去产能过程中，析出的将是低层次就业密集型产业中的农民工就业人员，与新兴产业的发展难以匹配，将是劳动力市场转型中的一大挑战。

另一方面，新增劳动力主要来源于城镇化进程中的农村剩余劳动力转移，难以适应高技术含量工作。2014 年四川农村劳动力实名制登记入库信息显示，农村转移就业劳动力总体呈现年龄偏大、文化程度和技能水平偏低的特征，全省转移就业农村劳动力 40~50 岁的占 34.7%，初中文化程度的占 68.6%，具有某项职业资格证书的仅占 1.8%。

总之，在四川省由低层次就业密集型产业向高技术就业密集型产业、资本密集型产业过渡过程中，对人才素质要求不断提升，将大量析出低素质劳动力，且难以与劳动力市场转型过程予以匹配。同时，在高技能人才、专业技术人才、科研人才成为需求重点时，劳动力供给难以提供有效支撑，未来可能出现劳动力供给总量过剩，但技能人才短缺的失衡局面。

（四）本部分研究的主要结论

1. 传统就业密集型产业吸纳就业的整体能力将进一步减弱

当前及今后一段时期，四川省整体经济呈继续增长态势，产业结构正从劳动密集型产业向资本密集型产业过渡。虽然就业总量仍有小幅增长，但传统就业密集型产业（19 个行业）在产值增长过程中从业人员总量在下降，从业人员分布正从工业、劳动密集型服务业向建筑业、资本密集型服务业转移。在新常态背景下，产业结构变化意味着工作转换而产生的摩擦性失业和因为劳动者素质与产业发展需求不匹配的结构性矛盾越来越突出。

2. 部分传统就业密集型产业仍然具有提供就业岗位的能力

在四川未来产业发展过程中，值得关注的劳动密集型产业是：电力、热力生产和供应业，通用设备制造业，医药制造业，非金属矿物制品业，食品制造业，家具制造业 6 个行业。进一步巩固电力、热力生产和供应业的既有市场和劳动生产率优势，使其成为四川省就业密集型产业发展的重要支撑和 GDP 增长的重要源泉。通用设备制造业，医药制造业，非金属矿物制品业，食品制造业，家具制造业具有较强的市场占有率优势，但其获利能力较差，因此，其关键是改善经营，增强其获利能力。

三、四川省现代就业密集型产业发展现状及趋势

（一）新经济与现代就业密集型产业的一般分析

新产业、新业态为经济增长注入新动力。目前国内经济乃至全球经济的增长乏力，根本原因在于传统供需结构出现了严重失衡，包括工业制造、电子电信、纺织业等产能明显过剩。在这种情况下，单纯依靠固定资产投入拉动经济增长、解决就业、提供税收的范式，在宏观经济层面已经逐渐失效。而以新业态、新产业为代表的新经济正推动国内经济转型升级。“新经济”是一个相对概念，是相对于传统经济而言新的经济形态。其本质内涵可概括为：以信息技术为主导，以知识与高科技经济为载体的创新型经济形态，涵盖新技术、新组织结构、新商业模式等重要内容，体现为新技术、新产业、新要素、新能源、新材料、新业态、新服务、新模式的相互关联与作用。“新经济”的覆盖面非常广泛，涉及第一、二、三产业，不仅指“三产”中的“互联网+”、物联网、云计算、电子商务等新兴产业和业态，也包括工业制造中的智能制造、大规模定制化生产等，还涉及第一产业中诸如有利于推进适度规模经营的家庭农场、股份合作制，农村第一、二、三产业融合发展等。

新经济新业态可有效打开就业新空间。四川大力发展电子商务、现代物流、养老健康服务等新兴先导型服务业，鼓励大众创业万众创新，各种新兴业态吸纳就业的能力明显增强，新经济下产生的新就业形态呈现出有别于传统就业形态的新格局、新变化，由此带动的劳动力需求不仅在一部分传统行业去产能的过程中起到了稳定就业的作用，同时也新增了大批传统业态中没有的工作岗位，从就业的质量和数量两个方面推动四川省就业形态的改变。由于目前“新经济”这一概念还没有比较统一和正式的界定，在针对“新经济”所涉及的产业及行业时，也并没有一个明确的划分，在测量新产业、新业态带来的就业规模时，目前难以进行定量评估，只能通过局部地区、部分行业或企业的数据来以点带面地反映和说明现代就业密集型产业发展对就业的影响。我们在讨论“新经济”的崛起和发展所带来的就业时，不再按照第一、二、三产业对其进行清晰划分，而是以不同的信息技术所形成的经济运行模式来进行探讨，重点考察电子商务、平台经济、养老服务业和“四众”平台等新产业和新业态对就业的影响。

（二）主要现代就业密集型产业发展情况

1. 电子商务

近年来，随着互联网技术的发展和普及，电子商务成了推动经济发展和消费提升的重要模式。电子商务的快速崛起形成了巨大的劳动力需求市场，涉及众多行业。在电子商务的整个生态链中，各个层次的劳动力都能够寻求到与自身能力和特质相匹配的岗位供给。①电子商务自身的发展壮大，形成了数量众多、规模不一的电商企业，一方面扩大了作为企业运营本身所需要的对传统岗位的需求，如财务、人力资源管理、运营管理

等岗位的人才需求；另一方面，对信息技术处理及分析的人才、网络及软件开发等方面的高新技术人才的需求更是呈现出爆发式的增长。②电子商务的实现过程中与物联网的紧密结合带动了仓储、交通运输及邮政行业的快速扩张和发展，产生了大量的相关岗位的劳动力需求，如仓储管理、物流分流、物流运输、快递投递，等等。③从网络零售方面来看，个体的网络销售人员（如网店店主）形成了规模庞大的灵活就业群体，并以此衍生出了如网上客服、网络模特、网店维护等新兴职业，由于可以选择全职或兼职，自由安排工作时间及工作地点，网络零售创造的就业规模非常可观。④电子商务的发展扩大了内需，通过消费拉动经济发展也将对就业产生积极的影响。

据四川省商务厅统计，截至 2016 年年底，四川省网商规模达到 38 万家，比 2015 年增加 7 万多家，带动直接就业超过 200 万人，带动各类间接就业约 800 万人。以京东为例，京东集团于 2010 年初落户四川，经过七年的发展，京东西南区已由最初的 13 名员工发展到如今万余名员工，年营业收入增长约 50 倍，成为四川最大的零售企业，直接吸纳就业上万人，还通过其产业生态链间接带动近百万人就业[①]。再以阿里巴巴全国数据为例，麦肯锡《中国网络零售革命：线上购物助推经济增长》的研究报告表明，2016 年，阿里巴巴网络零售交易额超过 3 万亿元，其中超 11 700 亿元属于新增消费，这背后蕴含了大量的新增就业机会。中国就业促进会研究数据显示，淘宝网店就业系数约为 1.6 人/店、天猫网店就业系数约为 6.9 人/店。2015 年淘宝、天猫网店创造的就业机会就达 1 104 万个，提供的电商物流领域就业机会达 203 万个（基本上都是新增就业），电商服务相关就业机会超 215 万个（基本上都是新增就业）。2016 年 9 月，中国人民大学劳动人事学院《阿里零售平台带动就业问题研究》对阿里巴巴企业的就业带动效果进行测量，结果显示：2015 年阿里巴巴集团全部平台为社会创造超过 3 083 万个就业机会，其中交易型就业 1 176 万个、支撑型就业 418 万个（电商物流 203 万个，电商服务业 215 万个）、带动（衍生型）就业 1 489 万个，主要包括上下游制造业、批发业、金融、物流、服务商等行业和岗位。从业人员中，“80 后”“90 后”成为绝对主体，约 80%为 34 岁以下的年轻人，75%是高中以上文化程度，不仅有大学生、白领还有退伍军人、下岗职工、农民工、残疾人等。

电子商务的发展带动规模就业效果最显著的是物流行业，物流从业人员为服务业中占比最大的行业之一，据中国物流与采购联合会统计调查测算，2016 年年末我国物流岗位从业人员[②]数为 5 012 万人，比上年增长 0.6%，占全国就业人员 6.5%。其中，按行业划分来，物流相关行业从业人员数为 1 008 万人，比上年增长 4.7%，增速高于城镇就业人员 1.5 个百分点；从事物流活动的个体工商户从业人员为 2 794 万人，比上年增长 0.2%；工业、批发和零售业等行业法人单位的物流岗位从业人员为 1 211 万人，

---

① 作者不详. 落户四川七年拉动百万就业　京东论道西南新经济崛起［EB/OL］.（2017-04-07）. http://www.chinanews.com/business/2017/04-07/s193624.shtml.

② 指国民经济各行业中从事物流活动的人员，既包括物流相关行业法人单位和从事物流活动的个体工商户从业人员，也包括工业、批发和零售业等行业法人单位的物流岗位从业人员。

比上年下降 1.6%①。

物流行业对国民经济的贡献主要体现在两个方面：①运输业仍是物流吸纳就业的主体。2016 年年末，运输业从业人员数为 586 万人，占全国物流相关行业从业人员数的 58.2%。在运输业中，铁路运输业从业人员 217 万人，道路运输业从业人员 295 万人，水上运输业从业人员 60 万人，航空运输业从业人员 10.7 万人，管道运输业从业人员 3.9 万人。②新业态成为创造新增物流就业的主力。受市场环境影响，近年来水上运输、仓储业等行业从业人数有所下降，与电商等新业态相关的快递物流业从业人数增速明显快于其他行业。快递物流业从业人员 245 万人，增加 40 万人，比上年增长超过 20%。

2. 平台经济

平台经济（platform economics）是一种虚拟或真实的交易场所，平台本身不生产产品，但可以促成双方或多方供求之间的交易，靠收取恰当的费用或赚取差价而获得收益。平台经济的出现在很大程度上推动了传统的就业形态从“工业社会”下“标准化”逐步向“信息社会”下“个性化、多样化”的新就业模式转变。传统的就业方式下，员工受雇于特定企业，通过企业与市场进行价值交换；而平台方式下，自然人通过虚拟账号就可以成为平台的服务方，与市场消费者连接，实现个人的市场价值，自然人成了劳动力市场的主体。就业组织方正从“工厂、公司”向“平台”进行迁移，就业形态也从“公司+员工”转变为“平台+个人”，就业关注点也从“充分就业”转移到“灵活自主”，兼职就业、灵活就业成了规模庞大的新就业方式，正因为平台经济模式改变了传统就业形态，丰富了就业的定义和扩大了就业的界限，使劳动力以“个人”的方式而非通过组织接入平台中，从而让更多的人得到就业的机会。平台经济带动就业成效显著的行业目前主要包括几大板块：交通出行类、家政服务类、招聘求职类、旅游服务类等。

网约车便是平台经济发展带动就业的最好案例。据调查，成都市“共享交通”重点企业（主要指滴滴等网约车、摩拜单车等共享单车企业、环球车享等分时租赁汽车企业）在蓉提供岗位 66.10 万个，其中网约车类企业提供岗位 66.03 万个，滴滴专车提供就业岗位最多，为 64.05 万个。按照 2015 年成都市第三产业从业人口为基数测算，共享交通占比高达 16.22%。

3. 养老服务业

随着我国老龄化的加快，养老服务业逐步受到重视，国家出台政策支持和鼓励养老服务业发展，面对老年人持续增长的养老服务需求，养老服务业作为一门新兴的产业发展迅猛。

养老服务业是指为老年人口提供日常生活支持、医疗保健、照料护理、精神慰藉等活动的产业总称。养老服务产业并不是传统意义上的一个独立产业部门，而是由老年消

① 李新玲. 我国物流从业人员 5 012 万成为人员增速最快的行业［EB/OL］.（2017-04-28）. http://m.Cyol.com/content/2017-04/28/content_16007104.htm.

费市场需求带动而形成的以养老照料护理为主、包括医疗保健、老年文化、旅游休闲等多个产业在内的新兴产业集群①。养老服务业的发展，带动其本位产业、关联产业和衍生产业的发展，创造大量就业岗位及就业机会。养老服务产业包括养老机构建设、老年护理服务等；关联产业包括养老设施和机构供应链上的专业设施、专业易耗品，老年护理服务业供应链上的护理人员培训、劳务派遣、老年护理专业用品、治疗和康复器械等，来自老年人深层次需求的旅游、医疗、营养保健和心理咨询等；衍生产业包括老年人长期护理保险产品、老年储蓄投资理财产品等。总之，养老服务业涉及面广，可吸纳的就业岗位多种多样，包括护理员、生理理疗师、营养师、心理治疗师、社会工作者等，这些岗位如果能够得到充分挖掘，将有效缓解当前我们面临的就业压力。

四川常住人口的老龄化程度居全国第二位，人口老龄化将产生庞大的养老服务市场需求。我国民政部社会福利中心 2015 年数据资料显示，我国共有约 23 万养老机构从业人员，而我国老年人口数量已达 2 亿人，其中失能失智和需要护理的老人数高达 4 000 万人，据测算目前我国养老机构所需的护理人员还缺少至少 1 000 万人。也就是说，仅养老服务产业，全国机构养老、居家社区生活照料和护理等服务可提供超过 1 000 万个就业岗位。据四川省 2015 年 1%人口抽样调查数据推算，四川省 60 岁及以上人口为 1 672 万人，生活完全不能自理（重度失能）老年人约为45 万人，按照国际公认的3 位失能老人配备 1 名护理人员的标准计算，四川省养老机构所需的护理人员至少需要 15 万人，即养老机构护理需求就将催生 15 万个以上的就业岗位。随着四川省人口老龄化、高龄化和失能率的提升，不仅是养老护理行业，整个养老服务的“银发产业链”将迅速发展，“养老”将成为一个横跨金融、地产、休闲服务、医疗、轻工业等行业的新兴的投资方向，带动上下游行业加速发展，创造更多经济增长点和就业新机会。

4.“四众”平台

基于互联网的创新创业蓬勃兴起，呈大众化、平台化、规模化、国际化发展趋势。众创、众包、众扶、众筹（简称“四众”平台）② 是“互联网+”背景下快速涌现的新模式，是大众创业万众创新支撑平台。四川省从事“四众”服务的创业创新支撑平台快速发展，“四众”服务活动广泛开展，成为推动经济转型发展和就业增长的新亮点。以众筹为例，众筹有三个主要参与者——融资方、平台和投资方，其中融资方和平台方都可以被看作是新增市场主体，他们或者是“自我雇佣”的创业团队，或者是满足众筹发展的社会组织，两者都产生了对劳动力的需求。2015 年，国家发改委高技术司副巡视员孟宪棠在“全国大众创业万众创新活动周启动新闻发布会”上表示，在双创政策激励下，创新创业热潮正在迅速兴起，对 GDP 增速的拉动达到了 0.4 个百分点，大

---

① 杨立熊. 中国老龄服务产业发展研究［J］. 新疆师范大学学报，2017，38（2）：69-75.

② 众创平台是帮助广大创业者聚集和链接各类创业资源的孵化平台，能够提供部分或全方位的创业服务，创业者可以专注于核心业务，有利于创意和创新成果的快速转化。众包平台是帮助任何主体将特定任务分包给不特定社会大众的服务对接平台，通过大规模社会化协同、聚众力集众智的方式完成特定任务。众扶平台是通过政府和公益机构支持、企业帮扶援助、个人互助互扶等多种途径，共助小微企业和创业者成长，构建创业创新发展良好生态的创新形式。众筹平台是个人或企业通过互联网向社会公众或组织募集资金，是中小微企业筹集早期发展资金的重要途径。

量新增市场主体成为吸纳劳动力就业的一个重要渠道。2016 年 12 月 19 日，众筹被纳入“十三五”国家战略性新兴产业发展的重点任务。截至 2016 年年底，全国共上线众筹平台 752 家，其中正常运营的为 532 家，下线或转型的为 220 家。

“四众”平台已初具规模，发展形势趋好。2015 年，四川省有“四众”平台企业 825 家，全国排名第 4 位，仅次于浙江省、山东省和江苏省，占西部地区的 31.7%，年末从业人员 40.1 万人，当年实现营业收入 356.4 亿元，利润总额 17.8 亿元；平均每家平台期末从业人员为 49 人，营业收入为 4 319.7 万元，利润总额为 215.2 万元，发展势头迅猛。2015 年四川省有省级及以上科技企业孵化器 64 个，其中国家级 22 个，在孵企业 4 085 个，在孵企业从业人员 6.7 万人①。截至 2016 年 3 月，四川省众创空间孵化载体达到 95 家，服务人数 1 700 余人，创业团队 3 100 余家，吸纳就业人员 18 500 余人②。

从农民工返乡创业情况来看，据粗略统计，2016 年全年四川省新增返乡创业农民工 7.1 万人，创办企业 1.8 万个，实现产值 140.5 亿元。以四川省中江县为例，2016 年有 4 000 余人返乡创业，吸纳就业 20 000 余人，创造产值预计 12 亿元，为转变当地农业发展方式、吸纳农民就近就地灵活就业、促进农民增收起到了积极作用③。

四川省工商部门的数据反映，2015 年四川省新登记各类市场主体 64.39 万户，增长 20.74%，高于全国 14.5%的平均增速；注册资本（金）10 662.55 亿元，增长 37.66%。其中，新登记企业创历史新高，达到 17.74 万户，增长 23.51%，高于全国 21.6%的平均增速；从行业分布情况看，批发和零售业 2015 年新登记市场主体 34 万户，占新登记总量的 52.8%，仍然是社会投资创业首选；住宿和餐饮业新登记市场主体 8.08 万户，增长 84.1%，增速最快。七大战略性新兴产业发展良好，至 2015 年年底，新一代信息技术产业、新能源产业、高端装备制造产业、新材料产业、生物产业、节能环保产业、新能源汽车分别拥有市场主体 4.3 万户、4.2 万户、1.4 万户、2.7 万户、3.0 万户、7.7 万户、2.1 万户④。

据阿里巴巴集团旗下的阿里研究院的统计数据反馈，截至 2016 年 6 月底，通过企业云端服务“阿里云”平台创业的小微团体付费客户有近 60 万，这意味着至少有近 60 万的创业者通过阿里平台的服务在创业，根据阿里巴巴测算，这些创业者带动的就业人数超过了 200 万。

（三）本部分主要结论

本文根据就业密集型产业发展规律，结合四川省现代就业密集型产业发展现状，探索了其未来发展趋势，分析了新形势下四川省现代就业密集型产业可能提供的就业空

---

① 数据来源：四川省统计科学研究所课题组. 四川新经济发展与新经济统计工作经验［R］. 2016：207.

② 数据来源：四川省科技厅. 四川省国家级众创空间再添 11 家［EB/OL］.（2016-03-16）. http://www.sc.gov.cn/10462/10464/10465/10574/2016/3/16/1037066.shtml.

③ 数据来源：四川省统计局. 川商返乡创业调研报告［EB/OL］.（2016-05-06）. http://www.sc.gov.cn/10462/10464/10465/10574/2018/4/17/10379287/shtml.

④ 数据来源：韩迅. 2015 年四川新登记市场主体 64 万余户［N］. 四川经济日报，2016-01-20（1）.

间，得出以下结论：

1. 现代就业密集型产业成为就业的新增长点

新经济的快速发展在发挥调整经济结构、培育经济增长新动能等重要作用的同时，也创造了大量就业机会。经济发展动力从传统增长点向新的增长点转换，必然带来就业新变化。新经济、新产业、新业态改变了劳动力市场需求结构，诞生了一系列新职业、新岗位，根据国家统计局“三新”统计调查资料推算，在全部增加的就业中，新动能的贡献达到70%左右。未来，新经济必然还会创造更多数量和类型的就业机会，而由于智能化等技术的采用，制造业等传统经济部门的从业人口规模还将持续缩小，例如在制造业中推进“机器换人”行动会减少普通工人就业岗位需求，但是来自一些城市的就业监测数据却显示，普工需求下降的同时，技术工人的岗位需求在增加。新业态的出现也对促进就业起到了重要作用，随着移动互联网、App、移动支付等新技术的出现，共享经济迅速发展，单车共享、汽车共享、住宿共享、社区服务共享等新经济形态不断涌现，催生了大量新增就业机会，例如共享单车的快速发展，就将几乎绝迹的自行车维修职业重新召回，成为“新兴的老职业”。据统计，2016 年，我国参与分享经济活动的人数超过 6 亿人，其中共享经济平台的就业人数约为 585 万人，比上年增加 85 万人。据专家预测，到 2020 年共享经济服务提供者有望超过 1 亿人，其中全职参与人员约 2 000 万人。

2. 现代就业密集型产业为大学生就业创业和化解过剩产能中下岗人员再就业提供了大量的机会

与互联网行业相关的高新技术行业，吸纳了大量的有较高科技水平的人才，四川省新经济的发展对高层次人力资源的需求扩大，对劳动力供给结构调整的引导效应明显。在产业结构升级的大背景下，四川省部分转型升级产业析出了大量的劳动力，这部分劳动力平均年龄较大，技能水平较低，而新经济的发展形成的产业链或商业模式中，大部分吸纳劳动力的生产或服务环节中的岗位门槛仍然较低、技术含量水平较低，因此，结构性失业的部分劳动力经过简单培训和学习，就能够较为平稳地转移到现代就业密集型产业中，迅速被吸纳，避免了就业的波动。

3. 现代就业密集型产业中就业形态发生了一系列新变化

党的十八届五中全会公报首次提出了“就业新形态”的概念。就业新形态的产生，其本质是依托于现代互联网技术的深刻进步、为满足大众生产和消费需求的扩大及升级而形成的一种新型的劳动力资源供给模式。不同于传统就业形态，就业新形态具有以下特点：一是就业形式多元化。灵活就业形式越发多元，工作内容、工作岗位、工作形式、雇佣形式灵活多变，工作层次涵盖高中低端，新职业不断涌现，去雇主化、工作时间灵活及碎片化。从过去集中在低端、简单的劳动用工领域，已经覆盖各个层次方面：既包括从事临时工、季节工等劳务活动，从事建筑、装修、家政服务及其他服务性职业，也有通过自身知识或技能从事各类自由职业，通过各类创业创新平台实现网店就业、创业就业等。二是全职就业兼职化。全职就业出现了兼职化倾向，许多有正式工作的人群利用空闲时间兼职兼业，如公司职员下班后开滴滴专车。这使得个人的工作和职业的边界越来越模糊，一个开淘宝网店的人本身可能是高校教师，经营淘宝店是他的兼职工作。三是零工就业全时化。利用互联网平台，即便没有全职正式工作的人也可以实现一天 8 小时的全时工作，这使得个人的工作和雇佣相分离。四是组织方式平台化。随着分享经济发展，越来越多的平台组织出现，劳动者灵活就业实现的方式通过平台得到了全新的改变，劳动组织结构松散化。

4. 现代就业密集型产业发展对技能人才发展提出新任务

“十三五”期间，四川省将以高端成长型产业和新兴先导型服务业为引领，推动先进制造业加快发展和传统优势产业转型升级，实施加快发展现代服务业行动，大力推进农业现代化，重塑产业发展新优势。技能人才是实现产业优化升级的重要支撑，随着传统优势产业的升级改造和新兴产业的迅速发展，大批低技术含量的就业岗位需要转化为高新技术含量的就业岗位，必须造就一支规模宏大、结构合理、技艺精湛的技能人才队伍，特别是掌握核心技术的创新型的高技能人才。

四、发展就业密集型产业增加经济增长的就业容量的思路与对策

（一）基本思路

在新技术、新业态、新模式、新产业不断涌现的背景下，传统就业密集型产业吸纳就业的能力正在减弱，就业领域正在发生深刻的变革，如何进一步发挥劳动密集型产业的作用，保住就业“基本盘”，同时大力促进现代就业密集型产业的发展，拓展就业新空间，提出以下思路：

1. 深入实施就业优先战略，继续发展传统就业密集型产业

就业是民生之本，要把就业创业摆在经济社会发展更加优先、更加突出的位置，实现经济增长和扩大就业的良性互动。要辩证地处理好发展传统就业密集型产业与加快转变经济发展方式的关系，强调产业转型升级并不等于放弃劳动密集型产业，而是要在关键工序上采用现代化技术，提升传统就业密集型产业的发展质量，优化产业布局。要加强经济社会发展规划与就业发展的协调，着力降低实体经济成本，完善多元化产业体系，既注重发展资本、技术和知识密集的先进制造业、战略性新兴产业，又要支持劳动密集型产业发展，大力助推传统就业密集型产业转型升级，强化公共财政向符合国家产业政策导向的小型微型企业和传统就业密集型产业倾斜，创造更多的就业机会。

2. 积极实施就业空间拓展战略，大力发展现代就业密集型产业

大力发展新兴产业新兴业态，不断拓展新兴就业领域。新一轮科技革命和产业变革正在兴起，新兴产业、新兴业态吸纳就业能力不断增强，大众创业、万众创新催生更多新的就业增长点。要深入实施创新驱动发展战略，不断优化政策组合，将电子商务、平

台经济、养老服务业和“四众”平台等现代就业密集型产业作为发展重点，推进产业结构升级和发展方式的转变和发展，推动新技术、新产品、新业态、新模式发展，拓展产业发展新空间、创造创业就业新领域。通过第三产业、中小微企业为主体，采用灵活就业的方式，促进和扩大就业。

3. 广泛实施人力资源素质提升战略，积极提供产业人才支撑

创新教育培训是产业转型升级的关键。为适应继续发展传统就业密集型产业和大力发展现代就业密集型产业的需要，教育培训必须创新模式，优化结构，在人才培养定位、办学思路、专业结构等方面向服务地方经济社会发展，适应推进经济转型升级和产业结构优化对创新型、应用型、技术技能型人才的需求转变。改革人才培养模式，改进教育教学方式，加强实验实训设施建设，提升师资队伍水平，着力提高学生创新思维、创新能力和实践动手能力，努力提供优质教育供给，为经济转型升级提供强有力的人才、科技和智力支撑，为大众创业、万众创新提供基础和平台。

（二）对策建议

针对传统就业密集型产业和现代就业密集型产业发展存在的突出问题，提出以下政策建议：

1. 加快发展民生刚性需求大、国内竞争优势明显的传统就业密集型产业

在进一步发展劳动密集型产业过程中需要注意以下问题：一是要依据比较优势原则，重点发展电力、热力生产和供应业、通用设备制造业、医药制造业、非金属矿物制品业、食品制造业、家具制造业、造纸和纸制品业等劳动密集型产业。二是推动食品制造业、家具制造业、造纸和纸制品业等劳动密集型产业向乡镇转移，这既可降低劳动力成本，又可为新型城镇化发展提供产业支撑。三是结合区域发展战略，并综合考虑资源优势，有序承接东部劳动密集型产业转移。四是鼓励发展家庭手工业，创造更多居家灵活就业机会。五是开展加快发展现代服务业行动，不断拓展服务业发展的广度和深度，鼓励发展就业容量大、门槛低的家政服务和长期照护等生活性服务业。六是扩大市场准入范围，落实降税减负等扶持政策，促进中小企业加快发展，培育特色产业集群，带动更多的就业。

2. 积极支持和引导现代就业密集型产业发展

一是优化政府服务与管理方式，积极营造有利于促进现代就业密集型产业发展的体制机制环境。探索和创新适合新经济发展的监管方式，改进新兴业态准入管理，加强事中事后监管。将鼓励创业创新发展的优惠政策面向新兴业态企业开放，符合条件的新兴业态企业均可享受相关财政、信贷等优惠政策。推动政府部门带头购买新兴业态企业产品和服务。搭建就业产业转型和空间转型的信息平台，搭建多维就业供求信息平台，将不同的就业群体转移到不同的新经济背景下的产业和空间上来，实现就业牵引的作用。

二是规划好现代就业密集型产业发展的重点方向。深入实施创新驱动发展战略，不断优化政策组合，以新一代信息和网络技术为支撑，加强技术集成和商业模式创新，大

力发展电子商务、互联网金融、养老服务业，拓展产业发展新空间，创造就业新领域。鼓励发展“互联网+创业”，支持“自组织、自激励、自就业”创业模式，推动平台经济、“四众”平台等新产业和新业态发展，催生更多微经济主体，开发更多新型就业模式。以环保、旅游等产业为载体，深度融合三大产业，发展新型业态，带动劳动力实现产业和空间转型。编制出台共享经济发展指南，通过放宽市场准入、创新监管手段、引导多方治理等优化环境，完善消费者权益保护等相关政策，促进共享经济健康发展。补齐基础设施短板，加大对商贸流通、交通物流、信息网络等建设和改造力度，推进多式联运和农村物流网络建设，为新兴业态发展创造良好条件。在农业观光旅游、农业特色产品开发、环保绿色资源共享线上、线下的深度融合等方面，衍生出新的就业产业转型和空间转型，带动农村劳动力就地就近转移。

三是帮助新技术、新业态、新模式、新产业企业梳理解决面临的问题。转变观念，调整思路，引导中小微企业采用新技术，发展新产业，培育新业态，创造新模式。由经信委会牵头会同相关部门，梳理“四新”企业面临的问题，制定有针对性、可操作的政策措施。如放宽“互联网+”等新兴行业市场准入限制，改进对互联网+金融、医疗保健、教育培训等行业的监管。

3. 实施重点产业技能人才提升计划

完善技能人才培育制度，增加培训投入，整合培训资源，强化技能培训工作的统筹管理。对接传统产业改造提升，组织装备制造、电子信息等产业技能人才开展转岗培训或岗位技能提升培训，在煤炭、钢铁行业开展化解过剩产能企业职工特别职业培训计划，推动技能人才学习新工艺、掌握新技能。为适应新兴产业的培育壮大，支持行业企业开展新材料、生物医药、新能源装备、电子商务、现代物流、养老健康服务业等急需紧缺技能人才培养，指导职业院校、职业培训学校调整专业设置，加大新兴产业技能人才供给数量。着眼推动全省“双七双五”产业做大做强，将技能人才培养纳入重大建设项目实施方案，推动技能人才培养与项目建设实现同规划、同部署、同落实，加快培养与产业集群相对应的技能人才集群。

4. 完善适应新就业密集型产业发展的劳动用工和社会保险制度

支持劳动者通过新兴业态实现多元化就业，从业者与新兴业态企业签订劳动合同的，企业要依法为其参加职工社会保险，符合条件的企业可按规定享受企业吸纳就业扶持政策。其他从业者可按灵活就业人员身份参加养老、医疗保险和缴纳住房公积金，探索适应灵活就业人员的失业、工伤保险保障方式，符合条件的可享受灵活就业、自主创业扶持政策。加快建设“网上社保”，为新就业形态从业者参保及转移接续提供便利。建立全国住房公积金异地转移接续平台，为跨地区就业的缴存职工提供异地转移接续服务。

附录

附表 1 劳动密集型产业名称代码对应表

代码	行业
B06	煤炭开采和洗选业
C14	食品制造业
C17	纺织业
C19	皮革、毛皮、羽毛及其制品和制鞋业
C21	家具制造业
C22	造纸和纸制品业
C27	医药制造业
C29	橡胶和塑料制品业
C30	非金属矿物制品业
C33	金属制品业
C34	通用设备制造业
C35	专用设备制造业
C37	铁路、船舶、航空航天和其他运输设备制造业
C38	电气机械和器材制造业
D44	电力、热力生产和供应业
E	建筑业
F	批发和零售业
G	交通运输、仓储和邮政业
H	住宿和餐饮业

来源:《行业分类与代码》,其中 B~E 属于第二产业,F~H 属于第三产业(服务业)。

附表 2 2011—2015 年四川省产业平均产值、从业人员、劳动密集指数

类别	平均产值(亿元)	平均从业人员(亿元)	劳动密集指数
金融业	1 283.89	26.71	0.13
烟草制品业	250.54	0.53	0.22
石油加工、炼焦和核燃料加工业	674.09	2.00	0.31
房地产业	744.72	38.57	0.32
有色金属冶炼和压延加工业	786.95	4.67	0.60
黑色金属矿采选业	553.86	3.29	0.61
废弃资源综合利用业	109.68	0.59	0.64

附表2（续）

类别	平均产值（亿元）	平均从业人员（亿元）	劳动密集指数
汽车制造业	1 820. 18	13. 62	0. 79
农副食品加工业	2 541. 02	21. 59	0. 86
黑色金属冶炼和压延加工业	2 499. 11	21. 45	0. 87
燃气生产和供应业	275. 99	2. 26	0. 94
酒、饮料和精制茶制造业	2 366. 66	21. 50	0. 94
计算机、通信和其他电子设备制造业	3 458. 37	30. 83	0. 94
化学原料和化学制品制造业	2 399. 24	22. 26	0. 95
化学纤维制造业	185. 62	1. 81	1. 00
通用设备制造业	1 705. 48	16. 70	1. 00
批发和零售业	1 417. 38	239. 21	1. 04
有色金属矿采选业	324. 93	3. 36	1. 05
金属制品业	914. 78	9. 79	1. 10
电力、热力生产和供应业	1 805. 72	19. 07	1. 11
电气机械和器材制造业	1 105. 68	11. 96	1. 11
石油和天然气开采业	390. 65	2. 92	1. 14
交通运输、仓储和邮政业	735. 14	136. 82	1. 14
文教、工美、体育和娱乐用品制造业	88. 88	1. 00	1. 16
其他制造业	113. 84	1. 18	1. 16
专用设备制造业	1 144. 28	13. 15	1. 17
橡胶和塑料制品业	781. 13	8. 98	1. 18
医药制造业	1 044. 18	12. 33	1. 21
造纸和纸制品业	470. 46	5. 83	1. 25
非金属矿物制品业	2 457. 05	30. 25	1. 26
非金属矿采选业	360. 77	4. 46	1. 27
食品制造业	760. 54	9. 55	1. 30
木材加工和木、竹、藤、棕、草制品业	313. 73	4. 03	1. 32
铁路、船舶、航空航天和其他运输设备制造业	494. 90	6. 79	1. 41
其他采矿业	1. 36	0. 02	1. 41
开采辅助活动	259. 82	3. 21	1. 43
印刷和记录媒介复制业	262. 61	3. 59	1. 43
纺织业	862. 71	12. 57	1. 48
仪器仪表制造业	68. 25	1. 02	1. 53
纺织服装、服饰业	188. 28	3. 06	1. 66

附表2(续)

类别	平均产值（亿元）	平均从业人员（亿元）	劳动密集指数
金属制品、机械和设备修理业	44.50	0.76	1.68
家具制造业	413.33	8.66	2.16
水的生产和供应业	89.10	1.90	2.20
皮革、毛皮、羽毛及其制品和制鞋业	288.21	6.58	2.37
煤炭开采和洗选业	1 116.39	27.99	2.53
建筑业	1 981.16	531.04	2.73
住宿和餐饮业	630.36	402.21	3.90

数据来源：2012—2016年《四川省统计年鉴》。

主要参考文献：

[1] 郑露曦，张向前. 我国传统劳动密集型产业国际竞争力研究 [J]. 中国科技论坛，2010 (9)：45-50.

[2] 黄桂田. 中国制造业生产要素相对比例变化及经济影响 [M]. 北京：北京大学出版社，2012.

[3] 赵建军. 关于发展不同要素密集型产业的理论争论及其启示 [J]. 当代财经，2005 (1)：85-90.

[4] 刘文娟. 劳动密集型产业演进的国际比较对中国的启示 [J]. 桂海论丛，2005 (12).

[5] 陈景新，王云峰. 我国劳动密集型产业集聚与扩散的时空分析 [J]. 统计研究，2014 (2)：35-42.

[6] 中国社会科学院工业经济研究所. 2016年工业化蓝皮书 [M]. 北京：社会科学文献出版社，2016.

[7] 张延平，等. 劳动密集型产业转移承接地的劳动力供给支撑能力测评 [J]. 统计与决策，2013 (1).

[8] 赵建军. 论不同要素密集型产业的就业效应 [J]. 中共中央党校报，2005 (2).

[9] 曲玥. 制造业产业结构变迁的路径分析：基于劳动力成本优势和全要素生产率的测算 [J]. 世界经济文海，2010 (6).

（主笔：饶风　唐青　王汉鹏）

四川省新就业形态研究

摘　要：改革开放以来，我国的就业市场经历了巨大变革，依托互联网技术等现代信息科技手段产生的新就业形态层出不穷。本文对新就业形态相关理论问题进行了探讨，对新就业形态及新就业从业者概念进行了界定，参考国内主要城市的政策探索与实践，详细分析了四川省新就业形态发展现状及存在的问题，提出了推动新就业形态发展促进新形态就业的对策及建议。

关键词：新就业形态　就业

一、关于新就业形态理论问题探讨

（一）主要概念界定

1. 新就业形态及新就业形态从业者

张成刚（2016）从生产力和生产关系两个角度对新就业形态及新就业形态从业者进行了界定。从生产力角度看，“新就业形态”描述了新一轮工业革命带动的生产资料智能化、数字化、信息化条件下，通过劳动者与生产资料互动，实现虚拟与实体生产体系灵活协作的工作模式，描述的是劳动者与智能化、数字化生产资料之间的互动所形成的灵活协作的工作模式；从生产关系角度看，新就业形态指的是去雇主化、平台化的就业模式[①]。本研究主要从生产关系的视角对新就业形态进行定义，新就业形态及新就业形态从业者主要包括：

（1）创业式就业者。该类从业者的个人通过自找项目、自筹资金、自主经营、自担风险的方式实现就业，主要包括电商平台就业（如淘宝店）和创新式就业（“创客”，就业地点主要集中于各类创业孵化空间和孵化平台）两种类型。

（2）专业型自由职业者。该类从业者不隶属于任何组织，不向任何雇主做长期承诺，如自由撰稿人、自由艺人、市场策划咨询师、计算机网络 SOHO 一族、自由经纪人等。

① 张成刚. 就业发展的未来趋势：新就业形态的概念及影响分析［J］. 中国人力资源开发，2016（19）：86-91.

（3）多重职业者。该类从业者包括两种类型：一类指依托于互联网或市场化资源，从业者拥有一份主职工作的同时，利用线上供求对接平台或信息渠道而拥有第二份工作（或者在工作周期内从事第二次劳动的人），如公司白领、大学教师工作之余兼职专车、快车司机等；第二类指从业者选择一种能够拥有多重职业和多重身份的生活，他们在自我介绍中会用斜杠来区分不同职业，也被称为“斜杠青年”。

（4）平台型就业者。该类从业者一种为由网络线上业务衍生出大规模发展的劳务型岗位，如外卖平台的送餐员；另一种为依托于分享经济平台的自由职业者，如众包平台的威客、滴滴司机、Airbnb 经营者等。

2. 新就业形态与传统灵活就业形态的比较

新就业形态与传统灵活就业形态在表现形式上近似，但是在内在机制上却有着巨大差异。

（1）就业性质不同。对于传统灵活就业者而言，他们的灵活性在于生产的临时性和岗位的辅助性，在生产过程中劳动者与企业的关系是劳动者依附于企业，他们的灵活是一种“被动”的灵活，从性质上看，这种灵活是对工业化生产中稳定就业的一种补充，是一种“碎片式”的稳定就业。而新就业形态则不同，它的产生和存在并不是源于对其他就业和用工形式的补充，而是发端于知识经济自身的特征。知识经济的原动力是人力资本，所以拥有人力资本的个体劳动者处于经济生态的中心，而其以自身人力资本为依托选择的灵活就业形态同样属于主流的就业形态，而非传统经济条件下的补充性形态。换言之，传统灵活就业的合法性来自对正规就业的补缺和辅助功能，而新就业的合法性来自岗位和经济生产的内生特征，这是双方的本质差别。

（2）就业质量变化。就业性质的差别决定了就业质量方面的差别。由于传统灵活就业的补充性，在灵活就业岗位上的劳动者往往在劳动力市场上处于劣势地位，这种劣势不仅是指与资方相对应的劣势地位，更是指与稳定就业劳动者相比的劣势地位，从而导致了灵活就业人员的劳动力交易通常是在次级劳动力市场中发生的。也正因为如此，在劳动法律中会对传统灵活就业人员的劳动标准、劳动条件、权益保障等做出专门的规定。但是对新就业形态来说，劳动者在劳动力市场上拥有很大的主动权，虽然劳动者是以个体形式出现的，但是其拥有的人力资本赋予了其更加强大的谈判权，特别是在互联网平台上，劳动者的选择被极大丰富，他可以从中选择更优越的就业机会。

（3）就业的能力要求不同。新就业形态的根基在于劳动者的个体人力资本积累，所以只有在个人的技能、智力或者身体素质达到一定水准的条件下才能发挥出灵活就业的优势。对于新就业人员而言，市场在给予了更大自主权的同时，也对其人力资本水平更加挑剔。因此，对于灵活就业者，市场对其人力资本水平提出了更高的要求，平庸的、迟缓的行动都会迅速被市场所淘汰。另外，灵活就业的形态要求劳动者不仅需要专注于自身的核心业务，还需要练就研发、营销、管理方面的能力。

（4）劳动报酬水平不同。即便法律还没有对新就业的劳动标准做出明确细致的规范，新就业人员在劳动报酬、劳动条件方面相较于传统灵活就业都表现出了明显的优越性，表明拥有自主权的灵活就业劳动者在就业质量方面会有更好的表现。

总体来看，新就业形态不同于传统的灵活就业形态，主要表现在：一是高技能、高学历的自由职业者比重不断上升。自由职业者一般为高人力资本的专业技术人员，其规模随着互联网技术进步、服务经济发展、人均受教育程度提高在不断扩大；二是依托新业态、新模式（电商平台、分享经济、创业孵化等）的灵活就业群体规模日益庞大，主要表现为围绕阿里巴巴、京东等电商平台生态圈产生的就业者，围绕滴滴、58到家等分享经济平台产生的新型灵活就业者和各类众创空间、孵化器、企业创业平台等创业孵化平台的创业者；三是灵活就业者与创业者界限模糊，或相互之间存在转化。随着中国“大众创业，万众创新”上升为国家经济发展新引擎，高技能的灵活就业者会转化为创业者；小微企业创业者会依托创业项目实现灵活就业，为创业积累资金和技术。传统定义中的低技能、低收入、低社会保护的非正规就业形态不断丰富，就业质量有所提高，劳动者自主进入该类职业比例增加。

（二）研究方法与路径

1. 问卷调查与问卷设计

为具体掌握新业态企业发展及就业等情况，2019年7月，调研组抽选12家四川省内典型的新经济新业态企业开展问卷调查和走访，包括2家共享交通企业，3家快递物流公司，2家信息传输、软件和信息技术服务公司，2家互联网批发与零售企业，2家跨境电子商务公司和1家互联网金融公司（见表1）。

表1　12家省内调查企业名单及所属行业

序号	企　业	所属行业
1	成都吉利优行科技有限公司（曹操专车）	共享交通
2	首约科技（北京）有限公司成都分公司	共享交通
3	成都全程德邦物流公司	现代物流
4	四川顺丰速运有限公司绵阳分公司	现代物流
5	成都泰顺物流有限公司	现代物流
6	东华软件股份公司成都分公司	信息传输、软件和信息技术
7	成都萌想科技有限责任公司	信息传输、软件和信息技术
8	成都京东世纪贸易有限公司	电子商务、互联网批发与零售
9	成都宜家家居有限公司	互联网批发与零售
10	德阳龙工厂旌华跨境电子商务有限公司	跨境电商
11	德阳王朝电子商务有限公司	跨境电商
12	四川博鳌纵横网络科技有限公司（汇桔网）	互联网金融

本课题调研问卷主要针对企业开展，包括以下内容：①企业基本情况，包括企业成立时间、所属行业等信息；②企业用工情况，包括企业员工人数、年龄分布、学历分布，企业用工形式及各类人数，与上年同期相比企业人员增减情况，不同用工形式员工工资水平等；③社会保险参保情况，包括缴纳险种、参保人员范围、是否参加意外伤害

险等；④企业岗位招聘、人才引进及劳动争议情况，包括紧缺岗位或职位排序，劳动争议数量及事由等；⑤对人社部门的意见和建议，包括对社保意见和诉求、对就业政策及公共就业服务的意见和建议等。

2. 省内外调研与访谈

为了解省内外新就业形态及其发展情况，调研组于 2019 年 5—7 月，分别赴深圳、浙江、上海和省内成都、德阳、宜宾、泸州、内江等地开展了新就业形态调研。

（三）有关理论问题探讨

1. 新就业形态的特征

中国就业促进会（2017）认为新就业形态有四大特点：①就业观念新。从就业者角度来说，个体价值获得感比传统就业者要强，他们更愿意从事符合自己爱好，更加灵活更能实现自身价值的工作。②就业领域新。从就业范围来说，新就业的领域更加广阔而新颖，打破了传统就业的边界，集中在电商、分享经济、网络社群等领域。③技术手段新。从消费者与服务者角度来说，由于移动互联网技术的发展，人们之间的交流更加便捷，快捷的支付过程也是新技术在其中作为支撑。④组织方式新。从实现就业的组织角度来说，劳动者不再强烈依靠“单位”等固定组织，网络使劳动市场的供求双方更快地对接，而在实现就业的过程中，组织的聚散也更为随意[①]。郝建彬（2017）认为新就业出现了三大变化，分别是组织方式平台化、雇佣方式弹性化、就业边界扩大化与全球化。并且传统意义上的就业已经不再适合现阶段的新就业形态的模式，就业内涵需要再定义，需要从一个全新的角度审视新就业形态[②]。关博（2019）认为新就业形态的特点表现出生产活动非正规化、劳动价值交换平台化、劳动参与低门槛化、劳动场所非固定化、劳动方式多元化的特点[③]。在 2018 年的“两会”上，有委员指出新就业形态的主要特点是“雇佣关系灵活化、工作内容碎片化、工作方式弹性化、创业机会互联网化”；还有学者指出，中国劳动力市场中的新就业形态主要表现为就业领域新、技术手段新、组织方式新、就业观念新[④]。

根据对相关文献的梳理和研究，现阶段的新就业形态特色是比较鲜明的。①新就业形态对互联网平台的依赖性比较大。通过网络平台，产品与服务的供给者可以及时了解并满足到不同组织、群体和个体的市场需求，也可以使各个层次的劳动者通过平台提供不同类型的劳动。互联网平台给劳动力的供给和需求带来的灵活性与适应性使得新就业形态具有旺盛的生命力。②“平台化”导致了新就业形态的“非固定化”。这既表现在平台与劳动者之间由于没有签订劳动合约而不存在法律上固定的雇佣关系；也表现在新就业形态下的劳动者一般不存在固定的、单一的劳动场所，而是以流动就业或居家就业的形式出现。③工作形式的灵活性和自由性。新就业形态是在互联网技术不断成熟的基

① 中国促进就业会. 新就业形态［J］. 中国就业，2017（11）：26-27.

② 郝建彬. 数字经济下新就业形态顶层设计的思考［J］. 人才资源开发，2017（23）：28-29.

③ 关博. 加快完善适应新就业形态的用工和社保制度［J］. 宏观经济管理，2019（8）：30-35.

④ 张成刚. 新就业心态新在哪里［J］. 中国人力资源开发，2016（16）.

础上产生的，“技术进步变革了生产流程和生产要素的分配结构，大量生产性活动减少了对固定劳动要素和规范化劳动程式的依赖，使相关经济活动可以从传统生产流程线中分离出来，成为独立外包模块，部分生产活动转由个人或者临时组建的工作团队承接，造成正规就业比重下降”①。

2. 新就业形态劳动力市场监管

新就业形态的监管问题有行业监管和劳动力市场监管两个方面。行业监管是对新商业模式产生的问题，以及传统商业模式受到新商业模式冲击后产生的问题的监管，比如消费者隐私问题。Matthew（2015）认为，尽管新就业形态的发展产生了很多新问题，如消费者安全问题、隐私保护问题等，但尚不清楚这些问题是否必须通过新的立法或法规来进行监管②。事实上，平台出台了一些措施来保护劳动供给者和消费者，并能够在没有监管的情况下实施改进③。

新就业形态劳动力市场监管的主要问题是如何保护新就业形态工作者的权益，而其核心则是劳动者与组织者或平台是否建立了劳动关系。但是，在新就业形态下，现有的的劳动关系管理规范难以适应新就业形态的需求。

第一，传统的劳动关系认定机制失效。《中华人民共和国劳动法》（以下简称《劳动法》）规定，劳动关系是劳动者与用人单位之间以依法签订劳动合同为依据而产生的法律关系。因此，劳动关系一方必须为用人单位，并形成稳定的管理与被管理、监督与被监督、指挥与被指挥的隶属关系④。而在新就业形态下，劳动者与互联网平台间并不存在传统意义上的劳动关系，经济活动参与方式呈现出“自雇、雇佣、众包、众扶、众创等多元化特征”⑤，平台在多数时候只作为一个中介去连接经济活动的供需双方，雇佣方和劳动者由于某一任务暂时地结合，任务完成后，这种雇佣关系就会立即解除，劳动者与平台和雇员者都不存在长期、固定、明确的经济隶属关系和管理依附关系。

第二，新就业形态下从业者的权益保障渠道有限。一方面，新就业形态下非正式的劳动关系导致《劳动法》《中华人民共和国劳动合同法》（以下简称《劳动合同法》）及其他法律法规中对经济权益保障、劳动保护条件、劳动争议处理等方面的规定难以适用，劳动者遇到不法侵害申请维权时会遇到于法无据的情况⑥。另一方面，劳动者与雇佣者、平台松散的关系下，即使发生劳动纠纷，也难以及时追踪当事主体、清晰判定权责归属，并且现有的争议纠纷处理机制也不能完全适用，这无疑增加了保障从业者权益的难度。此外，新就业形态下的部分劳动者具有多重身份与职业，与劳动者存在经济关系的也许有多个企业，这也增加了劳动保护和权责边界认定的难度。

第三，新就业形态下从业者组织方式松散。我国工会组织采用单位工会、地区工会

---

① 关博. 加快完善适应新就业形态的用工和社保制度［J］. 宏观经济管理，2019（8）：30-35.

② MATTHEW F.（2015）. Level the playing field - by deregulating，Cato Unbound，February 10.

③ 张成刚. 就业发展的未来趋势：新就业形态的概念及影响分析［J］. 中国人力资源开发，2016（19）：86-91.

④ 王全兴. “互联网+”背景下劳动用工形式和劳动关系问题的初步思考［J］. 中国劳动，2017（8）：7-8.

⑤ 刘燕斌，等. 中国劳动保障发展报告（2017）［M］. 北京：社会科学文献出版社，2017：69-81.

⑥ 李岩. 我国现代劳动关系协调机制现状与发展［J］. 人民论坛，2014（11）：150-152.

和行业工会相结合的方式，但均以用人单位为工会组织最小建立单元，工会会员关系也以劳动关系为依托①。而新就业形态下的劳动者实际上是脱离了工会组织的，于是，一方面，工会在表达职工诉求、回应职工关切、协调多方关系、化解劳资矛盾等维护和发展职工合法权益方面所取得的积极进展，不能平等惠及新就业形态劳动者②；另一方面，由于没有稳定的会员关系和工会组织，工会对新就业形态下的劳动者的权益保护就缺少了着力点。

3. 新就业形态劳动者权益保护

第一，面临的就业不稳定性更强。就业的灵活性和自由性是新就业形态的一大特征，但同时，也会影响新就业形态下劳动者的稳定就业和劳动权益。频繁的岗位变动加大了失业风险。《劳动法》和《劳动合同法》对于职工合同周期、离职期都做了比较详细的规定，并约定了带薪假期、医疗期，有力地保护了劳动者稳定就业意愿③。而在各类新就业形态中，劳动者的工作是暂时和流动的，频繁的工作转换加大了劳动者面临的压力，在面临相关产业的结构性调整或者行业变化时，无法分担风险，故而新就业形态中劳动者面临的工作不稳定的压力和失业风险要高于传统行业的劳动者。

第二，不能获得与传统正规就业方式相一致的法定经济权益保障④。对于新就业形态劳动者而言，灵活就业与平台就业占比较高，用人单位不明确、劳动市场不可测量、劳动行为边界模糊，使其无法享受最低工资制度等法定刚性保障，平等参与职工社会保险的制度还有待完善。大量新就业形态劳动者以居民身份在户籍地参加居民基本养老和基本医疗保险，但居民基本养老保障待遇水平总体过低、缴费与激励关系模糊，不能提供与新就业形态劳动者经济负担能力和风险分担需求相适应的保障供给。同样地，他们在面临失业、重大疾病和工伤等时，也无法享有对应的社会化补偿和单位福利。

第三，工作时间过长。我国现有的劳动领域立法还未覆盖像新就业形态这类复杂的劳动关系，已出台的针对性政策在劳动权益保护方面又缺乏弹性，对工作时长和报酬支付等方面的保护性条例也未做进一步的细分。例如，从每周工作小时数看，只有小部分的新就业形态从业人员工作时间在 40 小时以内，绝大部分的劳动者每周工作时间都超过 40 小时⑤。但在现有法律法规框架下，对新就业形态劳动者的超时工作认定还存在困难。

4. 新就业形态劳动者的统计分类

根据从业者的就业方式和衍生来源，可以将新就业形态劳动者分为如下四类：一是创新驱动型就业。云计算、大数据、人工智能等新技术的发展，创造出新产业、新产品

① 唐鑛，李彦君，徐景昀. 共享经济企业用工管理与《劳动合同法》制度创新 [J]. 中国劳动，2016（14）：41-52.

② 常凯. 劳动关系的集体化转型与政府劳工政策的完善 [J]. 中国社会科学，2013（6）：91-108.

③ 张成刚. 问题与对策：我国新就业形态发展中的公共政策研究 [J]. 中国人力资源开发，2016（36）：74-82.

④ 王显勇，夏晴. 共享经济平台下的网约工纳人工伤保险的理论依据与制度构想 [J]. 中国劳动，2018（6）：49-53.

⑤ 王全兴. "互联网+" 背景下劳动用工形式和劳动关系问题的初步思考 [J]. 中国劳动，2017（8）：7-8.

和新分工，进而孕育了新的就业机会和方式，这种就业形态对劳动者的技能和素质要求都比较高。如，人工智能技术创造了数据标注员、算法工程师、云客服、受众分析员、优化师等新职业。二是新技术与传统经济相融合产生的新经济所创造的就业，即新经济就业①。它以互联网为代表的信息技术平台以及新兴信息通信技术为基础，向传统产业扩散与渗透，推动其生产方式和管理模式的创新，并由此衍生出数字经济、平台经济、共享经济等新业态，带动新就业模式的出现。如，阿里巴巴、滴滴出行、Airbnb 等。三是创业式就业。互联网技术基础设施的发展降低了网络创业的门槛，“互联网+”带来的新经济，为创新创业带来了更大的空间和更高效的途径，使越来越多的人选择创业式就业②。在创业领域方面，移动互联网成为“90 后”创业的首选，其中社交、购物、视频为主要的创业方向③。云计算与大数据也激活了“大众创业、万众创新”，以全球领先的云计算服务平台阿里云为例，阿里云生态创造的就业机会约 120 万个，其中七成以上为创业型企业，近六成为首次创业。创业就业机会主要集中于：电商、网站、IT 与软件开发、音视频领域，四者占比超过 70%④。四是依托于信息技术和市场分工细化带来的新兴职业⑤。互联网使市场分工细化，在互联网的长尾效应下，市场存在大量个性化、差异化和零散化的需求，新兴职业层出不穷，如网络摄影、叫醒服务、告白服务等创造了无数长尾就业机会。

（四）国家层面及国内主要城市政策探索与实践

1. 国家层面的政策规定

2018 年政府工作报告提到，“运用‘互联网+’发展新就业形态”。《国务院关于做好当前和今后一段时期就业创业工作的意见》（国发〔2017〕28 号）中明确提出“支持新就业形态发展”：一是“支持新兴业态发展，以新一代信息和网络技术为支撑，加强技术集成和商业模式创新，推动平台经济、众包经济、分享经济等创新发展”；二是“完善适应新就业形态特点的用工和社保等制度”。《国务院办公厅关于成立国务院推进政府职能转变和“放管服”改革协调小组的通知》（国办发〔2018〕65 号）提出“深化职业资格管理制度改革，加强就业和技能服务，完善对新就业形态的支持措施”。《中共中央关于制定国民经济和社会发展第十三个五年规划的建议》提出要“统筹人力资源市场，打破城乡、地区、行业分割和身份、性别歧视，维护劳动者平等就业权利。加强对灵活就业、新就业形态的支持，促进劳动者自主就业”。《国务院关于强化实施创新驱动发展战略进一步推进大众创业万众创新深入发展的意见》（国发〔2017〕37 号）提出“促进分享经济发展，合理引导预期，创新监管模式，推动构建适应分享经济发展的包容审慎监管机制和社会多方协同治理机制，完善新就业形态、消费者权益、社会保

---

① 张成刚. 就业发展的未来趋势，新就业形态的概念及影响分析［J］. 中国人力资源开发，2016（19）：86-91.

② 黄霞，等. 中国劳动世界的未来议题三：劳动关系、高质量就业与技能培训［J］. 中国劳动，2018（11）：4-19.

③ 麦可思研究院. 就业蓝皮书：2016 年中国大学生就业报告［R］. 2016.

④ 阿里研究院. 2015 年云上创业就业趋势研究报告［R］. 2015.

⑤ 卢刚.“劳动世界的未来高级别三方对话会”在京举行［J］. 中国人力资源社会保障，2016（10）：2.

障、信用体系建设、风险控制等方面的政策法规，研究完善适应分享经济特点的税收征管措施，研究建立平台企业履职尽责与依法获得责任豁免的联动机制”。在新就业形态劳动者权益保障方面。《国务院关于推动创新创业高质量发展打造“双创”升级版的意见》（国发〔2018〕32号）提出“完善适应新就业形态的用工和社会保险制度，加快建设‘网上社保’”。2015年印发的《国务院关于大力发展电子商务加快培育经济新动力的意见》（国发〔2015〕24号）和2016年《网络预约出租汽车经营服务管理暂行办法》（交通运输部、工业和信息化部、公安部、商务部、工商总局、质检总局、国家网信办令〔2016〕第60号），初步对电子商务从业人员和网约车司机劳动者权益保障问题进行了明确。2017年人力资源和社会保障部与国家发展改革委员会等部门共同印发了《关于促进分享经济发展的指导性意见》（发改高技〔2017〕1245号），明确要“研究完善适应分享经济特点的灵活就业人员社会保险参保缴费措施，切实加强劳动者权益保障”。

在新就业形态劳动者的工会组织建设方面。2015年制定实施的《全国总工会改革试点方案》对提高建会质量、实现工会组织对灵活就业人员的有效覆盖提出了更高的要求。2016年10月印发的《关于增强基层工会活力发挥基层工会作用的实施意见》（总工发〔2016〕28号）明确要求各级工会积极探索职工入会新途径，把灵活就业人员等最大限度地组织到工会中来。2016年12月印发的《工会会员会籍管理办法》（总工发〔2016〕35号）明确规定“非全日制等形式灵活就业的职工，可以申请加入所在单位工会，也可以申请加入所在地的乡镇（街道）、开发区（工业园区）、村（社区）工会和区域（行业）工会联合会等”。

这些政策及文件表明，我国已在政策理念层面重视新就业形态发展。在政策实践层面，我国政府已经尝试将新就业形态作为解决劳动力市场问题的重要手段，如积极依托新就业形态帮助解决去产能职工的就业问题①。

2. 上海、深圳、杭州、成都等地政策探索与实践

部分地区也尝试运用各种政策工具助推新就业形态发展。上海出台《上海市网络预约出租汽车经营服务管理若干规定》，明确网约车平台公司应当与驾驶员签订劳动合同或者协议。建立劳动关系的，应当依法订立书面劳动合同，依法缴纳社会保险费。签订其他协议的，应当包含营运期间驾驶员的意外伤害保障条款。深圳出台《深圳市人民政府关于做好当前和今后一段时期就业创业工作的实施意见》等文件，规定从业者与深圳市新兴业态企业签订劳动合同的，企业要依法为其参加社会保险，符合条件的企业可按规定享受企业吸纳就业扶持政策。新就业形态劳动者符合条件的，可按灵活就业人员身份参加基本养老保险并缴纳基本养老保险费。杭州出台《杭州市人民政府关于做好新形势下就业创业工作的实施意见》等文件，明确人社部门指导新兴业态企业与劳动者依法签订劳动合同、缴纳社会保险费。经认定未签订劳动合同的新兴业态其他从业者可按灵活就业人员身份在常住地进行就业登记，按规定参加养老、医疗保险和缴纳住房公积金，符合条件的可享受灵活就业、自主创业等扶持政策。上海、深圳和杭州对支持和发

① 胡凌. 如何监管分享经济——以专车为例［EB/OL］.（2015-10-12）. http://qu.weixinyidu.com/e_3251503.

展新就业形态进行了原则性和引导性规定，并进行了大量实证研究和调查，后续将出台关于规范劳动关系和社保参保等方面的文件。成都市较早出台了《关于印发 2018 年就业协同新经济发展工作方案的通知》（成就发〔2018〕39 号）、《成都市人民政府办公厅关于促进新经济新业态从业人员参加社会保险的试行实施意见》（成办函〔2019〕80 号），对新经济企业和就业统计及监测、公共就业服务、政策扶持（创业资金扶持、就业引导、技能提升）、新经济新业态从业者劳动关系确定及社保参保等作出了较为具体的规定。此外，如重庆市为推动创新创业政策，其财政/信贷优惠政策向新就业形态倾斜①。苏州市吴江区政府为没有工伤保险的灵活就业人员推出了首个职业伤害险，可以涵盖新就业形态的从业者②（见表 2）。

表 2 部分城市关于新就业形态劳动就业等政策规定

城市	政策	政策内容
上海	《上海市网络预约出租汽车经营服务管理若干规定》（上海市人民政府令第 48 号）第 14 条	（网约车平台责任）网约车运营服务中发生安全事故，网约车平台公司应当对乘客的损失承担先行赔付责任。网约车平台公司应当与驾驶员签订劳动合同或者协议。建立劳动关系的，应当依法订立书面劳动合同，依法缴纳社会保险费。签订其他协议的，应当包含营运期间驾驶员的意外伤害保障条款
深圳	《深圳市人民政府关于做好当前和今后一段时期就业创业工作的实施意见》	完善适应新就业形态特点的用工和社保等制度。支持劳动者通过新兴业态实现多元化就业，从业者与我市新兴业态企业签订劳动合同的，企业要依法为其参加社会保险，符合条件的企业可按规定享受企业吸纳就业扶持政策。新就业形态劳动者符合条件的，可按灵活就业人员身份参加基本养老保险并缴纳基本养老保险费。根据国家、省部署探索适应我市灵活就业人员的失业、工伤保险保障方式，进一步研究完善生育保险政策。加强对吸纳新就业形态人员量较大的用工平台的监测和服务，引导和支持更多劳动者参与新业态的就业创业活动。不断完善“网上社保”服务，为新就业形态从业者参保及转移接续提供便利。依托全国住房公积金异地转移接续平台，为跨地区就业的缴存职工提供异地转移接续服务
杭州	《杭州市人民政府关于做好新形势下就业创业工作的实施意见》（杭政函〔2018〕81 号）	完善适应新就业形态的用工和社会保险政策。支持劳动者通过新兴业态实现多元化就业。指导新兴业态企业与劳动者依法签订劳动合同、缴纳社会保险费。经认定未签订劳动合同的新兴业态其他从业者可按灵活就业人员身份在常住地进行就业登记，按规定参加养老、医疗保险和缴纳住房公积金，符合条件的可享受灵活就业、自主创业等扶持政策。探索适应灵活就业人员的失业、工伤保险保障方式。依托全国住房公积金异地转移接续平台，为跨地区就业的缴存职工提供异地转移接续服务

① 彭倩文，曹大友. 是劳动关系还是劳务关系？——以滴滴出行为例解析中国情境下互联网约租车平台的雇佣关系［J］. 中国人力资源开发，2016（2）：93-97.

② 世界银行. 世界发展报告：工作性质的变革［R］. 世界银行集团，2018.

表2(续)

城市	政策	政策内容
成都	《关于印发2018年就业协同新经济发展工作方案的通知》（成就发〔2018〕39号）、《成都市人民政府办公厅关于促进新经济新业态从业人员参加社会保险的试行实施意见》（成办函〔2019〕80号）	新经济组织使用全日制从业人员的，应与从业人员订立书面劳动合同；未订立书面劳动合同，但事实劳动关系成立的，应补订立书面劳动合同。新经济组织使用非全日制从业人员的，应与从业人员订立书面用工协议。新经济组织使用劳务派遣用工的，应与劳务派遣单位签订劳务派遣协议，约定派遣岗位和人数、派遣期限、社会保险、劳动报酬及支付方式等事项。劳务派遣单位应与被派遣人员订立书面劳动合同。新经济组织通过签订外包协议，将所属业务外包的，承揽该业务的单位（组织）应与从业人员订立书面劳动合同或用工协议

二、四川省新就业形态发展现状及问题分析

（一）新业态发展情况

2015年1月，国务院《关于促进云计算创新发展培育信息产业新业态的意见》中提出“积极培育信息产业新业态”“支持云计算与物联网、移动互联网、互联网金融、电子商务等技术和服务的融合发展与创新应用，积极培育新业态、新模式”。2015年5月，国务院《关于大力发展电子商务加快培育经济新动力的意见》中提出“电子商务正加速与制造业融合，推动服务业转型升级，催生新业态”。2015年7月，国务院《关于积极推进“互联网+”行动的指导意见》中指出，“加快推进‘互联网+’发展，有利于重塑创新体系，激发创新活力，培育新兴业态”。基于以上指导意见和有关研究，新业态是指新的“产业、行业”及“经营形态”，是在工业4.0时代，以互联网为依托（包括互联网技术、产业、应用及跨界融合），借助大数据、云计算、物联网等现代信息手段开展商业活动的经营形态。新业态包括两种：一是传统企业借助互联网，并以新一代信息网络技术为支撑的升级和优化，是传统产业组织方式的新表现，例如基于电子商务平台的批发和零售（京东）；二是以互联网、通信为主要平台而出现的新的经营形式，如共享交通、现代物流等。

2018年四川省新动能培育加快发展。省统计局数据显示，新产业方面，规模以上高技术产业增加值增长13.6%，增速比全省规模以上工业平均水平高5.3个百分点。新业态方面，限额以上企业通过互联网实现的商品零售额增速已经连续19个月保持在30%以上，占线上商品零售额的比重达12%，比上年提高3.8个百分点。

（二）新业态从业者规模、增长和结构分布

1. 新业态企业就业容量大，提供大量就业机会和岗位

从问卷调查来看，共享交通、快递物流、软件信息和跨境电商等企业均是在信息技术和共享平台快速融合发展的基础上迅速壮大。快递物流成立于2007年前后，共享交

通、软件信息和跨境电商均于近几年成立，作为新生企业，经营发展迅速，市场容量快速扩张，12 家企业提供就业岗位和机会 10 491 个，较去年同期增长 11.3%（见图 1）。

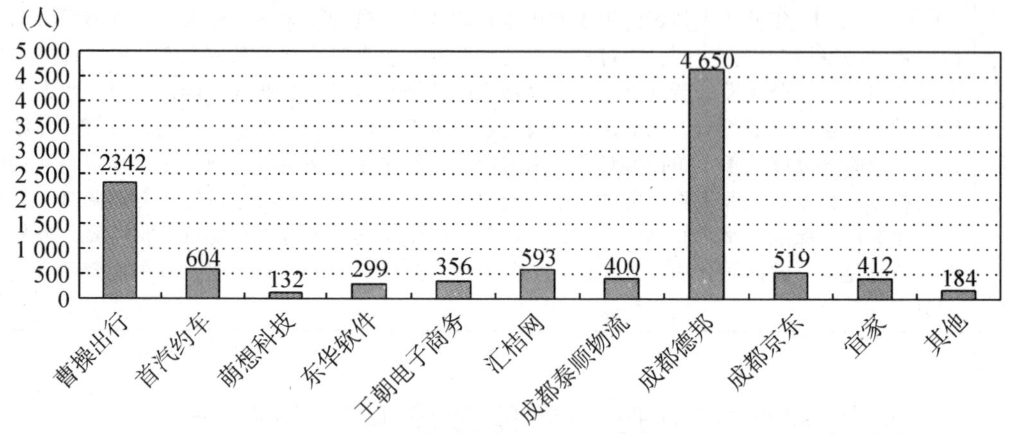

图 1　2019 年接受调查企业及提供就业岗位情况

数据来源：课题组根据调查数据统计。

从对市（州）的调研来看，成都、德阳、泸州、宜宾、内江等城市新经济新业态发展创造了大量就业岗位和就业机会，从业人数约占当地第三产业从业人数的 20%左右。成都市仅共享交通提供了约 70 万个就业岗位，约占第三产业从业人数的 17%。据统计，成都市新经济新业态从业人员约有 120 万人（见表 3）。

表 3　部分市（州）新业态就业人员规模等情况

市(州)	规模	行业	企业及从业人数	政策
成都	共享交通提供 70 万个就业机会，约占第三产业从业人数的 17%（成都市新经济从业人员约有 120 万人）	六大经济形态：数字经济、智能经济、绿色经济、创意经济、流量经济和共享经济	滴滴出行 64.5 万人	《成都市就业服务管理局 2018 年就业协同新经济发展工作方案》《成都市人民政府办公厅关于促进新经济新业态从业人员参加社会保险的试行实施意见》
德阳	电商从业人员 10 万余人、物流从业人员 2 万余人	电子商务、现代物流、民宿经济、乡村旅游等	电商从业人员 10 万余人、物流从业人员 2 万余人	《德阳市关于做好当前和今后一段时期就业创业工作实施方案》《德阳市创建新型灵活就业引领项目管理办法》
宜宾	2018 年新业态从业人员 14 万余人，占全社会从业人员的 18%	共享交通、电子商务、现代物流等	滴滴出行 6.3 万人、网商 3.9 万户、外卖骑手 1.2 万人	《宜宾市电子商务发展扶持办法（试行）》

表3(续)

市(州)	规模	行业	企业及从业人数	政策
内江	2017年新业态从业人员9万余人，占全社会从业人员的20%	电子商务、“互联网+餐饮”、共享交通等	现代物流企业从业人员3万余人，安代驾、摩拜等平台企业从业人员2万余人	《内江市加快电子商务产业集群网状发展三年行动计划（2017—2019年）》
泸州	2018年新业态从业人员13万余人，占第三产业从业人员的15%	智能制造、电子商务、共享交通、同城服务等	滴滴出行、美团、京东等	《泸州市农村电子商务发展规划（2019—2025年）》

数据来源：课题组根据调研及调查数据统计。

2. 新业态企业就业增长快，吸纳就业能力强

从人员增减情况来看，与上年同期相比，12家企业，有6家企业新增就业人员总计1 065人，就业增长率为11.3%；6家企业从业人数与上年持平。人员流入主要是共享交通、软件和信息技术服务及快递物流行业，就业增长率分别为42.32%、13.12%和2.09%（见图2）。

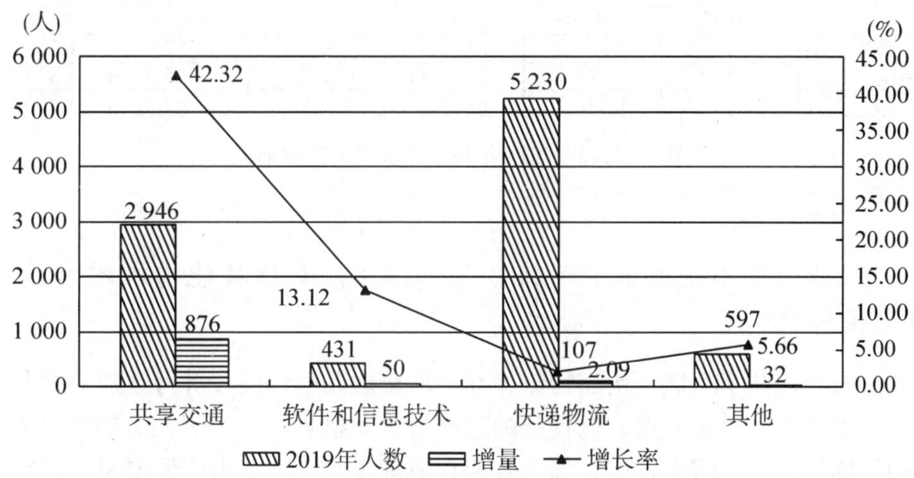

图2 调查企业人员增加情况

数据来源：课题组根据调查数据统计。

3. 就业结构发生变化，服务业成为吸纳就业最多的产业

从就业总量来看，2018年年末四川全省城乡就业总量为4 881万人，第一、二、三产业就业人员分别为1 752.3万人、1 327.6万人和1 801.1万人，三次产业就业人员占比由上年年末的36.8∶27.0∶36.2调整为35.9∶27.2∶36.9，第三产业从业人数首次超过第一产业，成为吸纳就业最多的产业。随着新经济新业态的发展，就业结构在发展中进一步优化。

从发展趋势来看，四川省产业结构从“一二三”“一三二”转变为“三二一”，第三产业特别是服务业快速发展是四川省的显著特征，2018 年四川服务业对经济增长的贡献率首次超过 50%，这意味着未来 5~10 年的服务业对经济发展的贡献大有可为。随着新业态发展，信息技术与传统服务业、高端服务业以及制造业相结合的生产型服务业相结合，使得就业扩张能力更强，可在服务业中迅速消化掉传统产业用人减少的问题，成为吸纳就业的“蓄水池”。

从市（州）调研来看，新经济新业态从业人员主要分布在第三产业，特别是与信息技术、互联网密切相关的电子商务、快递物流、交通出行等行业就业量大，就业增长快（见图 3）。

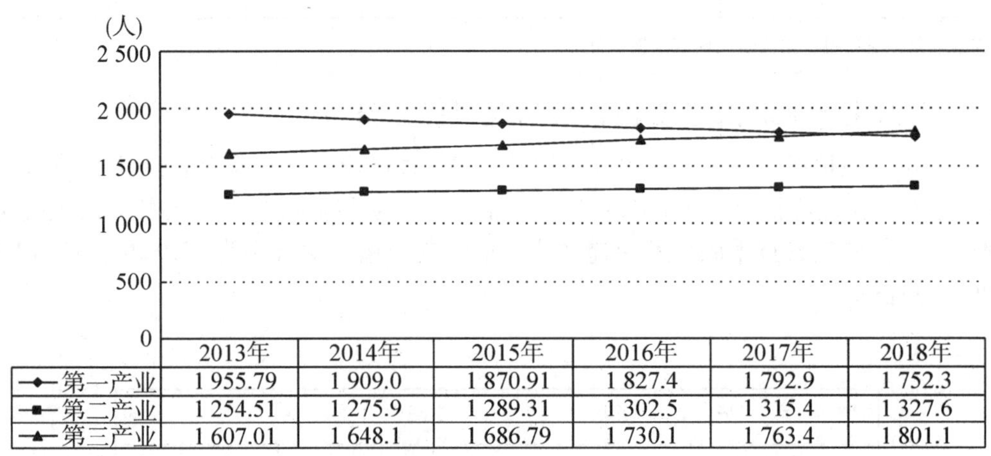

	2013年	2014年	2015年	2016年	2017年	2018年
第一产业	1 955.79	1 909.0	1 870.91	1 827.4	1 792.9	1 752.3
第二产业	1 254.51	1 275.9	1 289.31	1 302.5	1 315.4	1 327.6
第三产业	1 607.01	1 648.1	1 686.79	1 730.1	1 763.4	1 801.1

图 3　2013—2018 年四川三次产业就业情况

数据来源：2013—2018 年《四川省统计年鉴》。

4. 新经济新业态企业就业两极分化：高技能和低技能需求增加，中等技能工作数量降低

从调研来看，共享交通、快递物流、互联网金融及电子商务等行业对高科技、高专业性人才需求紧迫，对无门槛、低技能的运维员、司机、收派员等人员需求量大，对中等技能的管理运营人员需求较少，部分企业在成都仅有 1 名人力资源专员，后台技术性岗位需求较多，管理运营人数需求减少。随着科技进步，市场对技能需求的变化会在短期内加剧就业的结构性矛盾（见表 4）。

表 4　调查企业人才需求情况

行业	高技能（高科技、高专业性）	低技能（门槛低）
共享交通	平台架构师、反作弊专家等、电力工程师等	司机、汽修员
快递物流	工作流程设计师等	运维员、收派员、仓库管理员
互联网金融	专利工程师、知识产权规划师等	
电子商务	软件工程师、架构师等	销售员

（三）新业态企业与从业人员劳动关系

1. 新业态企业与从业人员用工和合作方式灵活多样

从问卷调查来看，用工形式集中在全日制、非全日制、劳务派遣、劳务外包及其他。从统计数据来看，传统的合同制用工有 2 043 人，占比仅为 19.14%，主要是企业管理人员、运营、技术开发人员等。劳务派遣和劳务外包占比较高，分别占 45.41%和 22.19%，这类用工形式相对规范，劳动关系比较明确，由劳动者和派遣公司或外包公司签订合同或协议；非全日制用工占 5.94%，主要是小时工；其他主要是劳动关系模糊的合作关系，实习人员和勤工俭学学生等（见图 4）。

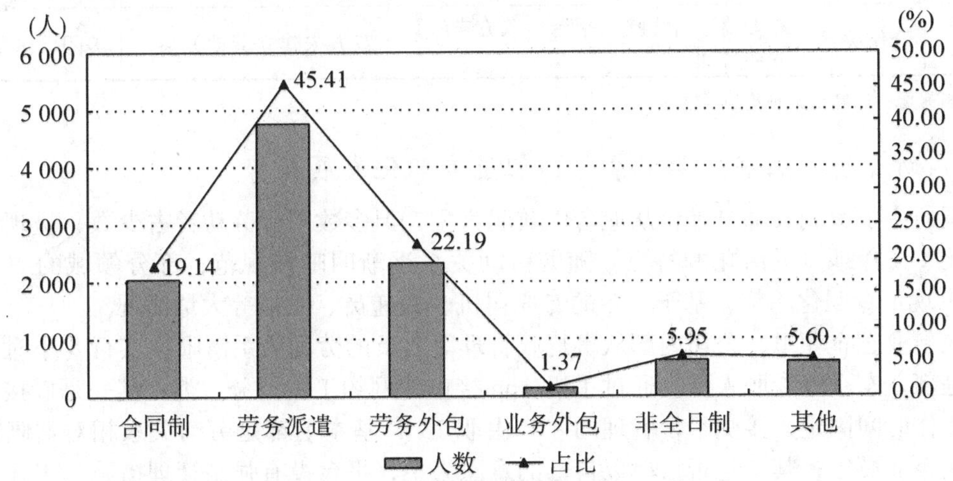

图 4 调查企业用工形式

数据来源：课题组调查统计。

分行业或职业来看，不同新业态企业经营方式不同，劳动关系变成一种生产经营的合作或联盟联系。从调研中了解到，如新兴的网络主播，分为签约、合作分成和独立操作三种模式；快递行业，分为直营和加盟模式；网络约车、网络送餐等行业一般都是业务提成的劳务关系或经济关系。不同企业的经营模式不同，建立劳动关系的情况也不同，具体见表 5：

表 5 调查企业经营模式及劳动关系建立情况

职业/行业	经营模式	内容	是否建立劳动关系	企业
网络主播	签约	主播为直播平台服务并接受管理，平台向主播支付一定报酬	双方建立的是劳动关系	抖音、快手等
	合作分成	平台与主播约定分成比例	双方未建立劳动关系	抖音、快手等
	独立操作	普通人通过实名制注册成为主播，自由活动，独立于平台	双方未建立劳动关系	抖音、快手等

表5(续)

职业/行业	经营模式	内容	是否建立劳动关系	企业
快递行业	直营	快递员接受快递公司管理，双方签订劳动合同	双方建立的是劳动关系	顺丰、京东
	加盟	以层次加盟的方式分包业务，各承包主体大部分不与快递员签订劳动合同	双方未建立劳动关系	圆通、中通、申通、韵达
网约车	相当于直营	网约车司机与劳务派遣、劳务外包公司签订劳动合同	双方建立了劳动关系	首汽约车、曹操出行
	合作关系	网约车司机自主接入平台，双方不签订劳动合同，雇佣关系模糊	双方未建立劳动关系	滴滴出行
网络送餐	合作关系	外卖骑手自主接入平台，双方未签订劳动合同	双方未建立劳动关系	美团、饿了么

资料来源：课题组调研及访谈整理。

2. 新业态从业者兼职现象普遍但呈专职化发展趋势

调研中了解到大部分平台从业者以兼职为主，但多数平台劳动者占少数，呈现时间碎片化、工作地点灵活化的特点。随着劳动关系逐渐明晰和规范，部分领域的“网约工”出现了专职化趋势，基于平台的专职司机、快递员、主播等大量涌现。

在新业态企业里，公司内部从事行政管理等人员的劳动关系清晰，实行 8 小时工作制，是新业态企业专职人员。通过手机 App 接单的网约工主要分三类：其一是以接单为主，工作时间固定，接受平台管理的“自由职工”，基本上都是劳动关系相对清晰的自营模式企业员工；其二是否接单以自己的意愿为主，平台没有强制管理措施，工作时间较长，这类相当于专职网约工；其三是否接单以自己意愿为主，平台没有强制管理措施，工作时间不固定，这种主要是兼职或兼业人员（见表 6）。

表 6　新业态从业者专兼职情况

岗位	内容	专职/兼职	企业/岗位
行政管理人员等	劳动关系清晰，签订劳动合同，8 小时工作制	专职	HR、运维等
网约工 1	通过手机 App 接单，以接单为主，工作时间固定，接受平台管理的“自由职工”	专职	曹操出行、首汽约车司机等
网约工 2	通过手机 App 接单，是否接单以自己意愿为主，平台没有强制管理措施，工作时间较长	相当于专职	滴滴出行司机、美团外卖骑手等
网约工 3	通过手机 App 接单，是否接单以自己意愿为主，平台没有强制管理措施，工作时间不固定	兼职/兼业	滴滴出行司机、美团外卖骑手等

资料来源：课题组调查及访谈整理。

3. 新就业形态劳动者工资收入水平普遍高于传统行业和四川省省平均工资

通过走访调研，新就业形态劳动者工资基本以计件为主，网约车司机、外卖骑手没有底薪，按照接单量分成，物流企业快递员在完成一定工作量的前提下设有保底工资（2 000~3 000 元/月）。四川省新业态从业人员的工资比传统行业要高出 30%左右，平均月薪在5 000~6 000元。

从问卷调查来看，企业用工形式和新业态从业者收入水平关联性不大，物流快递和共享交通行业均鼓励多劳多得，新经济新业态企业收入水平相对较高，超过50%的从业人员工资收入高于2018年四川省省平均工资（见图5）。

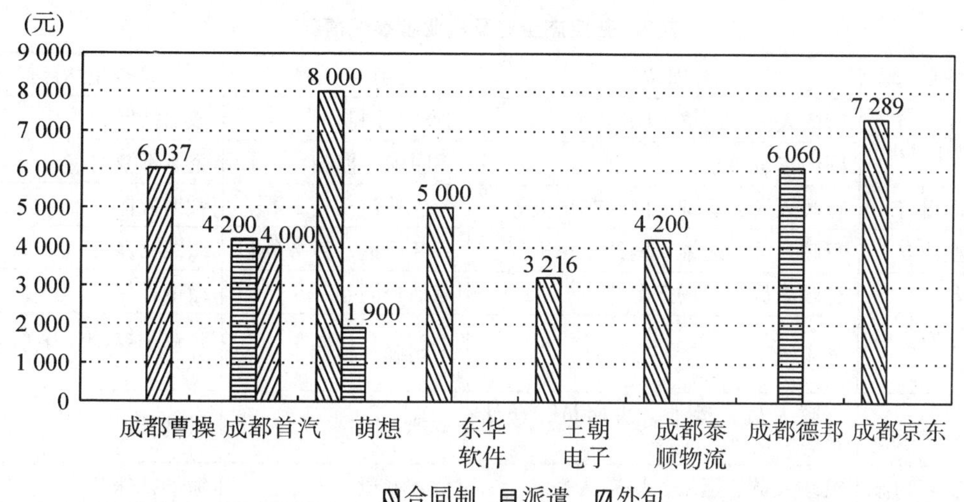

图5　新业态从业者工资水平

数据来源：课题组调查统计。

（四）新业态企业和从业人员参保情况

1. 部分新业态企业使用传统用工方式，职工参保情况较好

（1）部分新业态大型企业采用全日制、劳务派遣、劳务外包等传统用工方式，其职工参保情况较好。调研中了解到，京东、顺丰快递等为签订正式劳动合同的员工全部缴纳了“五险一金”，曹操出行、首汽约车由劳务外包公司、派遣公司与网约车司机签订正式劳动合同并缴纳了“五险一金”。

（2）同一企业，对劳动关系的认定不同，员工参保情况各有差异。滴滴出行企业就业人员分两类：一类是合同制职工，主要负责片区管理和运维工作；另一类是网约车司机。合同制员工均签订劳动合同、缴纳社会保险，实行月薪工资制度，每天工作8小时，严格上下班考勤，有休息日和节假日。与滴滴出行类似还有美团、饿了么，与从事行政管理和市场运营的固定职工签订劳动合同，购买社会保险，实行8小时工作制，执行休息休假制度。

2. 部分企业劳动关系属于“去传统型”，职工参保情况不良

部分新业态企业的劳动关系属于“弱传统型”“去传统型”，其职工参加社会保险情况较差。滴滴出行认为平台与网约车司机个人不存在雇佣关系，公司不与滴滴司机签订劳动合同，只是在初次注册打车软件时签订了“网络滴滴司机协议”，公司没有为平台网约车司机缴纳社保。在实践中，大部分司机参加了城乡居民基本养老保险和基本医

疗保险，专兼职网约车司机参保意愿不强，不主动以灵活就业人员身份参加城镇职工基本养老保险和基本医疗保险。此外，与滴滴出行类似的平台用工企业饿了么、美团，与“骑手”（送货员）不签订劳动合同，不建立劳动关系，不缴纳社会保险，仅为“骑手”购买意外商业险（见表7）。

表7 新业态企业及从业者参保情况

企业	岗位	用工形式	是否缴纳社保
滴滴出行	行政人员、运维、HR等	劳动合同制	缴纳社保
	网约车司机	不明确，模糊	企业不缴纳
曹操出行	行政人员、运维、网约车司机等	劳务外包	缴纳社保
首汽约车	行政人员、运维、网约车司机等	劳务派遣、劳务外包	缴纳社保
美团、饿了么	行政人员、市场运营等	劳动合同制	缴纳社保
	外卖骑手	不明确，模糊	企业不缴纳，仅购买意外险
京东、顺丰	行政人员、运维、快递员、仓储员等	劳动合同制	缴纳社保
成都德邦物流	行政人员、运维、快递员等	劳务派遣	缴纳社保

资料来源：课题组调查、走访整理。

（五）新就业形态发展对人力资源和社会保障工作提出挑战

1. 传统就业方式与新就业形态之间存在着摩擦和冲突

新经济新业态发展在创造大量就业岗位的同时，也对传统行业的就业产生了一定的冲击。新经济下，电子商务、智能制造、平台经济、“互联网+”等新产业新业态加速发展，就业比重显著上升，但传统制造业、工业及传统服务业就业比重明显下降。例如，网约车的出现对传统出租车行业形成冲击，电子商务的发展使部分传统零售企业倒闭。互联网在拓展市场需求空间、创造新就业形态岗位的同时，也在一定程度上改变了利益分配格局和分配方式，引发了不同就业群体间的矛盾和冲突。

2. 部分平台企业运营风险较大，影响新就业形态从业人员稳定就业

新业态就业最大的特点就是灵活，但就业和劳动用工的不可持续性和不稳定性的弊端也相继呈现。一是平台企业运营风险较大，影响就业人员稳定性，当前，许多平台企业的业务发展和日常运营主要靠风险投资，尚未找到成熟的商业模式或盈利路径，一旦投资中断，难逃倒闭厄运。如OFO、小蓝单车、悟空单车、酷骑单车等共享单车企业由于同质化严重、盈利模式不清、资金链断裂等原因，经营陷入困境，导致大量裁员或大量从业者失去工作。二是平台从业人员自身稳定性较差。部分新业态从业者可自主决定工作任务、工作时间，同时对网络客户的高度依赖、“底薪+提成”工资结构带来较高的不确定性，造成该群体工资离散度相对较高，普遍面临收入和客户不稳定的隐患，导致从业者就业不稳定和职业发展的持续性较差。

3. 劳动关系调整机制不适应新就业形态发展的需要

现行的劳动关系调整机制和基本政策主要是基于“工业化”“标准就业”“单位用工”的特点设计制定的。随着平台经济、共享经济等新就业形态的蓬勃发展，其从业人员工作方式和用工形式更加灵活多元，而现行劳动关系调整机制稍显力不从心。

（1）用工性质难以确定。新业态模式下，大多数从业人员借助平台开展经营性就业和创业，平台对于从业人员的工作时间、地点、方式的介入程度和直接管理力度都在降低，是一种典型的自我雇佣行为或经济合作行为，“人”对“组织”的依附性和从属性正在逐步减弱。这种灵活的工作方式对劳动关系的界定带来困难，使得新业态从业人员被剥离于劳动法保护之外。在调研中了解到，这种用工性质难以确定的业态主要是：平台与网约车司机（滴滴出行，特别是兼职司机），平台与外卖骑手（美团、饿了么，全职及兼职兼业），物流配送的层层分包商与快递员（加盟型或业务分包型）等。

（2）用工权益难以保障。部分新业态从业人员不受劳动法规关于工作时间、工作地点、工作条件等限制，平台对从业人员不承担雇主责任，非标准劳动关系面临着法律制度的困境，新业态从业人员的权益保障缺少制度护航。在调研中了解到，这些新业态的网约车司机、外卖骑手面临工作时间偏长，没有加班工资，休息休假权利不能得到保障等问题。

（3）政府监管难以到位。当前，大部分新业态劳动用工不符合法律对劳动关系主体的认定，造成劳动监察部门无法对其进行执法，劳动争议调解仲裁机构也不乏将这类群体所涉及的纠纷列入仲裁处理范围。特别是在“平台+就业”的模式中，由于用人单位主体相对模糊，如何定性和处理这类争议已经成为实务中的一大难题。此外，受制于新业态复杂化和多元化的雇佣方式，再加上平台组织的分散化、隐蔽化、以及相对不固定的工作场所和时间等因素，政府部门很难对新业态劳动用工进行有效监管。

4. 工伤保障不足是当前新业态就业人员面临的突出问题

（1）工伤保险是新业态就业人员最迫切的保障需求。新业态就业人员，特别是平台就业人员以农民工为主，如饿了么、美团外卖平台就业人员的85%来自农村，在社会保障方面，普遍在老家农村参加了居民养老保险、医疗保险，受收入水平限制，对参加职工养老、职工医疗保险缺少意愿和能力。但其工作环境复杂、强度大，工伤高发，是当前最需要工伤保险制度保障的人群。

（2）新业态就业人员参加现行工伤保险缺少制度通道。《工伤保险条例》规定，参保职工必须具有劳动关系，且由雇主缴费。新业态从业人员普遍是灵活就业或自我雇佣，与互联网平台之间不是传统的法定劳动关系，而且普遍存在“多平台同时就业”情况，难以满足现行工伤保险制度的参保条件。在调查中，劳动关系不明确的网约车司机、平台外卖骑手等均没有参加工伤保险。

（3）商业保险难以充分解决新业态从业人员的工伤保险问题。在当前社会化的工伤保险制度缺失的情况下，平台就业等新业态从业人员大多通过商业意外险进行工伤保障，但这类产品普遍存在保障范围窄、标准低、理赔难和缴费偏高等问题。从保障范围来看，商业意外险仅覆盖意外身故与伤残、意外医疗等有限风险，远少于工伤保险涵盖的医疗、康复、生活护理、伤残补助等数十项保障项目；从保障标准来看，商业意外保险额多为 15 万～50 万元，一旦发生致残、致死等重大工伤即难以得到有效保障；从理赔情况来看，普遍存在免责条款多且不尽合理等情况；从缴费来看，商业意外险保费多为 3 元/人/天，以 4 000 元左右的工资计算，费率为 2.25%，高于工伤保险 0.2%～1.9%的费率上线。调研中了解到，多家平台公司普遍反映，一般工伤事故通过商业保险和公司补贴等方式基本能够解决，但对于致残、致亡等重大工伤事故，现行保障方式的力度严重不足，难以有效保障职工的权益，也可能给企业正常运营发展带来不良影响。

5. 新业态从业人员全员参保仍面临不少困难和问题

新经济新业态不同于传统行业，其从业人员为“互联网+传统行业”所包含的就业人员，分为有用工主体劳动者和灵活就业者两类，全省社保制度已经覆盖所有城乡劳动者，不存在政策盲区，但由于多种关联因素并存，促进新经济新业态从业人员参保还面临一定挑战和困难。

（1）分险种来看，在养老保险方面，新业态从业人员可以以灵活就业人员身份参加城镇职工养老保险，但仍面临一些问题：一是部分新就业形态从业人员“无单位”，只能参加养老保险和医疗保险，不能参加工伤保险和失业保险。二是没有单位为其缴费，个人承担了更高的缴费比例。三是在不同平台工作，有多个雇主，为每个雇主工作工时不等，平台或雇主不为其缴纳社保费。这类人员主要是网约车司机、快递配送员等。在失业保险方面：与工伤保险存在相似问题，失业保险制度也是以劳动关系为参保前提的，没有劳动合同就无法参加现行的失业保险。在医疗保险和生育保险方面主要是待遇差别。

（2）新经济新业态灵活就业者参保意愿较低。一是网络送餐等新业态从业人员平均年龄 30 岁左右，年轻力壮，大多只顾眼前不顾长远，社会保险意识比较薄弱，自愿参保主动性不强。二是持续缴费能力较弱。部分新业态从业人员工作时间不固定，经营状态不稳定，工作稳定性和持续性较差，持续参保缴费能力普遍不强。在调研中也了解到，有些平台很有意愿给予一定支持，把接入平台的灵活就业者纳入社会保障体系，但从事家政的服务者多数年龄为 40～50 岁，外地人居多且文化程度相对比较低，不愿意缴纳个人承担的社保。

（3）关系转移衔接不畅。新经济新业态企业从业人员跨省、跨企业流动频繁，养老保险可全国范围跨省转移接续，但办理环节较多，办结时间较长；医疗保险实行地方统筹，跨省转以后，接受地大多不认转移前的实际缴费年限，致使部分新业态从业人员在各地流动就业时参保意愿不强。在访谈中了解到，德邦物流在成都员工 4 650 人，但每个月流出和流入人员约 300 人，流动性较大。

三、推动新业态发展促进就业的思路与对策建议

（一）基本思路

新形势下，发展新经济新业态促进就业的思路是：全面贯彻推动经济高质量发展的要求，围绕电子信息、装备制造、食品饮料、先进材料、能源化工5个万亿级支柱产业和数字经济为主体的“5+1”现代产业体系，以发展新经济形态和培育新动能为着力点，坚持鼓励创新、包容审慎，营造有利于新经济新业态发展和保障新就业形态劳动者权益为核心的制度环境，推动新经济加快发展、高质量发展，推动新经济发展创造更多新岗位、带动更多新就业，实现新经济增长与新就业增长良性互动。新经济新业态下，促进就业工作应坚持以下原则：

1. 坚持促进新业态发展与拓展就业空间相结合

坚持以新技术为驱动，聚焦前沿技术，打破转化壁垒，让科技成果转化为现实生产力，拓展就业新领域；以新组织为主体，推动创新组织、创新企业迅速成长，拓展就业新空间；以新产业为支撑，推动传统产业和新产业深度融合，增强新经济创造就业岗位的能力；以新业态为引擎，推动信息技术与工业化、城镇化、农业现代化加速融合，增强新经济发展带动就业的能力。

2. 坚持创新监管与包容审慎相结合

积极探索和创新监管方式，包容审慎、合理监管，厘清不适应新经济发展的政策制度，审慎出台新的准入和监管政策。加强政策与监管设计的预见性，充分考虑新就业形态的特点，引导多方治理，探索审慎监管和社会共治的管理格局。放宽市场准入、优化营商环境，促进新经济行业、企业健康快速发展。

3. 坚持政策扶持引导与创新创业服务相结合

既要加大对新经济发展的政策引导，推动新经济产业、行业快速健康发展，又要强化对新经济企业的政策扶持，进一步完善新经济企业的就业扶持、社会保险等政策，还要创新对新经济企业的就业、社保公共服务。

4. 坚持以需求为导向，持续改善劳动力市场供给

既要加快培育经济发展新动能，大力发展吸纳就业能力强的产业，不断增强经济发展创造就业岗位能力，优化人力资源市场需求结构，又要坚持需求导向，加强市场需求调查，摸清新经济企业人才需求，加强人力资源开发，促进劳动者素质持续提升，改善人力资源市场供给侧结构。

（二）对策建议

1. 把促进新形态就业政策作为就业优先政策的重要组成部分

（1）优先发展数字经济和分享经济，加强促进数字经济政策与支持新就业形态发展政策的衔接。在制定促进数字经济发展的财税、金融、投资、产业等重大政策时，应综合评价对平台经济、共享经济中新就业形态就业岗位、环境、失业风险等带来的影响，实现促进数字经济增长与扩大新就业形态联动、经济结构优化与就业转型协同。

（2）优先将新业态监管扶持政策纳入宏观政策调控。加强对平台风险的管控，为平台企业健康运营创造市场环境，为新就业形态稳定发展创造条件。当前应加大对资本市场的监管力度，制定和完善与风险投资相关的金融法规政策，加强对平台企业资金链风险管理的指导，出台有关稳妥推进实物众筹、股权众筹、网络借贷等众筹方式发展的实施办法。

（3）优先为新业态企业创造稳就业条件。引导企业建立可持续的运营和盈利模式，指导平台建立对入驻企业及其产品、信息的常态化审查管理制度，加强准入与交易、质量和信息等方面的安全保障等，进而为平台上新就业形态从业者创造相对稳定的就业条件。

2. 进一步创新和完善积极的就业政策，鼓励和支持新就业形态发展

（1）加大数字技术人才培养力度。为适应科技和产业革命发展的需要，从源头上改善劳动力的供给。推进高等教育和职业教育专业设置、人才培养模式与新技术、新业态、新模式发展的衔接匹配，推动新就业形态从业人员向知识型和技能型就业为主转型。

（2）鼓励和支持社会各类培训机构开展新就业形态岗位的各类职业技能培训，使更多劳动者掌握相关技能，在平台经济、共享经济中就业创业。

（3）制定和实施适合新形态就业人员的职业介绍、职业指导、培训补贴、社保补贴政策。对于使用应届大学毕业生、农村劳动力、退役军人等就业重点群体的平台企业，给予免费用工指导、政策咨询，开展培训的给予培训补贴。制定和实施支持新形态就业人员的职业培训政策，加大职业培训补贴的力度。对平台企业使用残疾人、贫困人口、零就业家庭成员等就业困难人员就业的加大培训补贴、社保补贴力度。

3. 明确各方法律关系，建立和完善新就业形态从业人员权益保障机制

（1）建议出台规范新业态劳动用工的实施意见。一是坚持分类施策，统筹监管。建议划分新业态劳动用工的法律边界，明确界定劳动关系（传统的）、劳务关系（合作的）和自由职业（自雇的）三大劳动关系类型的划分标准。二是明确劳资双方的权利和义务，在《劳动法》的基础之上，以宽泛和灵活的方式进一步明确新业态劳动关系双方的权利义务关系。三是推行和鼓励平台组织与劳动者签订电子劳动合同或电子协议，逐步提高新业态从业人员的劳动合同签订率。在不具备签订劳动合同的用工单位，可通过集体合同制定劳动用工规范，来明确双方的权利义务。四是针对新就业形态的劳

动特点，研究制定适合新就业形态发展的平台企业劳动用工、劳动契约、工资支付、工作时间、休息休假等有关劳动基准，确立新就业形态人员劳动权益保护的劳动标准。

（2）建立新业态劳动用工协商协调机制。加强新业态劳动用工监测和形势研判，切实兜牢新业态和谐劳动关系的底线。充分发挥行业协会等社会组织的作用，推动行业协会制定行业用工规范、行业劳动定额标准及行业性集体合同等，通过行业自律来规范企业劳动用工。充分发挥工会组织在新业态劳动关系调整中的积极作用，推动成立多种形式的新业态从业人员工会组织，探索建立“互联网+法律”职工服务新模式。

（3）加大新业态劳动用工的矛盾调处力度。加强对新业态用工的劳动保障检查和日常巡查，及时发现、处置侵害劳动者合法权益的行为，对严重违反法律法规、侵害劳动者权益的平台企业，纳入社会信用惩戒体系。规范新业态劳动纠纷的调解仲裁机制，把新业态劳动用工纠纷纳入劳动争议调解仲裁范围，为新业态从业人员提供权益保护的法律途径。畅通新业态从业人员的权益维护和救济渠道，探索试点跨地区联动监察和仲裁模式，切实保护新业态从业人员的合法权益。

4. 以工伤保险为切入点，解决新业态从业人员最迫切的保障需求

面对当前新业态就业人员工伤保障需求迫切、社会化的工伤保险缺少参保通道，商业保险保障力度有限的情况下，新业态就业人员和平台公司普遍期待和呼吁进一步健全和完善工伤保险政策，提供更有力、有效的政策保障。

（1）逐步将符合条件的新业态就业人员纳入职工保险范围。对平台就业人员进行合理区分。对于非稳定就业人员，仅提供适度工伤保障即可。对于平台稳定就业且收入水平达到一定标准的人员，实施政策支持和宣传引导，逐步将其纳入职工保险范围，合理缴费并切实提高保障水平。

（2）建议建立新业态就业群体等为主的灵活就业人员重大职业伤害社会保险试点。考虑到新业态从业人员与单位就业职工在劳动关系、工作方式、工作场所等方面存在较大差异，将其纳入现行工伤保险制度存在较大困难。建议国家加强顶层设计，建立新业态就业人员等群体的灵活就业人员重大职业伤害社会保险，保障需求最迫切，个人和平台难以承受的重大特大职业伤害。当前仅保障重大工伤事故，条件具备后，逐步扩大保障范围。

（3）大力发展商业保险更好地满足新业态就业人员的保障需求。通过税收优惠等方式，支持和引导商业机构开发更多符合新业态就业人员需求的商业保险产品。同时，发挥好行业协会等平台作用，由行业协会牵头组织保险公司、新业态平台公司等组团磋商，加强需求与供给的沟通对接，发挥保险领域大数法则作用，推进保障成本合理降低和待遇水平有效提升。

5. 实施精准扩面，提高新业态从业人员的参保适应性

（1）逐步建立新业态企业规范的劳动关系，通过劳动保障监察执法，督促新业态企业严格按照现行社会保险政策全面参保、足额缴费；针对劳动关系尚不清晰的，充分利用网络平台、政务服务网、微信公众号等多种形式加强社会保险政策宣传，引导新经济新业态从业人员以灵活就业人员身份参加社会保险。

（2）充分利用全面参保登记成果，积极推进精准扩面。强化全面参保登记系统和社保业务经办系统相关数据及时更新，锁定已参保人群，缩小未参保范围，实现新经济新业态从业人员参保信息精准管理。强化劳动保障网格化管理，加大行政执法和社保稽核力度，督促新经济新业态企业及其从业人员依法参保，实现社会保险参保覆盖面稳步扩大。

（3）建立新经济新业态部门联动管理机制。加强新经济主管部门的信息共享，进一步掌握新经济新业态企业的基础信息、运营模式和从业人员构成等。加强与公安系统的沟通与支持，全面获取户籍人员身份证号、姓名、户籍地址等基本信息，动态完善全面参保登记数据库。加强与工商、税务部门的信息共享，进一步掌握新业态企业注册情况和从业人员纳税情况，为劳动监察、社保稽核等社会保险征缴扩面工作提供有效的数据支撑。

（4）加强政策宣传引导，让新就业形态从业人员积极参保缴费。新就业形态从业人员多为青年人，他们对未来养老保障关切度不高，有必要加以宣传引导。考虑利用各地政务服务网、微信公众号、短信平台、微博、企业商务平台等开展多种形式的政策宣传，宣传公民参加社会保险的权利和义务、参保途径和缴费方式等，让新就业形态从业人员了解社会保险的基本知识，免除他们的后顾之忧。

6. 加快建立符合新就业形态特点和需求的一体化人社公共服务

（1）探索运用大数据等多种手段，开展新就业形态从业人员情况调查统计工作，掌握新就业形态从业人员的总体数量、分布结构、人员构成、劳动报酬、社会保险等基本情况，为制定和实施有关鼓励和支持政策提供基础信息。

（2）建立适应就业形态新变化的公共就业创业、社保服务体系。加快“互联网+公共服务”建设，利用网络信息技术，设立线上线下相结合的新就业形态从业人员管理服务组织或自我管理平台，使新形态就业创业人员通过手机 App 就能够方便快捷地获取就业岗位信息、培训信息，得到职业指导，参加职业培训和课程学习，申领就业补贴、培训补贴、社保补贴，缴纳社保费、转移接续社保关系手续、申领社保待遇、得到政策咨询服务等。

附件：调查问卷

企业用工调查问卷

企业基本情况	
1	企业名称：
2	联系方式：
3	企业成立时间：　　年　　月
4	企业所属行业：①批发和零售；②交通运输、仓储和邮政；③住宿和餐饮；④信息传输、软件和信息技术服务；⑤租赁和商务服务业；⑥居民服务、修理和其他服务；⑦其他

问卷(续)

企业用工基本情况	
5	截至2019年6月底企业员工人数：　　人；其中： ①男性　　人；女性　　人 ②平均年龄　　岁；25岁及以下　　人；26~35岁　　人；36-45岁　　人；46及以上　　人 ③初中及以下　　人；高中（含职高/中专等）　　人；大专　　人；本科　　人；硕士及以上　　人
6	企业用工形式及人数： ①合同制用工　　人；②劳务派遣用工　　人；③其他用工　　人；④其他用工　　人
7	与去年同期相比，当前从业人员变化情况： ①增加　　人；②减少　　人；③持平
8	企业员工日平均工作时间：　　小时；周平均工作时间：　　小时
9	企业员工月平均工资：　　元；其中： ①合同制用工　　元/月；②劳务派遣用工　　元/月； ③其他用工　　元/月
社会保险参保情况	
10	企业为员工缴纳社会保险险种有： ①养老保险；②医疗保险；③工伤保险；④失业保险
11	企业参加社会保险的人员范围： ①合同制用工；②劳务派遣用工；③其他
12	企业缴纳社会保险是否享有国家优惠政策： ①有 ②没有
13	企业是否为从业人员购买意外伤害保险等商业保险： ①有 ②没有
14	您认为社会保险制度需要做出哪些改进： ①减轻企业缴费负担；②提高保险金待遇水平； ③加大社会保险宣传与培训；④其他
15	您认为平台企业是否需要承担平台员工的社会保险缴纳责任： ①需要；②不需要
岗位招聘/人才引进/劳动争议情况	
16	公司最紧缺的岗位/职位（按照紧缺程度排序）： ① ② ③
17	希望政府在企业招聘方面提供哪些支持： ①加强高科技人才引进； ②政府加强组织培训，提高劳动者技能； ③多提供求职信息/招聘平台/沟通渠道

问卷(续)

18	截至 2019 年 6 月底，企业发生劳动争议案件数量　　件，其中： ①劳动仲裁　　件；②诉讼　　件；③其他
19	劳动争议案件事由： ①社会保险纠纷；②工资拖欠；③劳动保护措施不当；④工作时间与加班费问题； ⑤其他
	意见和建议
20	对现行社会保险缴纳情况有什么建议或诉求：
21	对就业政策及公共就业服务有哪些意见建议：
22	对人力资源和社会保障部门工作还有哪些意见建议：

主要参考文献：

［1］张成刚. 就业发展的未来趋势：新就业形态的概念及影响分析［J］. 中国人力资源开发，2016（19）：86-91.

［2］中国促进就业会. 新就业形态［J］. 中国就业，2017（11）：26-27.

［3］郝建彬. 数字经济下新就业形态顶层设计的思考［J］. 人才资源开发，2017（23）：28-29.

［4］关博. 加快完善适应新就业形态的用工和社保制度［J］. 宏观经济管理，2019（8）：30-35.

［5］谢雨，等. “互联网+”激活新就业形态［N］. 人民日报，2018-03-17.

［6］张成刚. 新就业心态新在哪里［J］. 中国人力资源开发，2016（16）.

［7］MATTHEW F.（2015）. Level the playing field - by deregulating，Cato Unbound，February 10.

［8］刘燕斌，等. 中国劳动保障发展报告（2017）［M］. 北京：社会科学文献出版社，2017：69-81.

［10］李岩. 我国现代劳动关系协调机制现状与发展［J］. 人民论坛，2014（11）：150-152.

［11］唐镳，李彦君，徐景昀. 共享经济企业用工管理与《劳动合同法》制度创新［J］. 中国劳动，2016（14）：41-52.

［12］常凯. 劳动关系的集体化转型与政府劳工政策的完善［J］. 中国社会科学，2013（6）：91-108.

［13］张成刚. 问题与对策：我国新就业形态发展中的公共政策研究［J］. 中国人力资源开发，2016（36）：74-82.

［14］王显勇，夏晴. 共享经济平台下的网约工纳入工伤保险的理论依据与制度构想［J］. 中国劳动，2018（6）：49-53.

[15] 宋晓梧. 构建共享型社会：中国社会体制改革40年［M］. 广州：广东经济出版社，2017.

[16] 王全兴. "互联网+" 背景下劳动用工形式和劳动关系问题的初步思考［J］. 中国劳动，2017（8）：7-8.

[17] 黄霞，等. 中国劳动世界的未来议题三：劳动关系、高质量就业与技能培训［J］. 中国劳动，2018.

[18] 麦可思研究院. 就业蓝皮书：2016年中国大学生就业报告［R］. 2016.

[19] 阿里研究院. 2015年云上创业就业趋势研究报告［R］. 2015.

[20] 卢刚. "劳动世界的未来高级别三方对话会" 在京举行［J］. 中国人力资源社会保障，2016（10）.

[21] 胡凌. 如何监管分享经济：以专车为例［EB/OL］.（2015-10-12）. http://qu.weixinyidu.com/e_3251503.

[22] 彭倩文，曹大友. 是劳动关系还是劳务关系?：以滴滴出行为例解析中国情境下互联网约租车平台的雇佣关系［J］. 中国人力资源开发，2016（2）：93-97.

[23] 世界银行. 世界发展报告：工作性质的变革［R］. 世界银行集团，2018.

（主笔：王汉鹏　唐青）

新型城镇化背景下农村劳动力就地就近转移研究①

——四川省农村劳动力转移新特点新趋势

摘　要：新型城镇化和乡村振兴战略为解决“三农”问题指明了方向。乡村振兴战略与新型城镇化战略二者相辅相成，均是推进现代化、解决“三农”问题的重要路径。如何合理引导并促进农村劳动力转移是推进新型城镇化的核心所在。在新时代背景下，研究四川农村劳动力现状和继续转移就业的趋势，并结合推动实现高质量发展、乡村振兴战略和新型城镇化建设，提出农村劳动力继续转移的思路和对策措施，对于推进新型城镇化建设和实施乡村振兴战略都具有重要的现实意义。

关键词：新型城镇化　农村劳动力　就地就近转移

一、导论

（一）选题背景和研究现状

1. 新型城镇化和乡村振兴战略对农村劳动力转移提出了新课题

新型城镇化和乡村振兴战略为解决“三农”问题指明了方向。乡村振兴战略与新型城镇化战略二者相辅相成，均是推进现代化、解决“三农”问题的重要路径。温铁军（2002）和吴敬琏（2002）都将“三农”问题的症结归因于农村人口和农村剩余劳动力过多，从而突出表现出农民收入增长问题（陈锡文，2001）。农业剩余劳动力大量滞留在农村，农业生产效益和农民收入水平就无法实现根本性提升。要提高农业劳动生产率，一方面必须依靠工业化和城镇化的大力发展，通过新型城镇化继续转移农村人口提高劳均耕地占有率；另一方面，通过乡村振兴战略的实施，引导第一、二、三产业深度融合发展，有力推动乡村产业发展。

如何合理引导并促进农村劳动力转移是推进新型城镇化的核心所在。农村劳动力从

---

① 本课题由四川省社会科学“十三五”规划统计专项项目（批准号：SC17TJ027）资助。

农业向非农就业转移、从农村向城市转移是现代化的必由之路。传统城市化理论认为将农村劳动力转化为城镇人口就实现了城市化。事实上，城市化的本质是改变传统的城市人口的生产生活方式，提高生产效率和生活水平，城市化不只是将人口单向迁移到大城市这样一条路径。农村劳动力转移与新型城镇化建设之间也是相辅相成、相互促进的，农村劳动力转移与城镇化需要深度耦合。

实施乡村振兴战略回避不了农村劳动力转移这一关键问题。乡村产业振兴受到土地经营规模狭小的制约，而人均占有土地规模的扩大，取决于农业劳动力转移所处的阶段及其稳定性。

研究新形势下四川农村劳动力如何继续转移的问题具有现实意义。四川是农业人口大省，改革开放以来从农村源源不断向省外、省内的非农产业转移了大量剩余劳动力，目前农村剩余劳动力逐步减少，城镇化进程中已经向城镇或非农产业转移的主要是青壮年劳动力，留守农村或从事农业生产的基本上只剩下中老年人口。从人口的角度讲，不仅城镇化动力在减弱，而且乡村振兴也面临人力资源瓶颈。在新时代背景下，研究四川农村劳动力现状和继续转移就业的趋势，并结合推动实现高质量发展、乡村振兴战略和新型城镇化建设，提出农村劳动力继续转移的思路和对策措施，对于推进新型城镇化建设和实施乡村振兴战略都具有重要的现实意义。

2. 文献回顾

（1）农村劳动力转移研究范式及重要观点。经济学对农村劳动力转移动因及机制的研究有多种范式，大致可分为结构主义方法、新古典主义方法和行为主义方法。

结构主义方法中最具代表性的是刘易斯二元经济理论、费景汉—拉尼斯模型。刘易斯二元经济理论提供了对农村劳动力转移动因和路径的合理解释，他认为传统农业部门普遍存在劳动力过剩，现代工业部门具有较高的生产率，因而从传统农业部门向现代工业部门的劳动力转移会提高产出水平。在刘易斯二元经济理论基础上，拉尼斯和费景汉进而把农村劳动力转移过程分为三个阶段：一是农村劳动力的无限供给阶段（显性失业人口转移阶段）；二是农业劳动力转移到一定点出现结构性短缺的阶段（隐性失业人口转移阶段），主要标志是青壮年剩余劳动力供给绝对量下降，劳动力工资快速上涨，农村劳动力供给的“剩余”与“短缺”并存，进入第二阶段的转折点可以称为“第一个刘易斯转折点”；三是农村劳动力由结构性短缺发展到全面短缺阶段，此时两部门劳动生产率已经接近，农业剩余劳动力转移完毕的这个点或区间称为“第二个刘易斯转折点”或“刘易斯拐点”。

新古典主义方法以经济行为个体作为分析的基本单位，强调劳动者个体利益最大化对转移决策的决定性作用，其中最有影响的是托达罗模型、哈里斯模型、“推—拉”理论和斯塔克新劳动力转移经济理论。托达罗（Todaro，1969）认为农村劳动力向城市转移是基于预期收入的原因，而预期收入取决于城乡收入差距和城市就业机会的大小。哈里斯（Hariss，1970）认为农民转移行为符合个人理性决策假设，只要城市的预期工资高于农村的实际工资，乡城迁移行为将会持续进行。“推—拉理论”认为农村劳动力的转移行为是在对“推力”和“拉力”进行权衡后做出的决定（Lee，1966），常见的推力如本地收入水平较低、就业机会少、生活条件差、资源匮乏等因素；而拉力主要是外地优越的生活条件、较高的收入水平、便利的交通等。斯塔克（Stark，1991）否定了人口迁移行为是迁移者单个人的理性决策这一假设，认为做出迁移决策行为的家庭不仅追求最大化预期收入，而且追求风险最小化。

行为主义研究方法将个体特征如性别、年龄、学历和收入水平等纳入对农村劳动力转移决策的研究，通过研究劳动力转移的微观机制来解释劳动力区际转移的宏观模式。沃伯特（Wolpert，1965）以实证检验的方法研究劳动者的性别、年龄、区域差异、婚姻等个性特征对劳动力转移的影响，得出个体通常选择向地方效用高的区域迁移。赵耀辉（1997）、都阳（2001）、史清华（2005）等从个人特征角度，研究发现中国劳动力转移既受宏观经济和制度因素的影响，又和转移者的个人特征和社会文化相关。蒋文畅（2011）运用二元 Probit 离散选择模型对农村地区劳动力迁移的影响因素进行实证分析。

（2）关于中国农村劳动力转移趋势的研究。农村劳动力转移是城市化进程中不可避免的一种普遍现象。中国农村劳动力流动经历了从严格控制农民流动到逐步放松管控，允许到附近乡镇企业就业，再到引导鼓励跨区输出的转变。改革开放以后的农村劳动力转移主要存在以下三种方式：一是向当地非农产业（主要为乡镇企业）转移；二是向省内城镇转移；三是省际跨区域转移（蔡昉 等，2000；农业部课题组，2000；王光栋、李余华，2004）。20 世纪 80 年代末 90 年代初以来，农村劳动力转移一直呈现出大范围、远距离转移的特点。省际跨区域流动一般是以劳务输出为主要方式的异地转移（高双 等，2017）。为加快农村剩余劳动力这种异地转移，可以通过开放现有大城市，或者建设大都市区，使农村人口向大城市及其附近的小城镇转移（卢迈 等，2002）。

2005 年我国农村劳动力从“无限供给”进入了“有限剩余”，农村剩余劳动力转移表现出新的特征。蔡昉（2012）等人认为，中国经济在 2004 年达到刘易斯转折点之后，农村劳动力转移的潜力还很大，可以通过继续保持劳动力资源的重新配置来获得全要素生产率的增长（蔡昉，2013；2018），但是农村青年劳动力的大量流失，对农业的可持续发展造成不利影响。城镇化过程表现为“进城”和“返乡”的不断交错循环（任远，2010），农村劳动力转移表现为暂时性、循环性特征，随着第一代农民工年龄增长在城市难以找到工作的时候往往返回农村，只有较小比例的农民工才有能力在城市定居下来（蔡禾、王进，2007；李春玲，2007），而回流型、创业型、培训型转移将不断增加（周丽萍，2013）。刘文勇（2013）认为，既然人口的压力不允许大量农民进入一、二线城市，接下来的城镇化就必须走就地就近城镇化的道路。

（3）研究评述。发展经济学、新古典经济学和行为主义研究范式对本课题研究提供了很好的启示，但这些理论模型存在的薄弱环节和缺陷也十分明显。如刘易斯模型和费景汉—拉尼斯模型更多侧重于农村劳动力转移的宏观层面分析，缺乏对劳动者微观决策行为的考察。而新古典主义方法更多的是侧重于农村劳动力转移的微观层面分析，缺乏宏观视野。事实上，农村劳动力转移是宏观因素和微观因素共同作用的结果，因此本研究将宏观分析和微观分析结合起来，既采用人口普查数据和经济统计数据测算农村劳动力的规模和结构，也利用问卷调查数据分析劳动者转移的微观决策行为。关于“三农”问题与农村劳动力转移的文献相对较少，近年农村劳动力转移与乡村振兴问题引起较多关注，本研究还采用了制度分析的方法，拟对影响农村劳动力转移的制度性因素（新型城镇化战略和乡村振兴战略）进行详细探讨。

（二）研究内容及框架

1. 研究对象界定

概念界定应成为研究的起点，只有首先明确农村劳动力就地就近转移的内涵与外延，才有可能进行相关分析和测算。

（1）农村剩余劳动力。农村劳动力由农业生产必要劳动力和农村剩余劳动力构成。严格地讲，农村剩余劳动力应该称为农业剩余劳动力，是指在目前生产力水平下农村劳动力供给超过农业需求的劳动力。在二元经济结构下，农村劳动力关注的焦点是农村剩余劳动力转移问题。

（2）农村剩余劳动力转移。农村剩余劳动力转移（在本文中多数情况下也称为农村劳动力转移）分为两个维度：一是指由农业向第二、三产业转移，称为职业转移；二是指地区之间的转移，主要是向非户籍所在地以外区域转移，称为地域转移。农村劳动力转移更多的是指第一个维度上的转移，是农村劳动力在产业间的转移，并非一定在城乡间转移。罗琦（2019）将农村劳动力脱离传统农业经营模式，进行现代农业就业称为农内转移，对于从本地到非户籍所在地仍然从事传统农业的则不构成真正意义的转移。从统计上说，农村劳动力转移通常是指农村劳动力从事非农产业达到6个月以上，短期（6个月以内）从事非农产业的农村劳动力由于不具有稳定性，也不能界定为农业剩余劳动力转移。

（3）农村劳动力就地就近转移。区域范围的划分是界定就地就近转移的关键。有人将农村劳动力就地转移界定为在县城或县域范围内从事非农生产领域工作（王弘钰，2013；栗霖霖，2016），还有人将区域限定为长期居住在农村，但以从事非农产业为谋生手段的转移（祝士苓，2007）。农村劳动力就地就近转移与就近城镇化在内涵上具有交集，马庆斌（2011）将就地城镇化定义为农民在原住地一定空间半径内，依托中心村和小城镇就地就近实现非农就业和市民化的城镇化模式。从农村长远发展来看，就近城镇化应该大力提倡。综上所述，农村劳动力就地就近转移是与大城市异地转移相区别的概念，是以农村劳动力户籍所在地的县城、小城镇、中心村为主要居住地，以从事非农产业就业为主或从事非传统农业的转移模式。

2. 拟解决的主要问题

（1）目前四川农村劳动力的基本状况，究竟还有多少劳动力在农村，剩余劳动力估计还有多少，结构和素质是如何分布，这些劳动力继续异地转移的意愿如何。

（2）影响农村劳动力转移的微观因素有哪些，如何通过实证的方法来验证农村劳动力转移意愿的相关假设。

（3）乡村振兴战略与新型城镇化有何内在的联系，在这两大战略实施的背景下，农村劳动力转移面临怎样的新形势新要求。

（4）现阶段农村劳动力转移有哪些新特点新趋势。

（5）如何进一步科学合理地推进农村力转移。

3. 研究框架

首先，通过文献梳理，界定农村劳动力就地就近转移的概念。在人口预测的基础上，估计农村劳动的总量、结构和进一步转移的潜力。其次，利用“2016年流动人口卫生计生服务流出地监测调查”中的四川省数据，采用Logit回归分析模型实证分析多项因素的综合作用以及不同条件下农村劳动力转移意愿差异。再次，在乡村振兴战略与新型城镇化背景下，研究农村劳力转移的新特点新趋势。最后，在新型城镇化背景下研究如何做好进一步促进农村劳动力转移的路径设计与政策选择。

（三）研究方法及创新

1. 主要研究方法

本课题采用的研究方法主要有：文献研究法、定量分析法、实证研究方法、规范研究方法等。

2. 可能的创新之处

创新点有三个方面：一是对农村劳动力及其变动趋势进行了测算；二是对农村劳动力转移行为的影响因素进行了实证分析；三是结合乡村振兴和新型城镇化分析农村劳动力转移面临的新形势，并有针对性地提出了促进农村劳动力就地就近转移的路径和政策选择。

二、四川农村劳动力资源的基本状况

只有正确测算农村劳动力规模、结构和变化趋势，并合理估计农村剩余劳力数量，才能实现对农村劳动力转移的比较全面和准确的认识，才能为实现农村劳动力资源的优化配置和继续转移提出合理的建议。

（一）农村劳动力特征描述及发展趋势预测

1. 农村劳动力抽样调查描述

本研究使用“2016年流动人口卫生计生服务流出地监测调查”中四川省的数据进行分析。选择该调查中同时具有以下特征的样本作为分析对象：①年龄为16~59岁，这一年龄段的人口处于劳动年龄（不区分性别，男女均选择相同年龄段）；②户籍性质为农村，即仅将目前尚留在农村的劳动力纳为选择对象。通过分析可以发现以下的现象：

（1）近半数农村劳动力年龄大于45岁。农村劳动年龄人口平均年龄为40.2岁，以5岁为间距进行分组，可以发现样本人口年龄组向中老年偏向分布，这与农村劳动力以中老年劳动力为主的整体特征相符。其中，16~24岁占15.8%；25~34岁占15.9%；35~44岁占23.5%；45岁以上的占44.8%，这充分说明农村劳动力老龄化现象严重（见表1）。

表 1　被调查对象年龄结构

年龄段（岁）	人数（人）	百分比（%）
16~19	341	8.8
20~24	269	7.0
25~29	336	8.7
30~34	277	7.2
35~39	273	7.1
40~44	634	16.4
45~49	704	18.2
50~54	584	15.1
55~59	443	11.5

数据来源：2016 年全国流动人口卫生计生服务流出地监测调查（四川部分）。

（2）受教育程度低于全省平均水平。从文化结构来看，农村劳动年龄人口受教育程度较低，平均受教育年限仅为 7.9，较 2015 年 1%人口抽样调查四川省平均水平低 0.5 年。从人口分布来看，农村劳动力受教育水平以小学、初中为主，呈现正偏态分布。其中，小学和初中教育水平人口占比分别为 36.3%、42.2%，而接受高等教育的人口占比仅 2.9%（见表 2）。

表 2　被调查对象受教育程度结构

受教育程度	人数（人）		百分比（%）	
	农村劳动力	四川平均	农村劳动力	四川平均
未上过学	244	63 104	6.4	8.1
小学	1 395	257 884	36.3	33.3
初中	1 622	262 618	42.2	33.9
高中/中职	471	105 731	12.2	13.7
大专	78	46 107	2.0	6.0
本科	33	36 964	0.9	4.8
研究生	0	2 082	0.0	0.3

数据来源：同表 1，2015 年 1%抽样调查数据。

（3）从事农业与从事非农的收入差距大。动态监测调查结果显示，农业劳动年龄人口平均年个人收入为 11 751 元，较 2015 年农村居民人均纯收入高 1 504 元。其中无收入个体占 22.4%，以农业收入为主要来源的个体占 36.2%，以非农收入为主要来源的个体占 41.5%，且非农收入是农业收入均值的 5 倍（见表 3）。

表 3　样本人群主要收入来源

主要收入来源	人数（人）	百分比（%）	均值（元）
无收入	862	22.3	0
农业收入	1 397	36.2	4 630.1
非农收入	1 599	41.5	24 305.8
样本平均	3 858	100.0	11 750.9

数据来源：同表 2。

（4）以农业纯收入作为主要收入来源的家庭所占比重小。耕地作为农村重要资源，超过 91%的家庭有承包土地。然而土地对家庭收入的贡献已经减弱，样本家庭收入统计显示，人均承包地面积为 527 平方米/人，农业收入仅占总收入的 11.5%。不到 12%的家庭主要收入来源于农业收入，超过 45%的家庭主要收入来源于同吃同住的家庭成员工资性收入，42.8%的家庭主要依靠外出打工家庭成员的给付（见表 4）。

表 4　样本家庭的主要收入来源

收入来源	农业纯收入（%）	工资收入（%）	外出工作家庭成员给付（%）
占比	12	45.2	42.8

数据来源：同表 2。

（5）农村劳动力向城市继续转移流动的意愿较弱。目前留在农村的劳动力向县区外转移就业的意愿相当低。本次调查中，针对农村劳动年龄人口流动意愿（以工作生活为目离开本县区），设置了“离开”“不离开”“没想好”3 个选项，统计结果表明，被调查对象选择“离开”的有 372 人，占 9.7%，选择“不离开”的有 2 866 人，占 74.6%，选择“没想好”的有 605 人，占 15.7%。可见，农村劳动力向县区外转移就业的意愿相当低。从打算转移的时间分布来看，多数人口选择将在半年内离开，占比 46.6%，即短期规划更为明确；其次是打算离开，但是并未计划好时间点的群体，占比 19.9%；选择长期规划离开的样本群体较小，计划三年以上离开的占总体样本的 8.4%。

2. 农村劳动力总量及变化趋势

（1）农村劳动力数量持续减少。据 2015 年全国 1%人口抽样调查，四川省乡村常住人口为 4 292 万人，占总人口的 52.3%，比 2010 年减少 599 万人，比重下降 7.5 个百分点。利用四川省 2010 年人口普查数据进行预测。结果显示：16~59 岁劳动年龄人口将从 2015 年的 2 462 万人减少到 2020 年的 2 111 万人，到 2030 年进一步减少为 1 523 万人；如果将劳动年龄人口的上限提高到 64 岁，农村人力资源将从 2 796 万人减少到 2 310 万人，到 2030 年进一步减少为 1 817 万人。虽然农村劳动力在持续减少，但农村人力资源的总量依然很大（见图 1）。

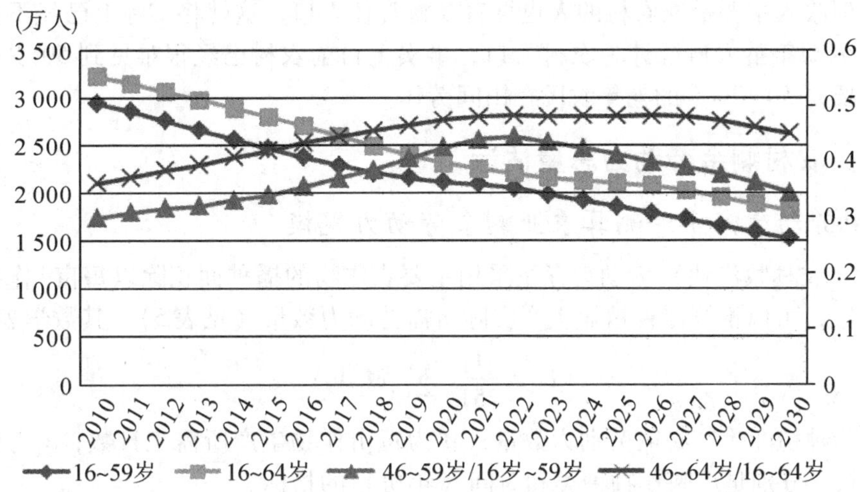

图 1　2010—2030 年四川省农村劳动力变动趋势

数据来源：本课题组预测。

（2）农村劳动力老龄化十分严重。伴随着老龄化进程的加快，劳动年龄人口内部也呈现出不断老化的趋势，并对劳动力供给产生巨大影响。图 2 展示了 2010 年、2020 年和 2030 年农村劳动年龄人口按年龄别分组的对比情况。

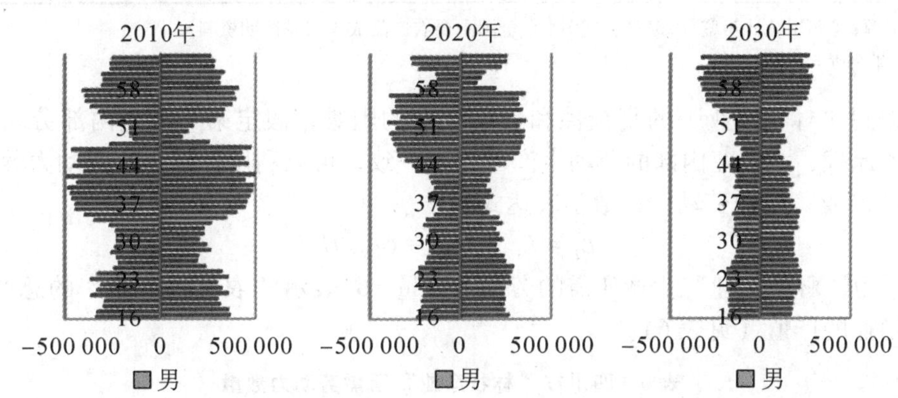

图 2　2010 年、2020 年和 2030 年四川省农村劳动年龄人口金字塔

数据来源：2010 年数据来自四川省第五次人口普查资料，2020 年和 2030 年数据由本课题组预测。

从图 2 可以发现，2010—2030 年农村劳动年龄人口的年龄结构发生十分显著的变化。劳动力的年龄结构重心由 2010 年集中在 35~45 岁区间演变到 2020 年集中在 45~55 岁区间。青壮年（45 岁以下）劳动力数量趋于下降，中老年劳动力（45~64 岁）比重大幅度上升，已经超过青年劳动力数量。到 2030 年，全省农村 65 岁以上老年人所占比例将达到 37%，15 岁以下青少年所占比例为 12%，16~64 岁劳动年龄人口所占比例大致为农村人口的一半，而 46~64 岁人口又占到劳动年龄人口的 48%，45 岁以下青壮年劳动力在农村人口中将只占 1/4。这是根据常住人口统计数据测算得出的结果，然而由于乡村人口统计时将外出不到半年的人员，或者外出从业人员在外居住时间虽然在 6 个月以上，但收入主要带回农村的人也算着乡村常住人口，这就将实际上已经不在农村生产生活的劳动年龄人口统计为农村人口，事实上目前农村已经很难见到 50 岁以下的劳动力，主要是 50～70 岁的老年农民在田间劳作。

（二）农村剩余劳动力总量估计

1. 用劳动生产率法测算农业剩余劳动力规模

农业（农林牧渔业）劳动力存量采用主要农作物的播种面积除以每亩①作物生产所需的工日数，可以推算出种植业生产实际所需劳动力数量（见表 5）。其数学表达式为

$$L_1 = \frac{1}{251}\left(\sum{}_1 M_{ij}A_{ij}\right)$$

其中，L_1 为种植业生产必需劳动力数量；M 为每亩作物生产所需工日数；A 为作物的播种面积，i、j 分别是反映作物种类和时间（年份）的指标。

表 5　四川省主要种植业所需劳动力数量

类别	粮食	油料	蔬菜	其他	合计
每亩用工数量（日）	5. 87	8. 67	31. 31	18. 23	—
播种面积（千公顷）	6 292	1 479	1 324	237	9 332
所需劳动力（万人）	221	77	248	26	572

数据来源：《四川统计年鉴（2018）》《2014 年全国主要农产品成本收益简明资料》。

注：1 千公顷＝15 000 亩。

考虑到“林牧渔业”的复杂性和数据获取的困难，假定第一产业内部劳动力配置遵循价值原理，大农业内部的劳动生产率趋于一致，可以利用种植业的劳动力数量来估计“林牧渔业”所需劳动力，数学表达式为

$$L_2 = L_1 \times (G_t - G_c)/G_c$$

其中，L_2 为“林牧渔业”生产所需的劳动力数量，G_t 表示“农林牧渔业”的总产值，G_c 表示种植业的产值（见表 6）。

表 6　四川省“林牧渔业”所需劳动力数量

“林牧渔业”所需劳动力（万人）	第一产业 GDP（亿元）	种植业 GDP（亿元）	种植业所需劳动力（万人）
397	6 785. 6	4 004. 2	572

数据来源：根据《四川统计年鉴（2018）》估算。

通过计算，可得到四川种植业需劳动力 572 万人，“林牧渔业”需劳动力 397 万人。

用现有农业劳动力数量减去农业实际劳动力数量，可以得出农业剩余劳动力数量，数学表达式为

$$Ls = Lt - (L_1 + L_2)$$

其中，Ls 表示农林牧渔业的剩余劳动力数量，Lt 表示农林牧渔业劳动力总数（见表 7）。

① 1 亩≈666. 67 平方米。

表 7　2017 年四川省农业剩余劳动力估算

类别	人数（万人）
农业就业人员	1 793
种植业劳动力	572
“林牧渔业”劳动力	397
农业剩余劳动力	824

数据来源：本课题组测算。

从表 7 可见，四川农林牧渔业所必需的劳动力规模估计在 969 万人左右，2017 年全省农业（第一产业）从业人员为 1 793 万人，因此，农业剩余劳动力大概还有 800 万人左右。

2. 用劳均耕地面积测算农业剩余劳动力规模

根据二元经济理论，在农村剩余劳动力没有转移殆尽之前，农业部门一般不会创造出新的就业机会。农业部门的劳动力需求是一个相对固定值，在这一固定值以上的都是剩余劳动力。据国家统计局测算，农业初期集约化经营水平可以达到劳均耕地 0.67 公顷~1.0 公顷①。考虑到四川省耕地中多为坡耕地，机械化生产程度比全国平均水平低，因此将劳动力耕种标准设定为 0.67 公顷/人（即劳均 10 亩土地）。2017 年年末四川实有耕地 672.6 万公顷，实际需要农业劳动力 1 000 万人，假定未来十年农业劳动力需求保持在这一水平。目前全省农业（第一产业）就业人员为 1 793 万人，并且农业剩余劳动力大概还有近 800 万人。如果将农村实际参与农业生产的人口减少到 1 000 万人，劳均耕地面积可以达到 0.67 公顷（10 亩），户均耕地面积达到 2 公顷（30 亩）以上，才可以基本上实现家庭农场需要的最低土地经营规模。

三、农村劳动力转移行为的实证分析

行为主义研究方法一般运用多项逻辑模型（multinomial logit model）或条件逻辑模型（conditional logit model）来模拟农村劳动力的转移。这些逻辑模型将迁移者个体特征，如性别、年龄、受教育程度、婚姻状况和户口登记状况等因素纳入对农村劳动力转移行为的研究。

（一）数据预处理与变量相关性分析

1. 数据处理

本研究的因变量为农村劳动力转移意愿。数据仍然来自 2016 年流动人口卫生计生

① 国家统计局. 1990 年人口普查数据专题分析论文集（上卷）[M]. 北京：中国统计出版社，1995：286；陈扬乐. 中国农业剩余劳动力规模及滞留经济代价研究 [J]. 人口与经济，2001 (2)：52-58.

服务流出地监测调查。调查询问了农村劳动人口“您以后是否打算离开本区县（以工作生活为目的）”，选项包括：离开、不离开、没想好，这一变量是构建模型的因变量。

为便于研究，本文涉及的自变量指标中，对多项选择问题围绕生育意愿进行了分类归总，并对不同类型进行深入研究。如婚姻状况类型划分为已婚和未婚，将回答中选择“初婚、再婚、同居”的群体归为有配偶群体，将“未婚、离婚、丧偶”群体归为单身群体（见表8）。

表8　问卷选择分类汇总

变量	分类
婚姻状况	
有配偶	初婚、再婚、同居
单身	未婚、离婚、丧偶
个人收入	
个人收入	包含从事农业生产收入和非农就业收入
地区变量	
成都平原经济区	成都、德阳、绵阳、眉山、资阳
川南经济区	自贡、宜宾、泸州、内江、乐山
川东北经济区	南充、遂宁、达州、广安、巴中、广元
攀西经济区	攀枝花市、凉山州、雅安市

此外，根据2015年12月的统计时间节点，以及被访者填写的出生年月推算样本年龄。同时，本研究剔除了对部分指标回答不合理的样本，视为无效样本，例如个人收入为负值等。且对于少量回答是否离开本区县中值为空的样本，归为不清楚处理。本文针对最终筛选出来的3 858个有效样本进行相关描述性统计以及样本相关性分析。

2. 个体因素与劳动力转移意愿

农村劳动年龄人口个体因素是影响转移意愿的重要因素。个人特性是指个体具有社会意义的品质，主要包括性别、年龄、教育、政治面貌、个性和自我形象等多方面内容。个体特征在一定程度上决定了流动人口的经济适应能力，进而会影响到转移意愿。学者们针对个人特性与转移意愿进行了相关性研究，程名望（2010）发现，男性和身体健康的农民外出就业的意愿更强；婚姻状况、娱乐偏好等变量对于农村劳动力迁移决策也具有显著影响（王智强、刘超，2011）。

（1）年龄越大转移意愿越低，且女性低于男性。根据对年龄及劳动年龄人口转移意愿的交叉表分析发现，青年劳动力转移意愿明显高于其他年龄组。且随着年龄的增长，农村劳动力明确表示不打算离开本区县的比例上升。其中，15~19岁群体是转移意愿最强的群体，有24.71%的人明确表示有离开的打算，而随着年龄增长，年龄在55~59岁的群体，超过91%的人口表示不愿离开。劳动年龄人口的转移意愿在性别上差异显著，女性转移意愿明显低于男性，仅8.9%的女性明确表示有离开本区县的打算，低于男性 3.8 个百分点；超过 75%的女性没有离开的打算，且年龄越大的女性越倾向于留在居住地（见表 9）。

表 9　不同年龄下的劳动力转移意愿占比分布　单位:%

年龄结构（岁）	离开		不离开		没想好	
	男	女	男	女	男	女
15~19	25.0	24.3	35.3	38.9	39.7	36.8
20~24	24.8	18.1	43.0	50.0	32.2	31.9
25~29	19.3	11.1	54.3	67.2	26.4	21.7
30~34	8.0	10.2	73.5	67.5	18.6	22.3
35~39	27.6	20.0	38.6	51.0	33.9	29.0
40~44	11.7	4.8	75.9	83.7	12.4	11.4
45~49	8.1	5.1	77.2	86.8	14.7	8.1
50~54	7.1	2.0	83.6	93.4	9.3	4.6
55~59	2.3	0.9	90.0	94.2	7.8	4.9
平均	12.7	8.9	68.8	75.2	18.5	16.0

数据来源：2016 年全国流动人口卫生计生服务流出地监测调查（四川部分）。

（2）文化程度越高，越倾向于离开。不同教育水平组下农村劳动力转移意愿有着显著差异，且随文化程度的增加转移意愿增强。这句话也可以反过来说，文化程度越低，转移意愿越弱。其中，文化程度为未上过学的群体转移意愿最低，仅 3.3%的人口明确表示打算离开本区县，远低于其他受教育程度群体。而学历为大学、专科的样本转移意愿最高，为 17.5%。同时，文化程度与转移意愿的交叉分析表明，文化程度高的群体，在转移决策中“没想好”的不确定性同时增加（见表 10）。

表 10　不同教育水平下的劳动力转移意愿占比分布　单位:%

文化程度	是	否	没想好
未上过学	3.3	93.9	2.8
小学	6.3	83.2	10.5
初中	10.8	70.0	19.2
高中/中专	17.2	55.5	27.3
大学专科	17.5	61.3	21.2
大学本科	16.2	62.2	21.6
研究生	0	0	0

数据来源：同表 9。

（3）无收入个体转移意愿高。根据不同收入水平下农村劳动力转移意愿分布来看（见表 11），无收入个体的转移意愿最为强烈，14.2%的人口明确表示有以生活为目的而离开本区县的打算，高出平均水平 4.6 个百分点。其次是主要收入来源为非农收入的群体，10.9%的人口有转移意愿。而以农业为主要来源的群体，转移意愿最低，仅5.4%，且84.4%的群体明确表示没有离开的打算。从整体来看，个体收入与农村劳动力转移意愿呈相关关系，但并非与收入水平线性相关。

表 11　不同收入水平农村劳动力转移意愿占比分布　　单位:%

主要收入来源	离开	不离开	没想好	合计
农业	5.4	84.4	10.2	100.00
非农	10.9	73.6	15.5	100.00
无收入	14.2	59.3	26.5	100.00
合计	9.6	74.3	16.1	100.00

数据来源：同表 9。

3. 家庭特征与劳动力转移意愿

（1）女性受家庭规模的影响更为显著。从家庭规模与农村劳动力转移意愿的交叉分析来看，男性转移意愿与家庭规模不成相关分布。相比而言，女性的转移意愿更为有规律，选择离开的女性家庭规模以 6 人户为中心向两边呈正态分布，其中，1 人户家庭与 10 人户中，没有女性选择离开，可能女性在家庭中承担着更多照顾家庭的角色。除去 1 人户与 10 人户外，女性随着家庭规模的递增，选择不离开的比例逐渐降低（见表 12）。

表 12　不同家庭规模下的劳动力转移意愿占比分布　　单位:%

家庭规模	离开		不离开		没想好	
	男	女	男	女	男	女
1 人户	12.2	0.0	78.0	80.0	9.8	20.0
2 人户	8.8	4.7	78.1	89.0	13.1	6.3
3 人户	11.7	6.3	71.5	83.6	16.8	10.1
4 人户	11.2	8.1	69.8	77.3	19.0	14.6
5 人户	9.5	8.7	71.1	77.0	19.3	14.3
6 人户	15.8	10.6	68.0	71.1	16.2	18.3
7 人户	13.7	9.2	61.6	67.0	24.7	23.9
8 人户	8.3	4.4	83.3	66.7	8.3	28.9
9 人户	22.2	5.6	55.6	66.7	22.2	27.8
10 人户	0.0	0.0	80.0	81.8	20.0	18.2

数据来源：同表 9。

（2）人均耕地面积与转移意愿弱相关。从表 13 的分布来看，家庭人均耕地面积在 0.066 7～0.133 4 公顷/人的劳动力离开意愿最高，为 11.67%，其次是大于 0.266 8 公顷/人的家庭；拥有人均耕地面积在 0.200～0.260 公顷/人的劳动力转移意愿最低，为 2.6%。从人均耕地面积与劳动力转移意愿的相关性分析来看，劳动力转移意愿与人均耕地面积并不呈规律分布。通过相关性分析进一步验证，在95%的置信区间内，农村劳动力转移意愿与所拥有的人均耕地面积无相关关系。

表 13 不同人均耕地面积下的劳动力转移意愿占比分布 单位:%

人均耕地面积（公顷）	转移意愿		
	离开	不离开	没想好
0	5.0	83.8	11.2
0~0.066 7	9.9	72.4	17.7
0.066 7~0.133 4	11.7	74.7	13.6
0.133 4~0.200 0	1.9	84.9	13.2
0.200 0~0.266 8	2.6	81.6	15.8
>0.266 8	11.4	74.3	14.3

数据来源：同表 9。

4. 地区分布与劳动力转移意愿

从地区分布来看，成都平原经济区农村劳动力转移意愿最低，明确不离开的占78.1%，其次是攀西经济区，不愿转移的比例为73.4%。从人口迁移“推—拉”理论的角度来解释，经济相对落后地区的迁移推动力相对较强，更倾向于向经济发达地区流动。成都平原区作为全省经济发展水平最高的区域，农村劳动力向外转移前和转移以后的比较收益低于其他经济区，因此转移意愿更弱（见表 14）。

表 14 不同区域下的劳动力转移意愿占比分布 单位:%

地区分布	转移意愿		
	离开	不离开	没想好
成都平原经济区	8.6	78.1	13.3
川东北经济区	9.9	72.7	17.4
川南经济区	10.7	69.7	19.6
攀西经济区	11.2	73.4	15.4
合计	9.6	74.3	16.1

数据来源：同表 9。

（二）农村劳动力转移意愿的 Logit 回归分析

1. 理论假设

根据文献研究及相关分析，本文针对农村劳动年龄人口转移意愿提出了以下假设：

假设 1：劳动年龄人口年龄越大转移的意愿越低。随着农村劳动力年龄的增加，其进城寻找就业岗位的匹配度也相对降低。同时，从拉力的角度解释，对同一原住地的大龄农村劳动力而言，更好的教育和公共设施所构成的目的地拉力作用相对减弱。

假设 2：受教育程度越高的劳动力转移意愿更高。受教育程度是人力资本积累的重要标志，具有较高人力资本积累的农村劳动者具有较强的迁移意愿，而文化素质较低的劳动力迁移可能性较低，因为其净收入在城市和农村的差距较小。

假设 3：男性劳动力转移意愿高于女性。按照传统的“男主外、女主内”的家庭分工，男性比女性更具有外出闯荡的精神，肩负养家糊口的压力相对高于女性，有着更多的家庭责任感；女性则更多扮演着承担家务劳动、照顾子女、老人的角色。在男女分工和角色扮演中的不同限制了女性的迁移选择，尤其在农村地区，生活观念更为传统，因此，假设男性劳动力转移意愿高于女性。

假设 4：家庭老人数或儿童数的增加会增加转移意愿。家庭老人数和儿童数（包含 0~6 岁幼儿和 7~12 岁在学儿童）的增加会增加家庭抚养负担，意味着农村家庭的开销将增大，即该家庭需要更多的收入来支撑，对钱的需求越急迫，也就更愿意从事非农产业工作，相对的转移意愿也将更高。

假设 5：经济落后区域的劳动力转移意愿高于发达地区。根据托达罗的预期收入模型，农村劳动力向城市迁移过程中会不顾城市事业或隐蔽事业的存在而进行，是由于城乡实际工资差距十分明显，且在发展中国家差距更大，是农村向城市非农产业移民的重要动力。因此，在经济落后区域的劳动力基于“预期”收入最大化目标，更可能做出转移决策。

2. 微观变量选取与数据说明

本研究主要针对转移意愿进行研究，因此将农村劳动力是否打算离开本区县的决策作为因变量。把影响劳动力转移决策的因素分为三类：劳动力个体因素、家庭特征和区域分布。其中，劳动力个体因素包括年龄、年龄的平方、性别、受教育程度、婚姻状况、政治面貌、健康自评以及个人收入；家庭特征包括人均耕地面积、家庭规模、60 岁及以上老人数、0~6 岁幼儿数以及 7~12 岁在学儿童数；区域分布主要划分为四大经济区。具体变量类型与取值范围如表 15 所示。

表 15　模型中各变量类型与取值范围

因变量	取值范围	均值	标准差
劳动力转移意愿	1=离开；0=不离开		
自变量			
个体因素			
性别	1=男；0=女	0.46	0.50
年龄		40.21	12.49
年龄的平方		1 773.13	942.36
受教育程度（年）		7.90	3.08
婚姻状况	1=已婚；0=未婚	0.81	0.39
政治面貌（党员）	1=是；0=否	0.03	0.17

表15(续)

因变量	取值范围	均值	标准差
健康自评	4=健康；3=基本健康；2=不健康能自理；1=不能自理	3.58	0.69
个人收入（元）		11 750.90	16 916.65
家庭因素			
人均耕地面积（分/人）		7.90	8.24
家庭规模（人）		4.42	1.53
60 岁及以上老人数（人）		0.46	0.71
0~6 岁幼儿数（人）		0.39	0.63
7~12 岁在学儿童数（人）		0.30	0.54
区域变量			
成都平原经济区	1=是；0=否	0.42	0.49
川东北经济区	1=是；0=否	0.32	0.47
川南经济区	1=是；0=否	0.20	0.40
攀西经济区	1=是；0=否	0.07	0.25

3. Logit 回归模型构建与运行结果分析

根据上文农村劳动力转移意愿水平在目标群体上的差异化分布可以看出转移意愿与多要素之间具有相关关系，为进一步验证农村劳动力转移的影响因素，本文将“以工作为目的离开本区县”作为因变量，在多个回归模型中将个体特征、家庭因素、地区变量依次作为自变量纳入多项 Logit 回归模型，重点探讨农村劳动力不愿离开的影响因素。

本文共构建了 3 个模型：模型 1 考察了农村劳动年龄人口个人特征对转移意愿的影响；模型 2 是在控制了个人特征变量的基础上观察家庭因素对转移意愿的影响；模型 3 中加入了地区变量，综合考察融入区域差异后的影响。本文选取离开（因变量取值为 1）样本作为参照组，列出选择不愿离开的样本回归结果，具体分析如表 16 所示。

表 16 农村劳动力转移的回归分析

自变量	模型 1	模型 2	模型 3
个体因素			
性别（女）	0.657***	0.655***	0.655***
年龄	0.059***	0.058***	0.060***
教育程度（年）	-0.047**	-0.049**	-0.042*
婚姻状况（未婚）	-0.074	-0.088	-0.079
政治面貌（非党员）	-1.114**	-1.180**	-1.195**
健康自评	-0.472***	-.474***	-0.511***
个人收入对数（元）	0.035**	0.035**	0.032**

表16(续)

自变量	模型 1	模型 2	模型 3
家庭因素			
人均耕地面积（亩/人）		-0.011*	-0.013*
家庭规模（人）		-0.033	-0.013
60 岁及以上老人数（人）		0.036	0.052
0~6 岁幼儿数（人）		-0.070	-0.072
7~12 岁在学儿童数（人）		0.173	0.211*
地区变量			
成都平原经济区（否）			-0.553***
川东北经济区（否）			-0.182
攀西经济区（否）			-0.476 *
川南经济区（参照）			
常数项	2.508***	2.813***	3.634***
Prob > chi2	0.000	0.000	0.000
样本数	3 858	3 858	3 858

注：*** 代表 $p<0.001$，** 代表 $p<0.05$，* 代表 $p<0.1$。

整体来看，无论是哪一种模型，其截距均非常显著，且系数为正，表明在不考虑其他因素的条件下，农村劳动力是不愿意离开本区县的。因为，人们通常更愿意留在自己所熟悉的环境中，认为这样的风险最小。必须有其他因素的存在，打破了原有环境的平衡，才会导致劳动力的迁移。

个体特征对劳动力转移意愿的影响。模型 1 中的结果显示，在仅考虑基本人口特征的变量下，农村劳动年龄人口的性别、年龄、受教育程度、政治面貌、健康状况以及个人收入对劳动力转移意愿的影响具有显著效应。其中，在引入了家庭变量和地区特征后，农村劳动力性别影响依旧显著，且系数并未发生明显变化（见模型 2 和模型 3）。这说明，较男性而言，女性不愿离开的比例增加了 65.7%，符合了假设 3 的预期。究其原因，女性在家庭照顾中承担的责任高于男性，农村男女分工和角色扮演中的不同限制了女性的迁移选择。同时，劳动力年龄、受教育年限和健康状况显著影响了转移意愿。随着年龄的增长，农业劳动力转移意愿逐步降低，且在连续变量中是降低劳动力转移意愿影响最大的因素，符合假设 1 的预期，因为年龄更大的劳动力在有限年龄内迁移的净收入少于前者，与外出就业岗位的匹配度也相对降低；随着受教育年限的增加和健康状况的升级，农业劳动力不愿转移的概率下降，符合假设 2 的预期，即按照人力资本迁移理论解释，受过良好教育、具有较高素质或者具有特殊专长的年轻劳动力总是最先迁移。此外，个人收入与转移意愿并非线性相关，而是呈曲线关系，且个人收入水平对迁移的影响在 5%水平下显著，系数较小。这是因为对迁移决策起决定作用的是预期收入而非当前收入。

家庭特征对劳动力转移意愿的影响。模型 2 的结果显示，各家庭因素中仅人均耕地面积对农村劳动力转移意愿具有显著影响，且系数较低，在加入地区变量后（模型3）显著水平并未发生大幅变动，证明家庭因素对农村劳动力转移决策并不起决定作用，且不由地区分布解释。在控制住各类变量条件下，人均耕地面积的增加会降低劳动者不愿转移的概率；而家庭规模和家庭老人数量、儿童数量对劳动力不愿转移的影响并不显著，不符合假设4的描述，即农村劳动力在考虑是否外出务工时并不将家中老人、小孩是否需要照料作为决定性的影响因素。在模型3中继续引入了地区分布因素，结果发现，7~12岁在学儿童数对转移意愿的影响增加，通过了10%水平的检验，这说明该变量所引起的增加不愿离开概率可以通过地区因素间接作用，且对农村劳动力选择不离开的概率具有正向作用，即在学儿童数量增加，样本更倾向于不离开本区县。

区域特征对劳动力转移意愿的影响。对区域分布的回归结果发现，是否属于成都平原经济区以及攀西经济区对劳动力选择不离开决策具有显著影响。相对于属于成都平原经济区的样本，其他地区样本做出不离开本区县决策的概率下降55.3%，即不属于成都平原经济区的样本更可能转移。此外，攀西经济区也通过了10%水平下的检验，即攀西经济区的样本劳动力不离开本区县的概率更高。仅从经济区的分布来看，并没有符合假设5的预期，即并非经济越落后地区的劳动力转移意愿更高。但是，地区分布的特点对于劳动力转移意愿的影响显著，例如，攀西经济区囊括了攀枝花市、凉山州和雅安市，其中凉山州民族特色十分鲜明，向外转移的劳动力规模也相对较小；而成都平原经济区GDP水平远高于其他区域，地区间的收入差距成了劳动力迁移的内在动力和源泉。

四、农村劳动力转移面临的新形势和新问题

随着新型城镇化和乡村振兴战略的实施，城乡二元结构逐渐被打破，农村劳动力单向流入城市和跨区域异地转移的态势发生了一定的变化，农村劳动力转移呈现新趋势、新特点。

（一）新型城镇化和乡村振兴战略对农村劳动力转移的影响

农村劳动力转移就业需要放在城镇化的进程中统筹安排；同样地，新时代推进农村劳动力转移，也不可能忽视乡镇振兴战略的基本要求。

1. 乡村振兴战略与农村劳动力转移

（1）乡村振兴战略的内涵及基本要求。乡村振兴是加快农业农村现代化、提升农民获得感幸福感的必然要求，是新时代“三农”工作的总抓手。农业农村现代化是实施乡村振兴战略的总目标，从社会转型的角度来讲，现代化不单是实现人口在城市的集聚发展，也不是城市简单取代农村，更不是城市吸尽农村的资源和要素，农村现代化也是不可或缺的组成部分。目前，农业农村现代化仍然是“四化同步”的短板。推进乡村振兴必须体现农村优先原则，把大力发展农业生产力和提高农民收入放在首位。实现乡村振兴，需要坚持“以农为本”发展乡村产业的方向，大力推动农村第一、二、三

产业融合发展，拓宽农民增收空间，促进农村产业提质增效。产业发展无非是人、财、物、技术等要素的投入，人以业聚，业以人兴，人才又是产业发展的关键。

（2）乡村振兴要求重塑城乡发展格局。“三农”问题的本质是城乡结构问题。城乡关系问题是城镇化进程中没有处理好的一个难题。党的十六大提出实施城乡统筹战略，然而在实践中仍然秉承的是“以城统乡”思路，城乡“剪刀差”问题仍然存在，农业生产效益低下，城乡居民收入、基础设施和公共服务差距没有得到根本改观。中央提出城乡融合发展，体现出对以往“以城统乡”思路的积极转变。城乡融合首要的是实现城市和农村两个空间的发展权平等，打破政府单一主体的资源配置格局，从根本上改变城乡产品价格、土地价格、工资收入、融资成本“剪刀差”状况，推动人才、土地、资本等要素城乡双向流动，为乡村振兴注入新动能。城乡融合发展体现了乡村振兴的本质要求，也是实现乡村振兴战略的根本路径。

（3）加快城乡融合发展，合理引导农业人口迁移。农业转移人口有序融入城市在新时代仍将是一个长期的全局性的重大战略问题。农村劳动力转移是现代化进程中的必然结果，对于缓解人地矛盾，加速城镇化建设都有积极作用。但是，农村人力资源过度地单向流出对农村现代化和农业的可持续发展也会造成巨大隐患。乡村振兴战略的实施在很大程度上还需要一定数量和较高质量的劳动力来实现，要解决这个问题还得从源头上思考，即如何提高农业劳动力生产率。农村劳动力向非农产业转移仍然是大势所趋，农村劳动力的逆向移动（回流）在乡村振兴中更多是发挥主体补位效应，这就需要按照党的十九大报告的特别要求，“破除妨碍劳动力、人才社会性流动的体制机制弊端，使人人都有通过辛勤劳动实现自身发展的机会”。乡村振兴战略的实施，将合理引导农业人口迁移，使有意愿、有条件的农业转移人口有序城镇化，同时使返迁农民得到充分的发展机会，并通过多种途径补齐乡村人才短板，最终建立起乡村振兴与新型城镇化的双轮驱动机制（凌慧敏、徐晓林，2018）。

2. 新型城镇化的本质及基本要求

（1）新型城镇化内涵探讨。新型城镇化是我国城市化发展进入特定历史时期后提出的城镇化升级转型方略。城镇化是人类生产和生活方式由乡村型向城市型转化的自然历史过程，在整个城镇化过程中社会应有三个最基本的转变，即产业非农化、人口市民化和生活方式城镇化。新型城镇化是与旧型城镇化相比而言，新型城镇化强调城镇建设应当从过度关注城镇规模扩张转变为强调人的全面发展，其本质是以人为核心的城镇化。推进新型城镇化，是我国经济社会发展中必须长期坚持的一项重大战略。

（2）新型城镇化的基本要求。实现高质量发展对城镇化提出新的更高要求，主要体现在四个方面：一是加快农业转移人口市民化。二是推动城乡的融合发展。三是以城市群为主体构建大、中、小城市和小城镇协调发展的城镇格局。四是建设智慧、人文、生态、宜居的城市。

3. 新型城镇化对农村劳动力转移的要求

新型城镇化通过以工促农、以城带乡，促进城市现代化的要素更好地配置到农村和农业当中，引导第一、二、三产业深度融合，形成城乡融合发展态势，有力推动乡村产业发展，有力地支撑乡村振兴战略的实施。具体来说，新型城镇化任务中直接关系农村劳动力转移的有以下几个方面：

（1）新型城镇化的首要任务是推进农业转移人口市民化。新型城镇化是全面提升城镇化质量和水平的过程，而城镇化质量不高的突出问题是农业转移人口市民化滞后，这部分群体在城镇地区的经济融入、政治融入、社会融入和文化融入方面还存在种种困难。近年来，通过全面落实户籍制度改革，大多数城市已经放开放宽落户限制，许多中小城市基本实现落户零门槛；通过探索推进农村土地“三权”改革和建立自愿有偿退出机制，加快城镇基本公共服务覆盖常住人口进程，以居住证为载体的城镇基本公共服务提供机制基本建立，农业转移人口市民化制度性通道基本打通。下一步，就是要更好地落实这些政策，并且进一步深化农村土地制度改革，激发农村要素活力，促进有能力在城镇稳定就业和生活的农业转移人口举家进城落户。

（2）实现新型城镇化的关键是促进农村劳动力有序转移。农村人力资本表现出对城市巨大的外溢效应，但是没有形成城市人力资源对农村经济发展的有效反馈机制，这样在城镇不断繁荣的同时农村地区不断衰落。新型城镇化要求在发展城市的同时也要大力发展广大农村地区，强调劳动力在城乡间合理有序流动。这就要求农村劳动力一方面要为城镇的发展贡献力量，另一方面高素质劳动力要向乡村流动，有利于把城镇的资金和技术带回农村地区，促进农业生产规模化和机械化，提高农业现代化水平和农民生活水平。

（3）农村劳动力就地就近转移是形成县城、小城镇、农村社区协调发展的城镇格局需要。在新型城镇格局中，量大面广的小城市是城镇体系金字塔的底座和基础，也是联通城乡、推动乡村振兴的关键节点。2014 年国务院《关于调整城市规模划分标准的通知》将城区常住人口 50 万人以下的城市界定为小城市，因此绝大部分县城和部分规模较大场镇都属于小城市的范畴。小城市的发展不仅是新型城镇化的重要载体，更是当前乡村振兴工作的重要依托，即使将来城镇化率达到 75%，四川还有 2 000 多万人生活在乡村，推动小城市（镇）发展可以提升对乡村的辐射和带动作用，有利于推动农民就地实现非农化，是加快乡村振兴战略实施的有效抓手。农村社区建设是推进新型城镇化的配套工程，新型农村社区既不同于传统的行政村，也有别于城市社区，它是由一个较大的行政村建设而成，或由若干行政村组合起来，统一规划、统一布局、统一建设而成。

（二）现阶段农村劳动力转移表现出来的新特征

改革开放以来，从农村流向城市的都是具有相对较强竞争力、受过一定教育并掌握相应技能的青壮年劳动力，留在农村的人口逐渐变成以老年人、少年儿童和多病者为主，农村劳动力供给特征的改变使农村剩余劳动力转移进入一个新的阶段，可以通过以下几方面的变化来加以考证：

1. 从人口总量和结构来看

农村人口存在需要继续向城市转移和实际转移难的突出矛盾。从人口统计数据上看，农村常住人口规模虽然持续减少，但是农村人力资源存量依然较大，农村人口尚有较大转移空间。2018 年四川省乡村常住人口为 3 979 万人，假如到 2050 年四川人口城镇化率达到 70%左右，城镇化率还有近 20 个百分点的上升空间，预计到 2050 年乡村人口将减少为 2 544 万人，农村还有大量的人口需要转移。从农村劳动力的需求角度来看，农村劳动力总量依然过剩。蔡昉（2010）认为，经过 30 年的农村劳动力大规模转移，农业经营户总数并没有实质性地减少，导致农业经营规模不能随着农业就业比重的下降而相应扩大，妨碍了农业劳动生产率的提高。2017 年四川省实有耕地面积 672. 6 万公顷，按照农村常住人口计算，人均耕地面积只有 0. 167 公顷，“人均一亩三分地”的状况没有发生根本性改变。从实现土地适度规模经营和提高农村劳动生产率的角度讲，仍然需要继续向城镇转移剩余劳动力。

再从农村劳动力的年龄结构和素质来看，农村劳动力事实上已经出现转无可转、难以再转的局面。农村以老年劳动力为主，技能缺乏，年龄偏大，继续向城市转移就业面临较大困难。在城镇化的进程当中，乡村劳动力的老龄化现象严重，留下的普遍是老人甚至是高龄老人，这部分人的身体状况和经济实力都不足以支撑他们继续向城镇流动。2016 年流动人口卫生计生服务流出地监测调查数据显示，近半数农村劳动力年龄大于 45 岁，他们是转无可转的一代人。据预测，到 2020 年 46~59 岁的劳动力将占农村劳动力的 43. 1%，46~64 岁的劳动力将占 16~64 岁人口的 49. 0%，说明农村劳动力老龄化现象会越来越严重。农村劳动力受教育水平以小学、初中为主，其中小学和初中教育水平人口所占比例分别为 36. 3%和 42. 2%，而接受高等教育的人群仅占 2. 9%，低学历技能的农村劳动力进城务工也只能从事低端行业，实际上难以在城市立足。正是由于现留在农村的这部分劳动力普遍年龄偏大，技能缺乏，继续向城市转移就业面临较大困难，调查显示，不到 10%农村剩余劳动力愿意离开当地，也就是说目前留在农村的劳动力向县域外转移就业的意愿已经相当低。从根本上讲，农村劳动力继续转移就业的意愿极低，是由于农村剩余劳力非农就业能力偏弱，在大中城市实现就业的机会减小，转移前后收入差距缩小，向县外转移就业的净收益降低，农村劳动力转移就业意愿低正是个体理性决策的结果。

2. 从传统城镇化动力来看

农村人口向城市迁移的规模减少和速度放缓，依赖“劳动力转移”所推动的城镇化动力不足。四川已经过了依靠农村剩余劳动力大量转移来快速推动城镇化的阶段，近年来源源不断进入城市的农民工其实已不再是从农业中转移出来的剩余劳动力，而主要是初中和高中毕业为主的新成长的劳动力。从四川历年农村劳动力转移的情况看，1990—2000 年农民工共增加 920 万人，年均增速高达 18. 80%；2000—2010 年共增加 1 125. 9 万人，年均增速达 7. 21%；2010—2018 年四川省转移输出农村劳动力共增加 288. 1 万人，年均增速只有 1. 52%，尤其是近 5 年来，全省转移输出农村劳动力共增加 79 万人，年均增速为 0. 64%，总体呈平稳小幅增长态势。2018 年四川省转移输出农村劳动力达到 2 534 万人，2019 年，全省农民工总量 2 480 余万人，比 2018 年减少 54 万人，是 30 年来农民工总量首次出现下降。这表明，近年来全省农民工增长速度已大幅下降，数量基本趋于稳中有降。大部分青壮年劳动力已经转移到城镇，目前农村留守主力已经不再是青年劳动力，随着这一年龄层逐渐老去，农村剩余劳动力将日趋枯竭。可以说，原有的城镇化动力正在逐渐减弱，原有的依靠农村廉价劳动力支撑城镇化发展的模式已经不可持续了（见图3）。

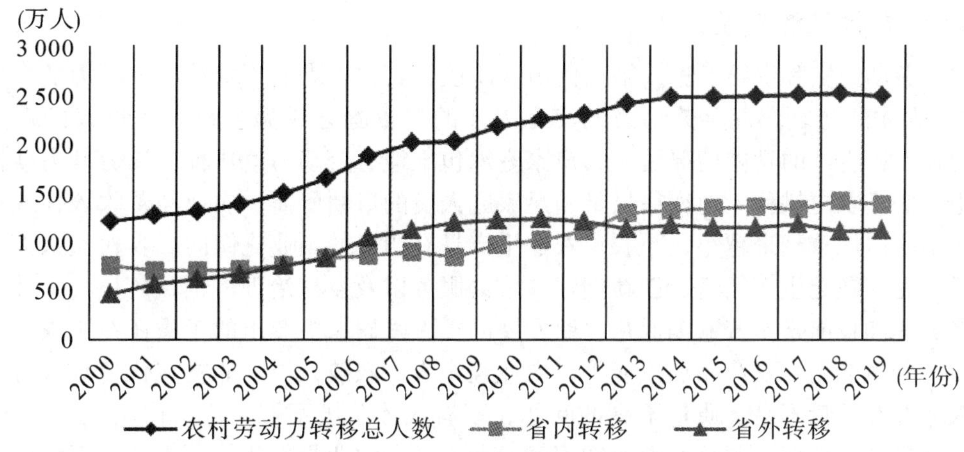

图3　2000—2019年四川省农村劳动力转移输出情况

数据来源：四川省人社厅统计数据。

3. 从人口流动规律来看

人口流动和转移的主流尽管还是从农村向城镇流动，但城乡双向流动正在逐步增多，城乡之间资源双向流动将成为常态。根据户籍身份和城乡分类维度，人口流动的模式分为乡城流动、乡乡流动、城城流动、城乡流动四种。过去农村劳动力的转移基本上是一种向上的单向运动，从产业看主要是由第一产业向第二、三产业转移；从区域来看主要是从县（市、区）向大中城市，尤其是省会城市、北上广深等特大城市转移；从身份来看，从农村户籍转变为城镇户籍。2014—2017年四川省流动人口动态监测数据显示，当前流动人口还是以乡村向城市流动为主体，所占比重超过70%，农村人口向城市流动依然是主要方向。但是，由城市到乡村的流动也开始增多（见表17）。

表17　2014—2017年四川省四类流动人口分布情况　　单位：%

年份	乡乡流动	乡城流动	城乡流动	城城流动
2014	8.3	74.0	0.2	17.5
2015	6.4	75.8	0.5	17.3
2016	6.3	77.1	0.7	15.9
2017	8.0	71.5	3.3	17.2

数据来源：2014—2017年四川省流动人口动态监测数据。

近年来，四川省为适应农村劳动力转移的趋势变化，着力积极引导农业转移人口返川就业创业。2019年新增返乡农民工2.7万人、返乡创业企业（含合作社、家庭农场等）9 025家，带动11.58万人成功就业。城乡人口流转，呈现多种模式。当然，也有一部分农民回到乡村并非因为他们在城市待不下去，而是乡村出现了更好的发展机会，是他们追求福祉、追求富裕的理性选择。从趋势上预判，从今往后制造业对劳动力的需求量会继续下降，现代农业会成为吸纳劳动力的重要领域，农村劳动力回流的现象会比较明显。

4. 从农村经济发展来看

农村劳动力实际供给已进入结构性短缺阶段，其突出表现为青壮年劳动力的短缺和“三农”人才的缺乏。青年劳动力尤其是人才的严重匮乏成为乡村人才振兴的重要瓶颈。现在农村生产的具体情况是，农户家庭承包土地有劳动力就耕种，没劳动力就撂荒或转租，而且农户耕种土地往往只是满足家庭人员的口粮所需，农业经营收入在农户家庭收入中所占比重越来越小，小农户农业生产具有明显的副业化倾向。乡村振兴人才严重匮乏，尤其缺乏生产经营、创新创业、公共服务以及乡村治理等领域的核心人才。劳动者老龄化和技能素质普遍偏低是农业发展的重大障碍，更突出的矛盾还在于农村人才奇缺。种养殖能手、农产品加工能手、农业经纪人、农技人员、非物文化传承人等农村实用人才存在总量不足、质量不高的问题，现有人才队伍不够稳定，作用发挥不充分。现代农业发展不仅仅需要具有农业知识的专业人才和农业技能的技术人才，更需要懂技术、善经营的新型职业农民，而且第一、二、三产业融合发展的趋势越来越明显，对乡村旅游、“互联网+”等新兴知识型人才的需求更加迫切，医疗卫生、金融、法律和文创等专业人才在农村更是凤毛麟角，创新创业能力不强，示范带动作用不明显，满足不了乡村振兴所需的人才支持。农村基层组织人才队伍建设存在找不到人、找不到较高素质人才的困境。乡村振兴面临的主要瓶颈是缺年轻人、缺劳动力，尤其缺人才。

5. 从城市经济发展来看

制造业对农村劳动力数量需求减弱，素质要求提高，传统工业化主导的城镇化路径不可持续。传统制造业是将大批量、标准化的工业品生产集中在一起，形成内部或外部规模经济，这是工业集中在城市的主要原因，也是工业化与城镇化相融合的重要原因。与传统制造业对劳动力数量需求相适应，农村转移劳动力往往都是集中在劳动密集型行业或低端服务业工作，收入非常有限。目前，四川整体上处在工业化中后期阶段，这一阶段的特征是制造业内部将由轻工业快速增长转向重型工业快速增长，资本密集型产业占据优势。并且，随着新技术、新产业、新业态的发展，新一轮科技革命、网络经济、智能制造等推动传统制造业转型升级，机器排挤工人的现象出现，而且还会进一步加剧，第二产业对于农村转移劳动力吸纳力的边际递减效应越来越明显。工业化中后期阶段的另一特征是第三产业开始迅速发展，第三产业将成为农村劳动力转移的最主要领域。这两种趋势都对农村转移劳动力的素质要求越来越高，这会增加农村劳动力转移就业的风险成本。

6. 从农村基础设施变化来看

交通、电信等基础设施和公共服务向农村延伸，为农村劳动力就地就近转移创造了有利条件。随着脱贫攻坚的大力推进，四川已经实现了乡乡通油路、村村通硬化路的目标，电力、电信和光纤也向乡村延伸，农村的交通和通信等基础设施得到了极大改善。平均每百户农户拥有小汽车 20.0 辆，摩托车、电瓶车 58.9 辆，淋浴热水器 51.5 台，空调 32.9 台，电冰箱 82.5 台，彩色电视机 105.5 台，电脑 17.9 台，手机 246.7 部。尤其是生活方式城镇化和人口城镇化分离，就地就近城镇化更加可能，并已在一些地方已成为现实。邻乡之间和邻村之间的交通变得更加便利，也为加强农村社区建设，推进农村城市化创造了良好的条件。

五、促进农村劳动力就地就近转移的思路

（一）基本理念

1. 推动农村劳动力转移必须遵循城镇化规律

城镇化是一个自然历史过程，有其内在的运行规律，一部分农村人口会自然地从历史的舞台上消失，城镇化不需要机械地按照城市人口比重来人为推动农村人口进城落户。应因势利导，根据产业、自然资源、人口等城镇化要素的发展条件，制定适宜的农村劳动力转移目标和对策，回归城镇化发展的自然状态，给新型城镇化和乡村振兴留足时间和空间，防止出现为了城镇化而推动农村人口无序进城的现象。

2. 坚持城乡融合发展的方向

坚持乡村振兴与新型城镇化协调联动、相互促进、融合发展。城镇化不是去乡村化，也不是消灭农村，没有农村的城镇化是单调的、缺乏基础的。应转变农村劳动力转移的思路，变单一的第一产业向二、三产业转移为农村劳动力在一、二、三产业兼业，变单向的农村劳动力输出为人力资本在城乡之间双向流动，将就地就近转移作为进一步推进农村劳动力转移的主要方式，把县城、小城镇作为转移的主战场。提升中小城市和小城镇对农村人口的吸纳和服务功能，使农村富余劳动力在大中小城市有序流动，均衡分布，形成城乡人口协调分布的格局。要改善农村贫穷落后的面貌，提升农民技能素质，积极发展现代农业，让留在农村的人口也能享受到城市的生活品质。引导城市资本和人才下乡，有了城市的人到农村来定居，才有城市人才流入农村，带来城市人力资本、现代文明的生活方式和乡村文化繁荣。

（二）主要路径

1. 构建大、中、小城市和小城镇协调发展的城镇格局，拓展农村劳动力转移的新空间

特大城市要促进生产力要素灵活流动和重组，过分集中的功能应进行有机疏解。地级城市是区域的中心，区域中心城市应注意找准自身在城市群中的定位，避免同质化竞争，实现和特大城市错位发展。围绕区域中心城市的县城可发展成为三级城市，县城既是县域内城镇体系的节点，又是中心城市的支撑点。县城周边的小城镇可发展成为四级

城市，小城镇不是指建制镇，而是指建制镇的镇区和有一定规模的集镇，是农村地区的经济中心、文化中心和服务中心。根据小城镇周边人口数量和产业状况，还应规划建设一定数量的农村社区。

2. 科学把握城镇化节奏，引导农村人口向城镇有序流动

将农村劳动力转移放在经济社会改革发展的大局中去系统谋划，该进城的进城，该出城的出城，既不能让城市全部消化农村富余劳动力，也不能为了强调乡村振兴，违背经济规律大规模引导城镇人口返乡下乡。一是通过推进农业现代化，加快建设小城镇，发展县域经济，为农业富余劳动力开辟更多的生产和就业门路，将就地就近转移作为进一步推进农村劳动力转移的重要方式，淡化农民户籍和就业身份转移要求。二是依据农民的意愿、生存发展能力和经济实力，按照“能进城不入镇，能进镇不住村，能集中不散居”的原则，引导农村劳动力及其供养的农村人口，就近循序迁入县城、中心镇、农村社区或中心村就业和定居，逐步减少农村人口。三是以农村新成长劳动力为重点开展农民工职业技能提升行动，促进农业劳动力向外转移就业、农村人口向城镇迁移定居是大的趋势，针对农村劳动力转移就业特点设置培训项目，改进培训补贴方式，切实提高农民向非农产业转移就业的能力。四是适应劳务输出形势新变化，建立和完善职业培训、就业服务、劳动维权“三位一体”的工作机制，将稳定农民工在城市就业作为工作的重心，降低农业转移人口在城市落户定居的成本，积极促进农民工融入城市和市民化。

3. 提升县域经济发展实力和小城市品质，增强对农村劳动力就近转移的承载能力

县域经济发展有两个重点：城市提质和乡村振兴。一是提高县城发展的质量。提升县城和县域经济发展对农村经济发展的辐射能力，以及对农业转移人口的承载能力，激励农业转移人口的就地城镇化，避免小城市因人口过度流失而空心化。二是大力发展现代农业。农业现代化是乡村振兴的基本路径，要从根本上解决“谁来种地”的问题，需要积极将现代工业成果、科学技术、经济管理有机融入农业生产中，大力推广农业机械化，积极培育新型农业经营主体，为适应四川丘陵山区地块零散的地形特点，正确处理好发展适度规模经营和扶持小农户的关系，以“农户+”为方向，推进农业适度规模经营，家庭农场规模在 2.0~3.3 公顷（30~50 亩），用适合小农需求的现代装备、技术、信息、组织来减少单位农地的劳动投入，增加亩均产值，实现农户家庭年收入达 15 万~30 万元的目标，让农民不能太辛苦，让从事农业生产也具有更高的经济效益，增强农村对人力资本的吸引力。通过文化挖掘和培育，形成一乡（镇）一品的产业错位发展，发展特色小镇；通过财政制度的改革，壮大乡镇经济实力；把产业惠农和美丽乡村建设结合起来，做实农村综合经济体，夯实小城镇发展基础，满足新型兼业式转移方式的就业需求和生活品质提升需求。

4. 因地制宜优化乡村发展布局，合理推进农村城镇化

实施合乡并村工程，改善农村杂乱无章的分布格局，做大做强中心镇和重点村，促进农村居民生产生活适度集中，打造现代化的新农村。一是合理确定乡镇和行政村的规

模。在深入调查研究的基础上，着眼于乡村振兴和新型城镇化的长远发展，制定科学合理的乡村行政区划调整方案，较大幅度减少乡镇及行政村建制。经合并后，各县乡镇减幅约30%~50%，行政村减幅50%以上，达到平均每个乡镇辖区面积在60~100平方千米，每个行政村辖区面积在4~8平方千米。平原区行政村人口2 500~3 500人；丘陵区行政村人口2 000~3 000人；山区行政村人口1 000~2 000人。二是顺应村庄发展规律和演变趋势，分类推进乡村振兴。打破传统的小散乱集镇功能定位，按照市场经济规律重新定位小城镇功能，将部分中心镇打造为县域副中心，发展较弱的场镇建设成农村社区，对空心村、空心集镇，通过裁并整合，以聚合人口的方式振兴乡村。城郊农村应规划引导融入县城；形成集约效应、具有开发价值的村庄发展成为中心村，是人口、产业和农村公共服务集聚区，可向田园综合体、特色小镇、养老和休闲区发展，以发展现代农业和观光农业的方式振兴乡村；占农村60%以上比重的空心村应引导人口向中心镇、中心村聚集；对于古村落，则应进行文化保护和旅游资源开发。三是大力提升农村基本公共服务均等化和方便可及的商业服务水平。只有在农村能享受到与城市基本均等的社保、教育、医疗、文化等公共服务和方便可及的商业服务、娱乐，才能让农村真正变得更宜居，真正让人才留得住。要高标准科学制定乡村振兴规划，加大乡村基础设施和公共服务设施投入力度，推动公共服务向农村延伸、社会事业向农村覆盖，不断改善乡村人居环境。尤其是适应农村老龄化高速发展的形势，高度重视农村养老服务体系建设，在中心镇、农村社区和中心村加大养老机构和服务设施建设力度，重点鼓励和支持社会力量在农村投资兴办面向失能、失智、失独、高龄老年人的医养结合型养老机构。

5. 优化农村人力资本开发环境，适度吸引城市资本和人口返乡下乡

人才作为生产要素，总是遵循“人往高处走”的规律，要使农村人才留得住、引得来、干得好，必须改善农村生产生活条件，努力提高农村人力资本投资收益。注重农村人力资本开发环境的营造，不断优化有利于乡村人才振兴的制度环境、经济环境、文化环境、生活环境，吸引人力资本要素向乡村流动。继续鼓励和引导人才向艰苦边远地区和基层一线流动，解决农村缺乏专业人才的问题。完善科技人才创新激励机制，畅通智力、技术、管理等下乡通道，建立乡村人才集聚合作机制，建立县级政府与农业科研院校长期合作关系，支持农业企业与国内外高新技术团队开展农业技术合作。进一步解放思想，加大农村改革力度，以农村优质资源为载体，以乡情乡愁为纽带，吸引和支持城市各类人才通过多种方式参与到乡村振兴的事业中来。承认农民身份的多元性，推动农村劳动力的新型兼业转移，拓宽农民增收渠道，促进农民收入持续增长。

6. 健全城乡融合发展体制机制，破除农村劳动力要素流动壁垒

一是建立城乡统一规划的机制，统筹确定人口在城乡之间的空间布局。二是建立城乡统一的要素市场，坚决破除妨碍城乡要素自由流动和平等交换的体制机制壁垒，促进资金、技术、人才、劳动力、产业、信息的双向流动。三是强化产业融合，推动第一、二、三产业融合发展，承载新型产业格局和转移模式。四是深化户籍制度和农村土地制度改革，探索建立农村居民土地承包权和宅基地使用权退出机制，在严格用途管制、规划管制的前提下，扩大农村土地尤其是宅基地的流转范围和流转权利，有序推进农村闲

置宅基地的整合利用，赋予下乡到农村居住的城市人口一定的土地权利。五是根据乡村振兴的新要求，重新审视现行的各种产业政策，在绿色、生态的前提下，废除一切不利于乡村振兴的各种政策法规。

主要参考文献：

[1] 中共中央国务院 关于建立健全城乡融合发展体制机制和政策体系的意见［Z］. 2019.

[2] 韩长赋. 大力实施乡村振兴战略［Z］. 党的十九大报告辅导读本，2017.

[3] 韩长赋. 关于实施乡村振兴战略的几个问题［EB/OL］.（2019-03-18）. http://www.npc.gov.cn/npc/c541/201903/67b16a3e754f4e59908a75789882f2d1.shtml.

[4] 王一鸣. 坚持走中国特色新型城镇化道路［N］. 经济日报，2015-01-29（14）.

[5] 温铁军. "三农问题"的症结在于两个基本矛盾［J］. 群言，2002（6）.

[6] 陈锡文. 试析新阶段的农村、农业和农民问题［J］. 宏观经济研究，2001（11）.

[7] 吴敬琏. 农村剩余劳动力转移与"三农"问题［J］. 宏观经济研究，2002（6）.

[8] 蔡昉. 以农民工市民化推进城镇化［J］. 经济研究，2003（13）.

[9] 蔡昉. 挖掘两大源泉推动经济增长［J］. 经济，2018（8）.

[10] 蔡昉. 如何进一步转移农村剩余劳动力［J］. 中共中央党校学报，2012（1）.

[11] 农业部课题组. 21世纪初期我国农村就业及剩余劳动力利用问题研究［J］. 中国农村经济，2000（5）.

[12] 王光栋，李余华. 中部地区农村劳动力跨区域流动的特征［J］. 统计与决策，2004（12）.

[13] 卢迈，等. 转移农村劳动力可选择大都市战略［J］. 领导决策信息，2002（14）.

[14] 蔡禾，王进. "农民工"永久迁移意愿研究［J］. 社会学研究，2007（6）.

[15] 李春玲. 城乡移民与社会流动［J］. 江苏社会科学，2007（2）.

[16] 任远，施闻农村外出劳动力回流迁移的影响因素和回流效应［J］. 人口研究，2017（2）.

[17] 罗琦，等. 非农转移与农内转移：农村劳动力转移的行为选择与机理［J］. 经济体制改革，2019（3）.

[18] 刘文勇，杨光. 以城乡互动推进就地就近城镇化发展分析［J］. 经济理论与经济管理，2013（8）.

[19] 高双，等. "有限剩余"阶段东北地区农村劳动力转移路径研究［J］. 人口学刊，2017（6）.

[20] 祝士苓，王政. 不同转移模式下的农村剩余劳动力特征分析及政策建议［J］. 世界农业，2007（6）.

[21] 徐维祥，等. 乡村振兴与新型城镇化的战略耦合［J］. 浙江工业大学学报（社会科学版），2019（3）.

[22] 朱相宇，瞧小勇. 2000—2012年城镇化研究综述［J］. 中国经济问题，2014（5）.

[23] 程名望，史清华. 中国农村劳动力转移动因与障碍的一种解释［J］. 经济研究，2006（4）.

[24] 程名望，史清华. 个人特征、家庭特征与农村剩余劳动力转移：一个基于Probit模型的实证分 [J]. 经济评论，2010 (4).

[25] 赵耀辉. 中国农村劳动力流动及教育在其中的作用：以四川省为基础的研究 [J]. 经济研究，1999 (2).

[26] 李强. 影响中国城乡流动人口的推力与拉力因素分析 [J]. 中国社会科学，2003 (1).

[27] 凌慧敏，徐晓林. 重塑城乡关系合理引导人口迁移 [J]. 学习与实践，2018 (10).

[28] WOLPERT. The decision process in spatial context. Annals Association of American Geographers, 1965.

[29] TODARO M. A Model of Labor Migration and Urban Unemployment in Less Developed Countries. American Economic Review, 1969 (59).

[30] HARRIS J R, TODARO M. Migration, Unemployment and Development: A Two-Sector Analysis. American Economic Review, 1970 (60).

[31] LEE E. A theory of Migration. Demography, 1966 (1).

（主笔：唐青）

四川省就业扶贫政策效果评估研究[①]

摘　要：就业扶贫政策是精准扶贫政策体系的重要组成部分。本文对促进贫困劳动力转移就业、促进就地就近就业、农村公益性岗位安置、职业技能培训等政策进行综合效果评估和具体效果评估，就业扶贫政策对贫困家庭突破“零就业”成效显著，提高了贫困户工资性收入水平，对促进贫困劳动力就业增收、稳固扶贫绩效、促进脱贫解困效果显著。但就业扶贫政策实施中存在扶贫方式可持续性不足、有组织劳务输出程度不高、公益性岗位托底安置不规范、技能培训实效性不强等问题。当前和今后一个时期，既要从完善政策措施、加大扶贫投入、强化兜底扶贫等方面加大就业扶贫力度，又要从培育特色产业、提升培训实效性、强化公共就业服务等方面着手建立解决相对贫困的就业促进长效机制。

关键词：就业扶贫　政策效果　评估

一、关于就业扶贫的理论探讨

（一）研究背景与意义

就业可以显著促进贫困人口脱贫增收，就业扶贫政策是精准扶贫政策体系的重要组成部分。20世纪90年代，《国家八七扶贫攻坚计划》中就提出为贫困地区劳动力开拓外出就业的门路，提供技术培训工作和就业服务，扩大贫困地区劳务输出规模。开展精准扶贫以来，到村到户的就业扶贫措施更是精准帮扶措施的重要内容之一。习近平总书记多次对就业扶贫做出重要论述，强调一人就业、全家脱贫，增加就业是最有效最直接的脱贫方式，长期坚持还可以有效解决贫困代际传递问题。人力资源和社会保障部发布的数据显示，截至2019年5月底，我国已累计帮扶1 036万贫困劳动力实现就业。

四川省是全国扶贫任务最重的省份之一：其一，贫困量大，2012年年底全省贫困人口750万，贫困发生率9.6%，比当年全国贫困发生率8.5%高出1.1个百分点；其二，贫困面宽，全省有贫困县88个、贫困村11 501个，贫困县数量占全省183个区县

① 本课题是中国劳动和社会保障科学研究院2019年度科研合作项目（项目编号：LKY-2019-wt004）。

的48.09%；其三，部分地区贫困程度深，四川凉山、甘孜、阿坝是深度贫困地区“三区三州”中的重点。为确保完成“贫困家庭至少有一人就业”的目标任务，坚决打赢脱贫攻坚战，四川省人力资源和社会保障厅切实加强组织领导，多措并举开展就业扶贫。通过建立全省贫困劳动力实名制数据库，对贫困劳动力进行精准识别；先后出台精准就业扶贫实施方案、就业扶贫9条措施、就业扶贫五个办法、就业扶贫15条措施等政策文件，从鼓励企业吸纳贫困劳动力、实行就业奖补、建设就业扶贫基地等方面，促进贫困劳动力转移就业；在全国创新开展选派45名人社系统干部到45个深度贫困县任职，专责人社扶贫工作；加强东西部劳务协作和省内对口帮扶，广泛开展就业扶贫专场招聘，劳务组织化程度不断提高。2018年农村贫困劳动力转移就业规模达95.2万人，培训贫困劳动力16.8万人，公益性岗位安置11.7万人。通过精准扶贫，全省农村贫困人口减少到71万人，贫困发生率从9.6%下降至1.1%，已累计实现50个贫困县摘帽、9 719个贫困村退出。2019年，除了凉山州7个深度贫困县外，四川省余下的所有深度贫困县都将在2020年内实现脱贫“摘帽”。

本研究从定性研究和描述性统计的角度出发，考察就业扶贫政策的效果。这样的研究对于我们宏观把握就业扶贫政策的效果有十分重要的意义，但是也可能存在贫困户“被平均”等不利于准确认识就业扶贫政策效果的情况。精准扶贫以来，四川省为就业扶贫投资了大量人力、物力，本文主要从微观实证角度，评估四川省就业扶贫政策对贫困人口就业覆盖率和家庭工资性收入的效果，以期总结过去的工作，并为下一步工作的完善提供参考。

（二）主要概念界定

1. 就业扶贫

2016年人力资源和社会保障部、财政部、国务院扶贫开发领导小组办公室发布《关于切实做好就业扶贫工作的指导意见》，提出就业扶贫是指围绕实现精准对接、促进稳定就业的目标，通过开发岗位、劳务协作、技能培训、就业服务、权益维护等措施，带动促进贫困人口脱贫。学术界对于就业扶贫的内涵形成了两种观点：一种观点将《国家八七扶贫攻坚计划》以来提出的与促进贫困人口就业相关的政策都包含在就业扶贫政策之内，并认为帮扶就业一直是扶贫政策的重要内容（卞文志，2018；汪三贵，2017）[①]。汪三贵（2017）等认为就业扶贫主要是指通过为贫困人口提供就业岗位，以劳务工资收入来提高贫困人口的收入。陈良波（2019）认为就业扶贫本质上是政府公共就业服务机构针对贫困劳动力提供的全方位就业服务，其目的是促进贫困人口就业，实现脱贫。另一种观点认为就业扶贫特指精准扶贫开展以来针对贫困地区和贫困人口的就业帮扶（赵丽娜、田原，2018[②]；毕明刚，2018）。其主要途径包括就地就业、外出就业、自主创业、以工代赈以及公益岗位安置，支持对象包括贫困家庭劳动力以及吸纳贫困家庭劳动力的企业以及各类生产经营主体，政策手段主要包括税收优惠和费用减

① 卞文志. 就业扶贫：打赢脱贫攻坚战的“重要之役”［J］. 劳动保障世界，2018（28）：48-49.

② 赵丽娜，田原. 供给侧结构性改革下提高就业扶贫精准度路径研究：河北省视角［J］. 现代商贸工业，2018，39（6）：140-141.

免、岗位和社保、培训补贴以及政府奖励等（李鹏，2017）①。本文所研究的就业扶贫特指精准扶贫开展以来针对贫困地区和贫困劳动力的精准就业帮扶。

2. 政策效果

政策效果是指政策执行后对政策对象、环境等产生的影响②。政策效果不同于政策输出与政策预定目标。政策输出是指政策执行部门所做过的工作以及与此相关的统计数据。政策预定目标是政策实施后所要达到的目标，政策实施之后所产生的效果与预定目标不一定一致，甚至与政策目标相背离。政策效果主要是回答政策实施后对政策对象目前和未来的影响、政策实施所负担的成本等。综上所述，政策效果应该包括政策目标完成程度、投入政策的直接和间接成本分析、政策非预期影响分析及政策实施所产生的各种环境的变化。本文主要对就业扶贫政策的综合效果、对政策对象产生的具体效果进行评估。

3. 政策效果评估

政策评估其实质是一种价值判断，政策效果评估是指政策实施对政策对象、环境等产生的影响和效用进行的价值判断。本文关于就业扶贫政策效果评估主要包括两个方面：政策综合效果评估，主要研究政策实施后预定目标完成情况，衡量指标为贫困劳动力就业率、贫困户工资家庭收入水平提高程度；政策具体效果评估，指对四川省就业扶贫"五大举措"实施情况和效果进行评估。

（三）研究思路与方法

1. 模型分析

本文利用混合截面数据评估政策效应，其原理为利用交叉项考察政策受体在政策前后的不同表现，从而评估政策效果。设定Probit模型为

$$work=\beta_0+\beta_1 time * poor+\gamma X'+\varepsilon \tag{1}$$

其中，*work* 为家庭有无就业人口虚拟变量，有就业人口为1，无就业人口为0；*poor* 表示贫困家庭虚拟变量，贫困户为1，非贫困户为0；*time* 是政策前后虚拟变量，政策前为1，政策后为0；X'为控制变量，包括家庭人口特征、社会网络特征、生产特征和区位特征等。交叉项的系数β是我们关注的焦点，揭示了政策实施前后贫困户就业情况的变化。采用的数据来源为2019年8—9月在四川省开展的就业扶贫专题调研，调查获得170个有效农户样本，其中贫困户样本104个，非贫困户样本66个，共2期数据，因此混合截面数据有效样本340个。

2. 自评法

政策执行人员对政策影响、预期目标达成情况进行总结和分析，评价数据通过被调

---

① 毕明刚. 就业精准扶贫：如何应对新情况：曲靖市会泽县就业扶贫工作探析［J］. 中国就业，2018（11）：52-53.

② 陈振明. 政策科学：公共政策分析导论［M］. 2版. 北京：中国人民大学出版社，2017：496.

研的乐山市、马边县、峨边县、沐川县、金河口区、马尔康市、红原县、理县、武胜县人社局（就业局）就业扶贫政策执行情况分析、经验总结等材料来获取。

二、四川省就业扶贫政策的主要规定及内容

（一）国家就业扶贫政策及主要内容

国家层面的就业扶贫目标主要为推动就业意愿、就业技能与就业岗位精准对接，提高劳务组织化程度和就业脱贫覆盖面。围绕这一目标，2015 年 11 月底召开中央扶贫开发工作会议印发《关于打赢脱贫攻坚战的决定》，提出到 2020 年农村贫困人口实现脱贫的总目标，明确精准扶贫的指导原则，并将引导劳务输出脱贫列入实施精准扶贫方略之一。2016 年，国务院印发《“十三五”脱贫攻坚规划》，将转移就业脱贫列为专章，并明确提出六项“就业扶贫”专项行动。此后，相继出台系列文件并制定系列具体措施，形成了一套专门针对贫困劳动力就业的精准帮扶政策。

具体来看，当前国家层面就业扶贫主要举措包括摸清基础信息、促进就地就近就业、开发公益岗位、鼓励创业带动就业、加强劳务输出、提供职业技能培训等内容。对各类利益相关者形成了如下的优惠政策：对企业等市场主体，重点通过政策支持，鼓励各类主体更多地吸纳贫困劳动力就业；对贫困劳动力个人，重点通过提供各项保障，鼓励贫困劳动力参与到就业创业或者培训活动中；对中介服务机构，重点通过给予补助等形式，鼓励他们优先向贫困劳动力提供就业服务，各级公共就业服务机构针对贫困劳动力开展职业指导、专场招聘等就业服务活动的，给予就业创业服务补助，并适当提高补助标准。

（二）四川省就业扶贫政策及主要内容

2015 年 10 月以来，四川省先后出台《四川省教育与就业扶贫专项方案》《四川省精准就业扶贫实施方案（2016—2020 年）》《进一步做好就业扶贫工作的九条措施》（简称就业扶贫九条措施）、《四川省贫困家庭技能培训和就业促进扶贫专项 2018 年实施方案》《四川省贫困家庭技能培训和就业促进扶贫专项 2019 年实施方案》《关于进一步加大就业扶贫政策支持力度助力脱贫攻坚的通知》（简称就业扶贫十五条措施）等系列文件，构建了一套专门针对贫困劳动力就业的精准帮扶政策。

根据本课题立项要求，主要对 2018 年之后的就业扶贫政策效果进行重点研究和评估，且从促进就业创业、有组织劳务输出、支持贫困劳动力自主创业、技能培训、公益性岗位安置等方面进行评估，故本文对《进一步做好就业扶贫工作的九条措施》（川人社发〔2016〕35 号）及其升级版《四川省关于进一步加大就业扶贫政策支持力度助力脱贫攻坚的通知》（川人社发〔2018〕43 号）从政策目标、政策类别、政策对象、政策具体措施等方面进行了详细的梳理和归纳，详情见表 1 及表 2。

表 1　四川省就业扶贫九条措施

政策文件	政策目标	政策类别	政策对象	政策具体措施
《进一步做好就业扶贫工作的九条措施》（川人社发〔2016〕35 号）	每个有劳动力的贫困家庭至少有一人就业	促进就地就近就业	农民专业合作社、种养大户等生产经营主体	吸纳贫困劳动力，稳定就业半年，给予生产经营主体 1 000 元/人一次性奖补
			企业	吸纳贫困劳动力就业，签订 1 年以上劳动合同并缴纳社保，给予企业 1 000 元/人奖补，享受社保补贴、岗位补贴。新吸纳 10 个以上贫困劳动力，给予不低于 5 万元奖励
		有组织劳务输出	贫困家庭劳动力	参加有组织劳务输出，给予一次性单程铁路公路或水运（路）交通补贴
			经营性人力资源服务机构、劳务经纪人	组织贫困劳动力就业，协助签订 1 年以上劳动合同、参加社会保险，不低于 300 元/人标准补贴
			区域人社部门	深化与广东、浙江等地劳务协作，省人社厅协调成德绵与彝区、藏区开展就业结对帮扶
		支持贫困劳动力自主创业	贫困劳动力	创办、领办创业实体，给予 1 万元奖励
		技能培训	有培训意愿贫困劳动力	每年至少提供一次免费培训，给予不低于 50 元/天食宿、交通补助
			各级公共就业人才服务机构	贫困县：每年举办 2~3 次扶贫专场招聘会，1 次送岗位信息下乡村；市（州）半年组织 1 次企业赴贫困地区现场招聘；省级每年分别在凉山、甘孜、阿坝举办 1 次扶贫专场招聘会
		公益性岗位安置	贫困家庭劳动力	公益性岗位安置，补贴不低于 300 元/月

表 2　四川省就业扶贫十五条措施

政策文件	政策目标	政策类别	政策对象	政策具体措施
《四川省关于进一步加大就业扶贫政策支持力度助力脱贫攻坚的通知》（川人社发〔2018〕43 号）	促进建档立卡贫困劳动力就业创业	促进就地就近就业	扶贫车间、社区工厂等就业载体	不超过 300 万元创业担保贷款
			企业	吸纳贫困劳动力就业，签订 1 年以上劳动合同并缴纳社保，给予企业 1 000 元/人奖补，享受社保补贴、岗位补贴。新吸纳 10 个以上贫困劳动力，给予不低于 5 万元奖励
			农民专业合作社、种养大户等生产经营主体	吸纳贫困劳动力，稳定就业半年，给予生产经营主体 1 000 元/人一次性奖补；吸纳 10 人以上，再一次性给予 1 万元奖补
			各类生产经营主体	以工代训，200 元/人 · 月给予职业培训补贴，最长不超过 6 个月

表2(续)

政策文件	政策目标	政策类别	政策对象	政策具体措施
《四川省关于进一步加大就业扶贫政策支持力度助力脱贫攻坚的通知》（川人社发〔2018〕43号）	促进建档立卡贫困劳动力就业创业	有组织劳务输出	经营性人力资源服务机构、劳务经纪人	组织贫困劳动力就业，协助签订1年以上劳动合同、参加社会保险，不低于300元/人标准给予服务补助
			贫困劳动力	有组织劳务输出，给予不超过300元/人一次性求职创业补贴和单程交通补贴
			各级公共就业服务机构	针对贫困劳动力开展职业指导、专场招聘等就业服务活动，给予就业创业服务补助
			各级公共就业服务机构	在贫困劳动力外出务工较集中城市或大型企业建立服务机构
		支持贫困劳动力自主创业	有创业意愿、具备创业条件的贫困劳动力	免费开展创业培训，优先安排入驻创业园区，落实税费减免、资金补贴、场地安排等政策
			贫困劳动力和农民工等返乡下乡创业人员	首次创办小微企业或从事个体经营，运营6个月以上，给予1万元一次性创业补贴
		技能培训	贫困县创业孵化载体	入驻实体数量多、孵化效果好的贫困县创业孵化载体，适当提高奖补标准
			有培训意愿的贫困劳动力	每年至少提供一次免费职业技能培训，培训期间给予不超过50元/天·人的生活费补贴
			具备条件的培训机构	直接补贴培训机构
		公益性岗位托底安置	贫困劳动力	岗位补贴不低于300元/人·月

就业扶贫十五条是之前就业扶贫九条措施的升级版，主要措施聚焦在五大类：促进就地就近就业，有组织劳务输出，支持贫困劳动力就业创业，技能培训和公益性岗位托底安置。就业十五条比就业九条政策内容更丰富，主要表现在：一是促进就地就近就业的政策支持对象更多，增加了对扶贫车间和社区工厂的创业担保贷款支持，增加了对各类生产经营主体以工代训的补贴支持。二是有组织劳务输出增加了对各级公共就业服务机构的规范，要求在贫困劳动力外出务工较集中城市或大型企业建立服务机构。三是促进贫困劳动力就业创业，增加了对有创业意愿和条件的贫困劳动力的创业支持，包括免费开展创业培训，优先安排入驻创业园区，落实税费减免、资金补贴、场地安排等政策。此外，增加适当提高贫困县创业孵化载体奖补标准。四是在技能培训方面，明确提出可以直接补贴培训机构。

（三）调研地区就业扶贫政策及主要内容

乐山市先后制定了《乐山市关于做好当前和今后一段时期促进就业工作的实施方案》《乐山市促进农民工返乡创业工作十二条措施》和《关于进一步做好就业扶贫工作

的二十二条措施的通知》，主要从落实农村公益性岗位、就业培训、扶贫基地、扶贫车间、有组织劳务输出奖补、贫困劳动力创业奖补等进行规定和规范。

沐川县在省九条措施、十五条措施及乐山市二十二条措施的基础上，出台了劳动收入奖励政策，贫困劳动力到县外务工半年以上，根据劳务收入水平分别给予 300 元、400 元、500 元不等的奖励。

峨边彝族自治县先后制定了《2019 年峨边彝族自治县贫困家庭技能培训和就业促进扶贫专项实施方案》《峨边彝族自治县贫困家庭技能培训方案》《峨边彝族自治县贫困家庭转移就业方案》等实施方案，明确了扶贫任务，细化、量化技能培训、就业转移的工作目标，为精准扶贫开展提供了政策支撑。

马边彝族自治县制定了《2016—2019 年马边彝族自治县农村建卡贫困户村级公益性岗位开发实施方案》《马边彝族自治县农村公益性岗位开发和管理办法》《开展农村贫困劳动力技能培训全覆盖行动实施方案（2018—2020 年）》《农村劳务经纪人认定和劳务输出奖励实施方案》《马边彝族自治县农村劳动力通过东西部扶贫协作转移就业奖补方案》《马边彝族自治县脱贫攻坚对标补短板促增收奖补方案》等文件，从农村公益性岗位开发管理、贫困劳动力技能培训、东西部协作转移就业等方面进行了具体规定。

马尔康市制定了《2019 年马尔康市脱贫攻坚就业扶贫专项实施方案》《马尔康市促进贫困劳动力转移就业的激励措施》《2019 年马尔康市贫困劳动力职业技能培训实施方案》等明确了培训生活费补贴、就业稳岗补助、交通补助等方面的补贴标准。

红原县制定了《红原县关于鼓励支持贫困人口转移就业工作的实施意见》，通过送岗位、送政策、送信息、送技能等服务，促进符合条件的建档立卡贫困人员实现就业。

三、四川省就业扶贫政策实施及效果评估

（一）就业扶贫政策综合效果评估

本研究关于就业扶贫综合效果评估主要对政策核心目标完成情况进行评估。当前四川省就业扶贫政策核心目标是促进贫困劳动力就业创业，实现每个有劳动力的贫困家庭至少有一人就业。衡量指标是贫困劳动力就业率和贫困家庭工资性收入。

本部分采用的数据来源于课题组在 2019 年 8 月—9 月在四川省开展的就业扶贫专题调研，由于此次调研的目的主要是考察就业扶贫政策对贫困户就业率和工资性收入增加的效果，需要调研样本中有相当比重的贫困户，同时由于贫困县就业扶贫措施相对非贫困县实施力度更大，所以调研地点主要为贫困县。具体的样本县选取方法为在四川省省级贫困县和国家级贫困县中分层随机抽样，结果选取了绵阳市安州区和地处秦巴山区的巴中市南江县分别作为省级贫困县和国家级贫困县的代表。在每个县，分别选取经济条件较好和较差的乡镇各 1 个，各乡镇内再分别抽取贫困村和非贫困村各 1 个，每个村随机抽取贫困户和非贫困户各 10～15 户进行调研。同时，为了更科学的评估四川省就业扶贫政策结果，课题组收集了受访农户 2015 年和 2018 年两期的信息。调查获得 170 个有效农户样本，其中贫困户样本 104 个，非贫困户样本 66 个，共 2 期数据，因此混合

截面数据有效样本 340 个。

1. 就业扶贫政策对贫困家庭突破“零就业”成效显著

（1）从调查结果来看，贫困地区就业情况显著改善。从户均务工人数来看，贫困户家庭与非贫困户家庭就业人口都有了明显提升，非贫困家庭平均就业人口从 1.26 人增加到 2.56 人，贫困户家庭就业人口从 0.9 人增加到 1.94 人。从就业覆盖率来看，样本家庭在观察期内就业覆盖率均有所提高，其中贫困户提高 27.88 个百分点，非贫困户提高 21.21 个百分点。描述性统计的结果充分说明精准扶贫期间，四川省贫困地区总体就业情况有了明显改善。

（2）从模型分析来看，就业扶贫政策对贫困户就业影响显著。表 3 反映了实施就业扶贫政策对贫困户家庭就业影响的模型结果，模型 1 结果显示，政策实施与否与家庭类型交叉项会对贫困家庭是否至少有一人就业产生显著影响，建档立卡贫困户在精准就业扶贫政策实施后，比非贫困户家庭实现至少 1 人就业的概率会提高，这一结果在 1%的显著性水平上显著。模型 2 加入家庭人口特征、家庭社会网络、家庭农业生产特征等控制变量后，政策实施与否与家庭类型交叉项的解释力度并没有减弱，反而有所增强，说明这一结果是比较稳健的。对比模型 3 和模型 4，发现村属性即是否为贫困村对贫困户就业结果在 10%的显著性水平上有正向影响，而县属性的影响则不显著，说明了是否为贫困村的影响强于是县属性的影响。

表 3　实施就业扶贫政策对贫困户家庭就业影响模型结果

变量名	模型 1	模型 2	模型 3	模型 4
政策实施与否与家庭类型交叉项	0.678*** (0.187)	0.859*** (0.188)	0.864*** (0.189)	0.683*** (0.195)
户主年龄		−0.000 604 (0.006 57)	−0.000 222 (0.006 61)	−0.001 45 (0.006 57)
家庭总人口数量		−0.166* (0.086 6)	−0.173** (0.086 7)	−0.158* (0.086 2)
家庭人口质量		0.025 8*** (0.009 65)	0.027 1*** (0.009 82)	0.024 6** (0.009 68)
社会网络		0.188** (0.092 0)	0.180* (0.093 6)	0.145 (0.096 6)
实际经营土地规模		−0.007 28 (0.005 62)	−0.005 90 (0.005 93)	−0.007 66 (0.005 65)
县属性			−0.111 (0.174)	
村属性				0.332* (0.194)
常数项	0.571*** (0.086 7)	0.432 (0.415)	0.529 (0.429)	0.472 (0.416)
样本量	340.000	340.000	340.000	340.000
Pseudo R^2	0.039	0.075	0.077	0.082

注：*、**、*** 分别表示在 10%、5%和 1%的水平上显著；括号内为标准误。

比较模型 1 到模型 4 的结果，可以发现政策实施与否与家庭类型交叉项都在 1%的水平上有显著正向作用，充分说明四川省精准就业扶贫政策确实对贫困家庭突破“零就业”有显著成效。这一结果应当得益于四川省就业扶贫政策实行“一户一策”、推动就地就近就业、推动东西部劳务协作政策等一系列精准且密集的帮扶政策。同时，村属性对于贫困户就业政策也有显著影响，表明四川省的就业扶贫政策确实在精准方面落实得比较扎实，实现了从县到村的下沉，当然，这一结果也可能与当前对贫困村巨大的投入力度密切相关，所调研的贫困村精准扶贫期间投入金额均超过 1 000 万元。此外，再看控制变量，可以发现家庭人口质量对就业情况的影响程度也是十分显著的，充分说明教育扶贫与就业扶贫的政策必须相互配套，必须齐抓共进。家庭总人口数对就业情况有负向影响，这一结果可能与近几年放开“二孩”政策之后，农村家庭婴幼儿数量增多、家庭抚养比提高有关。

为了考察模型结果的稳健性，本文以家庭就业人口数量替代家庭有无就业人口进行了模型回归，表 4 反映了以家庭就业人口数量作为被解释变量的回归结果。结果与表 4 所得出的结论一致，只是社会网络即家庭成员中曾任干部或党员的总人次对家庭就业人口的影响更加显著，这也是符合常理的。表 5 的结果印证了四川省精准就业扶贫政策对贫困家庭突破“零就业”有显著成效这一结论的可靠性。

表 4　实施就业扶贫政策对贫困户就业人口影响模型结果

变量名	模型 1	模型 2	模型 3	模型 4
政策实施与否与家庭类型交叉项	0.476*** (0.142)	0.767*** (0.129)	0.770*** (0.129)	0.407*** (0.148)
户主年龄		0.003 28 (0.005 19)	0.003 59 (0.005 29)	0.002 28 (0.004 96)
家庭总人口数量		-0.076 4 (0.070 5)	-0.079 5 (0.070 7)	-0.055 7 (0.068 3)
家庭人口质量		0.034 8*** (0.007 77)	0.035 6*** (0.007 87)	0.031 1*** (0.007 62)
社会网络		0.226*** (0.074 8)	0.220*** (0.076 7)	0.129* (0.071 3)
实际经营土地规模		0.008 62* (0.004 85)	0.009 57* (0.005 16)	0.007 95* (0.004 68)
县属性			-0.076 4 (0.142)	
村属性				0.685*** (0.152)
常数项	1.466*** (0.083 1)	0.098 2 (0.318)	0.162 (0.331)	0.155 (0.302)
样本量	340.000	340.000	340.000	340.000
R^2	0.030	0.190	0.191	0.237

注：*、**、*** 分别表示在 10%、5%和 1%的水平上显著；括号内为稳健标准误。

表 5　样本农户基本情况描述性统计

变量	2015 年		2018 年	
	非贫困户	贫困户	非贫困户	贫困户
样本数（户）	66. 00	104. 00	66. 00	104. 00
户均工资性收入（元）	37 864. 00	16 114. 00	58 621. 00	26 084. 00
户均务工人数（人）	1. 26	0. 90	2. 56	1. 94
就业覆盖率（%）	69. 70	61. 54	90. 91	89. 42
户主平均年龄	50. 47	52. 54	53. 47	55. 54
家庭人口数量（人）	3. 86	3. 43	3. 74	3. 13
家庭成员党员数量（人）	0. 58	0. 11	0. 59	0. 12
家庭曾任干部数量（人）	0. 59	0. 07	0. 61	0. 07
实际土地经营面积（公顷）	0. 23	0. 19	1. 13	0. 20

数据来源：课题组根据问卷调查数据统计。

2. 就业扶贫政策实施提高了贫困户工资性收入水平

（1）从调查结果来看，贫困户家庭工资性收入水平显著提高。从户均工资性收入来看，2018 年比 2015 年户均工资性收入显著提高，贫困户家庭平均工资提高 9 970 元，涨幅 61. 86%，非贫困户提高 20 757 元，涨幅 54. 82%，均高于全国居民人均可支配工资性收入 27. 05%的涨幅。

（2）从模型分析来看，就业扶贫政策对提高就业质量作用有限。就业扶贫政策的目标既包括提高贫困家庭就业覆盖率，也包括提高贫困人口就业质量，本文以贫困户家庭工资性收入的对数为被解释变量，进一步考察就业扶贫政策对贫困家庭平均工资水平的影响。从表 5 中可以看出贫困户工资性收入水平有明显提高，但是就业扶贫政策是否对贫困户就业质量帮助大于非贫困户还难以确定。表 6 显示了实施就业扶贫政策对贫困户工资性收入影响的模型结果，模型 1 显示，实施就业扶贫政策对贫困户家庭平均工资性收入没有正向影响，虽然这一结果在模型 2、模型 3、模型 4 中没有得到验证，但总体来说，从样本数据来看，贫困户和非贫困户的工资性收入并没有缩小，反而有所增大，说明四川省就业扶贫政策对提高贫困户就业质量作用有限。

表 6　实施就业扶贫政策对贫困户工资性收入影响模型结果

变量名	模型 1	模型 2	模型 3	模型 4
timepoor	−0. 353***	−0. 119	−0. 116	−0. 175
	(0. 128)	(0. 125)	(0. 125)	(0. 145)
age		−0. 004 25	−0. 003 54	−0. 004 41
		(0. 004 99)	(0. 005 14)	(0. 004 96)
size		0. 027 8	0. 026 1	0. 030 3
		(0. 055 5)	(0. 056 4)	(0. 056 1)

表6(续)

变量名	模型 1	模型 2	模型 3	模型 4
humancapital		0.016 0**	0.017 0**	0.015 3*
		(0.007 71)	(0.008 42)	(0.007 96)
mcporleder		0.212***	0.201**	0.193**
		(0.076 3)	(0.083 3)	(0.079 0)
land2		0.000 139	0.001 30	9.37e-05
		(0.004 03)	(0.004 20)	(0.004 02)
county			-0.107	
			(0.158)	
village				0.113
				(0.149)
Constant	10.32***	9.740***	9.815***	9.752***
	(0.075 8)	(0.298)	(0.301)	(0.296)
Observations	256	256	256	256
R-squared	0.029	0.145	0.147	0.147

注：*、**、*** 分别表示在10%、5%和1%的水平上显著；括号内为稳健标准误。

就业扶贫政策没有缩小贫困户与非贫困户收入差距，产生这一结果可能的原因有以下几方面：一是贫困户家庭本身基础条件就弱于非贫困户，因病、因残致贫人口占了相当大的比例，这些先天性因素是就业扶贫政策难以改变的，因此就业的整体水平低于非贫困户。二是当前就业扶贫政策最普遍、最直接的方式是公益性岗位兜底，公益性岗位的平均工资大约为600元/月，远低于劳务输出的平均工资水平，因此，即使实施了就业扶贫政策，贫困人口就业质量仍相对低于非贫困人口，表现出来的结果就是就业扶贫政策总体上提高了贫困人口就业覆盖率，但对提高贫困人口平均就业质量效果不明显，还需进一步提高有劳动能力贫困人口就业的质量。

（二）就业扶贫政策具体效果评估

就业扶贫政策的具体效果是指政策实施对政策制定主体想要解决的问题及相关人员所产生的影响。

1. 促进转移就业政策对贫困劳动力脱贫增收发挥主要作用

（1）多渠道促进贫困劳动力转移就业。从鼓励企业吸纳、实行就业奖补、建设就业基地、开展劳务协作等方面，促进贫困劳动力转移就业。一是转移输出就业。鼓励企业吸纳贫困劳动力就业，对签订1年以上劳动合同并参加社会保险的，给予企业1 000元/人的奖补，新吸纳10个以上贫困劳动力的，作为就业扶贫基地，给予不低于5万元的奖励。二是开展劳务协作。四川省依托东西部扶贫协作机制，先后与浙江、广东签订了就业扶贫劳务合作协议；结合省内结对帮扶机制，组织省内经济发达地区与贫困地区开展劳务合作；对人力资源市场中介机构组织贫困劳动力到企业就业，按规定给予不低于300元/人的补贴；对贫困劳动力参加有组织劳务输出的，给予一次性单程交通补贴。

（2）转移就业是助力贫困劳动力脱贫增收的主要渠道。2016年全省人社系统采取走村入户、部门联动等方式，摸清了全省211.1万名贫困劳动力底数，截至2019年7月全省实现贫困劳动力转移就业99.1万人，约占贫困劳动力总数的47%。从全省来看，近半数贫困劳动力通过转移就业实现脱贫增收。

从各地调研来看，转移就业占本地贫困劳动力人数约为60%左右，是促进贫困劳动力家庭增收脱贫的主渠道。乐山市通过就业扶贫信息系统精准锁定贫困劳动力9.85万人，转移就业6.1万人，贫困劳动力转移就业率达到62%。截至2019年11月，马边彝族自治县有贫困劳动力2.31万人，转移就业13 813人，贫困劳动力转移就业率达60%，本地就业月平均工资约3 000元，县外务工月工资收入约5 000元。2019年金口河区贫困劳动力1 262人，就业的有1 227人，就业率达到97%，转移就业和就地就近就业贫困劳动力人数最多，省内外务工人数（不包括公益性岗位安置）占贫困劳动力就业人数的60%。2019年峨边县贫困劳动力转移输出7 074人，占贫困劳动力总数的59%，贫困劳动力转移人均年收入16 071元，转移就业是贫困劳动力实现增收脱贫的主要渠道。

2. 促进就地就近就业举措是稳固扶贫绩效的有效途径

（1）促进贫困劳动力就地就近就业。促进在“家门口”就业，积极鼓励农民专业合作社、家庭农场、农村电商等生产经营主体，吸纳贫困劳动力就业，对稳定就业半年以上的，按1 000元/人标准给予奖补。2019年，全省建成扶贫车间627个，认定省级就业扶贫基地189家，共吸纳带动贫困群众就业3.5万余人。

（2）就地就近就业是稳固扶贫绩效的有效途径。“扶贫车间”实现家门口就业，更是留守妇女实现就业增收的有效途径。“扶贫车间”将“工厂”建到家门口，就业时间灵活，用工门槛较低，留守人口既可以到工厂上班，也可以将订单带回家生产，还可以选择到加工厂上班或到特色种养基地务工。贫困人口在家门口参与体面劳动，凭自己的双手脱贫致富。例如马边彝族自治县雪口乡“扶贫车间”自2019年7月建成以来，吸纳160人就业，吸纳贫困劳动力60人，解决了异地搬迁贫困户“搬得来、留得住”的问题。

3. 农村公益性岗位兜底安置政策对脱贫解困的成效最直接

（1）开发公益性岗位兜底安置。农村公益性岗位主要由人社、林业、农业等部门合作开发，涉及生态护林、乡村道路维护、保洁保绿、社会治安协管、乡村旅游服务等各类，优先用于安排大龄、残疾、家庭特别困难的贫困劳动力。四川省坚持在每个贫困村开发5个以上保洁保绿、治安协管、灾害监测等公益性岗位，给予每人每月不低于300元的补贴，2019年全省公益性岗位累计安置贫困劳动力14.2万人。

（2）公益性岗位兜底安置对脱贫解困成效最直接。就业扶贫十五条规定农村公益性岗位补贴标准不低于300元/月。从调研来看，省内各贫困县农村公益性岗位就业的月补贴标准在400~600元，年收入在4 800~7 200元，均超过当地贫困户脱贫收入标准，对脱贫的效果最直接。另外，部分地区农村公益性岗位兜底安置成为扶贫解困的重要途径，如金口河区农村公益性岗位安置人数占县内贫困劳动力就业人数的44.5%，成为解决贫困劳动力就业的重要渠道。总之，农村公益性岗位的开发，对解决农村深度贫困家庭和零就业家庭就地就近就业增收脱贫发挥了显著作用和良好的社会效益（见表7）。

表7　调研地区公益性岗位安置等情况

地区	对象	贫困劳动力（人）	公益性岗位安置（人）	补贴标准	脱贫收入标准（元/年）	备注
金口河区	贫困家庭劳动力，优先用于安排大龄、残疾、家庭特别困难的贫困劳动力	1 262	546	400元/月；4 800元/年	县定标准 4 500	数据截至2019年11月4号，当年数
沐川县		14 023	951	400元/月；4 800元/年	省定标准 3 750	2018年脱贫，数据截至2019年11月29日
马边彝族自治县		2.31万	2 842	400元/月；4 800元/年	县定标准 4 200	2019年公益性岗位安置2 842人
峨边彝族自治县		1.2万	962	400元/月；4 800元/年	县定标准 3 750	2019年当年数据
武胜县		2 498	2 543①	400元/月；4 800元/年	省定标准3 600，县定标准4 100	2018年脱贫，数据为2018年当年数
马尔康市		3 679	928	600元/月；7 200元/年	省、县定标准 3 750	2019年脱贫，数据为累计数
红原县		3 035	44	600元/月；7 200元/年	省、县定标准 3 750	2019年脱贫，截至2019年11月当年数
理县		2 813	424	600元/月；7 200元/年	省、县定标准 3 750	2018年脱贫，数据为累计数

数据来源：调研组实地调研，市、县人社局统计。

4. 职业技能培训补贴政策调动了贫困劳动力参与积极性

（1）开展技能培训脱贫行动和“一户一名技术能手”培训。一是四川省于2016年启动实施了技能培训脱贫行动，重点面向高原藏区、大小凉山彝区、秦巴山区、乌蒙山区“四大片区”88个贫困县的贫困家庭劳动者开展技能培训和创业培训，计划每年培训10万名贫困劳动力，其中，8万名贫困家庭劳动者参加就业技能培训、创业培训、“职业技能+创业培训”和岗位技能提升培训，2万名贫困家庭劳动者参加劳务品牌培训。近两年来，累计培训贫困劳动力约41万人。二是“一户一名技术能手”培训。根据《中共四川省委办公厅 四川省人民政府办公厅关于实施深度贫困县人才振兴工程的意见》（川委办〔2017〕66号，以下简称“66号文件”）关于“开展乡土人才素质提升”的部署安排，2018—2020年，动员组织深度贫困县3.9万名有培训意愿的贫困家

① 公益性岗位人数包含往年已脱贫的贫困劳动力数量。

庭劳动力参加就业技能培训，其中2018年培训1.8万名、2019年培训1.3万名、2020年培训0.8万名，使每户有劳动能力的贫困家庭至少有一人掌握一门就业技能，帮助实现技能就业，促进家庭稳定增收。2018年，在技能培训脱贫行动中，已组织2.6万名贫困劳动力参加“一户一名技术能手培训提能”，完成年度目标任务的144%，有效助力脱贫攻坚。

（2）从市州调研来看，技能培训对提高劳动者就业能力的效果不显著，各地普遍反映参与培训的贫困劳动力是为了获得补贴，培训的实效性不足。当然，职业技能培训也可能产生潜在效果，教育和培训都是一个长期积累的过程，不会立竿见影。随着劳动者知识水平提高，培训和组织方式改进，培训对象更精准，技能培训对提高劳动者就业能力的效果会不断释放。

5. 就业扶贫政策促进贫困劳动力转变就业观念和培养劳动习惯

就业扶贫帮助就业增收效果显著，特别是在民族地区，让政策对象亲眼所见劳动致富。公益性岗位安置、扶贫车间就业等政策补给提高了民族地区贫困劳动力就业积极性，有效促进了民族地区劳动者转变观念，增加了贫困人口劳动力供给，培养和加强了民族地区勤劳致富的习惯和观念。

四、就业扶贫存在的问题及影响因素分析

（一）存在的突出问题

1. 就业扶贫资金不足，扶贫方式可持续性不够

（1）就业扶贫资金缺口大。例如马边彝族自治县因地方财政困难，国家、省资金支持不足，面临脱贫不脱政策的压力，当年就业扶贫资金缺口较大。

（2）兜底安置人员返贫再脱贫问题突出。兜底安置所针对的是大龄、残疾等特殊就业困难的贫困人群，期限为3年，按规定期满后必须清退。目前在三州地区，已兜底就业的贫困劳动力脱贫政策结束后极易返贫，再次脱贫难度极大。

（3）部分“扶贫车间”带领脱贫成效不足。调研中发现部分地区“扶贫车间”存在低质、低效和小而散的盲目跟风建设情况，甚至存在脱离当前发展阶段和违背市场规律搞建设，这类“扶贫车间”经营可持续性不强，带领脱贫成效不足，存在经营效益低、促就业效果不明显的问题。

2. 贫困劳动力转移输出难度大，转移就业质量不高

（1）民族地区贫困劳动力外出就业意愿不高。受到观念、技能、语言、文化等因素的影响，走不出去、不愿出去现象突出，劳务输出难度较大。

（2）当前四川省“三州”地区当地贫困群众转移输出就业后，贫困劳动力普遍文化素质不高，技能水平偏低，人岗匹配度不高，总体上就业稳定性较低，需要进一步提高稳岗率。

3. 公益性岗位安置补贴资金支出过高，管理不够规范

（1）部分地区过度依赖公益性岗位安置，补贴资金支出过高。例如乐山市某区2019年就业扶贫资金共479万元，用于农村公益性岗位安置补贴325万元，占就业扶贫拨付资金的68%。武胜县2019年就业扶贫专项计划投资1 268万元，用于公益性岗位安置的资金达到1 058.6万元，占扶贫资金的83.5%。

（2）部分地区公益性岗位安置存在监管不严的情况，例如“拿钱不干事”“拿钱应付了事”的现象，履职不到位的情况较为突出，个别地方存在人岗不符的情况。

4. 技能培训组织难度大，培训针对性和实效性不强

（1）培训基础仍然比较薄弱。省内经济欠发达地区由于投入不足，技工院校和培训机构数量少、规模小，条件差，难以满足培训工作对接当地经济和产业发展的现实需要，“三州”地区尤为突出。以阿坝州为例，全州仅有一所职业院校，且特色不突出，实力雄厚、经验丰富的职业教育培训机构和优秀师资严重匮乏，导致培训整体水平偏低。

（2）培训组织难度大。各地普遍反映培训工作存在组织困难的情况，特别是“三州”地区，因其地广人稀，村组分布广，除少数聚居村外，贫困劳动力相当分散。高原藏区受气候条件、节日放假、采摘虫草松茸等因素影响，能有效组织培训的时间主要集中在10月至次年5月，一年中培训工作有效组织时间仅6个月，其余时间基本上无法开展培训工作。

（3）培训实效性不够。目前“三州”主要以招标方式委托民办培训机构开展各类技能培训，培训科目设置比较单调，且多为短期培训，培训技术含量及层次不高，多以初级技能培训为主，对中高级技能人才培训力度不够。此外，在培训内容、师资配备、实训条件等方面，还不能完全适应市场和企业的需求，培训效果还有待提升。

（二）影响就业扶贫政策效果的因素分析

1. 政策本身问题影响政策效果

（1）就业扶贫政策之间相互矛盾或冲突。一是公益性岗位补贴标准存在冲突。就业扶贫九条措施规定对贫困劳动力参加培训可获得不低于50元/天的食宿、交通补贴，就业扶贫十五条措施规定贫困劳动力接受技能培训可获得不超过50元/天的生活费补贴，后者补贴标准改变，但未及时变更或废除前序政策，导致在两项政策同时存续期间，补贴标准存在矛盾冲突。二是政策对象年龄界定存在冲突。就业扶贫十五条措施的政策目标对象是16岁以上有劳动能力和意愿的建档立卡贫困人口，但现行《劳动法》《社会保险法》和《就业促进法》规定女性超过50岁，男性超过60岁就不能由单位参保，如将50岁以上女性、60岁以上男性纳入转移就业范围，将面临社保参保、工伤等权益保障问题。

（2）政策精准度不够影响政策执行效果。关于就业“扶贫车间”、劳务经纪人、劳务合作社等新型经营主体的认定标准和条件、认定申报流程等都没有规范性的文件支

撑，地方在落实补贴政策的时候，因没有政策依据而被审计。

（3）政策协同性不够直接影响了不同部门的技能培训效果。当前贫困劳动力参加人社部门技能培训可获得50元的交通补贴，而参加其他部门的培训没有相应的补贴，导致贫困劳动力参与其他部门的培训积极性不高。

2. 政策执行不到位

（1）为了完成培训目标，忽视了对培训对象的精准性。各个地方均存在为了完成培训目标任务，将没有就业意愿的贫困劳动力也纳入培训范围内，既浪费培训资源，又没有培训实效。

（2）就业扶贫政策落实不到位。部分地方对就业扶贫政策的宣传、落实不够，部分贫困群众没有享受到甚至不知晓，没有用足用好现有的政策。

（3）资金支持不到位。按照相关文件规定："请上来"的培训，培训补助资金原则上从培训机构所在地就业创业补助资金中列支；"送下去"的培训，从深度贫困县就业创业补助资金中列支。但目前大部分技工院校培训经费没得到及时解决，主要由学校先行垫支，贫困地区经费拨付相对迟缓，在一定程度上影响了技工院校的帮扶积极性和帮扶效果。

3. 基层组织力量薄弱

就业扶贫工作主要靠基层公共服务平台推进，当前，街道（镇、乡）、社区（村）两级配备的劳动保障岗位多为公益性岗位人员，流动性大，待遇低，身兼数职，人均服务对象多，办公经费短缺，基层队伍专业化水平不高，基层队伍力量薄弱，直接影响了政策执行的效果。

4. 政策目标团体不配合

受民族地区传统思想影响，部分青年劳动力外出就业的意愿和参加技能培训的意愿也不强，就业扶贫的各项补贴政策措施不能有效调动贫困劳动力的积极性。此外，四川省彝区、藏区等深度贫困地区"一步跨千年"，深度贫困与毒品、艾滋病、维稳等问题相互交织，贫困劳动力脱贫内生动力不足。目前尚未转移的贫困劳动力因病致贫、因残致贫占比较高，部分贫困劳动力参训意愿不强，就业培训效果不好，就业帮扶难度大。

5. 享受政策的代价大于利益

就业扶贫十五条措施鼓励企业吸纳贫困劳动力可以享受1 000元/人的奖补，并按规定享受社保补贴和岗位补贴；吸纳10人以上的，可获得不低于5万元的奖补。通过调研了解到贫困地区企业大多未缴纳社保，若享受就业扶贫奖补政策必须支出更多的社保费用，所以企业吸纳贫困劳动力积极性不高。此外，就业扶贫十五条鼓励经营性人力资源服务机构、劳务经纪人组织协助贫困劳动力到企业就业，协助签订1年以上劳动合同并参加社会保险的，给予他们不低于300元/人的服务补助。因人力资源服务机构、劳务经纪人开展组织转移就业花费的交通、信息等费用大于补贴标准，所以参与积极性不高。

此外，民族地区（主要是"三州"地区）群众接受技能培训的积极性不高，原因是建档立卡贫困户覆盖面广且居住分散，山高路远不便参加培训。人社部门统一组织培训，贫困劳动力既要考虑离家产生的生活费，又要负担住宿费，省十五条措施规定给予贫困人员在培训期间的50元/天的生活补助不能平衡培训期间产生的必要费用，导致贫困人员接受职业技能培训的积极性不高，到位参加培训的比例也不高。

五、加强完善就业扶贫的基本思路与政策建议

（一）基本思路

2020年，脱贫攻坚已进入收官之年。当前四川省就业扶贫应紧紧围绕党中央、国务院，省委、省政府关于脱贫攻坚的统一部署，按照四川省精准就业扶贫实施方案要求，充分发挥职能优势，紧扣摘帽县、退出村、脱贫户，重点瞄准当期脱贫开展工作，加快补齐脱贫攻坚问题短板，拓宽就业渠道、优化政策供给、加大扶贫投入、促进转移就业、强化兜底安置等措施，扩大贫困劳动力就业规模，确保有劳动能力的贫困家庭至少有一人就业，为打赢脱贫攻坚战、全面建成小康社会夯实基础。2020年脱贫攻坚的就业扶贫任务即将完成，下一阶段就业扶贫工作重点应聚焦于巩固扶贫成效，推动建立就业扶贫工作长效机制。通过发展特色产业挖掘就业潜力，推动贫困劳动力就业和产业融合深度发展，激发贫困人口内生动力。以市场和就业需求为导向，切实提高职业技能培训的针对性和实效性，逐步提升贫困人口的技能素质和就业质量。创新就业服务方式，强化精准就业服务，提升劳务输出质量，提高转移就业贫困劳动力的就业稳定性，促进贫困劳动力大幅度就业增收。

（二）政策建议

1. 关于就业扶贫收官之战的政策建议

（1）突出解决政策可及性，抓紧优化就业扶贫政策。提高就业扶贫政策精准度、针对性和可及性，进一步优化政策供给，便于政策得到更加精准有效地执行。一是及时发现政策覆盖死角，补充完善具体就业扶贫政策措施，调整政策执行条件，适当降低政策落地“门槛”，持续抓实现有就业激励政策，确保各项政策落实到每个贫困人口。二是对符合条件的企业落实社保补贴、岗位补贴、吸纳奖励、税收减免、信贷支持等优惠政策，鼓励和引导企业、生产经营主体创建专门针对贫困人员的扶贫岗位，吸纳贫困劳动力就地就近就业。三是研究制定关于就业“扶贫车间”、劳务经纪人、劳务合作社等新型经营主体的认定标准及条件、认定申报材料、认定程序、相关扶持政策和奖补资金申报拨付程序等文件规定，为政策执行提供依据和保障。四是加强部门联动，提高政策的协同度，梳理补贴政策的交叉项，避免重复申领补贴和漏发补贴。

（2）进一步加大扶贫资金投入，着力提高资金使用效益。四川省是全国扶贫任务最重的省份之一，贫困量大、贫困面宽、贫困程度深，就业扶贫资金需求和投入量大，资金使用效益需要进一步提升。一是加大对民族地区、贫困山区就业扶贫的资金支持力

度。建议在脱贫攻坚期内，国家在安排就业专项资金时，充分考虑四川省45个深度贫困县的特殊困难和脱贫任务的艰巨性，每年针对四川省45个深度贫困县倾斜安排就业专项资金，促进四川省深入推进深度贫困地区技能培训全覆盖工作，适当提高培训补贴标准和培训期间的生活补助标准，开发更多公益性岗位对贫困群众进行兜底安置，扎实开展深度贫困地区就业扶贫、技能扶贫工作。二是进一步规范就业扶贫资金的管理和使用。建立健全补助资金基础台账，强化电子档案的安全管理，将享受补贴人员、项目补助单位、资金标准等及时纳入省公共就业服务管理信息系统。严格按照制定的审批程序及流程进行财务工作。加强票据审核，完善入账依据，优化审批流程，确保原始凭证真实、合法、完整。加强资金监督管理，积极查找年末滚存结余的成因，有针对性地制定消化结余方案，进一步提高资金使用效率。加大对扶贫领域项目资金的三方审计力度，及时发现和督促纠正存在的问题，确保扶贫项目资金安全。

（3）加大推进扶贫劳务协作，有效提升劳务组织化程度。四川省是农民工输出大省，东、西部劳务协作和对口支援是促进富余劳动力转移就业和贫困劳动力就业增收的重要途径。四川省应充分依托东西部对口协作机制和对口支援工作机制，深化与广东、浙江等省市劳务扶贫协作，建立多层次的联络、会商协调机制和信息共享机制，摸清本地贫困劳动力就业需求，积极承接支援地提供的援助服务，鼓励和支持贫困县设立劳务开发公司，引导人力资源服务机构、劳务经纪人组织劳务输出。

（4）继续强化兜底扶贫，规范公益性岗位的开发与管理。公益性岗位兜底安置对促进贫困劳动力实现稳定就业效果最直接，是兜底扶贫的最基本防线。一是要加强各项扶贫政策的衔接，统筹公益性岗位兜底安置、社会救助、大病医疗救助等，持续降低贫困人口支出成本。二是加强与自然资源、扶贫、林业草原等部门沟通协调，统筹开发公益性岗位，既发挥好公益性岗位兜底安置作用，又考虑各地的承受能力，同时注重提高贫困人员的劳动积极性。三是研究制定公益性岗位管理办法，形成按需设岗、以岗聘任、在岗领补、有序退岗的开发管理机制。

2. 关于建立完善解决相对贫困的就业促进长效机制的政策建议

（1）建立就业扶贫长效机制，确保实现稳定脱贫。建立稳定脱贫的长效机制是巩固就业脱贫攻坚成果、防止贫困人员返贫的有效手段，抓好产业扶贫和就业扶贫就抓住了脱贫攻坚的“牛鼻子”。当前四川省“三州”地区发展基础仍旧脆弱，如果没有相应的配套措施和长效机制作保障，部分贫困人员又将重新返贫。在接下来的扶贫工作中，一是要建立脱贫后就业扶贫的长效机制，在农村贫困劳动力脱贫后，继续落实责任人进行3~5年的跟踪，继续帮助有就业困难的农村劳动力实现就业，直至其持续发展，实现稳定脱贫。二是要将产业扶贫作为主攻方向，强化内生动力机制。推进农业发展与精准扶贫相结合，让贫困人口在产业融合发展中分享产业链不同环节的收益，实现就地就近务工就业、集体参与分红、土地流转入股等方式，帮助贫困人口实现多样化的收入来源，提高增收的可持续性和稳定性。

（2）发展民族地区特色产业，促进就地就近就业。产业扶贫是解决贫困地区就业的根本出路，是拓宽就业渠道，促进贫困劳动力就地就近就业和稳定就业的最有效途径。四川省深度贫困地区自然条件差、经济基础薄弱、脱贫内生动力不足，但自然资源、人文自然景观和绿色农业资源比较丰富，再加上基础设施建设条件的改善，信息网络覆盖和交通物流便利化，为贫困地区产业发展奠定了基础。当前四川省民族地区贫困劳动力就地就近就业意愿比较强烈，产业扶贫仍然是促进稳定脱贫的最有效手段。一是要深入挖掘区域比较优势，推进农村第一、二、三产业融合发展，结合地域自然优势种植和培养特色农产品，推进就近加工，借助农村电商将特色农产品和加工品进行网络销售，借助发展旅游业，推进民族地区手工业发展，努力实现“产加销一体化”和“农工贸一条龙”的发展格局。二是继续围绕乡村振兴战略，发展特色乡村文化旅游、电子商务、物流快递等现代服务业，引导一批贫困劳动力就地就近就业。

（3）精准开展职业技能培训，提高培训的实效性。没有技能就没有就业。贫困地区劳动力技能素质低、参训意愿不强，是制约劳动力就业的重要原因，贫困地区还需要投入大量有针对性和实效性的培训，逐步提高劳动者的技能水平。一是推动就业培训由大众化向个性化转变。在充分掌握现有贫困劳动力培训需求和县内外企业用工需求的基础上，综合考虑县内现有贫困劳动力的文化素质、人员类别、空闲时间、就业意愿等因素，灵活采取“定单”“定岗”“定向”等多种培训方式和“农民夜校”“田间课堂”等多种形式，合理安排培训师资、对象、时间和内容，推动就业培训由大众化向个性化转变，切实提高培训的针对性。二是推动就业培训由注重数量向注重质量转变。把培训贫困劳动力的数量作为检验培训成效的考核方式，转向把接受培训贫困户的满意度和能力素质提升情况作为考核成效的重要内容。加强对培训后农村劳动力转移情况进行监督检查和跟踪调查，根据接受培训农民的转移率以及国家职业资格证书或技能等级证书的获取率，对培训机构进行经费补助或奖励。三是实施深度贫困地区未就业贫困劳动力技能培训全覆盖行动，整合培训资源，规范培训监管，创新培训方式，结合实际优化培训项目，适当调整培训补贴标准，简化培训组织和补贴申领流程，切实提高培训的针对性和有效性。四是组织技校和培训机构开设“扶贫专班”，对贫困劳动力开展集中培训，免费安排住宿，提供生活费、交通费和必需的学习、生活用品，选派优秀教师授课，统一组织职业技能鉴定，落实好用人单位，帮助他们学习期满尽快就业。五是研究制定跨区域培训管理办法，鼓励培训“走出去”。强化鉴定评价管理实施，规范理论考核考场设置，结合区域产业和经济发展实际，积极开发专项职业能力考核规范，开展专项职业能力考核。

（4）加强公共服务能力建设，提高就业服务质量。贫困地区公共就业服务基础薄弱，是贫困地区就业扶贫的短板，需要不断整合基层力量和资源，创新服务方式，提高公共就业服务的质量。一是强化扶贫信息的共享与对比，提高扶贫精准性。健全市县乡村“四级联动”机制，动态更新“一库五名单”。整合结对帮扶责任人、贫困村“第一书记”、乡村劳动保障协理员等人力入户调查，及时掌握“五个名单”的变动情况，实地采集、详细登记贫困劳动力个人基本信息、转移就业意向、职业技能培训需求等相关信息。县级人社部门做好与“六有”大数据的比对复核工作，按季度更新农村劳动力实名制登记信息数据库和贫困家庭劳动力信息，确保数据真实准确。二是主动与辖区内各类企业、重点工程等用人单位加强协调，大力宣传企业吸纳贫困人员就业的各项优惠政策，努力挖掘企业吸纳贫困人员就业的潜力，动员各企业吸纳劳动力就业，特别是吸纳贫困劳动力就业。三是结合各乡镇、各贫困村实际，继续组织开展“送服务、送政策、送技能、送岗位”到基层活动，按季度举办扶贫专场招聘会，促进供需对接。四是加大政策宣传，依托现代传媒、驻村书记和“两联一进”活动等多渠道持续加大各类就业扶贫政策宣传力度，重点宣传《就业扶贫 15 条措施》等就业扶贫政策，解决村级信息脱节的问题，确保就业扶贫信息进村入户，家喻户晓。

主要参考文献：

[1] ELISABETE GOMES SANTANA FÉLIX, TERESA FREITAS BELO. The impact of micro-credit on poverty reduction in eleven developing countries in south-east Asia [J]. Journal of Multi-national Financial Management, 2019, 100590,

[2] JAEWON LEE, JISUKSEON. Intergenerational transmission of maternal poverty to self-esteem among young adult children: The role of employment [J]. Children and Youth Services Re-view, Volume 106, 2019.

[3] MYRDAL G. Economic Theory and Underdeveloped Regions [M]. London: Gerald Duckworth & Co., Ltd., 1957: 57-58.

[4] SARAH DAMASKE, JENIFER L BRATTER. Adrianne Frech, Single mother families and employment, race, and poverty in changing economic times [J]. Social Science Research, Volume 62, 2017.

[5] SEN AMARTYAK. Poverty and Famines: An Essay on Entitlement and Deprivation [M]. New York: Oxford University Press, 1981: 13-15.

[6] 毕明刚. 就业精准扶贫：如何应对新情况：曲靖市会泽县就业扶贫工作探析 [J]. 中国就业，2018 (11)：52-53.

[7] 卞文志. 就业扶贫：打赢脱贫攻坚战的“重要之役” [J]. 劳动保障世界，2018 (28)：48-49.

[8] 陈良波. 遵义：精准把脉就业扶贫 [J]. 中国人力资源社会保障，2019 (2)：58-59.

[9] 樊明，罗彦，王菲菲. 中国扶贫政策的效果检验及政策选择 [J]. 河北经贸大学学报，2018，39 (5)：11-17.

[10] 孔凡斌，陈胜东，廖文梅. 基于双重差分模型的搬迁移民减贫效应分析 [J]. 江西社会科学，2017，37 (4)：52-59.

[11] 李鹏. 精准扶贫视阈下就业扶贫：政策分析、问题诠释与治理路径 [J]. 广西财经学院学报，2017，30 (6)：5-12.

[12] 李长安. 乡村振兴战略背景下就业扶贫的机制与措施 [J]. 中国高校社会科学，2018 (6)：29-36+154.

[13] 申云，彭小兵. 链式融资模式与精准扶贫效果：基于准实验研究 [J]. 财经研究，2016，42 (9)：4-15.

[14] 汪三贵，殷浩栋，王瑜. 中国扶贫开发的实践、挑战与政策展望 [J]. 华南师范大学学报（社会科学版），2017 (4)：18-25，189.

［15］王姮，汪三贵．整村推进项目对农户饮水状况的影响分析：江西省扶贫工作重点村扶贫效果评价［J］．农业技术经济，2008（6）：42-47.

［16］谢玉梅，丁凤霞．基于贫困脆弱性视角下的就业扶贫影响效应研究［J］．上海财经大学学报，2019，21（3）：18-32.

［17］杨龙，张伟宾．基于准实验研究的互助资金益贫效果分析：来自5省1349户面板数据的证据［J］．中国农村经济，2015（7）：82-92.

［18］姚明明，王磊．基于双重差分法的农村最低生活保障制度减贫效果研究［J］．辽宁大学学报（哲学社会科学版），2018，46（3）：71-76.

［19］英明，魏淑艳．中国特色积极就业政策效果分析：一个评估框架［J］．东北大学学报（社会科学版），2016，18（3）：288-295.

［20］元林君．我国就业扶贫的实践成效、存在问题及对策探析［J］．现代管理科学，2018（9）：109-111.

［21］岳希明，罗楚亮．农村劳动力外出打工与缓解贫困［J］．世界经济，2010，33（11）：84-98.

［22］张丽宾．我国就业扶贫政策及实施情况［J］．山东人力资源和社会保障，2019（4）：10-14.

［23］赵丽娜，田原．供给侧结构性改革下提高就业扶贫精准度路径研究：河北省视角［J］．现代商贸工业，2018，39（6）：140-141.

（主笔：王汉鹏　唐青　王瑞）

新冠肺炎疫情对四川省就业影响分析及应对措施

摘　要： 2020年春节前后爆发的新冠肺炎疫情对中国经济社会发展带来了巨大的冲击。面对突如其来的疫情，以习近平同志为核心的党中央高度重视，始终把人民群众的生命安全和身体健康放在第一位，要求把疫情防控工作作为当前最重要的工作来抓，坚决遏制疫情蔓延势头，坚决打赢疫情防控人民战争、总体战、阻击战。目前，全国疫情得到有效控制，新增确诊和疑似病例正在减少。新冠肺炎疫情对四川省国民经济和群众生产生活产生了极大影响，尤其对四川省就业造成了直接冲击，本文从多角度分析了疫情对四川省就业工作的影响，深入探讨此次疫情的短期及长期影响，有针对性地提出对策建议，希望对四川省积极应对疫情带来的严峻挑战，全力稳定就业，为实现四川省全年经济社会发展提供有力支撑。

关键词： 新冠肺炎疫情　就业

一、新冠肺炎疫情对四川省就业的影响分析

我们通过广泛收集分析相关资料、密切跟踪新冠肺炎疫情走势，发现疫情高峰出现在2020年1月底至2月上旬，此后新确诊人数逐步下降。疫情对四川省2020年第一季度的经济冲击严重是确定的，如果能够得到及时有效控制，从第二季度开始，各部门经济活动逐渐转为正常，第二季度GDP增速将出现反弹，因此疫情对四川省经济中长期造成严重影响的可能性不大。

（一）对三次产业就业的影响

从产业影响看，第三产业就业受影响整体上最严重，第二产业部分制造业企业就业影响也比较严重。服务业就业容量大，受疫情影响最直接。2018年全省三次产业就业结构为35.9∶27.2∶36.9，第三产业就业人数达到1 801.1万人，首次超过第一产业成为吸纳就业最多的产业。近几年，城镇新增就业主要出现在第三产业，受疫情影响传统

服务业的用工会临时减少；而以移动互联网、数字技术、现代物流为基础的新兴服务业用工反而会增加（见图 1）。

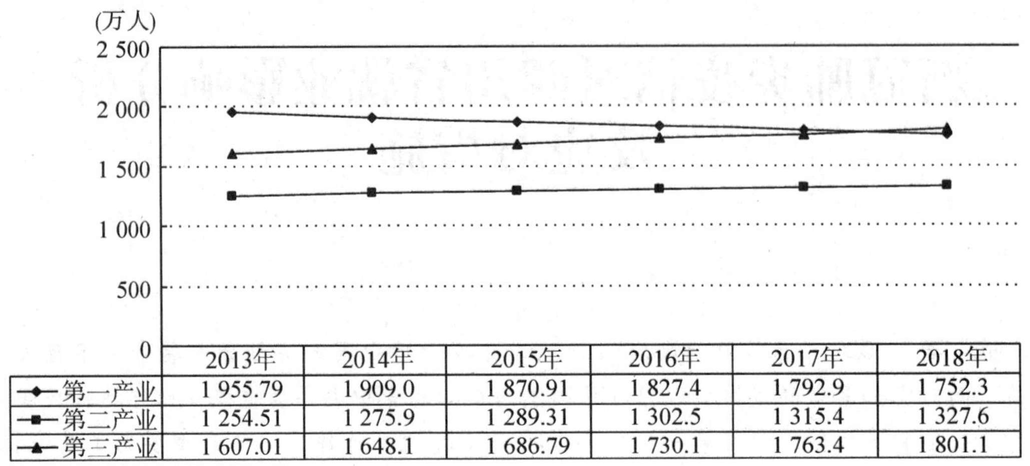

	2013年	2014年	2015年	2016年	2017年	2018年
第一产业	1 955.79	1 909.0	1 870.91	1 827.4	1 792.9	1 752.3
第二产业	1 254.51	1 275.9	1 289.31	1 302.5	1 315.4	1 327.6
第三产业	1 607.01	1 648.1	1 686.79	1 730.1	1 763.4	1 801.1

图 1　2013—2018 年四川三次产业就业情况

数据来源：2013—2018 年《四川省统计年鉴》。

疫情影响对不同的产业有所差别。疫情结束后，生产生活恢复正常，第三产业消费需求不会减少，交通运输、旅游、住宿餐饮、文化娱乐、实体商贸零售等行业技术及经营环节简单，会在短期内比较快速恢复经营，企业总体用工不一定会受到长期影响。值得担忧的是部分传统制造业，由于产业链比较复杂，企业成本负担较重，受疫情影响包括供应链、销售链在内的整个产业链受到冲击，部分行业和企业可能在较长一段时期内无法恢复到原来的产能水平。据省经信厅 2 月 14 日介绍，受物流交通、原材料供给等方面的条件限制，目前已开工企业大多处于部分开工、部分员工轮岗状态，复工企业用工的人数为正常水平的 30%左右，未实现全面恢复生产经营。

（二）对具体行业就业的影响

从微观层面看，经济短期冲击非常明显，部分行业和企业面临巨大困难。其中住宿和餐饮业、交通运输、实体商贸零售、娱乐、房地产等行业受到冲击最大。2017 年四川省批发和零售、交通运输、住宿和餐饮、居民服务、娱乐、租赁服务、房地产 7 个重点行业中，从业人员数达到 1 305 万人，在短期内这些行业的就业压力增大。以住宿餐饮业为例，2017 年该行业就业人数在第三产业中最多，为 384. 81 万人，约占第三产业就业人数的 22%。2020 年第一季度住宿和餐饮业等服务业受影响最大，短期内失业人数增加。据省统计局调查分析，67. 4%的餐饮业调查企业表示“预计上半年用工量同比降低”（见表 1）。

表 1　2015—2017 年四川省第二、三产业及细分行业就业人数　　单位：万人

产业	行业	2015	2016	2017
第二产业	制造业	591. 23	601. 17	611. 96
	建筑业	555. 34	560. 68	564. 00
	合计	1 146. 57	1 161. 85	1 175. 96
第三产业	住宿和餐饮业	366. 49	381. 04	384. 81
	居民服务、修理和其他服务业	293. 94	341. 60	345. 13
	批发和零售业	281. 30	294. 86	298. 30
	交通运输、仓储和邮政业	135. 91	122. 74	122. 8
	租赁和商务服务业	64. 70	65. 03	68. 27
	房地产业	45. 38	48. 32	51. 16
	文化、体育和娱乐业	45. 31	33. 47	34. 49
	合计	1 233. 03	1 287. 06	1 304. 96

数据来源：2015—2017 年《四川省统计年鉴》。

抗风险能力较弱的中小微企业就业受影响比大型企业更直接。受疾控要求全社会隔离和延迟节后开工的影响，部分中小企业在无现金流入的情况下，需要支付人工成本、房屋租金、库存成本等刚性支出，经营压力陡增，裁员和失业问题突出。2019 年四川省企业人工成本调查数据显示，全行业人工成本占总成本比重为 34. 2%，而微型企业人工成本占比达到 44. 9%。据有的专家对疫情发展情况预测，较好情况也需要 2~3 个月的时间才能将疫情完全控制，而相当部分小微企业账面资金则无法支撑到疫情解除，据省统计局调查，55. 2%小微企业表示资金只能维持运转“3 个月以内”，一些中小企业可能无法渡过这次难关。2018 年全省民营经济主体达到 545 万户（法人单位 76 万户），个体经营户的平均规模不到 3 人，法人单位的平均就业规模也大多在 10 人以下，如果有 5%的企业和 10%的个体经营户因疫情冲击难以持续经营，会涉及近 180 万人左右的就业问题。后续的“稳就业”政策应识别受此次疫情影响较严重的重点行业，并结合这些行业的就业特点精准施策。

（三）对城镇新增就业和失业率的影响

据分析，疫情对城镇新增就业和失业率的冲击主要集中在第一、二季度，疫情结束后，经济活动会迅速恢复，对全年的就业目标不会产生明显的影响。短期内由于部分行业和企业无法完全恢复经营而产生大量待岗、失业人员，短期失业率会上升。据省就业局调查，截至 2 月 17 日，552 户调查企业已开工 339 户、占 61. 4%，其中，调查企业开工率达 50%及以上的有 14 个市，成都、宜宾、绵阳等市企业开工率达 90%以上，企业开工比例比 10 天前上升 34. 6 个百分点。据省经信厅调查，截至 2 月 23 日，四川省规模以上企业复工率达到 83. 7%。据中国社科院都阳研究员初步分析，疫情可能会使第一季度城镇调查失业率上升 0. 3 个百分点。2019 年各月全国城镇调查失业率在 5. 2%左右（城镇调查失业率只公布全国数据），如果城镇调查失业率上升 0. 3 个百分点，四川省城

镇失业会新增 5 万人；如果疫情超出预期，城镇调查失业率上升 1%，则城镇失业人数将增加 17 万人。2020 年正月初一至二十，全省城镇新增就业数只有 3 721 人，比去年同期减少 59 556 人，第一季度完成城镇新增就业目标面临较大挑战。总体来说，短期内就业岗位在减少，是因为这次疫情与春节假期的重合在一定程度上减少了对就业的冲击，春节后历来是就业转换的高峰期，加之受疫情隔离影响就业需求大量减少，在一定程度上减少了疫情导致的劳动力市场摩擦，就业供需矛盾还没有集中爆发。

（四）对人力资源市场的影响

受疫情影响，线下人力资源市场活动受到压制，线上人力资源市场活跃度提升，从长期来看，本次疫情对线上人力资源服务发展是很好的机遇。目前，线下人力资源市场均未开放，各地主要通过公共招聘网、“四川 e 就业”微信公众号开展线上招聘。截至 2 月 17 日，入场企业累计 1.28 万家，招聘企业累计提供岗位 52.74 万个，同比增加 5.43 万个，增幅为 11.5%，线上人力资源市场需求活跃度明显提升。从人力资源市场分析报告看，近几年四川省求人倍率均大于 1，且呈逐渐上升趋势，但在年内求人倍率呈现周期性变动。受春节长假的影响，一般来讲第一季度求人倍率最低。2016—2019 年，四川省第一季度求人倍率分别为 1.03、1.06、1.13、1.24，此次新冠肺炎疫情正值 2020 年的第一季度，大量企业停工、延期复工导致市场提供岗位数量大幅减少。如疫情在第一季度能有效控制，岗位供给在 3 月以后会出现恢复性快速增加；如疫情持续超过三个月，则推测 2020 年第一季度四川省人力资源市场求人倍率会有较明显下降，大概率会低于 2019 年 1.24 的水平。

（五）对农民工就业的影响

受疫情影响，返乡农民工积压在家难以外出务工的矛盾比较突出。2019 年，全省农民工总量 2 480 余万人，省外务工 1 110 余万人，其中在湖北省 12.3 万人。预计春节后出省务工农民工将达 700 万人，占春节前返乡总数的 97.2%。截至 2 月 17 日，68 个定点调查行政村劳动力总数为 8.82 万人，2020 年 1 月 1 日以来已返乡 3.25 万人，已外出务工 1.04 万人，占返乡总人数的 32.0%，其中，省外务工 0.49 万人，占外出务工人数的 47.12%。农村劳动力外出务工比例与 2 月 7 日调查环比增加 4.96 个百分点，外出务工比例仍然较低。省外转移地主要为长三角、珠三角，也是本次疫情较为严重的地区，四川农民工务工主要集中在制造业、建筑业、服务业等行业，也是受疫情短期影响严重的行业。当前江、浙等地复工时间不定、省内返乡农民工外出务工和返岗意识减弱，农民工转移就业工作面临“发动难”“组织难”“培训难”“输出难”等问题。同时，受本次疫情影响，四川省农民工出省务工动能将进一步减弱，从 2012 年以来川籍农民工在省内务工人数超过省外务工人数，并一直延续这种状态，初步判断 2020 年省内务工人数将加快增长、省外务工人数进一步下降。

（六）对高校毕业生就业影响

疫情对高校毕业生就业造成很大影响，就业压力加大。2019 年四川省普通高校毕业生共44.72万，预计2020年会达到47万人。截至2020年1月，全省高校毕业生已签约就业的比例达14.63%，高于2019年同期3个多百分点，就业形势较好。但是受疫情影响，2~3月正是求职高峰时期，高校毕业生双向选择和签订就业协议面临很大困难，这是往年从未遇见的情况。2020年高校毕业生就业形势不容乐观。据四川省民营办、川商总会对6 034家川企业调研，有39.72%的企业表示拟进行人事调整，包括裁员、降低薪酬、缩减招聘等；有20.04%的企业表示考虑一定程度的裁员。总体来看，高校毕业生就业面临市场需求暂时低迷及人才供给增加的双重压力，2020年高校毕业生整体就业率将比往年有所下降。

（七）对劳动关系的影响

受疫情影响，劳动者面临待岗、失业、收入减少等风险，劳动关系不稳定性增加，且由于劳动关系滞后效应，后疫情时期劳动关系矛盾纠纷易发态势可能加剧。一是因疫情导致企业难以复工生产，易产生履行劳动合同、薪酬待遇、社会保险、经济补偿等劳动关系纠纷。对小微企业，尤其是餐饮、线下娱乐等消费型企业来说，人工成本支出对企业形成了较大压力，因疫情影响不能履行劳动合同、不能支付工资薪酬的劳动关系纠纷增多。二是部分企业因为经营困难，宣布破产或采取减员来减少人工成本支出，从而引发短期内大规模裁员的现象发生，造成社会不安定因素。三是目前受疫情隔离措施暂时掩盖的劳动关系矛盾，在疫情中后期和后疫情时期可能会爆发出来。

通过上述七个方面情况的分析，我们对新冠疫情影响四川省就业的基本判断是：一是从短期影响来看，新冠肺炎疫情对四川省就业短期冲击明显，要高度关注短期失业剧增的问题和大规模裁员风险。新冠肺炎疫情导致的就业问题和挑战具有非常规性，不能用一般的就业理论进行分析和解释。疫情对劳动力市场和就业的影响有以下两个基本的机制，一方面疫情导致生产经营活动暂停，集中从供给侧影响劳动力需求；另一方面疫情控制时期的非常措施抑制了消费和生产需求。如果疫情在一个季度内能够基本结束，对就业的影响将是短期的，但劳动关系领域矛盾突出、风险剧增，需要引起高度重视。政府政策的着力点应是推动复产复工和尽力援企稳岗，防止发生大规模裁员的问题。二是从中长期影响看，疫情持续越久，就业压力越大。如果疫情不能在短期内得到有效控制，变成半年以上的长期拉锯战，会导致宏观经济下行压力进一步加大，对四川省经济基本面造成严重影响，因此就业局势总体稳定的基础也可能动摇。

二、下一步应对疫情做好就业工作的对策建议

春节以来四川省为应对新冠疫情对就业的冲击，迅速制定出台了援企稳岗保就业、减免社保减负担、调度保障重点企业用工、做好农民工疫情防控及服务保障、推进线上就业服务、妥善处理劳动关系等多个政策性文件，为全省疫情防控工作提供了有力的人社支持举措。在落实好这些政策的同时，目前及今后一段时间，按照统筹推进新冠肺炎疫情防控和经济社会发展工作的部署，全面强化稳就业措施，根据就业形势变化调整政

策力度，减负、稳岗、扩就业并举，分区分级精准施策，建议重点关注和加强以下几项工作：

（一）认真落实稳定就业岗位的政策，高度重视短期失业剧增的风险

一是认真落实省政府出台的缓解中小企业生产经营困难的政策措施，抓好社会保险费阶段性减免、失业保险稳岗返还、就业补贴政策落地，快速宣传政策，送政策上门，把优惠政策和专项资金落到实处。二是加大失业保险援企稳岗政策的实施力度，在精准识别相关行业和受损企业的前提下，对面临暂时性生产经营困难坚持不裁员或少裁员的参保企业给予返还社会保险缴费。三是加大创业扶持力度，将受疫情影响资金链断裂的小微企业申请创业担保贷款给予优先支持，降低小微企业创业担保贷款申请条件，缩短疫情期间担保贷款审批发放流程，为企业恢复生产提供资金支持。

（二）组织力量加强企业复产用工服务，因地制宜保障重点企业用工

充分发挥公共就业和人力资源市场服务的作用，为企业职工返岗提供信息、招聘、交通等服务，针对部分企业缺工严重的问题，因地因企分类帮扶，确保企业所需员工出得来，进得去，帮助企业尽快有序复工复产。加强与重点企业特别是医用防护及生活必需品生产企业的沟通对接，及时掌握企业用工需求，加强就业服务，帮助企业解决用工缺口问题。

（三）加强服务保障，积极组织引导返乡农民工有序返岗

一是充分利用成渝地区双城经济圈建设、实施乡村振兴战略等机遇，结合四川省“5+1”现代工业、“10+3”现代农业和“4+6”现代服务业发展体系，积极引导农民工和农村贫困劳动力就地就近就业。二是积极做好跨省跨地区用工精准对接，采取“点对点、一站式”直到运输服务，安全有序逐步将农民工输送至岗位。

（四）适应当前形势积极扶持新就业形态发展，大力支持多渠道灵活就业

深入推进战略性新兴产业集群发展工程，加强人工智能、工业互联网等领域基础设施投资和产业布局。加快落实促进平台经济规范健康发展的指导意见，引导企业建立可持续的运营和盈利模式，促进新产业新业态新模式快速发展，为平台上的新就业形态从业者创造相对稳定的就业条件。大力发展“互联网+”家政服务、养老服务，培育一批领军企业，创造更多高质量家政养老就业岗位。

（五）抓紧研究今年高校毕业生就业的针对性举措，千方百计促进大学生就业

研究制定2020年进一步促进高校毕业生就业的特殊举措，鼓励高校和用人单位利用互联网进行供需对接，调整2020年公务员和事业单位公招计划，统筹做好高校毕业生招聘、考录等相关工作，切实保障疫情防控期间高校毕业生就业渠道畅通。

（六）坚持依法审慎灵活处理劳动关系纠纷，尽力防止出现大规模裁员

一是做好劳动关系矛盾的预防化解工作。加强政策宣传，引导企业和职工协商调整疫情期间薪酬问题，共渡难关。充分发挥基层调解服务功能，合理化解劳动关系矛盾，努力将劳动关系矛盾解决在初始阶段。二是支持企业采取在岗培训、轮岗轮休、缩短工时等方式稳定工作岗位，尽最大努力不裁员或少裁员。三是依法规范企业的裁减人员行为，企业因受疫情影响生产经营困难裁减人员达到一定数量或比例的，要依照《劳动合同法》相关规定制定裁员方案，履行法定程序。四是加强服务指导和依法处置工作。主动对受疫情影响企业进行劳动用工指导，做好协调劳动关系三方的相关工作，尽可能减少疫情对企业、职工带来的影响。

（七）建立实施劳动力调查快报制度，加强对企业用工受疫情影响监测

应健全企业用工监测报告制度，按日、周、月监测报告企业经营和用工状况，多维度开展重点群体、行业、企业就业受疫情影响用工情况调查，并利用铁路运输、社保缴纳、招聘求职等大数据比对分析，提前预警预判，做到提前发现、提前介入、及时采取措施，防止大规模失业现象发生。

（主笔：饶风　唐青　王汉鹏　马杰）

社会保障篇

四川省加强多层次养老保险体系建设研究

摘　要：多层次养老保险体系是社会保障体系的重要组成部分，建立完善多层次养老保险体系是贯彻落实党的十九大精神的一项重要任务。加强多层次养老保险体系建设，不仅是应对人口老龄化、适应多元化养老保险发展的迫切需要，而且是分担基本养老保险压力，降低基金支付风险，提高待遇水平，增强人民群众获得感、安全感、幸福感，实现养老保险可持续的现实需求。历时10个月，课题组在广泛查阅研究资料的基础上，赴上海、浙江、深圳进行了专题交流座谈，到有关企业和行业了解情况，赴成都、乐山、宜宾、泸州等地深入企业和街道社区、服务对象进行调研，并召开专家和保险从业人员研讨会，对多层次养老保险体系的理论进行探讨，全面分析四川省多层次养老保险体系的形势和问题，研究提出四川省加强多层次养老保险体系建设的思路和建议。

关键词：多层次　养老保险体系　建设思路

一、关于多层次养老保险体系的理论探讨

从世界近百年养老保险发展历史来看，政府主导的单一现收现付制度，向包括企业和个人基金积累制的多元化制度转变，已成为发达国家应对老龄化挑战的普遍做法。第一支柱是强制性的公共养老金计划，注重再分配功能，旨在减少收入贫困；第二支柱是与职业相关的年金计划，旨在保障职员退休后待遇与在职时不明显降低；第三支柱是个人储蓄计划，旨在满足个体多元化养老保险需求。多层次养老保障框架在实际运作中远比理论设计复杂，各层次之间的边界没有严格划分。

从我国40年来养老保险改革发展来看，多层次养老保险体系是制度建设的方向。1991年《国务院关于企业职工养老保险制度改革的决定》（国发〔1991〕33号）首次明确提出，“要在我国逐步建立基本养老保险、企业补充养老保险和职工个人储蓄性养老保险相结合的养老保险制度”。2000年国务院将企业补充养老保险更名为企业年金；2018年财政部等五部门联合下发的《关于开展个人税收递延型商业养老保险试点的通知》（财税〔2018〕22号），在国务院部委文件中首次正式提出“养老保险第三支柱”的概念。2019年中共中央办公厅印发的《改革和完善基本养老保险制度总体方案》提

出，努力构建以基本养老保险为基础、以企业（职业）年金为补充、与个人储蓄性养老保险和商业养老保险相衔接的“三支柱”养老保险体系。

目前，我国已初步建立由政府、企业和个人共同参与的多层次养老保险体系的基本框架。第一支柱是基本养老保险，包括城镇职工基本养老保险和城乡居民基本养老保险。第二支柱是补充养老保险，包括企业年金和职业年金，企业年金是用人单位在参加基本养老保险的基础上自主建立的补充养老保险，由单位和个人共同缴费，基金实行市场化运营。第三支柱是个人储蓄性养老保险和商业养老保险。个人储蓄性养老保险主要指个人税收递延型养老保险。商业养老保险是以人的生命或身体为保险对象，在被保险人年老退休或保期届满时，由保险公司按合同规定支付养老金，主要包括年金保险、两全保险、定期保险、终身保险。

党的十九大报告提出，“按照兜底线、织密网、建机制的要求，全面建成覆盖全民、城乡统筹、权责清晰、保障适度、可持续的多层次社会保障体系”，这既是加强多层次养老保险体系建设的总遵循，也为这一体系建设带来重大机遇。结合四川省实际，当前应注意做好五个方面的工作：一是基本实现养老保险法定人员全覆盖。二是抓紧完善城乡居民养老保险制度，让城乡居民在统一的制度安排下获得更加公平的养老保障权益。三是进一步明确政府、用人单位和个人的责任，加强政府兜底责任，根据财力状况逐步建立加大财政支持的长效机制，加大对城乡居民养老保险补助支持力度；指导用人单位切实履行社会责任，为全体职工足额缴纳养老保险费，有条件的企业积极参加企业年金；引导个人要强化养老保险意识，积极参加储蓄性养老保险。四是抓紧建立完善基本养老保险待遇确定机制，“量力而行、尽力而为”，不断提高养老保障待遇水平，确保老年生活质量。五是建立基本养老保险基金长期平衡机制，加快发展企业年金、职业年金和个人储蓄性养老保险，扩大基金规模，做好基金投资运营，确保基金保值增值，实现制度可持续和基金可持续。

二、多层次养老保险体系的现状与形势分析

从发展现状来看：一是基本建立覆盖城乡的基本养老保险制度，参保范围不断扩大，截至2018年，全省参加城镇职工基本养老保险人数2 543.7万人，其中执行机关事业单位养老保险制度294.5万人；参加城乡居民基本养老保险人数3 222.4万人；基本养老保险待遇水平不断提高，全省企业职工基本养老保险月人均待遇水平提高到2 162元。二是企业年金逐步发展，截至2018年，全省企业年金账户个数达到1 224个，职工账户数为414 179个，积累企业年金资产192.4亿元（数据来自《2018年度全国企业年金基金业务数据》）。三是商业养老保险规模不断扩大，2006—2018年，四川省寿险保费收入由150.4亿元增至1 154.92亿元，增幅达1 004.52亿元，增长了6.7倍。

从形势和问题来看：一是基本养老保险基金支付风险不断增大。2018年，四川省60岁及以上人口1 762万人，占总人口的21.13%；65岁及以上人口1 182万人，占总人口的14.17%，已经超过深度老龄化社会的标准，老年抚养比在20%左右，比全国平

均水平高出3个百分点，给基本养老基金支付带来巨大压力，迫切需要加快建立健全多层次养老保险体系。二是养老保险扩面面临新情况新问题。新就业形态往往不存在雇佣与被雇佣的关系，因此也就不符合基本养老保险与企业年金计划中企业与职工分担养老保险缴费的机制，难以将其纳入职工基本养老保险制度和企业年金计划之中。三是企业年金制度落实不均衡不充分。建立企业年金计划的单位主要分布在成都等经济发达地区，主要集中在金融、电力、烟草、酒类等行业，以国有企业为主，民营和外资企业很少参加。四是各行各业对多层次养老保险体系建设还没有引起足够重视，与发达地区相比发展水平严重滞后，企业年金作用发挥有限。五是对企业年金和个人储蓄性养老保险的支持优惠政策力度小，亟待完善。六是企业和个人参加补充养老保险意识弱，养老基金运营机构的社会责任有待进一步增强，管理服务水平有待提升。

三、加强多层次养老保险体系建设的基本思路和对策建议

按照党的十九大提出的“兜底线、织密网、建机制”的要求，坚持健全制度和完善政策相结合，坚持补齐短板和强化监管相结合，坚持共同参与和发挥作用相结合，继续巩固完善基本养老保险制度，实现法定人员全覆盖，更加重视第二、三支柱发展，研究制定完善促进企业年金和个人储蓄养老保险优惠政策，加强养老保险基金运营机构的指导监管，加强政策宣传引导，增强企业和个体的参保意识，扩大企业建立企业年金计划，满足人民群众对多元化养老保障的需求。

加强对多层次养老保险体系建设的重视。从促进多层次养老保障体系建设的战略高度，将推进企业年金和个人税收递延型商业养老保险发展作为下一步工作重点，积极争取省委、省政府的重视，提上议事日程，统一部署安排，形成新的工作局面。在国家相关政策框架下，由人社部门牵头并会同财政、税务以及金融部门制定实施方案和落实措施，加强政策引导和扶持。

继续完善城镇职工基本养老保险和城乡居民基本养老保险制度。以个人账户改革为重点，完善统账结合的城镇职工基本养老保险制度，个人账户只作为激励缴费以及计发养老金的依据，不再要求继续做实个人账户，重新确定个人账户的私有属性，并将个人账户养老金替代率与基金运营情况和个体退休余命挂钩。以城镇职工基础养老金全国统筹为契机，规范基本养老保险缴费政策，完善社会平均工资统计办法，健全多缴多得的激励机制。全面推进机关事业单位养老保险制度改革。完善基本养老金待遇调整机制，统筹考虑机关事业单位、企业退休人员和城乡老年居民的基本养老金调整。适当控制城镇职工基本养老保险替代率水平，在人口老龄化趋势下，减缩基本养老保险的水平，加强企业补充养老保险和个人储蓄性养老保险的作用，成为各国的共识，通过适当方式降低基本养老保险替代率水平，为二、三支柱发展留出空间，鼓励人们通过多元化养老保障来提高养老金替代率。

加快发展企业年金。加大落实企业年金政策力度，提高税收优惠和投资优惠力度。大力推行企业年金集合计划，引导更多中小企业参加。加强对企业年金政策的宣传引

导，增强企业社会责任和个人参与意识，提高对企业年金作用的重视。

积极探索建立个人税收递延型养老保险制度。积极争取国家在成都、德阳开展个人税收递延型养老保险试点，明确其功能和定位、覆盖人群、筹资方式、账户管理、待遇领取、基金监管等方面的规定，通过税收优惠或者财政补贴来推动个人储蓄型养老金制度的建立与发展。引导保险、银行、基金公司、信托公司、证券公司等各类相关金融机构创新养老保险型理财产品，提供符合养老需求、丰富多样、不同风险收益的投资产品，包括权益类产品和固定收益类产品，供参保人根据自身风险偏好度、年龄以及生命周期预期等因素做出投资选择。

主要参考文献：

[1] 宋春荣. 英国社会保障制度 [M]. 上海：上海人民出版社，2012.

[2] 宋健敏. 日本社会保障制度 [M]. 上海：上海人民出版社，2012.

[3] 粟芳，等. 瑞典社会保障制度 [M]. 上海：上海人民出版社，2012.

[4] 王晓军，任文. 我国养老保险的财务可持续性研究 [J]. 保险研究，2013 (4).

[5] 袁志刚，葛劲峰. 由现收现付制向基金制转轨的经济学分析 [J]. 复旦学报（社会科学版），2003 (4).

[6] 袁志刚. 中国养老保险体系选择的经济学分析. 经济研究，2001 (5).

[7] 郑秉文. 金融危机对全球养老资产的冲击及对中国养老资产投资体制的挑战 [J]. 国际经济评论，2009 (5).

[8] 郑秉文. 养老保险“名义账户”制的制度渊源与理论基础 [J]. 经济研究，2003 (4).

[9] 唐青. 全覆盖背景下养老保险可持续发展研究 [M]. 成都：西南财经大学出版社，2017.

（主笔：唐青　饶风）

四川省养老保险实现法定人员全覆盖研究[①]

摘　要：本课题主要以定量研究和定性研究相结合的方法，重点对四川省基本养老保险应保未保人员的年龄分布、未参保原因、未参保的具体表现、就业状态、身份类别和主体类型等内容进行分析。主要内容包括四个方面，首先是分析和界定“法定人员”和“全覆盖”的概念，为数据分析奠定基础。其次是基本养老保险参保情况分析，计算和分析基本养老保险已参保情况和应保未保情况。再次是影响养老保险参保行为的主要因素分析，选取代表个人特征的性别、年龄、户籍、家庭收入、受教育程度、就业情况、流动情况等变量，综合分析参加养老保险的个体特征与影响参保意愿决策的因素。最后是针对职工基本养老保险和居民基本养老保险扩面的难点，从准确识别“应保未保”人员、完善城镇职工和城乡居民基本养老保险制度、推进“五险合一”统一征收、强化政策宣传等方面提出对策建议。

关键词：养老保险　法定人员　全覆盖

一、导论

（一）研究的背景与重要性

国家国民经济和社会发展“十三五”规划提出在未来的几年中社会保障要从制度全覆盖到“基本实现法定人员全覆盖”，《人力资源和社会保障事业发展“十三五”规划纲要》提出“实施全民参保计划，促进和引导各类单位和符合条件的人员长期持续参保，基本实现法定人员全覆盖”，说明“实现法定人员全覆盖”是2020年前后社会保险事业发展的一项重点任务。开展《四川省养老保险实现法定人员全覆盖研究》，具有重要的现实意义。

首先，实现法定人员全覆盖目标的重点和难点是养老保险。摸清养老保险应参保人数、已参保人数、未参保人数对推进制度改革是一项基础性工作。目前，社会保险法规定的5项制度中，基本医疗保险覆盖率达到98%左右，全民医保已基本实现。工伤、失

① 本课题是中国劳动和社会保障科学研究院2017年度科研合作项目（项目编号：LKY2017hz-29）。

业、生育保险的法定覆盖人群为城镇职工，也正在持续推进扩面工作。相对而言，养老保险作为一项重要的保障制度，还有大量的人员没有参加到相应的保险项目中来，有较大扩面空间，是推进社会保险实现全覆盖的重点领域。

其次，开展养老保险实现法定人员全覆盖研究有利于推进相关工作。养老保险实现法定人员全覆盖任务艰巨，目前扩面资源趋向饱和，研判扩面还有多少资源，存量怎么保，增量从哪里找，需要通盘考虑，开展精准扩面工作。通过充分挖掘全民参保数据库的信息，再加上与其他数据库信息进行比对，可以基本摸清养老保险已保应保人数等重要基础性数据家底，分析养老保险实现法定人员全覆盖的难点和问题，做到发现情况和存在的问题，对对策和措施心中有数，从而拟订科学的扩面计划，增强工作的针对性和目的性。

最后，开展养老保险实现法定人员全覆盖研究具有一定的理论价值。通过对未参保人员个体特征和群体特征的分析，从微观层面对参保行为进行研究具有一定的创新性。

（二）研究现状

现有文献中直接针对养老保险“全覆盖”这一概念进行的研究比较少。金维刚（2014）在“中国社会保障全覆盖面临的问题与对策”这一课题中对全覆盖概念进行了初步界定，并总结了社会保障扩面成效和面临的主要问题。古钺（2016）提出实现法定人员全覆盖目标的重点是养老保险这一判断。黄华波（2015）在《把握全民参保计划的四个环节》中指出，全民参保计划的基本任务之一是彻底摸清底数，建立全面、完整、准确的参保基础数据库，调查未参保原因，进而促进法定人员全覆盖。同时指出要把握数据库建设、促进参保、扩大应用和宣传培训四个重要环节。谭中和（2015）认为全民参保登记计划是社会保险全覆盖的基础性工程，关键是瞄准中小微企业、灵活就业人员、农民工、城乡居民等重点单位和人群，参保登记是手段，基金应收尽收是关键，保证各项社会保险待遇的精准按时足额支付是目的。

对养老保险扩面的研究文献比较丰富。2004 年，世界银行发布研究报告《遵守社会保障的承诺：拉美状况》，该报告指出，养老金改革改善了制度的财务可持续性，但是普遍存在覆盖率较低的问题。国务院发展研究中心的葛延风（2004）指出，目标人群的覆盖率能体现社会公平程度，也是保证财务收支长期平衡的需要。周小川（2004）认为，收入分配，特别是社会保障政策，应该关注全体社会成员的基本保障，因此要特别强调全体社会成员的公平性，社会保障覆盖面的大小和受益程度的大小是公平的重要体现。在国内，理论界对扩大社会保险覆盖面的重要性已形成了共识（申曙光，2009；何平，2009；等），并提出了许多扩大养老保险覆盖面的政策建议（胡晓义，2002；柳清瑞，2007；等）。财政部社会保障司社会保障课题组（2008）基于 2020 年城乡覆盖面达到 80%的假设，对我国未来 50 年基本养老保险收支及其可持续性进行了预测。

养老金制度的三个主要目标即替代率、覆盖面、财务可持续性之间存在相互制约的三角关系。养老金的替代率越高，越有利于覆盖面的扩大；但覆盖面与替代率同时提高就需要政府转移支付来支撑。孙祁祥（2001）指出我国过高的缴费负担导致大量企业逃避缴费行为。杜邢晔（2010）从政府、企业和个人三个方面分析养老保险覆盖率的影响因素。Holzmann et al.（2001）提出五个阻碍扩大覆盖面（特别是扩大第一支柱即强制缴款积累支柱的覆盖面）的因素，分别是贫困、自雇、交易成本、制度设计、制度可信度。Scott Yabiku（2000）研究了性别、年龄、婚姻、小孩数量等因素对私人养老保险参与行为的影响；而 Yutaka Horiba et al.（2002）和 Luchak et al.（2004）则从公司角度研究了利润水平、员工规模、工会、行业效应、边际税率等因素对参保的影响。Harris and Todaro（1970）、Packar（2001）、Holzmann et al.（2001）、Salvador Valdés-Priet（2005）、Carmelo Mesa-Lago（2008）和 Alvaro Forteza et al.（2009）等从宏观的社会经济与制度变迁角度研究了经济水平、教育、贫困、非正规就业、自雇、交易成本、制度设计、制度可信度等因素对养老保险覆盖率的影响。Robert Palacios et al.（2009）认为对非正规部门实行对等缴费比社会保险税更有利于扩大养老保险覆盖面；Francisco et al.（2010）通过对拉美地区养老保险覆盖率研究，发现收入越低的群体，养老保险覆盖率也越低。朱冬梅（2005）认为“缴费比例高，企业负担重，只好采取各种回避的策略行为，是扩面难的主要原因之一”。

（三）研究内容与重点

本研究主要包括四部分内容：第一部分是关于养老保险实现法定人员全覆盖的理论分析；第二部分是基本养老保险参保情况分析，计算和分析四川省基本养老保险已参保情况、应参保人员及应保未保人员的总体情况；第三部分是实现养老保险全覆盖存在的主要困难和问题，并分析其原因；第四部分是针对基本养老保险扩面的主要困难和问题，提出对策建议。

本研究的重点是：一是以基本养老保险应保未保人员为研究重点，分析应保未保人员的数量、年龄分布、就业状态、身份类别、具体表现形式、未参保原因等内容。二是采用 Logit 离散选择模型进行定量和定性研究，分析影响养老保险参保行为的主要因素，准确识别各影响因素的主次关系。三是养老保险实现法定人员全覆盖存在的主要问题及对策措施。

（四）研究思路和方法

首先，通过对法定人员全覆盖相关概念界定，明确应参保人员范围。以1%人口抽样调查数据库为基础计算和预测全省分年龄人口情况，比对全民参保数据库提取的已参保人员信息、未参保人员信息，计算四川省当前基本养老保险参保率，主要分析企业职工基本养老保险、城乡居民基本养老保险相关人员已参保情况和应保未保情况。其次，以 Logit 离散选择模型进行定量和定性研究，分析影响养老保险参保个体行为的主要因素，然后分析养老保险扩面难点和主要原因。最后，结合当前参保情况和影响因素有针对性地提出对策建议。本文主要采用定量研究与定性研究相结合的方法，对四川省基本养老保险已参保情况、应保未保情况进行定量分析，对影响参保行为的因素进行定量与定性相结合分析。此外，通过与省社保局座谈和实地调研了解四川省当前全民参保登记情况。

（五）创新与不足

本研究通过对全省 2017 年分年龄人口预测，结合全民参保登记提取的分年龄段已参保人员数据，计算基本养老保险应参保人数及总参保率、分年龄段的参保率等。此外，采用 Logit 离散选择模型进行定量和定性研究，分析影响养老保险参保行为的主要因素，准确识别各影响因素的主次关系。

当前四川省全民参保登记入库数据仍在比对、更新中，未参保人员数据仅限于一项保险都没参加的人员。因辖区内部分市（州）全民参保登记数据未及时上传，本研究未对省内各市（州）基本养老保险的参保情况进行分析。从提取的数据来看，尚不能精确计算基本养老保险应参人员总数，也不能分类计算企业职工基本养老保险、城乡居民基本养老保险和机关事业单位基本养老保险应参人员数量及参保率。此外，在应保未保的表现形式中，个人未参保、单位未参保和断保的具体原因需要进一步分析研究。

二、关于养老保险全覆盖的理论探讨

（一）养老保险全覆盖的概念阐释

1. 基本养老保险制度

养老保险是为了满足老年人口在丧失劳动能力的情况下维持生活需要，将生活资料在代际进行转移或者交换的社会制度，其目的是增强劳动者抵御老年风险的能力。我国实行的是多层次养老保险制度，第一层次是基本养老保险制度，第二层次是补充养老保险制度（企业年金或职业年金），第三层次是个人储蓄型养老保险。

《中华人民共和国社会保险法》（以下简称《社会保险法》）对基本养老保险制度做出了规定：缴费达到法定期限并且个人达到法定退休年龄以后，国家和社会提供物质帮助，以保证劳动者因年老退出劳动领域后有稳定、可靠的基本生活来源。尽管机关事业单位在实行养老保险制度改革后，已经被纳入城镇职工养老保险的范畴，但是由于其覆盖人群的特定性、基金封闭运行和职业年金配套设置，实际上与企业职工基本养老保险有着很大的区别，因此在本研究中基本养老保险制度仍然分为企业职工基本养老保险、城乡居民基本养老保险和机关事业单位养老保险三大组成部分，分别涵盖不同类型的社会人群。

2. 养老保险制度实现全覆盖的历程

1984 年我国进入以城市为重点的经济体制改革阶段，为配合国有企业改革，原来与计划经济体制相适应的旧养老保险制度面临框架的重新选择和设计。1986 年国务院决定从新近实施劳动合同制的工人中推行退休养老社会统筹制度，养老保险基金由企业和本人缴纳，企业按照职工工资总额的 15%左右缴纳养老保险费，职工在本人标准工资 3%以内缴纳保险费，从而开启了退休费用社会统筹的模式探索。

以国发〔1991〕33号文件为标志，中国养老保险制度改革进入了一个全新的发展阶段，此后按照国家、企业和个人共同分担养老责任的原则，不断加强基本养老保险制度建设，不断扩大制度覆盖面和参保覆盖面。1993年党的十四届三中全会首次提出中国养老保险实行社会统筹和个人账户相结合的改革思路。国发〔1995〕6号文件正式明确了中国的养老保险制度从传统的现收现付制向部分个人积累制转轨，并将基本养老保险的覆盖范围从全民所有制和集体所有制企业职工扩展到城镇各类企业职工，使得更多的城镇就业人员被纳入了基本养老保险的范畴。国发〔1997〕26号文件统一了企业职工基本养老保险缴费比例、个人账户规模和计发基本养老金办法，该文件规定城镇个体劳动者也要逐步实行基本养老保险制度。国发〔2005〕38号文件进一步要求将城镇所有就业人员都纳入企业职工基本养老保险的覆盖范畴，扩大了制度覆盖面，2006年以后更多的灵活就业人员参加进来，企业职工基本养老保险的参保规模迅速扩大。至此，在城镇户口的就业群体中除国家公职人员外都有了统一的制度安排，养老保险制度框架基本定型。

党的十四届三中全会以后，国家要求各省（区、市）开展机关事业单位养老保险制度改革试点（可以称之为“老机保”），除西藏、青海、宁夏外，全国28个省（区、市）、230个地市、1 844个县区不同程度地开展改革试点工作。“老机保”覆盖范围和对象包括各级国家机关和事业单位工作人员、非全民所有制事业单位人员、人事工资关系挂靠在人才交流服务机构具有国家干部身份的人员。2008年国务院通过《事业单位工作人员养老保险制度改革试点方案》，确定在山西等5省（市）先期开展试点。这个方案是以企业职工基本养老保险为模板设计的，在制度架构、缴费比例、个人账户规模、养老金计发等方面都与企业职工基本养老保险制度保持一致。但是由于该方案在设计的时候考虑并不成熟，问题较多，改革阻力很大，试点被搁置下来。2015年元月国务院发布《关于机关事业单位工作人员养老保险制度改革的决定》，确立“一个统一、五个同步”的改革思路①。至此，在城镇从业人员中实现了养老保险制度的统一。

1986年以前，农民一直被排斥在养老保险制度之外，“七五”计划提出要在农村探索建立社会养老保险制度的发展目标，1991年民政部制定《县级农村社会养老保险基本方案（试行）》，决定开展建立农村社会养老保险制度试点。试点方案采取“自助为主，互济为辅”的原则，制度覆盖不由政府供应商品粮的农村人口，资金筹集主要来自个人缴费，集体适当补助，国家以税前列支让利等方式在政策方面给予扶持，参保人年满60周岁后根据缴费的标准和年限开始领取相应标准的养老金，这个制度一般被称为“老农保”。1999年国务院认为从我国当时农村的实际情况来看不具备普遍实施社会保险的条件，决定对老农保业务进行清理整顿，停止接受新业务。2008年中共中央依据形势发展的需要提出建立新型农村社会养老保险制度，国发〔2009〕32号文件进一步明确了制度框架和相关细节，规定农村居民可自愿在户籍地参加新农保。与老农保相比，新农保最突出的贡献是明确了政府在农村养老保险中的财政责任和义务，从而在制

① 即机关事业单位与企业等城镇从业人员统一实行社会统筹与个人账户相结合的基本养老保险制度；机关与事业单位同步改革，职业年金与基本养老保险制度同步建立，养老保险制度改革与完善工资制度同步推进，待遇调整机制与计发办法同步改革，改革在全国范围同步实施。

度上为解决农村居民老有所养问题提供了可能。

2011 年《国务院关于开展城镇居民社会养老保险试点的指导意见》以新农保制度为模板，将城镇非从业居民纳入社会养老保险。国发〔2014〕8 号文件将农村居民和城镇居民两个养老保险制度合并实施。人社部和财政部印发《城乡养老保险制度衔接暂行办法》明确参保人达到法定退休年龄后，城乡居民基本养老保险和企业职工基本养老保险之间可以转移衔接。

1986 年以来，我国政府通过不断的制度创新，基本建立起适应社会主义市场经济体制要求的社会养老保障体系。制度覆盖面从改革前的城镇公有单位就业人员逐步扩大到城镇所有类型的企业职工、城镇个体工商户及其雇工、城镇自由职业者、农民工，从城镇走进农村，从城镇就业人口扩大到城乡所有年满 16 周岁的居民。再进一步在国家公职人员和企业职工之间建立了统一的城镇职工基本养老保险制度，破除了“双轨制”障碍，同时打通了城镇职工基本养老保险制度与城乡居民基本养老保险制度之间的通道，从制度上实现了人人享有参加养老保险的权利，为制度化解决老有所养的问题提供了保障。

3. 基本养老保险“法定人员”及“全覆盖”的界定

笼统地讲，基本养老保险的“法定人员”是指由《社会保险法》规定的基本养老保险应参保人员。我国的基本养老保险包括城镇职工基本养老保险（实际上分为企业职工基本养老保险和机关事业单位养老保险两类）和城乡居民基本养老保险，因此基本养老保险“法定人员”可分为企业职工基本养老保险法定人员、城乡居民养老保险法定人员和机关事业单位养老保险法定人员。由于机关事业单位的特殊性，已经实现了“全覆盖”，在本课题中重点研究的是企业职工基本养老保险和城乡居民基本养老保险两个险种的扩面问题。城镇职工基本养老保险从 20 世纪 90 年代初期为解决国有企业退休职工养老问题而建立以来，在之后的 20 多年间逐渐扩展到城镇各类企业职工、个体工商户和灵活就业人员。依据《社会保险法》，可以将城镇职工基本养老保险的法定覆盖范围具体规定如下：一是城镇范围内各类企业及其劳动者、以企业化形式管理的事业单位及其劳动者、城镇个体工商户、城镇灵活就业人员。二是已在工商及税务部门办理登记的社会团体、民办非企业单位、基金会等部门及其签订劳动合同的工作人员。三是依照《中华人民共和国公务员法》（以下简称《公务员法》）的规定管理的单位，参照《公务员法》管理的机关、事业单位及其编制内的工作人员。四是监狱内企业工人。五是在我国境内已注册的企事业单位、民办非企业单位、社会团体、基金会等组织中所聘用的外国人，各组织应当为其参加职工基本养老保险。其中，城镇职工基本养老保险是涵盖了所有用人单位和职工的强制性社会保险，而其他类型的就业人员可按照缴费标准选择自愿参保。城乡居民基本养老保险是由原新型农村社会养老保险和城镇居民社会养老保险二者合并形成，其覆盖的人群包括年满 16 周岁（不含在校学生），非国家机关和事业单位工作人员及不属于职工基本养老保险制度覆盖范围的城乡居民。总之，从制度设计来看，所有 16 岁及以上的人员（除在校学生）都应纳入基本养老保险的覆盖范围，都属于养老保险“法定人员”。

基本养老保险法定人员的“全覆盖”指的是依据《社会保险法》中的规定，符合制度覆盖范围的各类人员都能够依法参加或者被纳入相应的养老保险制度体系内，不应该出现应参保而未能参保的情况，即达到“应保尽保”的标准。依据养老保险制度设计的本意，全覆盖有三个层面的要求：第一层面，各类人员都要进入相应的养老保险项目，即进行参保登记，基本指标是参保率，指标的目标值应达到95%以上（分阶段而言，2020年参保率应达到90%，然后进一步提高到95%以上）。第二层面，已经参保登记的人员应连续缴费，直到达到法定退休年龄，由于缴费直接关系到养老保险待遇的有无和高低，因此全覆盖的核心是缴费（办理了养老保险参保登记并不等于参加了基本养老保险）。第三层面，参加养老保险的人员应按照制度规定标准进行缴费，以自愿方式参加并选择缴费标准的人员应尽量参加较高水平的保险项目或选择较高档次的缴费标准，以实现到期领取的养老金能够保证更高生活水平的目标。

（二）养老保险实现法定人员全覆盖涉及的理论支撑

1. 基本养老保险法定人员全覆盖的意义

实现基本养老保险法定人员的全覆盖是完善养老保险制度的重要途径，对我国构建多层次养老保险体系意义重大。

基本养老保险制度作为“兜底”制度之一，实现全体法定人员的社会化养老是必然的趋势和必经之路，也是维护社会稳定和经济发展的重要方式。

基本养老保险实现法定人员全覆盖是人民群众的需求，实现法定人员全覆盖是保障社会成员避免贫穷和保障尊严的有力手段。

基本养老保险制度自身的发展也是制度不断完善、覆盖面不断扩大的过程，实现法定人员全覆盖是制度发展的必然需要。

基本养老保险实现法定人员全覆盖是党的十九大对满足人民群众日益增长的美好生活的需要，要加强社会保障体系建设，全面建成覆盖全民的多层次社会保障体系，让人民群众老有所养，是增进人民福祉和促进社会公平正义的重要方式。

2. 养老保险法定人员全覆盖的理论基础

收入再分配理论是基本养老保险实现法定人员全覆盖的基础理论。收入初次分配理论的核心在于资源的效率最大化，而收入再次分配理论则强调“公平”“平等”问题，因此，收入再分配理论是以一定的政治理论为基础的。功利主义认为，效用是衡量福利的尺度，政府的正确目标是使社会每一个人的效用总和最大化。根据边际效用递减的假设，随着一个人的收入增加，从增加的1美元收入中得到的额外福利是减少的，因此，通过收入再分配将富人的一部分收入转移给穷人，就可以增加整个社会的总效用或总福利。基本养老保险作为社会保障的主要措施，在年老者退出劳动力市场后起到了对老年生活的“兜底”和保障作用，在经过20多年的发展和养老保险扩面之后，剩下的还未能纳入养老保险制度体系的人员大部分属于中低收入者，参加基本养老保险，可通过政府调节再分配增加这部分人群的效用，从而增加整个社会的总效用，促进整个社会的公平和公正。

理性选择理论是影响个体参保行为的基础理论。以城乡居民基本养老保险为例，在自愿参保的制度设计下，基于“理性人”假设，个体的参保行为是在衡量了城乡居民基本养老保险的投资收益和风险后做出的。参保人会根据自身实际情况进行决策，缴纳城乡居民基本养老保险的机会成本是否高于其带来的收益，从而选择参保或不参保。因此，理性选择理论是个体参保决策的重要基本理论。

3. 影响基本养老保险覆盖率的相关宏观指标

影响基本养老保险覆盖率的相关宏观指标主要有赡养比和缴费率等。

基本养老保险覆盖率指的是已参保缴费和已领取待遇的人数总和与应参保总人数的比例。在养老保险制度设计已经达到全覆盖的情况下，该比例的理想值为 1，在实际情况中由于还存在应保未保的部分人群，因此该值小于 1，实现法定人员全覆盖的过程就是使该值无限接近于 1 的过程。

$$\text{基本养老保险覆盖率}=\frac{\text{缴费总人数}+\text{领取待遇总人数}}{\text{应参保总人数}}\times 100\%$$

基本养老保险的赡养比指的是缴费的总人数与同期领取待遇的总人数的比例，与社会人口结构密切相关。在我国统筹账户实行现收现付制、个人账户仍为“空账”运行的实际情况下，该指标是在当前一定养老金待遇水平下，每一位领取待遇的离退休者对应的缴费人数，该数值越小，说明当期领取待遇的人数越多，负担越重。

$$\text{基本养老保险赡养比}=\frac{\text{缴费总人数}}{\text{领取待遇总人数}}$$

基本养老保险缴费率是一个微观指标，指的是个人和单位缴费总额占个人收入水平的比例。该指标反映的是个人和单位的基本养老保险缴费负担程度。缴费率越高，个人能够用于当期消费的资金就越少，在一定程度上会影响到养老保险缴费的积极性。

$$\text{基本养老保险缴费率}=\frac{\text{个人月缴费额}+\text{单位月缴费额}}{\text{个人月工资水平}}\times 100\%$$

4. 影响基本养老保险参保行为的宏观背景和微观因素

从宏观背景来看，影响基本养老保险覆盖率的因素主要包括以下几个方面：经济社会的发展水平、基本社会制度、社会文化影响、养老保险制度设计、人口年龄结构以及管理技术水平等。经济社会发展水平、社会制度集中度、家庭关系的独立性、养老保险制度的收益、老龄化程度、服务管理水平等越高，参保率就越高。

从微观因素来看，基本养老保险涉及的参与主体包括政府、企业和个人（包括企业职工和其他人员）三个方面，不同参与主体的动机和利益追求不同，导致了对参与基本养老保险的态度的差异：

政府对于社会保险，特别是养老保险所具有的再分配和促进公平的功能极为重视，在财政允许和能够持续的范围内，政府会通过各种手段尽可能实现养老保险在法定人员中一定保障水平的全覆盖，以达到促进社会公平和社会稳定的目的。

企业为其职工购买社会保险则会增加生产成本，降低利润，减少流动资金，不利于企业的发展，其逐利的特点决定了其参与社会保险的消极性，也决定了与企业缴费相关的城镇职工基本养老保险必须通过立法的方式进行强制缴费。

个人作为基本养老保险最终的受益者，更有意愿和理由参保，但需要暂时减少一部分现金收入换取长远的利益。不同养老保险制度中个人参保行为的主动性不同，规范就业的个人在城镇职工基本养老保险中大部分为被动参保；城乡居民基本养老保险均为自愿参保，对参保人的主动性要求更高。

影响个体参保行为的微观因素更为具体，主要分为企业因素和个人因素，这两者的区别是由参保方式的不同导致的。从参保方式的角度来看，我国基本养老保险参保方式既有强制性参保（主要是城镇职工基本养老保险），也有自愿性参保（主要是城乡居民基本养老保险）。强制性参保主要是针对正规就业部分人群，其参保行为是由企业决定的，其参保行为的影响因素主要是征缴费率、法律执行力度、劳动监察力度等。由个人参保行为影响的养老保险覆盖率，主要是城乡居民基本养老保险范围内以及一部分自愿性参保的城镇职工基本养老保险，其参保行为的影响因素更为主观和复杂，包括个人特征的年龄、性别、户籍、受教育程度、就业状况、家庭结构、收入水平、征缴水平、是否自我雇佣、养老保险制度设计是否有吸引力、政府政策和制度的可信度和持久性，等等。

三、基本养老保险参保总体情况分析

（一）全省人口预测与全民参保登记

本部分主要对全省人口情况进行分年龄段计算和预测，结合全民参保登记数据，对四川省养老保险已参保情况、应保未保情况进行详细分析。

1. 分年龄人口数测算

预测模型的确定。人口发展变化有其自身的内在规律，任何一个时期的人口都是由不同时期出生的人口扣除死亡和迁移发展而来。在这种研究思路下，本部分采用了内森·凯菲茨模型（Nathan Keyfitz's Model），即人口矩阵预测方程式①，利用现代数理统计技术对2011—2020年②四川省人口状况进行预测。通过计算，2017年四川省16~100岁人口共计6 843万人（见表1）。

表1 2017年四川省16~100岁人口预测数

年龄（岁）	人数（人）	年龄（岁）	人数（人）	年龄（岁）	人数（人）	年龄（岁）	人数（人）	年龄（岁）	人数（人）	年龄（岁）	人数（人）
16	878 585	31	1 215 909	46	1 666 012	61	998 946	76	480 208	91	52 618
17	899 573	32	904 075	47	1 706 518	62	1 092 136	77	444 374	92	41 698
18	916 639	33	765 824	48	1 517 988	63	1 149 189	78	363 299	93	34 131
19	1 065 411	34	810 962	49	1 668 980	64	1 113 775	79	352 295	94	23 234

① 刘洪康，吴忠观. 人口手册［M］. 成都：西南财经大学出版社，1984：588.

② 全文预测起止年份为2011—2020年，涉及10个年份。本章所指的未来10年，是以2010年预测数据为基础分析2011—2020年的变动情况。

表1(续)

年龄（岁）	人数（人）	年龄（岁）	人数（人）	年龄（岁）	人数（人）	年龄（岁）	人数（人）	年龄（岁）	人数（人）	年龄（岁）	人数（人）
20	1 058 849	35	1 051 600	50	1 285 824	65	1 139 287	80	316 256	95	17 672
21	1 134 896	36	946 512	51	1 475 171	66	858 802	81	307 274	96	13 951
22	1 320 329	37	797 970	52	1 439 335	67	858 844	82	227 232	97	10 741
23	1 299 695	38	868 793	53	1 437 984	68	871 058	83	208 428	98	7 149
24	1 314 743	39	874 266	54	1 594 818	69	734 560	84	212 512	99	5 516
25	1 146 597	40	1 003 904	55	863 287	70	728 164	85	175 781	100	9 975
26	1 102 895	41	1 279 303	56	419 830	71	676 654	86	145 106		
27	1 355 969	42	1 459 943	57	519 732	72	590 109	87	132 834		
28	1 261 426	43	1 585 856	58	548 411	73	622 824	88	99 306		
29	1 155 648	44	1 602 936	59	898 604	74	558 592	89	94 836		
30	1 332 677	45	1 646 635	60	990 262	75	497 005	90	69 583		

数据来源：本课题组预测计算。

2. 全民参保登记情况

四川省于2015年开始在德阳、广元和攀枝花三个市开展全民参保登记试点，2016年将试点的范围扩大到11个市（州），2017年开始在全省全面启动全民参保登记。主要运用自助登记、信息比对、入户调查等方式对四川省户籍人口和在四川省居住的外地户籍人员进行登记。登记的内容主要包括个人的基本信息（姓名、身份证号码、性别、户籍、常住地等）、个人参保信息（已参保的类型和状态、未参保的原因等）、个人就业状况、特殊身份标识。全民参保登记在摸清已参保底数的同时，又可以全面掌握未参保原因，例如参保登记信息里面列举的未参保原因有个人未参保、缴费终止、单位未予参保、全日制在校生、参军、部队建制的随军家属、出国（含留学、定居、就业）、判刑等，通过分析可以有效锁定本区域扩面参保的重点人员并掌握其未参保原因。截至2017年10月底，四川省户籍人口9 091万人，省内户籍参保人数8 576万人，其中“五险”参齐的人数589万人，省外参保223万人，参保覆盖率96.8%。外省在本地参加养老保险人数156万人，外省在本地参加职工医保人数159万人。户籍人口未参保人数515万人（一种保险都没参加），其中男性263万人，占51%；女性252万人，占49%。已调查未参保人员515万人，调查率100%。

（二）基本养老保险已参保情况

1. 总参保率及分年龄段参保率

（1）总参保率。通过全民参保登记数据库获取全省16~100岁已参加基本养老保险总人数为5 127万人。以2015年1%人口抽样调查为基础进行人口预测和计算得出，2017年16~100岁人口约为6 843万人。通过全民参保登记获取的16~100岁已参保人数和人口预测得出的16~100岁人口，分年龄的参保数和人口数情况如图1所示。

全省高中学生毛入学率和高等教育学生毛入学率分别是 89.2%和 34.3%，通过计算得出 2017 年 16~18 岁人口中高中学生约为 240 万人，19~22 岁人口中接受高等教育人口数约为 157 万人。通过此方法计算得出的 16~22 岁人口中在校学生人数与《2017 年中国统计年鉴》中四川高中（含高职）和本专科生在校人数较为接近，因需要计算各个年龄人口数据，本研究选择按照毛入学率计算在校生人数。

2017 年全省高中学历和高等教育学历在校生人数约为 397 万人，出国、判刑和户口待注销人数约为 12 万人（全民参保登记数据库），16~100 岁人口总数减去在校生、出国、判刑、户口待注销人数后为 6 434 万人。在计算中存在 84~97 岁人口参保人数分别大于预测的本年龄人口人数，以参保人数为准进行预测数据修正，将该年龄段人口计为全部参保。修正之后得出全省应参加养老保险人数为 6 442 万人，应参保人数缺口为 1 315 万人，参保覆盖率约为 79%。通过图 2 可以看出，各个年龄段的应参保和已参保人数曲线走势基本吻合；应参保人数和人口预测得出的数据相差较小，差距主要体现在高中和接受高等教育的在校生（16~22 岁）上。

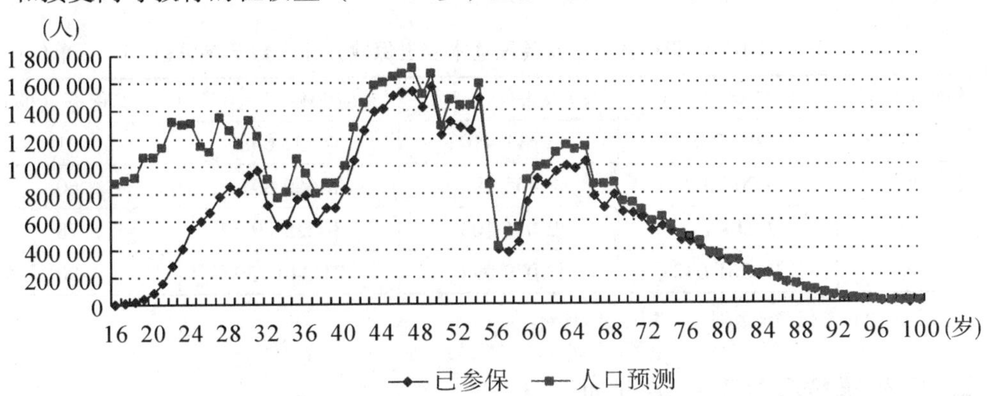

图 1　2017 年四川省分年龄基本养老保险已参保人数和人口预测数

数据来源：全民参保登记数据库，本课题组预测。

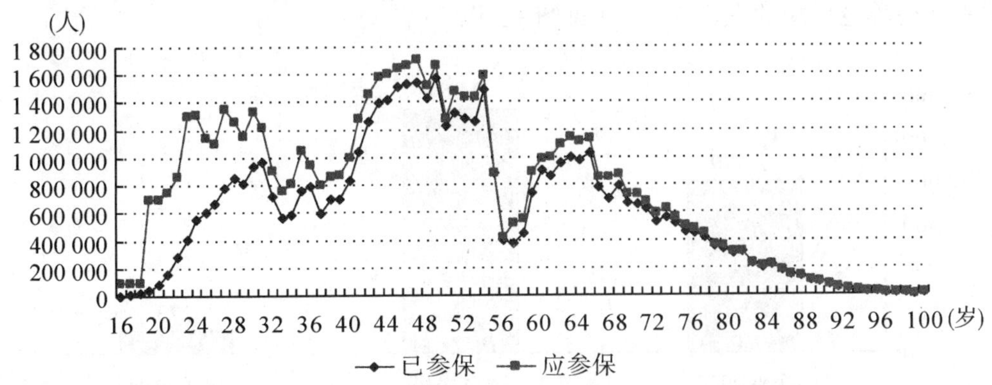

图 2　2017 年四川省分年龄基本养老保险已参保人数和应参保人数

数据来源：全民参保登记数据库，本课题组预测。

（2）分年龄段参保率。分年龄段看参保覆盖率，全省 41～54 岁已参保人数占应参保人数之比最大，该年龄段参保率达到 90%（见图 3、表 2）。

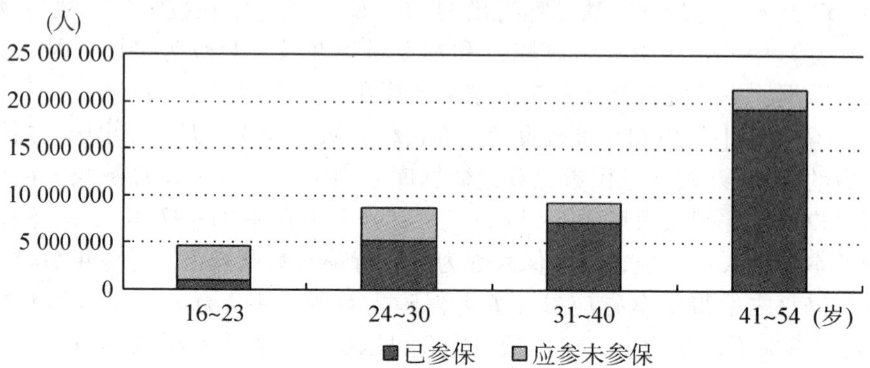

图 3　2017 年四川省主要年龄段基本养老保险参保情况

数据来源：全民参保登记数据库，本课题组人口预测。

表 2　2017 年四川省主要年龄段基本养老保险参保人数及参保率　　单位：人

年龄段（岁）	已参保（人）	应保未保（人）	应参保（人）	参保率（%）
16～23	982 238	3 611 410	4 593 648	21
24～30	5 205 398	3 455 493	8 660 891	60
31～40	7 214 192	2 011 103	9 225 295	78
41～54	19 261 642	2 079 097	21 340 739	90

数据来源：全民参保登记数据库，本课题组预测。

2. 已参保的人数及年龄分布

（1）参保人数。当前，四川省参加基本养老保险人数总计 5 127 万人，其中参加企业职工基本养老保险的占比为 39%，参加城乡居民基本养老保险的占比为 56%，参加机关事业单位养老保险的占比为 5%（见图 4、图 5）。

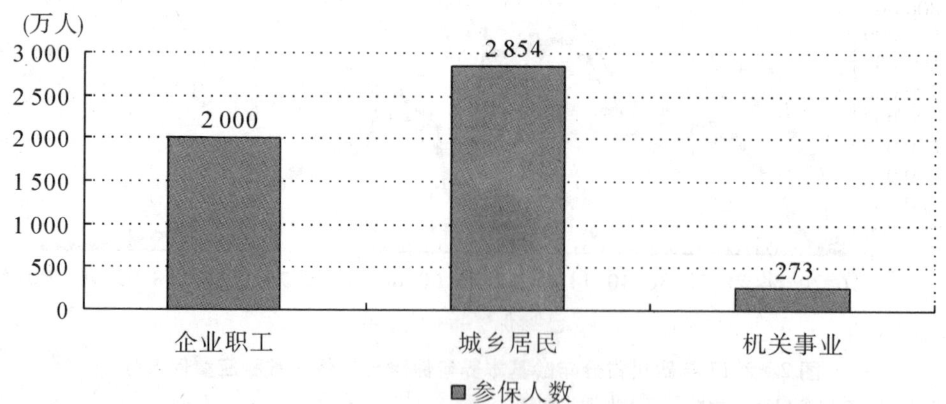

图 4　2017 年四川省基本养老保险参保人数

数据来源：全民参保登记数据库。

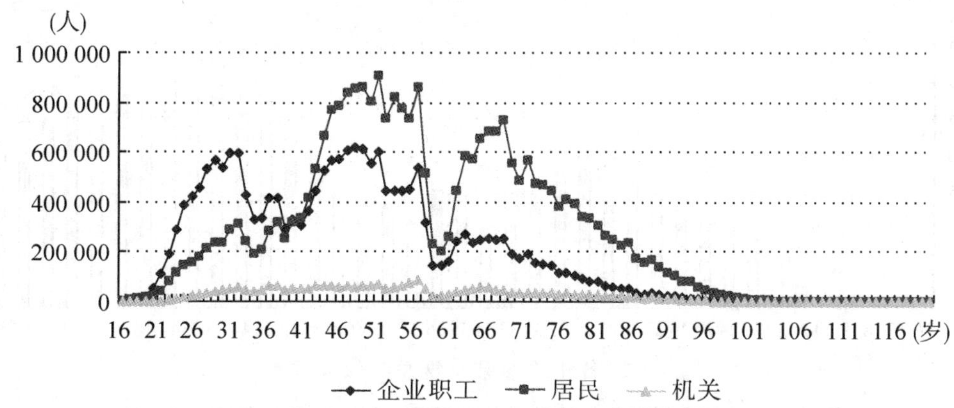

图 5 2017 年四川省企业职工、城乡居民和机关事业单位参保人员情况

数据来源：全民参保登记数据库。

通过全民参保登记库获取的三类社会保险参保人数与全省人力资源和社会保障事业发展计划执行情况表统计的数据有较小的出入，原因是全民参保登记数据已完成重复参保人员比对，故各类参保人数相对小于发展计划统计人数（见表 3）。

表 3 2017 年四川省养老保险参保情况 单位：万人

	参保人数（全民参保登记）	参保人数（发展计划执行情况表）
企业职工	2 000	2 335
城乡居民	2 854	3 075
机关事业	273	191

数据来源：全民参保登记数据库，四川省 2017 年人力资源和社会保障事业发展计划执行情况表。

（2）年龄分布。分年龄来看，全省参加基本养老保险人员年龄分布较为明显，37. 6%的参保人员年龄为 41~54 岁。16~23 岁各个年龄参保人数分别占总参保人数之比均小于 0. 1%，该年龄段参保人数占总参保人数之比是 1. 9%。24~40 岁各个年龄参保人数分别占总参保人数之比为 1. 1%~1. 6%，该年龄段参保占比 24. 2%。41~54 岁各个年龄参保人数分别占总参保人数之比为 2%~3%，该年龄段参保占比 37. 6%。具体到参保年龄，49 岁人员参保人数最多，达到 158 万人，占参保总人数的 3. 1%（见表 4、图 6）。

表 4 2017 年四川省分年龄段基本养老保险已参保人数及占比

年龄（岁）	已参保人数（人）	已参保人数/总参保人数（%）
16~23	982 238	1. 9
24~40	12 419 590	24. 2
41~54	19 261 642	37. 6

数据来源：全民参保登记数据库。

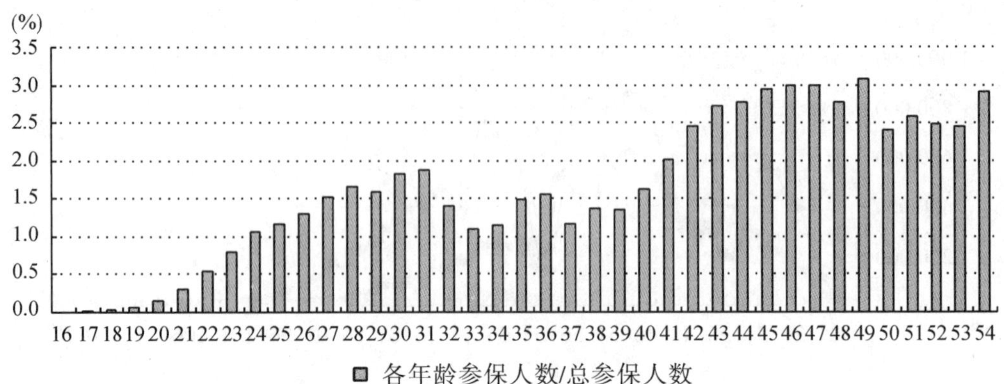

图 6　2017 年四川省分年龄基本养老保险参保人数与总参保人数之比

数据来源：全民参保登记数据库。

3. 已参保人员的身份类别

在全民参保登记库中，已参加基本养老保险并明确个人身份类别的共 1 833 万人。除开勾选的其他选项人员，参保人数排列前五名的是工人、职员、农民、个体经营者和自由职业者，占已参保人数（1 833 万人）之比分别为 36%、5. 1%、2. 9%、1. 8%和 1. 5%（见图 7）。

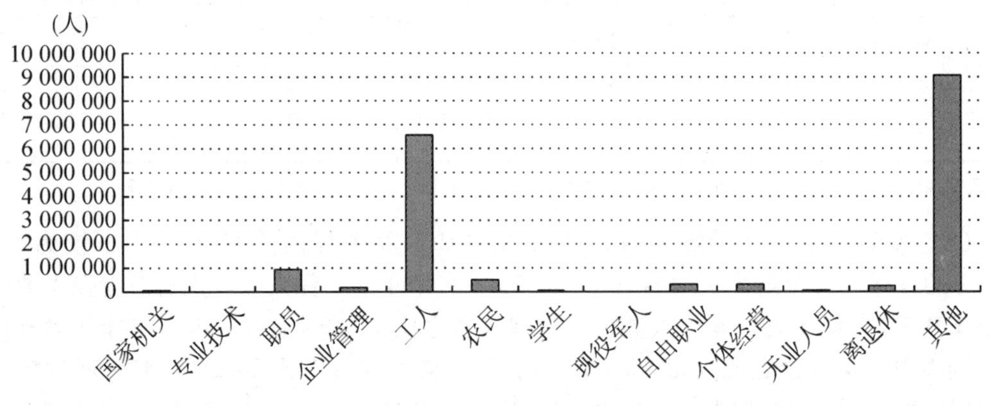

图 7　2017 年四川省已参保人员身份类别

数据来源：全民参保登记数据库。

4. 各类保险遵缴率

2016 年四川省社会保险基金收支决算表显示，截至 2016 年年底，企业职工、机关事业单位和城乡居民基本养老保险参保人数分别是 1 881 万人、276. 6 万人和 3 052 万人，与全民参保登记数据库提取的数据有一定的出入。为了相对准确地计算各类保险的参保缴费情况，本文选取 2016 年四川省社会保险基金收支决算表中的参保人数、在职职工人数、缴费人数等进行计算。企业职工和机关事业单位遵缴率等于实际缴费人员年末数与在职职工之比，城乡居民遵缴率等于实际缴费人员年末数除以参保人员年末数与养老金领取人员年末数之差。因劳动力外流、断保等原因，2016 年全省企业职工养老保险和城乡居民养老保险实际遵缴率只有 83.6%和 73.5%（见表 5）。

表 5　2016 年四川省基本养老保险参保缴费情况

	企业职工	机关事业单位	城乡居民
参保人员年末数（万人）	1 881.0	276.6	3 052.0
在职参保/60 岁以下居民参保（万人）	1 197.0	183.3	1 937.0
实际缴费人员年末数（万人）	1 001.0	180.0	1 423.0
遵缴率（%）	83.6	98.2	73.5

数据来源：四川省 2016 年社会保险基金收支决算表。

（三）基本养老保险未参保情况

1. 应保未保人数及年龄分布

将四川省 16~100 岁人口预测数及全民参保登记数据库提取的已参保人数、出国、判刑和户口待注销人数相减计算得出，目前四川省未参加基本养老保险的人数约为 1 315 万人。在全民参保登记数据库中直接提取的未参保人数为 514 万人，主要指五项保险中一项都没参保的人数。在这 514 万人中，除去已在省外参保、出国、判刑和户口待注销人数后，应保未参人数为 77.5 万人。此处将这部分应保未保人数作为样本进行数据分析（见图 8）。

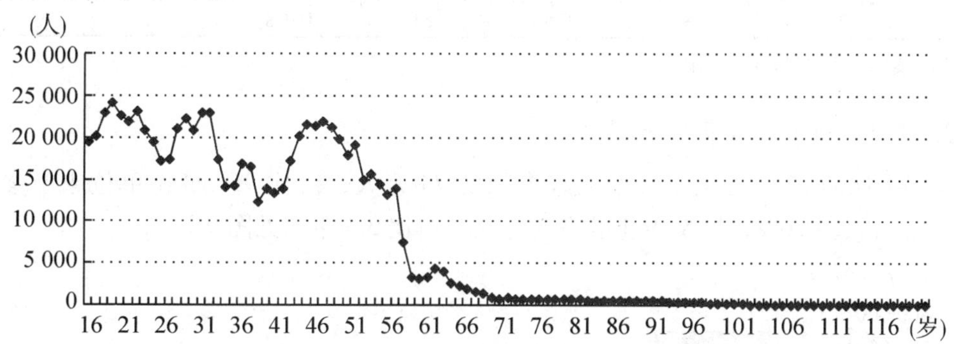

图 8　2016 年四川省分年龄应保未保人数

数据来源：全民参保登记数据库。

分年龄来看，未参保人员主要分布在 16~34 岁。从统计数据来看，未参保人员中，16~34 岁未参保人数占比为 50%（见表 6）。

表 6　2016 年四川省分年龄应保未保人员占比

年龄（岁）	占比（%）	年龄（岁）	占比（%）	年龄（岁）	占比（%）	年龄（岁）	占比（%）
16	2.50	38	1.78	60	0.51	82	0.07
17	2.59	39	1.71	61	0.34	83	0.07
18	2.96	40	1.80	62	0.29	84	0.07
19	3.11	41	2.22	63	0.25	85	0.07
20	2.91	42	2.59	64	0.21	86	0.06
21	2.82	43	2.77	65	0.19	87	0.07
22	2.98	44	2.76	66	0.11	88	0.05
23	2.68	45	2.83	67	0.10	89	0.05
24	2.51	46	2.73	68	0.10	90	0.05
25	2.22	47	2.55	69	0.09	91	0.04
26	2.25	48	2.30	70	0.09	92	0.04
27	2.70	49	2.46	71	0.09	93	0.03
28	2.87	50	1.91	72	0.08	94	0.02
29	2.69	51	2.01	73	0.09	95	0.02
30	2.95	52	1.86	74	0.09	96	0.02
31	2.97	53	1.69	75	0.09	97	0.02
32	2.24	54	1.80	76	0.09	98	0.01
33	1.80	55	0.97	77	0.08	99	0.01
34	1.83	56	0.42	78	0.07	100	0.01
35	2.16	57	0.40	79	0.07		
36	2.13	58	0.43	80	0.07		
37	1.60	59	0.56	81	0.08		

数据来源：全面参保登记数据库。

2. 未参保的具体表现形式

应保未保的 77.5 万人中，个人未参保的 74 万人，占比 95.5%；单位未予参保的 0.5 万人，占比 0.6%；缴费中止的有 3 万人，占比 3.9%（见图 9）。

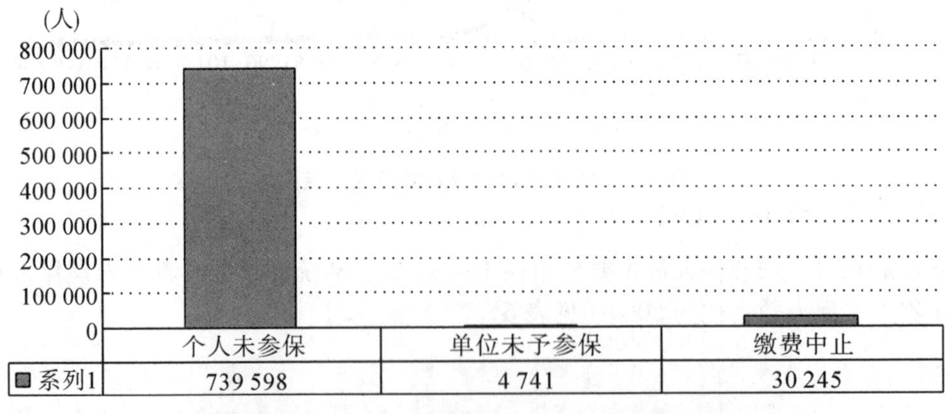

图 9　2016 年四川省未参加社会保险人员原因分类

数据来源：全民参保登记数据库。

3. 未参保人员的就业状态

从全民参保登记数据库提取的数据来看，选择个人未参保、缴费终止和单位未缴费的共 77.5 万人，显示就业状态的有效数据为 71.7 万人。其中，选择已在单位就业的占 0.02%，灵活就业的有 29.7%，未就业的有 18.4%，无就业意愿的 1.1%，农民工占 40.9%，选择其他选项的有 9.9%（见图 10）。

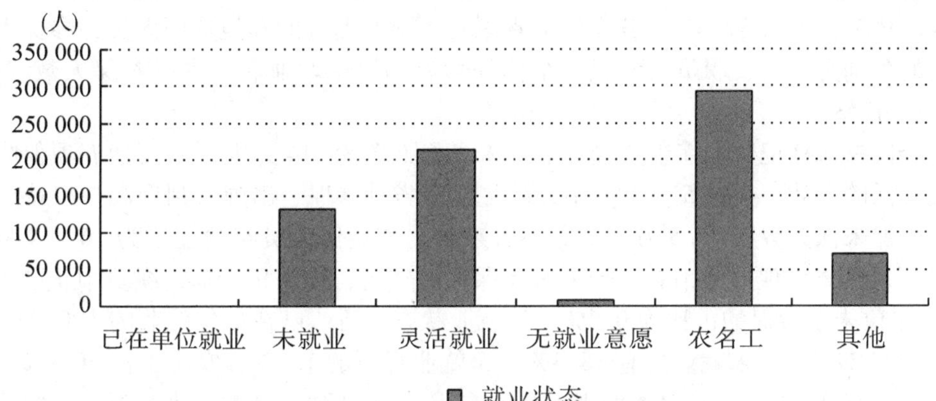

图 10　2016 年四川省应保未保人员的就业状态

数据来源：全民参保登记数据库。

4. 未参保人员的身份类别与主体类型

从身份类别来看，在应保未保人员中，除了勾选其他选项的，农民未参加养老保险的有 50 万人，占未参保人员之比最高，为 41%，第二、第三分别是自由职业者和无业人员，分别是 11.8 万人和 3.1 万人，占未参保人员之比为 16.3%、4.3%（见图 11）。

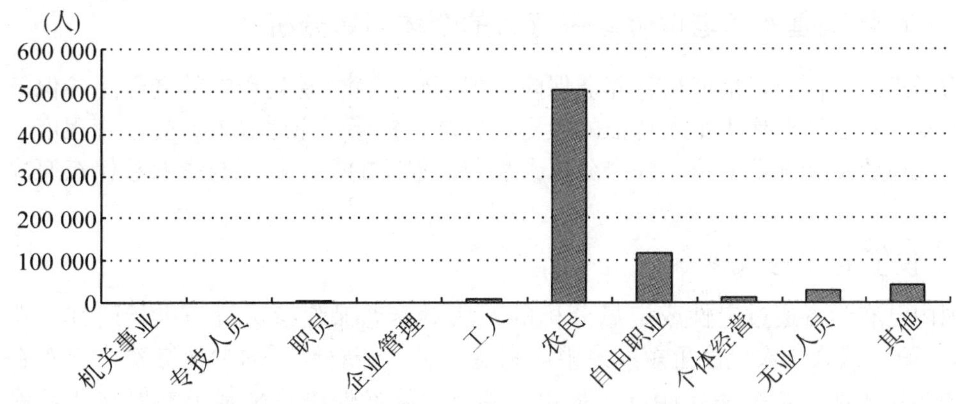

图 11　2016 年四川省未参加社会保险人员身份类别

数据来源：全民参保登记数据库。

分主体类型来看，在调研中了解到，2016 年四川省未参加职工养老保险的主要是私营企业职工、小微企业职工以及灵活就业者。在全民参保登记中提取的数据也可以看出，未参保人员中，自由职业者、个体经营者占比为 18%。从居民养老保险参保情况来看，未参保的人员主要是农民，未参保人员中超过 50%的人员身份为农民。

（四）本部分小结

通过全民参保登记数据库获取四川省 2016 年 16～100 岁已参加基本养老保险总人数为 5 127 万人，应保未保人数约为 1 315 万人，养老保险参保覆盖率为 79%。

在已参保人员中，41～54 岁人员参保率最高，达到 90%，该年龄段参保人数占总参保人数之比较大，占 37.6%。分身份类别来看，除开勾选的其他选项人员，参保人数排前五名的分别是工人、职员、农民、个体经营者和自由职业者，占已参保人数（1 833 万人）的 47.3%。

在全民参保登记数据库中直接提取的未参保人数为 514 万人，主要指五项保险中一项都没参保的人数。在这 514 万人中，除去已在省外参保、出国、判刑和户口待注销人数后，应保未保人数为 77.5 万人。分年龄来看，未参保人员年龄主要为 16～34 岁，占比 50%。从具体表现形式来看，个人未参保占比较高，达到 95.5%，缴费中止的占比为 3.9%，单位未予参保的占比为 0.6%。从就业状态来看，已在单位就业的占 0.02%、灵活就业的有 29.7%、未就业的有 18.4%、无就业意愿的 1.1%、农民工占 40.9%，选择其他选项的有 9.9%。从身份类别来看，未参保人员中除了勾选其他选项的，农民未参保人员占比最高，其次是自由职业者、无业人员。分主体类型来看，未参加职工养老保险的主要是私营企业职工、小微企业职工以及灵活就业者；从居民养老保险参保情况来看，未参保的人员主要是农民，未参保人员中超过 50%的人员身份为农民。

四、养老保险实现法定人员全覆盖存在的主要问题

（一）影响基本养老保险参保行为的个体因素分析

为了进一步研究目前四川省养老保险参保现状，深入探讨影响养老保险参保行为的重要因素，本章选取代表个人特征的性别、年龄、户籍、家庭收入、受教育程度、就业情况、人口流动情况等变量，综合分析参加养老保险的个体特征与影响参保意愿决策的因素。

1. 模型的理论假设

国内已有学者通过定性或定量分析的方法对养老保险参保行为进行研究。邓大松（2010）研究认为，农民注重短期及眼前利益，对“新农保”的参保缴费意愿存在不确定性和非长久性。刘军伟（2011）提出，养老保险参保决策是基于参保与非参保的成本收益比较后的理性选择，是综合自身经济状况、家庭状况及社会交往状况等因素而做出的理性决策。郝金磊（2011）认为，年龄、健康状况、个人年收入、家庭劳动力数、家庭男孩数、家庭女孩数、家庭承包土地数对农民参加新农保的意愿影响显著。穆怀中和闫琳琳（2012）调查发现，年龄、家庭收入、学历、健康水平与参保行为呈负相关，它们共同影响了农民的参保行为。张娟等（2010）研究发现，农民的年龄、受教育程

度、经济收入等对农民参保行为具有影响。高文书（2012）认为户籍性质影响城乡居民参保积极性，农民比非农人士更倾向于参加社会养老保险，而家庭规模则与参保积极性成反比。

根据文献研究及先期数据分析的结果，本文针对个体养老保险参保行为提出以下假设：

假设1：年龄对城乡居民是否参加养老保险具有正向影响。年龄越大的个体参保积极性越高，这可能是年龄越大人口会在更短的时间内兑现养老金待遇，从而在是否参加养老保险的问题上产生“逆向选择”。

假设2：女性参加养老保险的意愿高于男性。从个人特征来分析，邓大松等认为女性参保意愿高于男性，这主要是由于女性平均寿命高于男性，对于养老保障的需求更加迫切，因此参保意愿更强。

假设3：受教育程度越高参加养老保险的可能性越大。受教育程度高者掌握知识的能力更强、信息渠道相对更畅通、获取较高收入的能力更强，这些优势导致他们对保险功能理解更容易，缴纳保险费的能力也更强，因此参加社会养老保险的意愿和能力更强。

假设4：家庭经济条件越好参加养老保险的可能性越大。参加养老保险也是一种投资，投资者个人及家庭的财务状况和变动趋势是影响投资行为的重要因素，家庭经济层次越高的个体选择参加养老保险并缴费的可能性越大。

假设5：城镇户口比农村户口参保积极性更高。相对城镇居民，农村居民由于有土地保障，因此参保积极性较低，参保率较低。

假设6：在一个地方居留越稳定参保积极性越高。在流入地工作或居住时间越久，意味着融入当地的意愿和能力也越强，越有可能将参加当地养老保险作为一项长期投资。本文假设流入当地时间越长，则参保的可能性越大

假设7：有工作单位的人员的参保积极性更高。依据现有制度，城镇职工基本养老保险强制要求有工作单位的人员应参加养老保险，同时有工作单位的人员往往比无工作单位的人员经济条件更好，因此参保缴费的能力更强。

2. 数据来源与预处理

实证分析使用的数据来自2015年四川省1%人口抽样调查资料住户情况，该调查采用分层、二阶段、概率比例、整群抽样方法，针对2015年10月31日晚居住在被抽中调查小区内的全部人口，最终样本量为824 184人，约占全省常住人口的1%。

本研究的因变量为是否参加养老保险。调查问卷第25题询问了被调查人员参加社会养老保险的情况，选项包括：参加城镇职工基本养老保险、参加城镇（乡）居民社会养老保险、参加新型农村社会养老保险，参加机关事业单位养老保险、未参加以上四种社会养老保险（这一变量是考察个体是否参保的决定性变量）。为便于研究，首先对因变量和自变量中的上周工作情况分类归总（见表7）。

表7　问卷选择分类汇总

变量	分类
是否参保	
已参保	参加城镇职工基本养老保险、参加城镇（乡）居民社会养老保险、参加新型农村社会养老保险、参加机关事业单位养老保险
未参保	未参加以上四种社会养老保险
上周工作情况	
是	在工作，在职休假、在职学习培训、临时停工或季节性歇业
否	未做任何工作

同时，本研究剔除了对是否参保未予回答的样本，视为缺失值。本文针对最终筛选出来的793 202个有效样本进行相关描述性统计以及样本相关性分析。对因变量的频率分析结果表明，被调查对象选择“已参保”的有524 589人，占66.1%，选择“未参保”的有268 613人，占33.9%。2015年，全省参加基本养老保险的总人数为5 093.1万人，1%人口抽样的参保人数为52.5万人，二者是匹配的。

3. 养老保险参保行为与个体属性的相关性分析

个体因素是影响参保行为的重要因素。个人特性是指个体所具有社会意义的品质，主要包括性别、年龄、教育、政治面貌和自我形象等多方面内容。个体特征在一定程度上决定了参加养老保险及缴费的能力，进而会影响到参保行为。

（1）随着年龄分组的提高，参保率提高。根据对年龄与是否参保的交叉表分析发现，随着年龄的增长，参保比例在明显上升。其中，16~22岁群体的参保率最低，只有24.3%，到距离退休15年以内，参保率上升到87.6%。这一现象反映了个体普遍具有时间偏好，在近期未来，人们倾向于选择高概率低收益的决策，而在远期未来，人们倾向于选择低概率高收益的决策（见表8）。

表8　不同年龄分组的参保情况　　单位:%

年龄分组	是否参加社会养老保险		合计
	未参加任何养老保险	参加了养老保险	
16~22岁	75.7	24.3	100.0
23~30岁	50.2	49.8	100.0
31~44岁	34.8	65.2	100.0
45~59岁	23.2	76.8	100.0
60岁及以上	12.4	87.6	100.0
合计	33.9	66.1	100.0

数据来源：2015年四川省1%人口抽样调查资料。

（2）文化程度与参保率之间有较强联系，但不是线性相关。剔除60岁以上人口后，劳动年龄段人口受教育年限与是否参加养老保险之间呈现一定的规律变化，从未上过学到高中学历之间，未参保人员所占比率呈上升趋势，未参保人员所占比率最高的是高中学历，只有48.5%，其次是初中学历，为40.7%；而从高中学历到研究生学历之间，未参保人员所占比率又呈下降趋势（见图12）。

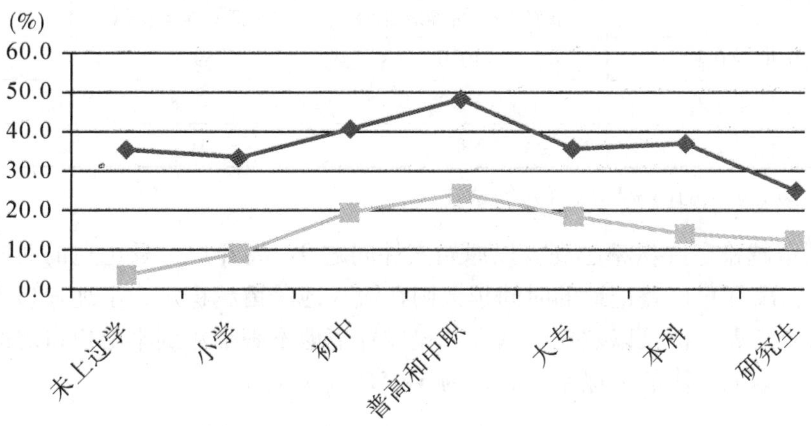

图12　2015年四川省不同受教育程度下的参保情况

数据来源：2015年四川1%人口抽样调查资料；2010年第六次全国人口普查劳动力数据资料。

对这一现象的解释应该联系到分文化程度就业人员的行业分布。将图12中未参加任何养老保险分布曲线与制造业就业人员文化程度分布曲线进行比较，可以发现两个曲线的形状非常相似，说明由于在制造业的就业人员中高中和初中学历所占比重最大，而制造业是除服务业以外容纳城镇就业最大的行业，因此高中和初中学历群体参保率较低可能与制造业参保率低有关。

（3）男性比女性的参保率略低。性别对养老保险参保率的影响在学者的实证研究中有不同的结果，本研究在剔除60岁以上人口后，通过交叉表分析发现，男性的参保率比女性低0.8个百分点（见表9）。

表9　不同性别的参保率比较　　单位：%

性别	是否参加社会养老保险		合计
	未参加任何养老保险	参加了养老保险	
男	40.2	59.8	100.0
女	39.4	60.6	100.0
合计	39.8	60.2	100.0

数据来源：2015年四川省1%人口抽样调查资料。

（4）城镇户口人员参保率高于农村户口。以是否有农村土地承包经营权来代表被调查对象的户口状况，有农村土地承包权假设为农村户口，反之则属于城市户口。交叉表分析发现，城市户口居民参保率比农村户口居民高2.4个百分点（见表10）。

表 10 不同户口的参保情况 单位:%

是否有农村土地承包经营权	是否参加社会养老保险		合计
	未参加任何养老保险	参加了养老保险	
有农村土地承包权	40. 6	59. 4	100. 0
无农村土地承包权	38. 2	61. 8	100. 0
合计	39. 8	60. 2	100. 0

数据来源：2015 年四川省 1%人口抽样调查资料。

（5）居留越稳定参保率越高。以原始文件问题 9：离开户口登记地的时间来表示居留的稳定性，离开户口登记地的时间越久则在流入地居留越稳定，本地户口人员的居留最稳定。从交叉表分析可以发现，从离开户口登记地不满半年到本地户口之间的参保率呈上升趋势，本地户籍的参保率最高，为 64. 5%（见表 11）。

表 11 不同人口流动情况对参保的影响 单位:%

居留的稳定性	是否参加社会养老保险		合计
	未参加任何养老保险	参加了养老保险	
不满半年	51. 5	48. 5	100. 0
半年至一年	46. 8	53. 2	100. 0
一年至二年	51. 8	48. 2	100. 0
二年至三年	50. 2	49. 8	100. 0
三年至四年	44. 6	55. 4	100. 0
四年至五年	41. 2	58. 8	100. 0
五年至十年	40. 1	59. 9	100. 0
十年以上	38. 7	61. 3	100. 0
本地户口	35. 5	64. 5	100. 0
合计	39. 8	60. 2	100. 0

数据来源：2015 年四川省 1%人口抽样调查资料。

（6）就业状况对参保情况的影响。在劳动年龄人口范畴内，就业状况对是否参与养老保险的影响非常大。2015 年四川省 1%人口抽样调查资料的结果表明，有工作群体的参保率更高，比无工作群体高 21. 2 个百分点（见表 12）。

表 12 就业状况对参保行为的影响 单位:%

是否工作	是否参加社会养老保险		合计
	未参加任何养老保险	参加了养老保险	
未工作	55. 8	44. 2	100. 0
有工作	34. 6	65. 4	100. 0
合计	39. 8	60. 2	100. 0

数据来源：2015 年四川省 1%人口抽样调查资料。

（7）家庭财产状况对参保的影响。随着人们生活水平的提高，家用汽车越来越成了生活的必需品，2015 年四川省 1%人口抽样调查数据显示，被调查对象拥有家用汽车的比重达到 17.6%。由于轿车价格从几万元到上百万元不等，其购置费和养护费会占到家庭收入的相当比例，因此从家用汽车价格高低可以反映出家庭经济水平。从拥有家用汽车情况与是否参加社会养老保险的交叉表分析看出，随着拥有家用轿车价格的上升，参加养老保险的比例也会上升。参保率最低的是没有汽车的群体，只有 59.6%，参保率最高的也是拥有汽车价格最高的群体，为 74.8%（见表 13）。

表 13　家庭经济状况对参保行为的影响　　单位:%

拥有家用汽车情况	是否参加社会养老保险		合计
	未参加任何养老保险	参加了养老保险	
没有汽车	40.4	59.6	100.0
拥有 10 万元以下的汽车	36.9	63.1	100.0
拥有 10 万~20 万元的汽车	29.2	70.8	100.0
拥有 20 万~30 万元的汽车	26.8	73.2	100.0
拥有 30 万~50 万元的汽车	27.0	73.0	100.0
拥有 50 万~100 万元的汽车	28.6	71.4	100.0
拥有 100 万元以上的汽车	25.2	74.8	100.0
合计	39.1	60.9	100.0

从两个变量的相关分析来看，在 1%显著下相关性达到 0.64，属于强相关（见表 14）。

表 14　拥有家用汽车情况与是否参加社会养老保险相关性检验

		拥有家用汽车情况
是否参加社会养老保险	Pearson 相关性	.064**
	显著性（双侧）	.000
	N	599 580

注：** 在 0.01 水平（双侧）上显著相关。

4. 个体参保行为影响因素的 Logistic 回归分析

行为主义研究方法一般运用多项逻辑模型（Multinomial Logit Model）或条件逻辑模型（ConditionalLogit Model）来模拟农村劳动力的转移。通过上一节交叉分析发现，在没有考虑其他因素的条件下，个人特征与参保行为具有相关性。为进一步考察多项因素的综合作用以及不同条件下的个体参保行为的差异，本节采用 Logistic 回归分析模型研究个体参保行为的影响因素。

（1）微观变量选取与数据说明。本研究主要针对养老保险参保行为进行研究，因此将是否参加养老保险的决策作为因变量。本文把影响个体参保决策的因素分为三类：

自然属性（年龄、性别）、能力因素（受教育程度、家庭财富）、社会身份（户籍、就业、人口流动）。具体变量类型与取值范围如表 15 所示。

表 15　模型中各变量类型与取值范围

因变量	取值范围	均值	标准差
是否参加养老保险	1=已参加；0=未参加	0.60	0.49
自变量			
自然属性			
性别	1=男；2=女	1.49	0.50
年龄	16~59 岁	37.51	12.00
能力因素			
教育程度（年）	1=未上过学；2=小学；3=初中；4=普高和中职；5=大专；6=本科；7=研究生	3.19	1.12
家用轿车	0=没有；1=10 万元以下；2=10 万~20 万元；3=20 万~30 万元；4=30 万~50 万元；5=50 万~100 万元；6=100 万元以上	0.28	0.70
社会身份			
户籍	1=没有农村土地承包权；0=有农村土地承包权	0.66	0.47
就业	0=未做任何工作；1=在工作，在职休假、学习、临时停工	0.75	0.43
人口流动	0=本地户籍；1=离开本地不满半年；2=半年至一年；3=一年至二年；4=二年至三年；5=三年至四年；6=四年至五年；7=五年至十年；8=十年以上	2.81	2.65

（2）微观模型运行结果的统计分析。本文共构建了 3 个模型：模型 1 考察了个体先天因素对参保行为的影响；模型 2 是在控制了先天因素变量的基础上观察后天因素对参保行为的影响；模型 3 中加入了社会身份变量。本文选取已参保（因变量取值为 1）样本作为参照组，列出选择未参保的样本回归结果，具体分析如表 16 所示。

表 16　养老保险参保行为的回归分析

自变量	模型 1	模型 2	模型 3
自然属性			
性别（base=男性）	0.052***	0.068***	0.162***
	(0.006)	(0.006)	(0.006)
年龄	0.064***	0.075***	0.072***
	(0.000)	(0.000)	(0.000)
能力因素			
受教育程度（base=未上过学）			
小学		−0.045***	−0.020
		(0.017)	(0.017)

表16(续)

自变量	模型 1	模型 2	模型 3
初中		0.146***	0.164***
		(0.016)	(0.017)
普高和中职		0.381***	0.468***
		(0.018)	(0.018)
大专		0.987***	1.057***
		(0.020)	(0.020)
本科		1.138***	1.245***
		(0.022)	(0.023)
研究生		1.200***	1.288***
		(0.063)	(0.065)
家庭财富（base=没有家用轿车）			
10万元以下		0.111***	0.101***
		(0.010)	(0.010)
10万~20万元		0.303***	0.281***
		(0.013)	(0.013)
20万~30万元		0.340***	0.332***
		(0.030)	(0.031)
30万~50万元		0.350***	0.358***
		(0.048)	(0.049)
50万~100万元		0.247**	0.291***
		(0.080)	(0.082)
100万元以上		0.481***	0.574***
		(0.134)	(0.138)
社会身份			
户籍（base=有农村土地承包权）			0.240***
			(0.007)
就业（base=未做任何工作）			0.795***
			(0.007)
人口流动（base=本地户籍）			
离开本地不满半年			-0.331***
			(0.013)
半年至一年			-0.231***
			(0.010)
一年至二年			-0.258***
			(0.014)
二年至三年			-0.277***
			(0.015)
三年至四年			-0.234***
			(0.017)

表16(续)

自变量	模型 1	模型 2	模型 3
四年至五年			-0.194***
			(0.016)
五年至十年			-0.241***
			(0.012)
十年以上			-0.347***
			(0.012)
常数项	-2.002***	-2.691***	-3.586***
	(0.013)	(0.022)	(0.025)
卡方	73 735.408	86 607.783	101 511.719
P 值	0.000	0.000	0.000
样本数（个）	598 949	598 949	598 949

注：圆括号内为标准差，***、** 和 * 分别表示在 1%、5%和 10%的水平下显著。

模型 1 结果显示，性别、年龄等先天因素对劳动力参保行为具有显著影响。从性别方面来看，劳动力参保行为存在显著的性别差异，平均而言，与男性相比，女性劳动力参加养老保险的发生比高出 5.3%（$e^{0.052}-1$，$P<0.01$）。从年龄方面来看，劳动力参保的可能性随着劳动力年龄的增长而提高，平均而言，年龄每增加 1 岁，参保的发生比提高 6.6%（$e^{0.064}-1$，$P<0.01$）。

模型 2 结果显示，劳动力参保行为不仅会受到年龄、性别等先天因素的影响，也会受到受教育程度、家庭财富等后天因素的影响，并且影响因素的作用都是显著的。加入后天因素变量后，性别、年龄等先天因素对参保行为的影响方向不变，但系数增大。受教育程度对参保行为的影响呈现先降后升的 J 形特征，与未上过学的劳动力相比，受教育程度为小学的劳动力参保的可能性显著较低，初中及以上受教育程度的劳动力参保的可能性显著较高，并且参保的可能性随着受教育程度的提高而提高。家庭财富（以家庭拥有轿车情况衡量）对劳动力参保行为存在显著的正向影响，家庭财富较多的劳动力参保的可能性显著较高。

模型 3 结果显示，劳动力参保行为受到先天因素（年龄、性别）、后天因素（受教育程度、家庭财富）和社会身份（户籍、就业、人口流动）等多因素的共同影响，并且这些因素的影响作用都是显著的。进一步加入社会身份变量后，性别对参保行为的影响系数进一步增大，而年龄对参保行为的影响系数略有下降，但仍高于仅考虑先天因素的模型 1。受教育程度对参保行为的影响仍呈现先降后升的 J 形特征，但与未上过学的相比，小学的影响系数并不显著，初中及以上的影响系数显著，并且有所提高。整体而言，受教育程度对劳动力参保行为呈现显著的正向作用，随着受教育程度的提高，参保可能性显著增强。家庭财富（以家庭拥有轿车情况衡量）对劳动力参保行为仍存在显著的正向影响，但影响系数略有下降。从社会身份方面看，没有农村土地承包权的劳动力参保的可能性显著较高，参加工作也会显著提高劳动力参保的可能性，人口流动则会显著降低劳动力参保的可能性。

（3）回归分析的结论。通过建立 Logistic 回归模型并利用 2015 年四川省 1%人口抽样调查大样本数据进行实证检验，所得到的结果与理论假设基本一致，说明我们选择的这七个因素对个人参保行为具有综合影响。具体来说，自然属性中的年龄因素对参保行为影响明显，年龄越大参保偏好越强烈，这是因为中年年龄段的个体即将面临养老问题，在缴费年限及养老金领取年龄的综合作用下，比青年群体更愿意参保；青年群体普遍对时间越远的未来利益不够关心。而女性比男性有更高的参保率，这是因为女性在经济社会中往往处于相对弱势地位，而且从寿命上来说，也比男性人均预期寿命更长，养老风险更高，对参加养老保险的愿望比男性更强烈；然而男性在社会经济活动中处于更为主导的地位，更有机会和能力参与养老保险。两个不同性质的影响因素综合作用后，女性的参保率仅略高于男性。代表个体行为能力属性的受教育程度和家庭财富（经济条件）两个因素对参保行为的影响方向是一致的，是因为这两个变量都与个体的参保缴费能力有关，学历越高，收入水平越高，家庭的财富积累越多，参与养老保险这种投资行为的能力越强、意愿更强。户籍、人口流动和就业状况三个变量代表了个体在社会网络中的身份，由于养老保险与身份有着密切联系，目前的三种养老保险正是基于身份的不同而建立的制度，因此社会身份对个体参保决策行为具有深刻影响，从而也会影响到总体的参保率。

（二）养老保险实现全覆盖的主要困难和问题

1.“应保未保”人员总量较大，且扩面难度增加

尽管目前已实现养老保险制度的全覆盖，但由于各种原因，全省仍有部分法定人员没有参保，而现有人群扩面难度大。初步统计，全省还有 1 116 万人“应保未保”，从近年来全省养老保险参保人数增长的情况看，从 2013 年开始全省参保扩面工作由高速增长转变为低速增长或基本持平，扩面资源逐步减少。一是当前未参保人群主要集中在中小微企业员工、个体工商户、灵活就业人员、农民工，以及部分涉及快递员、专车司机、电商等新兴就业形态的从业者及其他边缘群体。民营、私营企业或中小微企业生产经营困难，无能力为员工参保缴费，造成这部分群体仍在养老保险覆盖范围之外，农民工和灵活就业人员流动性大，就业不稳定特点突出，个体工商户经营稳定性也比较差，应参保人数难以确定，推进这部分人员参保困难比较大，不愿意甚至拒绝参保。二是城乡居民养老保险实行自愿参保缴费，强制推动能力、制约能力十分有限。2013 年全省打通城乡养老保险制度衔接通道后，部分有缴费能力的城乡居民养老保险参保人员办理了衔接手续，参加待遇水平更高的企业职工养老保险。三是全省作为全国农民工输出大省，2016 年全省外出农民工近 2 500 万人，占全省户籍人口总数的近 30%，这部分人大多数为劳动年龄内人员，户籍仍留在当地农村，属于城乡居保参保缴费对象，但难以纳入城乡居保。因此，全省城乡居保参保人数呈边扩边转的态势。无论是民生工程目标任务还是实际参保缴费人数，均呈平稳态势，实际参保人数稳定在 3 000 万人左右，其扩面资源和潜力已基本用尽。

2. 已参保人员断保现象比较严重

当前，四川省“断保”现象并非仅存在于某个地区或某个行业企业，而在全省养老保险参保企业、参保个体中具有一定的普遍性。例如城镇职工养老保险遵缴率只有83.6%，意味着存在17.4%的在职参保人员没有缴费，处于“断保”情况。城乡居民养老保险实际缴费人数占应缴费人数的73.4%，意味存在27.6%的城乡居民参保人员处于“断保”情况（见表17）。

表17　四川省养老保险遵缴率

险种		应缴费人数(人)	实际缴费人数(人)	遵缴率(%)
城镇职工基本养老保险	合计	1 196.5	1 000.7	83.6
	单位身份参保	660.3	616.0	93.3
	个人身份参保	536.2	384.6	71.7
城乡居民基本养老保险		1 937.3	1 422.6	73.4

按“断保”的原因分，“断保”可分为五种类型：因企业破产“断保”、单位停产或半停产无营业收入而造成的“断保”、单位正常运转但不交费造成的“断保”、个人无交费能力、已达到最低交费年限15年不继续缴费。“断保”造成的后果之一是影响参保人员将来退休后的待遇。由于“断保”人员缴费年限少，计发养老金基数小，领取的养老金就会相应减少，很可能将来由于社会生活水平的提高，领取的养老金难以保障最低生活水平，无法确保老有所养。

3. 青年群体未参加养老保险的情况比较普遍

调查发现，未覆盖人群主要集中于30岁以下的年轻职工，其中23~30岁年龄段中未参保人员达到535.5万人，占60岁以下未参保人数的比例高达46.1%，也就是说，未参保人群中两个人就有1个是30岁以下的年轻人。中青年人群普遍认为自己年纪尚轻，不用考虑养老保障那么长远的事，缴费欲望不强；同时一些青年人不能确定将来生活在农村还是城市，故在参加城镇职工养老保险或城乡居民养老保险之间犹豫不决。加之这部分群体虽然想参保，但由于职工养老保险缴费太高，居民养老保险待遇太低，故存在着观望的情绪。

4. 经济环境、政策因素和经办服务体系不健全是扩面征缴难的宏观因素

宏观经济环境可能造成用人单位和个人缴费能力下降。在当前经济增速放缓和结构调整的大背景下，企业盈利能力下降，尤其是小微企业、“僵尸”企业，欠费、断保现象突出。同时，失业人数可能增多，低收入群体扩大，造成灵活就业人员断保、停保现象增多。

制度不完善也会妨碍扩面征缴。目前，我国领取养老保险待遇最低缴费年限仅为15年，这使得大量灵活就业人员选择在临近法定退休年龄时才开始参保，年轻时不缴费，这一制度设定会影响覆盖面，造成参保率低、中断缴费多，以及由于缴费年限较短造成退休后养老金水平偏低等社会问题。制度吸引力不强，特别是城乡居民养老保险待

遇水平太低，难以实现保基本的功能，城乡居民参保意愿低。

经办管理服务方面的问题也是影响扩面的重要因素。随着各项社会保险制度覆盖面的快速扩大，社保经办机构服务对象急剧增加，各级社保经办机构基本上处于超负荷运转状态，经办能力不足的矛盾非常突出。跨地区社会保险制度衔接不顺畅，影响流动人员的参保积极性，等等。信息系统建设尚有不足，不同险种之间信息数据尚未共享，信息“孤岛”问题突出，影响参保扩面。执法监督力度不足，劳动用工管理不规范，不依法参保、参保后欠费的现象比较常见。

5. 保险意识弱、失业和经济困难是影响个体参保行为的重要因素

这些影响个体参保行为的重要因素在上一节中已经有详细的分析和论证，不再赘述。

五、实现养老保险法定人员全覆盖的对策措施

（一）准确识别养老保险“应保未保”人员

实现基本养老保险法定人员全面参保缴费，首先需要精准确认“法定”人员，因此，将“应保未保”人员和“重复参保”人员纳入或退出制度是前提。首先是“法定”人员之外的群众，如儿童、在校学生等，不在考虑范围。其次对于部分“法定”人员（仅限于非就业者）未参加基本养老保险者，必须明确的是，养老保险的根本目的在于保障参保人退休或年老之后的基本生活，只要其“有养老保障”，强制其参加政府主办的社会基本养老保险与自愿参加商业养老保险的意义区别不大，故基本养老保险的全覆盖还需进一步将参加商业保险者剔除，进而更加精准的定位“全覆盖”目标。最后依托实施全民参保登记工作，强化全民参保登记成果的运用，利用线上数据比对和线下入户调查相结合，深入查找覆盖弱点和盲区，有针对性地制定扩面措施，实现精准扩面。

（二）进一步完善城镇职工和城乡基本养老保险制度

在制度建设上，依托国家顶层设计，不断完善基本养老保险制度，进一步强化多缴多得，长缴多得激励机制，鼓励有条件的进城灵活就业人员和农业产业化从业人员参加职工基本养老保险。深入贯彻国家和省养老保险转移衔接的相关政策，实现养老保险无障碍转移衔接。在实现户籍人口全民参保后，按照公平与效率相结合、权利与义务相适应的原则，激励引导参保人员加入更高水平的保障制度，推动参保质量不断提高。完善城镇职工、城乡居民、机关事业单位三者的转移接续政策和手续；完善四川省流动人口跨省流动的养老保险关系转移；准确测定养老保险社会统筹账户积累额、缴费年限（含视同缴费年限）制度之间转移的“应转额度”，保障转移以后的待遇领取不受影响。逐步完善养老保险的费率调整机制，将养老保险的缴费水平与社会经济发展情况相结合，减轻企业在困难时期的缴费压力，促进企业的长期缴费能力建设；细化缴费基数核定规则，可考虑根据不同群体的缴费能力核定和调整缴费基数；拓展落实以政府、单位和个

人为主的多元缴费机制，多渠道筹集养老保险基金。强化和完善“长缴多得、多缴多得”的激励机制，建议尽快修订《社会保险法》相关规定，适当延长最低缴费年限，在做实缴费基数的同时，适当降低养老保险费率，在确定和调整养老保险待遇时，更多地考虑参保者的缴费年限、缴费积累金额，进而促进法定人员积极参保缴费。

（三）针对未参保人员的特殊性制定扩面措施

探索将养老保险的参保情况与单位工商登记、报税等相结合，准确核定缴费基数，强制符合规定的未参保单位参加社会保险，对确有困难的企业，根据相关政策和规定提供有关费用减免、缓缴等优惠政策。对于个体缴费者，可针对其未参保的具体原因，开展政策讲解或帮扶等工作，提高其参保缴费的积极性。重视“断保”问题，断保主要集中在灵活就业人员、农民工等群体上，这类群体的主要特点是流动性高、收入偏低，可考虑在转移接续手段和参保缴费补助上给予一定便利。加强新经济领域社会保险状况调研，研究制定灵活就业人员、新业态就业人员等群体的参保政策。落实政府资助农村建档立卡贫困人口参加城乡居民养老保险政策，提高城乡居民养老保险持续参保缴费率。

（四）持续推进“五险合一”统一征收

在公共服务标准化建设上，全面公开人力资源社会保障公共服务事项，简化办事程序，优化服务流程，增强公共服务的便利性和可及性，提升公共服务整体效能和群众满意度。科学确定各项服务所需的设施设备、人员配备、经费保障等标准，加快推进名称统一、标识统一、机构统一、柜台统一、服装统一的窗口服务品牌建设。依托人社信息化平台实现社保信息即时联网和动态管理，推行网上申报缴费、银行扣代缴费、实行“五险合一、统一征收”，实现数据向上集中、服务向下延伸。加强社会保险诚信等级评定及结果运用，强化“两随机、一公开，五险合一”稽核，促进用人单位依法及时足额参保缴费。实施参保联动制度，建立劳动监察、基金监督与社会保险稽核征收联动机制，强化执法检查力度，引导用人单位依法依规参加各项社会保险，对各类违反社会保险法律法规政策的行为，坚决依法依规严肃处理。

（五）努力提供方便全民参保的信息技术支持

利用全省建设“互联网+”项目的契机，大力开展社会保险专项 App 设计和应用，最终实现网上查询、缴费一体化，让群众足不出户就能了解和办理养老保险，最大限度地方便广大群众。建立“综合柜员制”人社服务窗口，对社会保险经办人员提供全方位的培训，提高其业务能力，确保其对政策的解释合法合理、对设备的操作专业熟练、对数据的管理规范保密，实现让群众“最多跑一次”，简化群众的参保缴费和待遇领取流程。加强对社保业务经办大厅的建设和维护，配置电脑一体化自助查询机、放大镜、常规药品，改造座位、窗口高度和材质，广泛考虑各类来访者的现实需求和可能出现的突发情况，充分体现人社服务的“人性化”。

（六）强化政策宣传，提升公众保险意识

以全民参保登记入户调查为契机，持续大力开展社保政策“七进”活动，将养老保险各项政策以通俗易懂的形式告知大众，其重点针对人群和区域主要集中在农村、少数民族及偏远地区、私营小企业、个体工商、家庭照料者、农民工及其他灵活就业人员。根据这类群体的特点，采用双语电视节目介绍、报纸、社区展板宣传或海报张贴、举办定时定点政策解答宣讲会、公交车车载媒体、网络网站平台、手机 App 等形式，以老百姓最能理解的方式，通过举例子、讲利弊，突出参保缴费以后所能获得的保障，大力宣传社保政策，在全民中树立主动参保意识，将参保意识深植群众脑海，充分调动未保人员参保积极性，促进和引导各类单位和符合条件的人员长期持续参保。

（七）健全全民参保登记数据动态管理机制

养老保险扩面工作需要首先建立和完善社会保险信息数据库。核心在于“建立全省统一、共享的数据库，加强经办机构之间的信息交流与共享”，重点在于“做好信息核查工作，不留死角”。在目前初步完成全民参保登记的基础上，尤其应针对养老保险还有较多未参保的情况，准确列出符合基本养老保险参保要求且尚未参保的个人和单位清单，接下来对“应保未保”人员全面展开参保登记工作。

集中开展专项行动。与劳动监察部门联合，集中时间深入重点企业开展扩面征缴攻坚行动。一是依法核定基数，全面做好各险种缴费基数的核定工作，做到应缴尽缴，完善存档资料。二是开展欠费企业缴费能力专项稽核，核清企业欠费情况，严格按照行业、欠费金额、欠费年限、缴费能力进行分门别类，建立台账，对欠费大户实行动态监控。三是加大清欠力度，与税务部门共同对欠费企业加大催缴力度，履行依法征缴程序，督促欠费单位逐步补缴到位并防止发生新的拖欠。

主要参考文献：

［1］人力资源和社会保障部. 关于实施“全民参保登记计划”的通知（人社部发〔2014〕40 号）［Z］. 2014.

［2］人力资源和社会保障部办公厅. 关于印发《全民参保登记经办规程（试行）》的通知（人社厅发〔2015〕44 号）［Z］. 2015.

［3］人力资源和社会保障部社会保障研究所课题组. 我国社会保障全覆盖面临的问题与对策［N］. 中国劳动保障报，2014-09-30.

［4］郑成功. 贫富分化后效率与公正问题的研究：从西方民主时代到我国社会危机的治理［J］. 产业与科技论坛，2008（1）：138-139.

［5］封进，张馨月，张涛. 经济全球化是否会导致社会保险水平的下降：基于中国省际差异的分析［J］. 世界经济，2010（11）：37-53.

［6］张乃亭. 试论社会保险激励机制的创新［J］. 山东劳动保障，2008（8）：30-31.

［7］INGRID NIELSEN，CHRIS NYLAND，RUSSELL SMYTH. Migration and the Right to Social Security：Perceptions of Off-farm Migrants' Rights to Social Insurance in China's Jiangsu

Province [J]. China & World Economy, 2007 (2): 29-43.

[8] 许英杰. 社保缴费“中断”问题的原因及解决思路 [J]. 人才资源开发, 2007 (1): 22-23.

[9] 王晓洁, 王丽. 财政分权、城镇化与城乡居民养老保险全覆盖: 基于中国 2009 年—2012 年省级面板数据的分析 [J]. 财贸经济, 2015 (11): 75-87.

[10] 杨志银. 破解实施全民参保计划制度瓶颈的思考 [J]. 保险市场, 2017 (5): 60-73.

[11] 黄华波. 把握和完善全民参保登记的四个机制 [J]. 中国医疗保险, 2015, 76 (1): 8-10.

[12] 吴丽萍, 宁满秀. 城镇职工基本养老保险覆盖率影响因素分析 [J]. 发展研究, 2016 (3): 89-95.

[13] 古钺. 全覆盖 促共享: 论实现法定人员全覆盖目标的重点是养老保险 [J]. 中国社会保障, 2016 (3): 10-11.

[14] 杜邢晔. 社会养老保险覆盖率文献综述 [J]. 生产力研究, 2008 (3): 142-144.

[15] 娄宇. 完善法定人员基本全覆盖的制度保障 [J]. 中国医疗保险, 2016 (1): 23.

[16] 李培, 刘苓玲. 我国基本养老保险扩面的收入分配效应研究 [J]. 财经研究, 2016 (4): 15-25.

[17] 王震, 制度整合是实现法定人员全覆盖的前提条件 [J]. 中国医疗保险, 2016 (1): 21.

[18] 穆怀中, 闫琳琳. 新型农村养老保险参保决策的影响因素研究 [J]. 人口研究, 2012 (1).

[19] 张娟, 唐城, 吴秀敏. 西部农民参加新型农村社会养老保险意愿及影响因素分析: 基于四川省雅安市雨城区的调查 [J]. 农村经济, 2010 (12): 73-75.

[20] 高文书. 新型农村社会养老保险参保因素分析: 对成都市的实地调查研究 [J]. 华中师范大学学报 (人文社会科学版), 2012 (7).

[20] 唐青. 全覆盖背景下养老保险可持续发展研究: 以财务可持续为主线 [M]. 成都: 西南财经大学出版社, 2017.

（主笔：唐青　王汉鹏　马杰　丁娟）

成都市长期照护保险试点评估研究[①]

摘　要：长期照护保险是一项重要的制度设计。成都市坚持人力资源和社会保障部试点指导意见的总体方向，在覆盖范围、参保筹资、待遇支付和经办服务方面都进行了创新探索。通过对成都市长期照护保险试点制度设计、实施过程、社会效果和基金收支等情况进行评估，总结试点工作的成效和经验，并分析存在的问题，不仅有助于试点城市完善制度、提高经办管理水平，也可以对进一步扩大试点范围提供有益借鉴。

关键词：长期照护保险　制度设计　经办管理　评估

一、绪论

（一）选题的背景和意义

2016年6月人力资源和社会保障部颁发《关于开展长期护理保险制度试点的指导意见》（以下简称《指导意见》），在全国范围内选择了15个城市和2个重点联系省份开展长期护理保险制度试点，四川省成都市被纳入首批国家试点城市，探索建立长期照护保险制度。经过近一年的准备，成都市长期护理保险试点工作于2017年7月1日全面推开。在成都市推进长期护理保险试点一年后的背景下开展评估研究，是全面建立长期护理保险制度的需要，是在四川省推广乃至全国推介试点经验的需要，是进一步推动试点城市完善相关政策和工作机制的需要。

（二）研究现状

国内对长期护理保险研究与本选题相关的文献集中在三个方面。一是对国内长期照护模式的研究。根据照护内容，分为居家照护、机构照护和社区照护模式。侯立平（2012）分析了发达国家照护模式，北欧模式，在制度上确定长期照护的政府责任，但居家照护是主流；欧洲大陆模式，特点是公平、高质量、竞争有序，但是成本较高；地中海模式，主要是家庭承担老年照护主要责任；混合模式，即政府公共保障和商业保险

---

① 本课题是中国劳动和社会保障科学研究院2018年度科研合作项目（项目编号：LKYwt2018026）。

相结合的模式。顾大男、柳玉芝（2008）提出，按照料形式不同，可以分为正式照料和非正式照料，其中非正式照料指家庭照护，正式照料是指社区照料、机构照料。二是关于失能老人长期照护保险的比较研究。部分学者对美国、日本、英国、瑞典等国家老年人长期照护保险体系进行研究比较，对政策体系、体制机制、解决措施和基本经验等进行归纳和梳理，对不足之处进行了剖析，为我国长期照护保险的试点提供了可供借鉴的经验，我国应高度重视老年人特别是失能老人的照护问题，将照护保险作为重大民生，从政策法规、公共财政、组织管理等维度进行构建。三是对先期试点城市制度建设的研究。史书（2015）对长春市建立失能人员医疗照护保险制度进行了研究，米红（2016）对青岛长期医疗护理保险制度创新与评估进行了研究，邓大松（2015）以青岛市为例对中国长期护理保险制度构建进行了分析。

2016 年人力资源和社会保障部《指导意见》下发后，人力资源和社会保障部社会保障研究所组织力量对长护保险制度试点关键性问题进行了系统研究，其成果包括一个主报告和四个分报告，尤其对无锡市的试点情况进行了初步评估。2017 年 3 月和 7 月社会保障研究所分别在北京和成都组织召开了长期护理保险制度建设研讨会，会上人力资源和社会保障部医疗保险司的同志对"长期护理保险制度试点进展情况"进行了总结和评价，吉林省、成都市、青岛市、苏州市、南通市、荆门市、上饶市等试点省（市）交流了试点情况和经验，但是这些经验介绍主要采用工作总结的形式，有必要进行更加深入、系统和科学的评估研究。

（三）研究目标及思路

研究目标。通过对成都市长期护理保险情况开展研究、评估，总结成绩和经验，找出困难和问题，提出推进长期护理保险工作的方案建议，促进全省乃至全国进一步扩大试点范围，尽快形成长期护理保险制度政策框架。

研究的关键问题。一是试点情况是否顺利实施；二是试点方案是否符合地方实际，社会效果如何；三是试点存在的主要困难和问题；四是试点方案在四川省乃至全国是否具有普适性。

研究思路与技术路线。本课题的研究思路是从"成都市长期护理保险制度框架和配套政策实际效果、试点城市方案比较、试点方案在全省及全国推广的可行性"三个角度进行研究和全方位评估。

（四）研究的主要内容

对试点实施过程进行评估。采用过程概述方法，分析成都市长期护理保险试点开展情况，包括：建立试点工作机制，加强舆情宣传引导，深入开展调查研究，专题论证研讨，方案初步测算，创新经办模式等。

对试点方案进行评估。此项评估采用比较分析法，选择 15 个试点城市中具有典型意义的方案与成都市方案进行对比分析，主要比较覆盖范围、筹资渠道、待遇支付条件、待遇水平、经办服务、信息系统建设等方面，并得出成都市试点方案的创新之处、优势和不足等结论。

对试点实施效果进行评估。采用问卷调查、座谈访谈和精算等方法，对覆盖率、待遇享受人数、待遇支付水平、经办服务、公众满意度等进行评估，考察试点的实际效果。

对试点存在的困难和问题进行评估。包括对长效筹资机制、基础服务标准及质量评定等技术管理规范、经办能力建设、科学的等级评定标准等难点问题进行评估。同时也要对如何扩大覆盖范围以体现公平性、待遇支付水平是否能够满足重度失能人员的基本生活照料需求、基金能否实现长期收支平衡等关系长期护理保险制度运行的可持续性问题进行评估。

对试点价值进行评估。采用归纳法进行研究，研究成都市试点方案在全省推广的可行性问题。成都的方案需要在筹资标准、待遇支付、财政投入等方面如何调整和完善才能在全省普遍使用。

二、成都市长期照护保险制度设计与运行机制

成都市长期照护保险是以重度失能人员为保障对象，为参保失能人员提供基本生活照料和与其相关的日常护理等服务为基本保障的一项全新的社会保险制度，其保障内容为基本生活照料和基本日常护理，保障方式以提供照护服务为主。

（一）成都市长期照护保险试点背景

1. 国家长期护理保险制度的正式提出

2015 年 11 月，国家“十三五”规划提出“探索建立长期护理保险制度，开展长期护理保险试点”，首次从国家层面提出建立长期护理保险制度。

2016 年 5 月 27 日，中共中央政治局举行第三十二次集体学习，研讨内容为人口老龄化的形势和对策分析。习近平总书记指出：要“落实支持养老服务业发展的政策措施”，建立“相关保险和福利及救助相衔接的长期照护保障制度”。

2016 年 7 月，人力资源和社会保障部制定并发布《人力资源和社会保障事业发展“十三五”规划纲要》，将探索建立长期护理保险制度列入了规划纲要。

2016 年 6 月，人力资源和社会保障部办公厅发布了《关于开展长期护理保险制度试点的指导意见》，确定包括成都市在内的 15 个城市作为试点地区，组织开展试点探索。

2. 成都市失能人员长期护理现状

成都市老龄化情况显著高于全国平均水平。截至 2017 年年底，全市户籍人口 1 435. 33 万人，其中 60 岁及以上老年人有 303. 98 万人，占比 21. 18%，较全国 17. 3% 的平均水平高 3. 88 个百分点。65 岁及以上老年人口 210. 03 万，按 15～64 岁劳动年龄人口抚养 65 岁及以上人口计算，成都市 2017 年赡养系数为 20. 57%，高于全国 17. 3% 的平均水平 3. 27 个百分点①，达到中度老龄化社会水平。

① 数据来源：全国老龄工作委员会办公室，2017 年《成都市老年人口信息和老龄事业发展状况报告》。

成都市测算失能人员规模较大，其中重度失能比例高。根据人口普查及统计数据、基线调查数据等途径统计测算，成都市老年人口重度失能率为 0.54%，占老年人口总量的 2.52%。按该比例测算，成都市老年人口中重度失能人员规模为 7.55 万人，其中由城镇职工基本医疗保险覆盖的重度失能人员为 3.82 万人。另外，从全市人口统计数据反映测算，成都市全年龄阶段有近 9 万长期失能人员，其中由城镇职工医疗保险覆盖的人员有 3.35 万。

成都市的长期护理风险从家庭向社会溢出。长期护理需求具有长期性和持久性的特征，这意味着家庭既要有照护服务的供给能力，也要有相应的支付能力。随着成都地区家庭规模小型化、人口老龄化程度的加深，失能人员及家庭照护负担沉重。根据 2017 年成都市统计公报推算，全市城镇居民人均可支配收入为 3 243 元/月，农村居民人均可支配收入为 1 691 元/月；根据调研走访了解到，成都市养老机构平均收费每月 1 500~3 900 元；重度失能人员基本照护费用（只含照护服务）平均为 3 200 元。失能、半失能人员面临的长期照护经济负担明显较重，超出了个人平均可支配收入的承受范围。

养老机构资源相对不足，非医疗性质的照护需求挤占基本医保基金。因为长期照护保险的缺失，较大范围内存在高龄参保人员通过住院缓解家庭照护负担，给医保基金的运行带来巨大压力。部分老年参保人员小病大治、长期挂床等过度医疗问题、照护费用挤占医疗资源的问题仍大量存在。

3. 成都市长期照护保险制度试点目标

成都市开展长期照护保险制度试点的目标主要有以下几个方面：一是提前应对老龄化等问题，做好政策制度储备，试点设计出一套独立的、具有可行性、可推广性的长期照护保险体系，为长期照护保险在全国范围内的复制推广和实施进行探索和积累经验。二是将长期照护保险定位为社会保障体系中的环节之一，为失能人员及其家庭因失能人员出现产生的风险提供社会兜底功能，减轻重度失能人员家庭的照护压力。三是通过试点制度设计，建立一套独立完整运行的长期照护保险体系，规范厘清医养服务行为，保障医疗资源的充分使用和减轻医保基金运行负担。四是通过规范长期照护保险评估、照护服务标准等体系的建立，有效释放市场潜在需求，促进照护产业发展。

（二）成都市长期照护保险制度框架

1. 覆盖范围

成都市在试点启动阶段首先覆盖成都市城镇职工基本医疗保险参保人员，包含在职人员和离退休人员，首先以重度失能人员为保障对象，已按国家工伤保险政策享受生活护理待遇的工伤职工不再享受长期照护保险待遇。随着试点工作的推进和完善，择机扩大覆盖范围和受益面，最终建成覆盖全体参保人员的独立社会保险制度。

2. 参保筹资

试点启动阶段的主要基金来源渠道为调整城镇职工基本医保基金结构来实现单位缴费和个人缴费。在筹资过程中突出个人缴费主体责任，缴费比例与失能风险挂钩。个人缴费以城镇职工基本医疗保险缴费基数为基数，40 岁（含）以下费率为 0.1%，40 岁至办理退休前的人员费率为 0.2%，退休人员费率为 0.3%，缴费资金从医疗保险个人账户中按月划拨；单位缴费按 0.2%的费率从城镇职工基本医疗保险缴费统筹基金中按月划拨；针对退休人员政府财政按每人每月 0.1%的费率对退休人员缴费进行缴费补助；此外，政府同时引导和接受社会各界对长期照护保险的捐助。通过试点工作的不断探索推进，以建立个人、单位、政府和社会捐助等互助共济、责任共担的多元筹资机制。

3. 待遇支付

在试点阶段，根据成都市失能人员实际情况和基金承受能力确定了以下失能人员的待遇支付相关细则：

（1）支付条件。享受长期照护保险待遇支付的条件是长期失能的参保人员，具体条件包括：①参加长期护理保险；②因年老、疾病、伤残等导致生活不能自理，并经认定和评定失能等级的重度失能人员；③连续参保缴费 2 年（含）以上并累计缴费满 15 年。

（2）支付范围。长期照护保险只支付重度失能人员的基本生活照护费用，不包括医疗护理费用。

（3）支付标准。长期照护保险基金支付范围的照护费用不设起付标准，按照机构照护和居家照护两种情况，分别按失能等级对应照护费用的 70%和 75%由基金进行定额支付，并且缴费年限在 15 年的基准基础上每增加 2 年，支付标准提高 1%，支付比例累计不超过 100%。

（4）待遇调整。建立长期照护保险待遇动态调整机制，根据参保和失能情况变化实时调整长期照护保险待遇。

4. 服务与管理

建立长期照护保险的目的是为失能人员提供生活照料服务，服务的供给方主要包括医疗机构、养老服务机构和能够提供居家生活照护服务的其他服务机构，也包括能够提供居家生活照护服务的家人、亲戚、邻居等。长期失能人员应与服务提供方签订服务协议，机构和个体提供照护服务后由基金按标准支付费用。

长期照护保险经办管理依职责的不同分为三类：第一类是政府医保经办机构，负责基金征收、拨付、待遇审核及日常管理等工作；第二类是商业保险公司，负责具体经办工作，包括协议管理、费用审核、结算支付等经办管理业务；第三类是委托第三方机构，负责失能人员资格认定和等级评定。

（三）成都市长期照护保险运行机制

1. 经办管理体制

成都市长期照护保险试点工作的经办管理相关职能主要涉及以下部门及第三方机构：成都市人力资源和社会保障局负责长期照护保险政策制定并监督实施；成都市和所辖区（县）社保经办机构负责长期照护保险参保登记、基金征缴和基金划转；医保经办机构负责经办流程、服务标准、管理办法的制定，并可通过公开招标的方式委托经办机构和协议照护服务机构进行管理、费用结算等工作；劳动能力鉴定机构负责失能评定。全国自上而下机构改革后，长期照护保险政策制定和经办管理的职责将由新组建的医疗保险局承担，而基金征缴的职责将由税务部门来承担。

成都市成立了长期照护保险资格评定委员会，办公室设在市劳动能力鉴定中心。实际上这个资格评定委员会是一个虚拟的层面，主要是应对失能评定申请人员对评估结果有异议，提起行政诉讼，失能资格评定委员会就可以作为实体进行应诉，事实上的失能鉴定工作是由被委托的保险公司在组织实施（见图 1）。

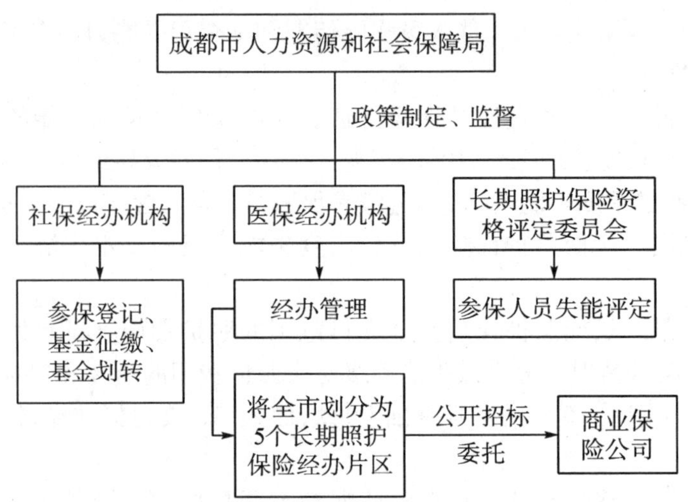

图 1　成都市长期照护保险经办管理体制

第三方经办机构主要是商业保险公司。市医保经办机构通过公开招标的方式，将长护保险政策宣传与咨询、照护机构协议管理、失能人员实名制管理、照护服务费用结算和支付，以及部分失能评定工作（失能评定申请受理、评估人员管理、评估资料归档管理、评估结果公示、复评工作组织等）等具体经办业务委托给商业保险公司。

应说明的是，成都市将一个片区保费的 7%作为被委托保险公司的收益。经与四川省保监局和成都市保险协会反复沟通，认为将商业保险公司成本确定为 4%~7%、利润为 3%~5%比较合理。因此，按最低成本 4%和最低利润 3%相加为 7%，作为保险公司参与长期照护保险经办的收益，并在标书上进行明确。将利润点确定后，竞价主要就是为了做好长期照护保险的委托经办工作，保险公司计划投入的人力、物力等硬件和规章制度等软件。

2. 长期照护保险失能评定

长期照护保险失能评定程序涉及多方主体：

（1）失能评定申请人。首先需向经办机构提交失能评定申请表，进行包括申请人员的基本信息、目前生活状况（社保、有无子女照顾、居住状况、经济来源、照料情况）、就医及健康状况、监护人情况等情况的基本采集。

（2）失能评定申请受理点。成都市失能评定受理点一般设在商业保险公司柜面。

申请受理时，申请人需要填一个自评表（Katz 日常生活功能指数评价量表），商保公司工作人员收到申请书之后，初步审核符合上门调查评定的要求。

（3）失能资格评定委员会负责参保人员资格和失能等级评定。评估专家库和评估员库由市劳动能力鉴定中心组建，评估员库中的评估员主要来源为基层医疗服务机构，其职责是对符合条件的长期照护保险申请人员进行上门信息采集，评估专家主要是进行异议复评和抽样复评。

（4）上门初评。每次评估采取 1+1 的模式，保险公司在评估人员库随机抽取评估人员，并由保险公司派出一个有医疗背景的监督员同时上门。从评估员和监督员进门直到结束，评估整个环节全程录像，全程不少于 10 分钟。评估员通过评定待评人的基本情况，按要求填报评估结果并在系统上记录。评估员实质上是一个信息收集员，看不到评估的结果。监督员对评估员打分进行复核、补充，然后提交评估情况。评估打分上传系统后自动生成评估结果。

（5）评估公示。评定结果确定后通知当事人结果并在居住地社区公示（见图 2）。

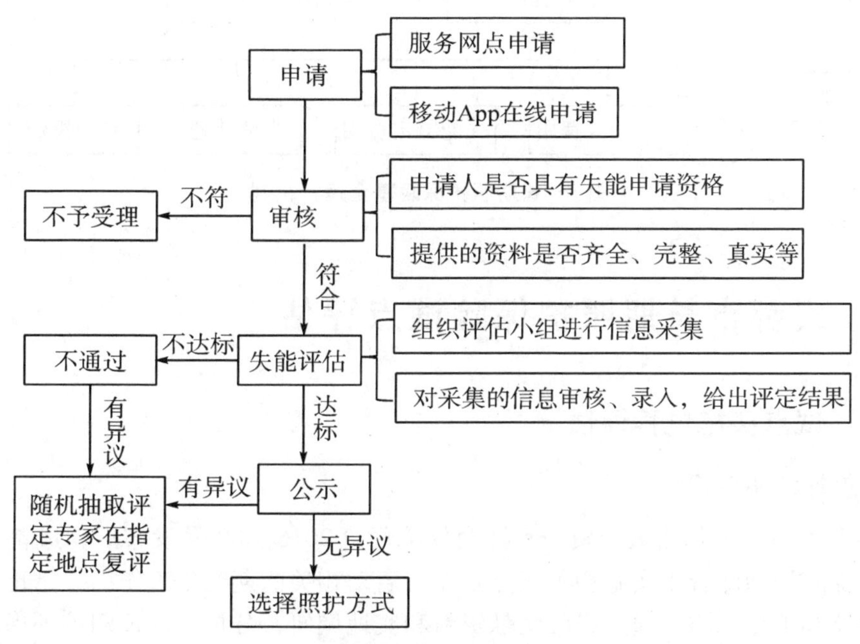

图 2　长期护理保险失能评定流程

3. 长期照护保险服务项目和标准

《成都市长期照护保险服务项目和标准》初步确定了 31 项服务内容，包括生活照料 11 项、护理照护 13 项、风险防范 3 项、功能维护 4 项。其中，11 个项目属于基础照护服务，20 个项目属于个性化选择服务。

参保失能人员经鉴定分为三、二、一级，对应享受一、二、三级照护。三个等级照护基础项目相同，不同照护等级可选择项目数有所差异：一级照护可选项为 7 个，每周上门服务 4 次，每月上门服务 32 小时；二级照护可选项 4 个，每周上门服务 3 次，每月上门服务 26 小时；三级照护可选项 1 个，每周上门服务 2 次，每月上门服务 20 小时。

4. 长期照护保险服务机构协议管理

照护服务机构的监督、管理及考核由各委托经办机构负责，通过日常审核、随机抽查、专项检查、数据分析等方式对协议照护机构进行量化考核，从基础管理、服务质量、费用结算、信息系统四个方面，对 26 项具体指标进行打分，最后综合评分。每年考核一次，考核合格续签下一年服务协议。

5. 长期照护保险基金运行机制

长期照护保险基金运行机制如图 3 所示。

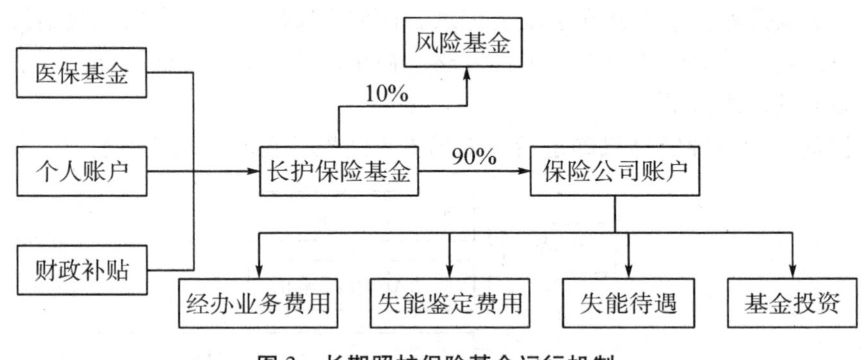

图 3 长期照护保险基金运行机制

三、成都市长期照护保险试点评估

（一）试点实施过程评估

1. 前期准备阶段

2016 年 6 月，四川省人力资源和社会保障厅〔2016〕80 号发布后，成都市人力资源和社会保障局随即着手实施相关试点工作，启动相关前期准备工作：一是迅速确定制度设计思路和工作思路。通过查阅文献资料和实地调研，分析建立长期护理保险的社会动因，提出制度设计要素，保证试点方向的准确性，逐步形成具有成都特色的制度框架和工作思路。二是召开长期护理保险制度建设工作研讨会。邀请了各圈层专家、代表，分行业、分部门召开了多次工作推进会和座谈会，认真听取各方建议意见。三是开展全市范围内的摸底调查。通过调查，获取了基础数据，掌握了老年参保人员的医疗护理需求和生活自理障碍工伤人员的待遇水平。四是启动长期照护保险测算分析工作。2016 年 11 月 7 日，成都市医疗保险管理局上报《关于我市长期照护保险数据的测算分析报告》，对成都市长期照护保险数据进行测算并对基金收支进行概算，对覆盖人员规模、照护价格标准、照护成本时价、基金支出额度进行测定，并对资金来源渠道、试点覆盖对象、经办机构、测评流程等细则提出可行性建议。

2. 试点实施阶段

经过前期系列准备工作，成都市陆续公布了长期照护保险的试点方案、实施细则、失能人员评定标准和办法、服务项目和标准、经办管理办法等主体文件和相关配套政策制度，设计了经办规程和认定流程，同时配套建立了长期照护保险的信息系统。

3. 成都市长期照护保险试点实施过程评价

（1）行动迅速，省、市联动。省、市两级合力推动试点，迅速建立了省、市联动的长期护理保险工作机制，省人力资源和社会保障厅医保处明确专人参与长期护理保险试点推进工作；市人力资源和社会保障局成立了由市人力资源和社会保障局副局长、医保局局长为组长，医保处处长、医保局分管副局长为副组长，相关处室和部门负责同志为成员的领导小组。抽调相关处室负责人和业务骨干成立了长期照护保险试点工作小组。明确工作任务，对具体工作进行了安排布置，及时研究解决推进过程中遇到的难点问题。

（2）深入调研，明确制度要素。省、市组织相关人员查阅了大量文献资料，学习了解美国、德国、日本等老龄化国家的经验和做法，并通过实地调研国内长期护理保险制度先期试点城市，开阔视野，积累知识，分析问题矛盾。在成都市域内养老机构、街道、社区和失能家庭调研，了解老年群体的生活照料、医疗护理等服务需求，分析建立长期护理保险的社会动因，提出制度设计要素，保证试点方向的准确性，逐步形成具有成都特色的制度框架和工作思路。

（3）专题论证，广泛征求意见。召开了全市长期护理保险制度建设工作研讨会，邀请了市级相关部门、在蓉高校、部分行业专家、相关医院和商保公司代表近 60 人参会。分行业、分部门召开了 7 次长期照护保险试点工作推进会和 5 次工作座谈会，认真听取各方的建议和意见。

（4）摸清底数，夯实制度基础。开展了涉及户籍人口 293.4 万人的基线调查，获取了全市开展长期照护保险试点工作的基础数据；对 2015 年成都市职工基本医疗保险参保情况及分年龄段构成情况分析，了解老年参保人员的医疗护理需求；收集成都市民政、残联基础数据，掌握老龄人员和失能人员的相关数据；整理 2016 年工伤人员生活护理费待遇标准，掌握生活自理障碍工伤人员的待遇水平。运用了多种方法对试点方案进行测算，对制度建立进行可行性分析。

（5）协商沟通，完善试点方案。加强与财政、民政、卫健委等部门的沟通协调，建立多部门参与的联动机制，共同对成都市长期护理保险试点方案多次讨论，对具体条款和内容反复修改，对实施方案的基本原则、资金筹集、支付条件等关键环节进行把关。

（6）建立标准化资格认定体系。①国际标准本土化，制定规范的失能评定标准，基于 ICF（关于功能、残疾和健康的国际分类）理论框架创新构建了涵盖“身体—精神/认知—沟通/社交”的本土化失能综合评定量表。②组织管理协同化，成立资格评定委员会，负责处理失能评定的日常工作，指导、监督、检查失能评定工作的开展。③流程制定科学化，制定公平公正的失能评定管理办法，规范“自评+初评+复评+稽核”的评估工作流程，确保评估过程质量可控，评估结果科学可靠。④运行操作社会化，组建评估员库和评定专家库，依托各级医疗机构，优选老年、康复、神经内科等相关医学背景人员，经培训并考核合格后，纳入评估员库和评定专家库。

（二）试点方案评估

1. 成都市试点方案与国家《指导意见》比较

人力资源和社会保障部颁发的《指导意见》从顶层设计明确了制度建设的基本方向，在此基础上各试点城市根据当地特点和实际情况发挥各地优势进行试点探索，成都市试点方案在制度设计和实施细则等方面进行了细化与创新（见表1）。

表1　成都市试点方案与国家《指导意见》对比

基本政策	《指导意见》	成都市试点方案
参保范围	试点阶段，原则上主要覆盖职工医保的参保人群；允许试点地区在条件具备的情况下逐步扩大覆盖范围	首先将城镇职工基本医疗保险参保人员纳入参保范围，以后逐步扩大到城乡居民基本医疗保险参保人员； 待遇保障对象是重度失能参保人员
资金筹集	建立多渠道的筹资机制； 筹资机制要体现互助共济、责任共担原则； 基金要满足以收定支、收支平衡； 推荐的筹资渠道包括：划转职工医保统筹基金结余；调剂职工医保费率用于长期照护保险缴费	建立参保个人和单位缴费、财政补助为主的多元化筹资机制； 长期照护保险基金与基本医疗保险基金合并征收； 不仅划转城镇职工基本医疗保险统筹基金，而且划转个人账户； 财政只补贴退休人员的缴费
待遇支付	支付范围是符合规定的护理服务费用； 支付比例总体上控制在护理费用的70%左右	支付条件：参加长期照护保险并累计缴费15年；经鉴定为重度失能等级；非第三方责任； 支付范围：基本照护服务的费用，以及与基本照护服务相关的服务费、耗材费和设备使用费； 支付标准：按照机构照护和居家照护分为两个标准，分别为失能等级对应照护费用的70%和75%，并体现长缴多得的原则
基金管理	参照现行社会保险基金有关管理制度执行； 基金单独管理，专款专用	参照基本医疗保险、工伤保险等基金管理制度执行； 单独管理、专款专用、分账核算
服务管理	建立护理服务机构和从业人员的协议管理和监督稽核等制度； 建立长期护理需求认定和等级评定标准体系； 制定待遇申请和资格审定及变更等管理办法； 探索建立对护理服务行为和护理费用第三方监管机制； 探索适应的付费方式	制定了《成都市长期照护保险协议照护机构管理办法》（成医发〔2017〕17号）； 制定了《成都市长期照护保险失能评定管理办法》（成长照委〔2017〕3号）； 制定了《成都市长期照护保险服务项目和标准》（成医发〔2017〕14号）
经办管理	制定经办规程，优化服务流程，明确相关标准，创新管理服务机制； 社会保险经办机构可以发挥具有资质的商业保险机构等各类社会力量的作用，提高经办管理服务能力； 加强信息网络系统建设	制定了《成都市长期照护保险经办管理办法》（成医发〔2017〕16号）

成都市使用的是长期“照护”保险概念，与人力资源和社会保障部《指导意见》采用的长期“护理”保险一字之差，更强调以照料为出发点，与医疗性质的护理相区别，而且也符合习近平总书记提出的“建立相关保险和福利及救助相衔接的长期照护保障制度”这一指示精神。

与国家《指导意见》相比，成都市在以下几个方面进行了细化：

（1）覆盖范围。成都市长期照护保险首批覆盖范围确定为城镇职工医疗保险参保人员，有几种情况的人员没有纳入长期照护保险：第一种是已经享受工伤保险的人员不能重复享受；第二种是1~6级伤残军人；第三种是单建统筹的没有个人账户，要求他们从长护保险启动之日开始补缴个人账户代扣部分；第四种是由第三方负全责的不纳入覆盖范围。

（2）筹资机制。按照城镇职工基本医保缴费基数确定缴纳比例，医疗保险缴费率是个人每月2%，单位6.5%，大病1%，共计9.5%。长期照护保险根据不同年龄段确立不同梯度缴费标准，50岁以下为0.01%，50岁以上为0.025%。按该项政策规定计算，参保人员40岁以下年缴费不到50元，退休人员缴费最多，年缴费大约130元。

（3）待遇支付。成都市长期照护保险在试点运行初期，首先明确保障重度失能人员。设置了居家照护高于机构照护五个百分点的倾斜支付政策，鼓励照护服务机构为失能人员提供居家照护服务，鼓励家人、亲戚、邻居等提供照护服务。

（4）服务及经办管理。成都市将提供部分经办及服务通过公开招标的形式向社会专业机构购买，减轻了医保机构的经办压力，显著增强了试点工作的运行效率，提升了服务承载能力和服务水平。

2. 成都市与其他试点地区方案比较

比较分析各试点地区长期护理保险的优劣，各地在保障范围、参保范围、筹资机制、待遇支付、经办管理方面都有所不同，通过比较分析各地的数据，有利于探索总结长期护理保险的最佳制度设计。

（1）覆盖范围。对比15个城市试点方案，长期护理保险覆盖人群主要是城镇职工医疗保险的参保人群。成都市目前只覆盖城镇职工基本医疗保险参保人员，而有6个试点城市覆盖了城乡居民医疗保险。此外上海市还覆盖了60岁以上城乡居民医疗保险参保人员。

（2）筹资渠道。15个试点城市长期护理保险都采用多元筹资的机制，由个人、企业、政府、社会共同出资。相比其他14个城市的筹资方案，成都市的筹资方案具有以下特点：一是确定了个人和单位缴费、财政补助及社会捐助的多元筹资渠道。对比各试点地方案，成都市首次将单位缴费和社会捐助明确作为筹资渠道，同时在试点期间由医保统筹账户和个人账户划拨代替单位和个人缴费。二是分年龄段确定费率，对于从个人账户划拨部分，分年龄段确定缴费基数和费率，40岁以下为0.1%，40岁至退休为0.2%，退休者为0.3%。三是财政补贴的确定比例化。

（3）筹资形式。长期护理保险资金筹集形式主要有两种：固定金额筹资、固定费率筹资（见表2）。

表 2　采用固定金额筹资地区的筹资标准　　单位：元/人·年

	总额	个人缴纳	医保统筹基金	政府补助	单位缴费
齐齐哈尔市	60	30	30		
南通市	100	30	30	40	
苏州市			70（城乡居保为 35）	50	
安庆市	30	10	20		
上饶市	100	40	30		30
广州市	130		130		
重庆市	150	90	60		

部分试点城市采取固定金额筹资模式。例如新疆生产建设兵团石河子市规定：参加职工医保的，每月月底以当月职工医保参保人数为基数，按 15 元/人·月的标准从职工医保统筹基金结余中划转。参加居民医保的按以下标准缴费：按 24 元/人·年的标准从居民医保统筹基金结余中按相应标准划转，列入护理保险基金。财政资金补助以辖区内上年度 60 岁以上老年人数为基数，按 40 元/人·年标准补助护理保险基金；以辖区内上年度重度残疾人数为基数，按 40 元/人·年标准补助护理保险基金。按照每年度 50 万元（占同期福彩公益金的 5%）的标准，从福彩公益金划转到护理保险基金。

部分试点城市采取固定费率筹资模式。如承德市将缴费率暂定为上年度在岗职工平均工资总额的 0.4%，医保基金负担 0.2%，参保个人负担 0.15%，财政补助 0.05%。荆门市按上年度居民人均可支配收入的 0.4%确定筹资标准，个人承担 37.5%，医保统筹基金划拨 25%，财政补助 37.5%。成都市同样采取固定比例划转的形式。

青岛市筹资来自三个渠道：从职工基本医保统筹基金中划转单位缴费基数的 0.5%，从在职职工个人账户中代扣个人缴费基数的 0.2%，财政按照人头每年补贴 30 元。这实际上是固定比率加固定金额的混合筹资模式。

（4）基金管理。各试点城市均规定长期护理保险资金纳入财政专户管理，收支两条线，统一管理，专款专用。其管理都遵循“以收定支、收支平衡、略有结余”的原则，并建立动态调整机制。部分试点城市明确了长期护理保险基金出现缺口时的兜底对象。长春市规定基金当期出现缺口的，由统筹地区负责解决，不得使用基本医疗保险、工伤保险和生育保险基金等进行调剂；上海市规定分账部分支付不足时，需要财政部门予以补贴的，报市政府批准后执行；安庆市则规定长期护理保险基金当期出现超支时，由职工医保基金先行予以调剂。另外，山东省青岛市建立了延缓失能失智预防保障金，每年从职工和居民护理保险资金中分别按不超过 1%的比例划取，接受社会各界捐赠，统一用于延缓失能失智预防工作。

（5）待遇支付方式。对于在定点护理服务机构产生的费用，各地试点方案有按人头付费、按床日付费、按比例付费、复合式付费等几种形式。

多数试点地区采用床日包干定额管理，应由基金支付部分先由服务提供机构垫付，按月进行结算。宁波市按规定的床日定额标准结算。苏州市实行床日包干管理等结算方式，按待遇享受人员的护理服务形式等因素确定结算标准，定期与护理服务机构结算护理费用。南通市实行床日包干管理，按床日定额结算，床日费标准目前暂定为70元。河北承德市实行按床日定额支付的方式。

荆门市按床日实行限额管理，由长期护理保险基金和个人按比例分担。全日居家护理每人每日限额100元，由基金和个人分别承担80%和20%；非全日居家护理每人每日限额40元，由长期护理保险基金支付。养老机构护理每人每床日限额100元，由基金和个人分别承担75%和25%；医院护理每人每床日限额150元，由基金和个人分别承担70%和30%。

部分试点城市采用按人头付费方式。重庆市不设起付线，由基金按每人每日50元的标准结算长期护理服务费用。青岛市按照人头包干定额结算和评估等级限额结算相结合的办法进行结算。齐齐哈尔按月（季）定额结算。

还有部分试点城市采用比例付费方式。广州市参保失能人员护理费用由基金按机构护理75%、居家护理90%的比例支付，入住长期护理定点机构的，其基本生活照料费用按不高于每人每天120元（含床位费，床位费不高于每人每天35元）的标准按比例支付。接受居家护理的，其基本生活照料费用按不高于每人每天115元的标准按比例支付，最高支付限额为每人每月1 000元。安庆市由基金按比例支付。上海市实行比例付费方式，养老机构和社区居家照护协议定价，分别由基金支付85%和90%。

（6）待遇支付范围。长期护理保险主要用于支付重度失能人员的护理费用。对于长期护理保险的支付范围，各试点方案的差异主要在两个方面：

其一，是否包含居家护理。大多数试点城市都将居家护理纳入基金支付范围，并对居家护理和服务机构护理采取不同的补贴标准。齐齐哈尔市规定参保人员居家接受医养护理服务机构或养老护理服务机构护理服务的，每人日定额20元，由长期护理保险基金支付50%。上海市对接受社区居家照护服务的按照协议定价，由长期护理保险基金支付90%。南通市向符合享受待遇条件的居家重度失能人员按照每人每天15元标准发放照护补助，中度失能人员按照每人每天8元标准发放。苏州市向居家护理重度失能人员定额标准为30元/天，中度失能人员定额标准为25元/天。安庆市向符合享受待遇条件的参保人员发放护理补助，补助标准暂按每天15元，按季发放。上饶市对居家自主护理小额护理补助按规定金额予以支付，居家上门护理费用以服务包形式按限额支付。

成都市对居家进行长期照护的，其定额支付标准按照失能等级对应照护费用的75%进行确定。

其二，是否包含非协议机构。大多数试点城市的长期护理保险主要针对协议机构发生的护理费用，对非协议机构发生的护理费用不予支付。石河子市对协议机构按比例支付，非协议机构定额支付。不设起付线，在协议机构发生的护理费用，由护理保险基金按70%比例限额支付，月度限额暂定为750元；在非协议服务机构或居家发生的护理费用，由护理保险基金按25元/日标准支付。

（7）信息系统建设。长期护理保险的信息系统建设主要包括申报、评估、经办、服务、结算、管理全流程的信息化。参与信息化建设的机构包括经办管理机构、协议服务机构和居家护理。信息化建设的主要内容包括配备信息管理设备、建立运行信息服务系统与结算系统、组织负责信息化的人员、及时上传相关服务信息。各试点地区的侧重点有所不同。

青岛市通过信息化建设主要为了实现护理保险照护需求评估、护理服务申请与提供、待遇支付、结算拨付、护理服务机构和人员管理等全流程网上运行和信息共享。重庆市信息系统建设主要侧重于建立沟通机制和宣传方面。上饶市通过信息系统建立信息沟通机制、工作季报制度和宣传机制。广州市通过信息系统汇总长期护理保险费用并向市医疗保险经办机构申报，满足长期护理服务、费用结算及监督管理要求。长春市依托现有医疗保险管理服务信息系统，实现医疗保险和长期护理保险一体化经办管理。建立"智慧长护"信息服务平台，逐步实现与养老护理机构、医疗卫生机构以及其他相关领域信息服务平台的信息共享和互联互通。

上海市建立长期护理保险信息系统，实现与定点评估机构和定点护理服务机构的连接互通，实现长期护理保险评估、经办、服务、结算的信息化。建立基于移动网络和智能终端为基础的社区居家照护子系统，实现上门服务过程中的服务内容派送、服务时间监控、服务结果评价和风险预警呼叫等，并实现与行业管理部门相关信息系统互联互通、信息共享。定点护理服务机构应当据实将服务对象的服务内容、服务时间、服务费用，上传长期护理保险信息系统。

石河子市要求协议服务机构配合信息化建设，及时上传被服务人员的参保状态、失能程度、服务项目记录、结算状态等。苏州市规定长期护理保险经办机构和护理服务机构要按照长期护理保险信息管理的要求配置计算机和网络系统，配备经培训合格、持证上岗、技能与长期护理保险业务相适应的计算机管理人员，实现与长期护理保险信息系统的连接和数据交换，实现长期护理保险申请、评估、经办、服务、结算和管理全过程的信息化。护理服务机构应当据实将服务对象的基本情况、服务内容、服务时间和服务费用等数据，上传长期护理保险信息系统。长期护理保险经办机构负责护理服务机构相关软件的变更、测试和验收。护理服务机构不得擅自修改相关设置。

3. 成都市长期照护保险试点方案评价

（1）坚持了国家《指导意见》的基本方向。以探索建立社会互助共济形式筹资、为长期失能人员的基本生活照料和与基本生活密切相关的医疗护理提供资金或服务保障为目标，根据成都市失能人员实际情况和基金承受能力，在长期照护保险的保障范围、参保缴费、待遇支付方面做出了界定；在经办服务、失能认定、长期护理服务购买等方面做出了有益尝试。

（2）明确长期照护保险制度功能定位。成都市明确将长期照护保险定位为继"五险"后的独立险种，是一项新的社会保险制度，主要目的是应对老龄化，减轻失能人员生活照料的经济负担，同时也培育市场和规范其服务供给。因此，成都市长期照护保险是为保障全市长期失能人员享有基本生活照料和与基本生活密切相关的日常护理等服务；保障内容为生活照料服务，有别于医疗保险保障的医疗护理服务；保障方式主要是提供服务，有别于其他社会保险或救助政策只是简单的现金给付。

（3）建立现实可行的多元化筹资机制。按照社会保险所应有的互助共济功能和政府兜底责任，成都市长期照护保险建立了多渠道筹资机制，充分体现了个人、单位、政府等社会各方面的筹资责任。采用划转医保基金和财政补贴的筹资形式，没有直接增加参保个体和企业的缴费负担，减少了制度推行的阻力。

（4）建立起公平与效率兼顾的待遇支付标准。支付标准与失能等级挂钩（类似于工伤保险），采用固定标准支付，与失能人员实际的照护支出无关。鼓励长缴多得，缴费年限累计15年后，每增加2年提高1%支付标准的鼓励政策。在制度启动之初，只要参加城镇职工基本医疗保险并累计缴费达到15年的，可以享受长期护理保险待遇。

（5）满足个性化需求的服务选择。制定和出台涵盖基本照护服务的项目、标准和要求的服务规范，失能人员根据自身条件和需要选择服务，照护服务机构按规范提供服务，经办机构按要求进行考核和监管，充分发挥失能人员对照护服务机构、照护服务内容的个性化需求和服务评价作用。

（6）创新长期照护保险经办管理模式。长期照护保险政策落地需要相应的经办规程和标准，在这方面成都市进行了积极的探索与创新。资格评定依托专业机构，尽量做到失能等级鉴定的客观公正，尽量减少行政复议和诉讼。经办管理委托商业保险公司，通过购买服务方式将部分经办管理业务委托给商业保险等机构承办，既解决经办力量不足的问题，又将基金收支、业务考核和信息数据等核心经办业务纳入重点管理和监控。信息系统实现在线监管，依托现有经办管理信息系统，满足长期照护保险网上申报受理、服务实时监控和费用联网结算的要求。

（三）试点社会效果评估

1. 为城镇职工医疗保险参保人群提供了失能保障

2017年，成都市参加城镇职工基本医疗保险人数为743.92万人，到2018年6月底，参加长期照护保险的人数已经达到743万人，实现了应保尽保。至今，参保人数已达到813万人，在15个试点城市中成都市参保人数位列前茅。

截至2018年6月30日，全市共受理长期照护保险待遇申请22 959人，评估通过16 013人，占参保人数的0.2%。其中，60岁以上失能老人占94.64%，60岁以下的失能者占5.36%。居家照护占82.36%，机构照护占17.64%。重度一级占58.45%，重度二级占40.86%，重度三级占0.69%。至2018年11月初，全市共受理失能评估申请2.6万余人，享受待遇1.79万余人，随着试点工作的推进，申请人数和享受待遇人数还会增加。

从2018年11月开始，因失智导致的重度失能人员亦可申领长期照护保险待遇。

2. 基本满足参保失能人员的照护服务需求

截至2018年6月13日，总计支出1.08亿元，其中评估环节花费300万元。长期照护保险采取定额购买服务的模式支付待遇，机构照护和居家照护分别按照护理费的70%和75%进行支付，具体支付标准如表3所示。

表 3　成都市长期照护保险与工伤保险待遇标准比较

长期照护保险重度失能人员照护费待遇标准			2016 年工伤人员生活护理费待遇标准	
失能等级	机构照护定额标准（元/月）	居家照护定额标准（元/月）	生活自理障碍程度	护理费金额（元）
重度失能三级人员	1 676	1 796	完全不能自理	2 395
重度失能二级人员	1 341	1 437	大部分不能自理	1 916
重度失能一级人员	1 005	1 077	部分不能自理	1 437

从表 3 可以看出，成都市长期照护保险重度失能人员待遇标准是参照工伤保险参保人员工伤认定后生活护理费待遇标准，从重度失能一级到三级分别与工伤人员从部分不能自理到完全不能自理进行对应，机构照护定额标准等于工伤人员护理费金额的 70%，而工伤人员生活护理费待遇标准是按照上年社平工资的 50%、40%、30%来支付的。

针对重度失能人员的照护需求，调研显示，机构照护每人每日至少需要 3～4 小时的照料服务时间，居家照护服务每人每日至少需要 1.5～2 个小时的照料服务时间，才能基本满足重度失能人员饮食、排泄、清洁卫生和压疮防护等基本日常生活照护需求。本着低起步、可持续原则，在估算中选用最低照护时间 1.5 小时/每天为标准，以每月 30 天计算，每月最低照料时间为 45 小时。

目前长期照护服务尚未形成统一的收费标准，暂时也不可能形成标准。部分地区收费按一般护理、半护理及全护理三种程度实施。课题组随机调查了省内十家民办或公办养老机构的长期照护收费情况，收住对象大体都分为轻度、中度和重度，收费区间如表 4 所示。

表 4　四川省内十家养老机构长期照护费用调查　　单位：元/月

所在城市	养老机构名称	收费区间
成都市	美好家园孝慈苑	3 380～6 380
成都市	康和敏盛社区长辈照护中心	5 000～8 000
成都市	一暄康养养老服务中心	4 000～12 000
成都市	礼爱老年介护中心	5 000～8 000
成都市	双流区玄至孝养老服务中心	1 000～2 500
乐山市	乐山颐年养老服务中心	1 800～5 000
德阳市	中江县南山老年公寓	800～1 500
德阳市	广汉市众爱养老服务中心	1 800～4 200
南充市	南充鑫心老年公寓	900～2 500
攀枝花市	攀枝花市馨佳园养护院	1 500～5 000

数据来源：http://www.yanglao.com.cn/.

一般按评估后的照护等级计算收费在 800～2 000 元不等，每一等级间相差 200～300 元。轻度失能护理和重度失能护理费用差距 2～3 倍，民营收费相较于公办福利性往往更高。以四川彭州市天彭镇阳关颐养院为例，该院是一所设施较好的民营长期照护机构，共有房间68间，总床位数136张，目前实际收住102人，入住人员年龄在85岁左右，90岁以上者有20余人。收费标准为每人每月1 500～3 900元（收费标准详见表5）。住院人员医疗就诊与当地西街医院签订转诊协议，由该医院提供医疗支持，医疗费用由被照护人员自行与医院结算。

表5　2017年彭州市天彭镇阳关颐养院全托照料收费标准　　单位：元/月

护理级别	服务内容	收费标准（双人间）	收费标准（单人间）
全自理：身体健康，无慢性病，日常生活能全自理	1. 提供心理保健康复方面治疗，组织参加健康活动；2. 医生每日查房；3. 每日不定期巡视老人等	1 500	2 200
半自理二级：日常生活基本自理或需部分协助，各种慢性病处于稳定期，意识清楚或位置移动需部分协助，健忘，沟通能力弱	1. 全自理级别的全部服务内容；2. 清洁生活用品；3. 定期修剪指甲；4. 配药，定期测血压；5. 协助起卧，协助洗漱；6. 协助服药，送饭到房间；7. 陪同聊天及户外活动	1 800	2 500
半自理一级：日常生活基本需要协助，需代步工具，移动困难，意识较差，极易发生意外	1. 二级护理的全部服务内容；2. 协助吃饭、喝水；3. 协助大小便，为老人洗澡；4. 协助更换体位；5. 协助使用代步工具器械	2 400	3 200
全护理：完全丧失独立生活能力，日常生活行为依赖他人护理	1. 一级护理的全部服务内容；2. 喂饭、喂水、口腔护理；3. 随时清理大小便，擦洗身体；4. 受压部位按摩，定时翻身；5. 衣物、被褥随脏随洗	3 200	3 900

可见，阳关颐养院针对重度失能老人的收费标准为每人每月3 200～3 900元，而且其费用中还包含了房租费。经调查，上海市护理成本为90元/小时，南通护理成本为75元/小时，假如将成都市重度失能人员照护成本约定为每个月护理45小时，每小时单价70元，以重度失能三级人员居家照护定额支付标准1 796元来比较，大约为重度失能人员实际照护成本的57%，能较大减轻失能人员照护服务的经济负担。

3. 经办服务能力和水平得到显著提升

成都市长期照护保险经办服务采用购买服务的方式，借助照护机构、保险公司、医疗人员等各方力量，为参保人员提供了高效、便捷、高质量的经办服务。一是重视发挥商业保险机构的专业力量，委托经办机构按照合同要求，设立经办网点，配置工作人员，开展各具特色的系列培训，提升经办人员工作能力。二是重视提升失能评定工作质量，依托养老机构和各级医疗机构，优选相关医学背景人员，组建起一支专业化评估队伍，确保基金安全和使用效率。全市评估专家库包括209个专家，一般要求为副高以上，主要由三级医疗机构老年康复、神经内科、神经外科、骨科等科室的副主任、主任医师构成。评估员库由来自基层医疗服务机构的749个卫生服务人员构成，分散在各个区（市、县）。三是重视提升照护服务能力，通过师资队伍专业化、照护培训常态化、培训课程体系化，构建多层次培训体系，培养一批专业化的照护服务队伍，为制度可持续发展提供支撑。

成都市建立了全市统一的长期照护保险基础资源库、信息管理平台和支持多用户业务的移动终端应用。失能人员、业务人员、评估人员和评定专家都可以通过 App 完成申请评定工作。失能人员还能在 App“个人中心”查看评定结果、通知公告、选择服务机构、查询照护订单及详情、制订和变更照护计划、对照护服务进行评价。通过“一库、一平台、多应用”的一体化信息系统，实现了全过程信息化，申请人无须到服务窗口就能完成所有申请事务。

4. 受到参保人员和业内专家高度认可

参保人群满意度调查显示，截至 2018 年 6 月底，个体居家照护待遇满意度调查问卷总计发放 13 600 人次，满意度 98%。机构照护待遇满意度调查问卷总计发放 1 049 人次，满意度 98%，委托经办机构共收到享受照护保险待遇人员送来的锦旗 114 面、感谢信 138 件。成都市长期照护保险试点工作也得到了包括中国医疗保险研究会会长、原劳动和社会保障部副部长王东进等多位业内知名专家学者的充分肯定。同时，从中央媒体到地方媒体均对成都市长期照护保险制度的推行进行了正面报道。

（四）基金可持续性评估

1. 长期照护保险基金收支测算模型

本研究以 ILO 模型为基础，根据以支定收、收支平衡、略有结余的原则，对长期照护保险基金的财务平衡进行测算。具体分为三个模型：

（1）基金收入估计模型

$$FI_t = CR \times YN_t \times AB_t$$

上式中，长期照护保险基金总收入（FI_t）由以下因素决定：①缴费率（CR），指所有参保人、政府以及其他途径向社会保险机构缴纳的长期护理保险费的比率；②参加长期护理保险的缴费人数（YN_t）和缴费基数（AB_t）。暂时不考虑基金投资收益问题。

（2）基金支出模型

$$FP_t = ON_t \sum^{n} UC_{jt} \times m_j$$

上式中，长期照护保险基金总支出（FP_t）由失能人员人均护理成本（UC_t）和参保失能人数（ON_t）决定。m_j（j=1、2）分别代表机构护理和家庭护理的比例。

（3）基金结余模型

$$PS_t = FI_t - FP_t$$

上式中，根据现收现付筹资模式的运行机制，基金结余（PS_t）等于基金总收入减基金总支出，建立短期（一年）的长期照护保险基金平衡模型。

2. 重度失能率估计

2016 年，成都市在准备开展长期照护保险的过程中，委托四川大学、西南交通大学、太平养老、中国人寿保险等 10 家高校和机构对失能人口相关数据进行测算，得到的重度失能率估计值的平均值为 0.54%。由于失能人员主要集中在老年人口中，根据第六次人口普查数据，四川省老年人口中，身体健康和基本健康的占有 80.98%，不健康但生活能自理的占 15.71%，生活不能自理的占 3.31%。再根据 2015 年 1%人口抽样数据，60 岁及以上老年人中，生活完全不能自理的老年人占 2.68%，总人口中重度失能率大约为 0.45%。由于目前统计中对失能率指标没有明确界定，因此无法对统计数据和测算数据进行评估，取 10 家高校和机构测算均值与 1%抽样调查结果的中间值作为重度失能率的参考值，在本研究中将重度失能率设定为 0.5%。

2017 年，成都市参加城镇职工基本医疗保险为 743.92 万人，按照重度失能率为 0.5%进行估计，城镇职工基本医疗保险参保人群中重度失能人群为 3.72 万人，比目前实际享受待遇的人数多将近一倍。

3. 基金收支情况及人均筹资标准评估

根据长期照护保险每月定额支付标准、重度失能人数、失能等级比例、试点实施过程中参保失能人员选取居家照护与机构照护比例等参数和变量，可以测算出成都市长期照护保险基金支出总量（不含保险公司经办的收益、失能评估费用）（见表 6）。

表 6 成都市长期照护保险基金照护费用支出测算

失能等级	机构照护			居家照护		
	每月定额标准（元）	失能人数（人）	每年基金支出（万元）	每月定额标准（元）	失能人数（人）	每年基金支出（万元）
重度失能三级人员	1 676	45	90.50	1 796	211	454.75
重度失能二级人员	1 341	2 681	4 314.27	1 437	12 519	21 587.76
重度失能一级人员	1 005	3 836	4 626.22	1 077	17 908	23 144.30
合计		6 562	9 030.99		30 638	45 186.81

基金支出包括照护费用支出、第三方经办机构收入、失能鉴定费用、风险准备金。其中照护费用支出总额为 54 218 万元，风险准备金为保费的 10%，鉴定费用大概 345 万元（人均鉴定约 135 元），第三方经办机构收入占保费的 7%，基金支出总额为 65 739 万元。

试点一年多，成都市长期照护保险基金收入 13.06 亿元，按照测算，支出为 6.57 亿元，目前来看，基金收入远远大于支出，风险可控。

根据以支定收、收支平衡、略有结余的测算原则，支出总额为 6.57 亿元，参保人数按 743 万人计算，人均筹资标准为 88 元即可保证基金收支平衡。成都市长期照护保险缴费与城镇职工基本医保缴费基数相同，2017 年成都市城镇职工医疗保险缴费月基数为 4 340 元。个人缴费率按 40 岁（含）以下、40 岁至办理退休前、退休三个年龄层次分为 0.1%、0.2%和 0.3%三个档次，参保个体长期照护保险缴费金额大约分为 40 元、80 元和 120 元三个档次，三个参保群体实际的筹资率（个人账户划拨率、统筹账户划拨率和财政补贴率）分为 0.3%、0.4%两个档次，人均实际筹资水平分为 156 元、

208 元两个档次，远远高于以支定收确定的标准。

（五）成都市长期照护保险试点值得注意的问题

1. 参保人员失能鉴定异地申请、评估和监管的困难

由于成都市长期照护保险的参保范围是：先将城镇职工基本医疗保险参保人员纳入参保范围，逐步扩大到城乡居民基本医疗保险参保人员。这其中就涉及了对于异地人员的申请、评估以及如何监管的问题。就目前来说，成都长期照护保险试点期间，考虑政策的规范性、严肃性，按照政策规定暂不受理异地居住失能人员的评估申请，经办公司需在这一点上对异地人员做好解释工作。失能人员跨区域居住在协议照护机构的，统一享受协议照护机构待遇，跨区居住非协议照护机构的按居家照护待遇享受。

2. 评估质量和照护质量的监管困难

成都市长期照护保险的试点方案中也指出了一些日常监管的要求，监管总体来说包括两个方面，一是评估质量的监管；二是照护质量的监管。对此，要建立协作咨询机制，方案制定过程中要广泛听取各方意见，成立专家团队等协作平台，组织和利用社会各界力量。成都市现阶段的监管主要是针对协议照护机构。成都市建立运行分析、日常巡查等管理制度，通过信息网络系统、随机抽查寻访、满意度调查等手段，加大对照护服务机构服务情况的跟踪管理，确保失能人员享受到规范、标准和满意的照护服务。照护服务机构违反服务协议的，应根据协议进行处罚并责令整改，情节严重的应当解除服务协议。对于居家照护的照护人员（亲属和专业照护人员）如何进行培训和监管，以保障失能人员的照护质量，是下阶段成都市应着力解决的问题。

3. 照护市场服务费用滥涨风险的防控

建立长期照护保险势必会带动试点地区关于照护市场服务需求的巨大增加，需求的增加将会带来一系列的服务费用上涨情况，如何有效防控照护市场服务费用滥涨是一个不容小觑的问题。本着增进人民福祉、促进社会公正公平正义、维护社会稳定的目的，针对服务费用滥涨的问题，要做到统筹协调，实时监督，严厉打击费用上涨过快过猛、恶性竞争等行为。努力提升保障水平，做好各类社会保障制度的功能衔接，协同推进健康产业和服务体系的有序发展。

4. 协议照护机构的激励机制还存在问题

成都市长期照护保险协议中的照护机构已有 3 家民营机构主动退出，主要是收费低、服务质量较差的养老机构。这类机构在签署协议后，机构本身的市场竞争力没有明显提升，还需受到长期照护保险经办机构对照护质量的监管，且不能随意变动服务收费标准。因此，签订的协议成了他们的桎梏。成都市相关部门还需调查分析如何激励养老机构和医护机构积极参与长期照护保险，提高对失能人员的照护质量。

5. 评估人员的激励问题

失能评估人员主要是各区域的专业医生，现行制度是采取每次评估 300 元的人工费

用，交通由保险公司提供。这一费用累计起来是个不小的数额，且对专业医务人员的激励效果有待考证。成都市在以后的制度完善过程中，如果能采取其他激励方式，与医院人才管理制度相结合，比如将评估次数转化为一定的基层服务时间，抵消医护人员部分基层服务年限要求，则更能节约评估成本，凸显激励效果。

四、推进长期照护保险制度建设的建议

（一）总结并推广成都市长期照护保险试点的成功经验

按照试点工作目标提出的可操作、可复制、可推广要求，成都市长期照护保险在诸多具体制度建设上进行了有效探索。

1. 进行充分的调研和测算

从 2016 年开始，成都医保局进行了广泛的调研和多方测算，听取了各圈层代表的意见，邀请市级相关部门、在蓉高校、行业专家、相关医院和商保公司代表参加工作会议，邀请多家机构对成都市重度失能人数、照护费用标准、长护保险支出总额、人均筹资标准等都进行了测算。得出成都市城镇职工医保参保的重度失能人数约为 3.35 万人，重度失能人员月度照护花费为人均 3 150 元，成都市每年长期照护保险支出总额约为 8.9 亿元，人均筹资标准约为每年 143 元。结合四川省和成都市人口老龄化趋势实际情况以及经济发展水平，考虑试点启动后实际参评存量重度失能人数不能准确预测，可能会有小幅波动，建议人均筹资标准为 140~160 元/人 · 年。对长期护理资格认证和服务项目的确定，成都市医保局也委托多家医院进行了课题研究。近期，成都市医保局继续委托多家机构对长期照护保险的长期可持续支付能力进行测算分析。正是有了充分的调研和分析，成都市医保局才能更了解本地民情，成都市长期照护保险的制度设计才会更贴近民意，更有利于长远发展。

在控费方面：按照《社会保险法》对社会保险基金性质的规定，照护保险的评估和管理费用不宜从基金中列支，如果要提取基金的 3%~5%作为评估和管理费用，则应将失能率控制在 0.52%左右。

2. 多元筹资，分段缴费

目前各试点地区筹资采取的主要方式是从医保基金划拨。这一筹资方式在试点期间是一种权宜之计，若长期使用可能会影响长期照护保险筹资的稳定性。从长远而言，长期照护保险需要建立独立的筹资渠道、账户和多元筹资机制。成都市从制度出台就确立了个人、单位、政府和社会捐助等责任共担的多元筹资机制。所需基金由政府、单位和个人三方共同承担，鼓励社会慈善资金参加。先期试点阶段，单位部分可先由统筹基金划入，个人部分可由个人账户余额缴纳。根据 2016 年的数据测算，基金筹资规模达到 12 亿元，其中个人账户 5.89 亿元，统筹基金 5.2 亿元，财政 0.91 亿元。同时，鼓励社会捐赠并与慈善团体进行了多方协商。成都市对个人账户划拨分了三个年龄段，分别按

照 0.1%、0.2%和 0.3%从个人账户划拨，体现了不同失能风险的个人承担的缴费义务不同。这一举措在 15 个试点城市的方案中独树一帜。

3. 建立标准化的资格认证体系

在对失能人员进行评估认定过程中，成都在评定标准、评定团队、评定流程等方面建立起一套完整的标准化资格认证体系。失能评定标准是基于 ICF 理论框架构建的涵盖“身体—精神/认知—沟通/社交”的本土化综合评定量表；评定团队由资格评定委员会组织，依托各级医疗机构，组建了评估员库和评定专家库；评定流程方面规范了“自评—初评—复评—稽核”的标准化流程，且每次上门评定均有一名保险公司的监督员在场。

4. 鼓励居家护理和亲情式护理

成都市在试点之前，借智借力，向先行试点城市学习，委托高校和医疗机构开展调研和测算。对成都市的失能照护需求和照护服务市场的供需双方进行详细分析，认为现有的 11.25 万床位无法应对 300 万老年人口、7.55 万重度失能人口的需求。所以在试点期间，长期照护保险的待遇向居家护理倾斜，鼓励失能人员住家接受护理，既可以选择护理人员上门服务，也可以由亲人护理，负责护理的亲人需定期参加护理能力培训。在当前涉老服务保健的机构设施还不完善，且老年人更愿意和子女共同生活的情况下，在政策上鼓励采取成本较低的家庭照护，积极引入社会资源开展上门服务。这种多样化服务供给、展现亲情优于专业的服务理念，鼓励居家护理和亲情式护理的方式在护理服务市场不发达的中西部地区值得推广。

5. 管办分离、社商合作的运营模式

成都市在长期照护保险试点过程中，逐渐形成了与商业保险公司的合作模式。商业保险公司全流程参与经办管理，从运营、申请、评估、照护方式选择、照护机构筛选、回访和待遇发放全过程全方位参与。发挥了保险公司的市场优势和专业优势，按比例给予经办费用，设立独立账户运营，并建立对保险公司的考核和监督制度。成都市也在加快长期照护保险制度相关配套设施建设，开展新型信息系统建设的前期研发，探索“互联网+服务”，把健康风险和失能照护紧密结合起来，引入社会力量和现代化手段开展失能状况评估。

6. 服务质量监管

对于照护服务质量的监管，分机构照护和居家照护进行，对机构照护的监管，主要通过价格限制和照护质量评估两项，对居家照护则主要通过培训提高照护质量，成都市成立了照护人员培训基地和评估人员培训基地。对于失能评定的监管主要通过事前、事中、事后的监督管理，严格把控事前调查和事后巡查工作。

（二）扩大长期照护保险试点范围的建议

1. 坚持长期照护保险走社会保险的方向

社会保险有三个基本属性：参保的强制性、风险的互济性和政府的兜底性。长期照护保险因其参保时间长、失能风险低、逆向选择现象突出等特征，在我国通过商业长期照护保险的方式满足广大失能老年人的服务需求是不可行的，基本上没有市场需求，必须走社会保险的道路。一是以强制方式推广长期照护保险，可以促进社会公平性，最大限度地发挥保险的大数法则。二是强化政府介入失能人员生活照护的公共责任，保障失能、失智老人基本生存、健康和发展权。

2. 统筹研究长期照护保险向城乡居民覆盖的筹资机制

目前多数试点城市都只是将城镇职工基本医疗保险参保人群纳入长期护理保险制度的覆盖范围，然而更需要纳入覆盖范围的是城乡居民基本医疗保险的参保人群，这部分人健康风险更高，收入水平更低，一旦失能，支付长期护理费用的压力更大。长期照护保险扩面的难点在于筹资机制，目前各试点城市都是以医保基金为主要筹资来源，从长远来说这是不可持续的。尤其对城乡居民医保基金来说，本身滚存结余金额不大，因此从医保基金中划拨一部分资金作为城乡居民参加长期护理保险的缴费来源是不现实的。必须统筹研究长期护理保险独立的筹资渠道和筹资机制，坚持责任分担，遵循权利与义务对等的原则，合理划分各方的筹资责任，特别要强调个人的筹资责任，真正建立由个人缴费、财政补助、医保基金适当划转、社会捐助等多渠道组成的筹资机制。

3. 注意防范长期照护保险运行中的风险

防范护理服务价格快速上涨的风险。长期护理保险制度的全面建立，将极大地推动护理服务市场的快速发展，不可避免地将刺激护理服务价格的上涨，从医疗保险的教训来说，这是需要提前系统研究并规范的问题。因此，量力而行，合理确定保障的范围和待遇支付的标准，尤其在长期照护保险政策实施之初不宜定下过高的报销比例，采取定额支付参保人员失能护理服务费，可以有效制约机构乱收费的动机，同时要审慎提高待遇标准，建立科学的调待机制。

防范政府财政补贴无限扩大的风险。合理设置各主体在长期照护保险筹资中的角色，锁定政府基本责任，分清政府与社会的责任边界，不要盲目扩大政府的责任，尤其是将城乡居民医疗保险参保人群纳入覆盖范围时，更要注意防范政府被无限卷入财政兜底长期照护保险基金支出的风险。

主要参考文献：

[1] 成都市人民政府. 关于印发成都市长期照护保险制度试点方案的通知 [Z]. 2017.

[2] 罗小华. 我国城市失能老人长期照护问题研究 [D]. 成都：西南财经大学，2014.

[3] 谢俊萍，胡兆舜. 建立长期照护保险的社会动因及要素探讨：基于成都市现状和数据的分析 [J]. 中国医疗保障，2016 (11)：37-39.

[4] 唐钧. 北京市失能老人长期照护保障制度研究 [J]. 残疾人发展理论，2017 (1)：14-19.

[5] 唐钧. 健康社会政策视域中的老年服务、长期照护和“医养结合” [J]. 中国公共政策评论，2018 (1).

[6] 刘芳. 德国社会长期护理保险制度的运行理念及启示 [J]. 德国研究，2018 (1)：

61-76.

[7] 王东芳. 国家义务与公民权利：我国老年长期照护保障相关问题再探析 [J]. 经济研究导刊，2018（28）：45-55.

[8] 荆涛，等. 长期护理保险的概念界定 [J]. 保险研究，2005（11）：43-45.

[9] 戴卫东. 国外长期护理保险制度：分析、评价及启示 [J]. 人口与发展，2011，17（5）：80-86.

[10] 曹艳春，王建云. 老年长期照护研究综述 [J]. 社会保障研究，2013（3）.

[11] 桂世勋. 构建广义的老年人照料体系：以上海为例 [J]. 人口与发展，2008（3）.

[12] 韩央迪. 从福利多元主义到福利治理：福利改革的路径演化 [J]. 国外社会科学，2012（2）.

[13] 刘成. 人口老龄化背景下上海老年人长期照护的模式选择 [D]. 上海：上海交通大学，2006.

[14] 吕新萍. 院舍照顾还是社区照顾：中国养老模式的可能取向探索 [J]. 人口与经济，2005（3）.

[15] 裴晓梅. 老年型城市长期照护服务的发展及其问题 [J]. 上海城市管理，2004（6）.

[16] 王学义. 健康老龄化：人口老龄化的对策 [J]. 西南民族学院学报，2002（12）.

[17] 杨菊华，人口转变与老年贫困 [M]. 北京：中国人民大学出版社，2011.

[18] 朱微微，郭岩. 老年人长期护理需求及其影响因素的实证分析 [J]. 中国护理管理，2010（12）.

[19] 张俊良，曾祥旭. 市场化与协同化目标约束下的养老模式创新：以市场人口学为分析视角 [J]. 人口学刊，2010（3）.

[20] 张盈华. 老年长期照护的风险属性与政府职能定位：国际的经验 [J]. 西北大学学报（哲学社会科学版），2012（5）.

[21] 家康. 德国的长期照料服务体系 [J]. 中国社会导刊，2005（1）.

[22] 常晋婧. 失能老年人在期护理服务的供需分析 [D]. 太原：山西财经大学，2016.

[23] 张昀. 日本长期护理保险制度及其借鉴研究 [D]. 长春：吉林大学，2016.

[24] 郝君富，李心愉. 德国长期护理保险：制度设计、经济影响与启示 [J]. 人口学刊，2014（2）：104-112.

[25] CANTOR M H，MARK B. 2000. Social Care of the Elderly：The Effects of Ethnicity，Class and Culture. New York. Springer.

[26] DR. ROBYN STONE，GAIL LEE CAFFERATA，JUDITH SANGL. Caregivers of the Frail Elderly：A National Profile，Medicine & Social Sciences The Gerontologist.

[27] KEMPER P. （2003）. Long-term care research and policy. The Gerontologist，43（4）：436-446.

[28] NORTH D C. The Contribution of the new institutional economics to an understanding of the transition problem [J]. Wider Annual lectures，1997（1）：1-18.

（主笔：唐青）

绵阳市加强和完善社会保障体系建设研究[①]

摘　要：社会保障是民生安全网、社会稳定器，是人民美好生活需要的基本保障。深入学习领会习近平新时代中国特色社会主义思想，认真贯彻党的十九大报告关于加强社会保障体系建设的新精神，研究谋划当前及今后一个时期绵阳市社会保障事业的发展，既是具体落实中央、省委部署的迫切需要，也是进一步明确全市社会保障事业发展思路和目标任务的务实之举，具有重要的现实意义和长远的历史意义。对新时代社会保障体系建设面临的形势和任务进行分析研判，本研究提出了加强绵阳市社会保障体系建设的基本思路、指导原则、主要目标和重大举措，为市委、市政府决策提供重要的参考和依据。

关键词：社会保障体系　建设研究　参考依据

一、绵阳市社会保障事业的发展历程及成就

（一）发展历程

多年来，党中央、国务院和省委、省政府为建立完善社会保障体系做了一系列重大决策部署。在市委、市政府的领导下，相关部门协调配合，绵阳市相继建立和基本建成了以社会保险、社会救助、社会福利为基础，以基本养老、基本医疗、最低生活保障制度为重点，以大病补充、慈善事业、商业保险为补充的多层次社会保障体系。其发展历程可分为以下四个阶段。

1. 目标探索阶段（1985—1991 年）

这一阶段，社会保障事业是以服务改革开放战略大局为目标，各项事业发展均处在一个起步阶段，具有浓厚的改革和探索特色。

社会保险方面。绵阳建市之初，为顺应时代发展大力推动退休费用社会统筹改革。

---

① 本课题是 2018 年绵阳市人社局委托四川省人力资源社会保障科学研究所开展的市委重点研究课题，课题负责人为绵阳市政府分管领导。

1986年，四川省人民政府将绵阳市列为全省扩大退休基金统筹试点的8个市之一，绵阳市成为退休费用社会统筹改革的“排头兵”。根据相关改革工作需要，同年8月21日决定建立绵阳市职工社会保险事业管理处。1987年，市政府下发《全民所有制企业固定职工退休费用社会统筹试行办法》，正式启动以市、县（市、区）为单位的养老保险社会统筹改革。从此时起，绵阳市便迅速走上了一条由“企业保险”向“社会保险”转变的改革之路。在进行养老保险社会统筹改革的同时，1986年绵阳市正式建立失业保险（彼时称为“待业保险”）制度，医疗保障仍执行传统公费医疗模式。

其他方面。1985年四川省妇联绵阳办事处更名为“绵阳市妇女联合会”，开展困难妇女儿童关爱、妇女就业、教育等工作；1989年绵阳市成立残疾人联合会和三项康复办公室，负责残疾人康复、教育、就业、脱贫及其他形式的社会参与活动。

2. 体系构建阶段（1992—1997年）

这一阶段，社会保障各项事业持续改革，体系框架已初见端倪，但总体呈现“覆盖范围小、保障水平低”的特点。

社会保险方面。1992年7月，绵阳市职工社会保险事业管理处更名为绵阳市职工社会保险事业管理局，机构建设更加专业化。绵阳市养老保险制度随之得到进一步发展，从扩大覆盖面、多层次保障、提升统筹层级和完善养老金支付方法等重点方面持续发力，深入推进养老保险制度改革。一是统筹范围，从全民劳动合同制工人逐步扩大到固定职工，到这一阶段的后期时，统筹范围已进一步扩大为城镇各类企业职工以及个体工商户、灵活就业人员，实现了制度的有限覆盖向广覆盖深入转变；二是确立了社会养老保险费用由政府、企业和职工三方共同筹资的方式，开始推动职工个人账户改革；三是逐步推行建成基本养老保险省级统筹制度。与此同时，企业工伤保险工作全面启动，失业保险正式实施，医疗保障制度改革国家级试点工作稳步推进，企业职工生育保险制度初步建立，社会保险体系基本形成。

其他方面。住房制度改革启动，住房由分配保障逐步向商品房市场化转变，住房公积金制度开始建立；妇女儿童、残疾人和优抚工作继续推进，社会救助和社会福利逐步走向制度化建设。

3. 加快发展阶段（1998—2012年）

这一阶段，随着我国经济高速发展，社会保障事业建设发展迅速，确立了“广覆盖、保基本、多层次”的基本方针，待遇水平不断提高，体系框架基本形成。

社会保险方面。养老保险省级统筹制度得到进一步巩固，建立起“统账结合”的新型企业职工基本养老保险制度，确立了养老保险待遇与缴费年限、缴费指数紧密挂钩的新机制，政策覆盖范围进一步扩大为城镇各类企业和职工，以及劳动年龄内自愿参保的城镇灵活就业人员；同时，探索实施农村养老保险制度。2012年，绵阳市率先建立统一的城乡居民基本养老保险制度，进一步促进制度广覆盖、多层次发展。医疗保险建立了单位和个人共同缴费、“统账结合”、覆盖到城镇所有用人单位及其职工的医疗保障制度，并将个体劳动者和灵活就业人员纳入职工基本医疗保险的范畴；在开展职工医保的基础上，新农合和城镇居民医保工作相继启动。失业保险覆盖范围扩大到事业单位全部职工。

其他方面。社会救助方面，相继建立城市低保制度、农村低保制度和城乡医疗救助制度，基本解决困难家庭的基本生存所需；陆续出台有关优抚对象医疗保障的相关办法，稳步提高军队离退休干部和士官的医疗待遇，开展退伍军人就业安置工作。妇女儿童工作方面，制定出台《绵阳市儿童发展纲要》和《绵阳市妇女发展纲要》，并将儿童之家建设纳入民生工程，妇女儿童工作迈入新台阶。

4. 深化改革阶段（党的十八大以来）

这一阶段，经济发展进入“新常态”，社会保障坚持“全覆盖、保基本、多层次、可持续”的基本方针，从增强可持续性、适应流动性、保证可持续性出发，全面推进社会保障体系建设，更加突显顶层设计，体系化建设更加科学。

社会保险方面。进一步完善城乡统一的居民基本养老保险制度，建立实施机关事业单位养老保险制度改革，实现企业职工、城乡居民、机关事业单位职工三大养老保险并行实施，从制度上完成了广覆盖向全覆盖的深刻变化。同时，打破城乡界限，将符合条件的非城镇户籍就业人员纳入城镇职工基本养老、基本医疗保险覆盖范围，公平正义更加显现。2016 年，基本医保实现市级统筹；2017 年，城镇居民基本医疗保险与新型农村合作医疗合并实施。建立了管理制度化、操作规范化的城乡医疗救助制度。统一城镇职工和农民工的失业保险参保缴费及待遇计发办法。

其他方面。建立儿童关爱保护保障工作联席会议制度，将儿童关爱保护保障服务纳入社区公共服务体系，积极促进妇女就业。帮助农村贫困残疾人脱贫，积极促进残疾人就业。实施养老服务信息化、标准化、多元化建设，形成居家养老和社区养老相结合的社会养老体系。基本建立起了多主体供应、多渠道保障、全方位覆盖的现代住房保障体系。

（二）主要成就

目前，绵阳市社会保障制度建设已经从国有企业改革的配套措施、社会主义市场经济的重要支柱，发展成为一项重要的社会经济制度，框架体系已基本形成，对于保障和改善民生，促进社会稳定发挥了重要作用。

1. 社会保险制度体系基本形成，覆盖范围不断扩大

从 20 世纪 80 年代开始，绵阳市从改革和创建城镇职工社会保障制度起步，经过 30 余年的不懈努力，覆盖城乡的基本养老保险制度已基本建立，全民医疗保险制度体系逐步健全，社会保障覆盖范围从城镇扩大到乡村，从国有企业职工扩大到各类群体，基本养老保险和基本医疗保险实现制度全覆盖。“十一五”以来，全市基本养老保险、基本医疗保险、失业保险、工伤保险和生育保险参保人数大幅增长（见图 1、图 2、图 3、表 1）。

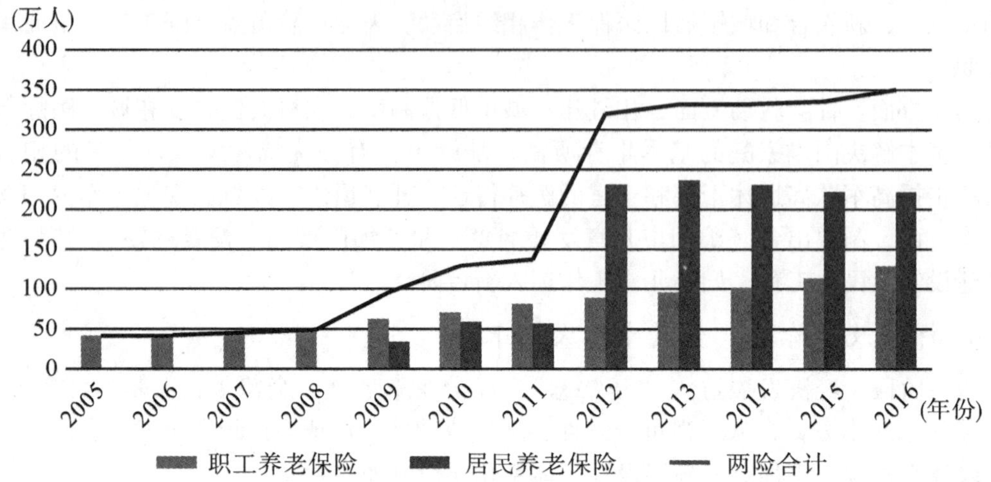

图 1 2005—2016 年绵阳市基本养老保险参保规模变化图

数据来源：绵阳市人力资源和社会保障局。

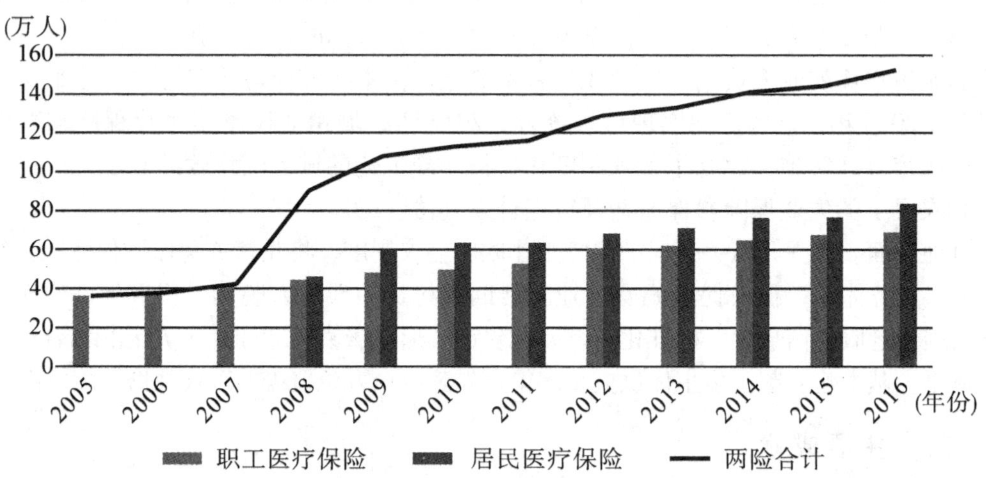

图 2 2005—2016 年绵阳市基本医疗保险参保规模变化图

数据来源：绵阳市人力资源和社会保障局。

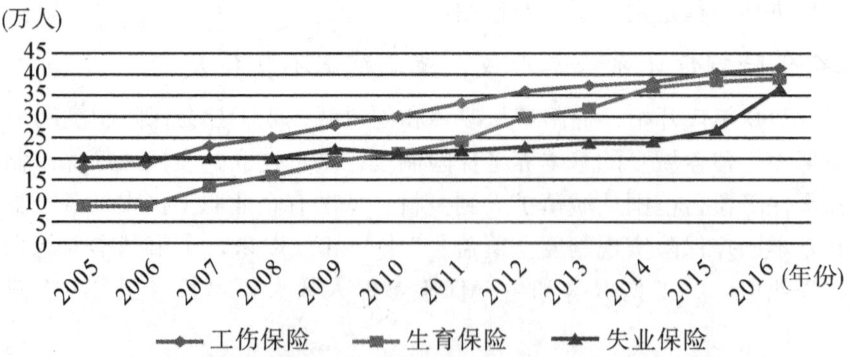

图 3 2005—2016 年绵阳市工伤、生育、失业保险参保规模变化图

数据来源：绵阳市人力资源和社会保障局。

表 1　2005—2016 年绵阳市社会保险参保情况表

险种	2005（万人）	2010（万人）	2011（万人）	2012（万人）	2013（万人）	2014（万人）	2015（万人）	2016（万人）	年均增长（万人）	增幅（%）
基本养老保险	40.9	128.86	137.55	319.88	331.9	332.3	335.4	350.5	58.2	756.97
（一）城镇职工	40.9	70.5	80.9	88.6	95.6	101.5	113.3	128.9	16.6	215.2
（二）城乡居民	—	58.36	56.65	231.28	236.3	230.7	222.1	221.6	-1.56	-6.22
基本医疗保险	36.0	113	115.9	128.9	137.6	141.1	144.3	152.3	14.0	323.2
（一）城镇职工	36.0	48.3	52.6	60.6	62.8	64.8	67.6	68.8	7.0	91.1
（二）城镇居民	—	63.5	63.4	68.3	74.8	76.3	76.71	83.6	2.6	31.7
失业保险	20.2	21.2	21.9	22.8	23.7	24.0	26.7	36.6	5.6	81.2
工伤保险	17.8	30.1	33.2	36.0	37.3	38.3	40.3	41.5	8.0	133.0
生育保险	8.8	21.4	24.1	29.8	31.9	36.8	38.3	39.0	14.5	345.6

数据来源：《2005—2016 四川统计年鉴》《2010—2012 年绵阳市国民经济和社会发展统计公报》《2013—2016 年绵阳市人力资源和社会保障事业发展统计公报》《绵阳市社会保险事业管理局 2005—2016 社会保险统计年报》。

2. 社会保险基金规模不断扩大，待遇水平持续提高

经过 30 多年的积累，社会保险基金总量不断增加、结构不断优化，基本满足了绵阳市广大参保市民的社保需求。截至 2016 年年底，全市社会保险基金（费）总收入和基金累计结余分别达到 109.65 亿元、158.79 亿元，分别是 2012 年的 1.68 倍和 1.49 倍（见表 2、图 4、图 5）。

表 2　2012—2016 年绵阳市"五险一金"征缴总收入及滚存结余　　单位：亿元

项目	2012 年	2013 年	2014 年	2015 年	2016 年
基金征缴	65.33	77.11	80.27	108.62	109.65
基金滚存结余	106.68	114.87	122.76	152.64	158.79

数据来源：绵阳市历年社保基金决算报告。

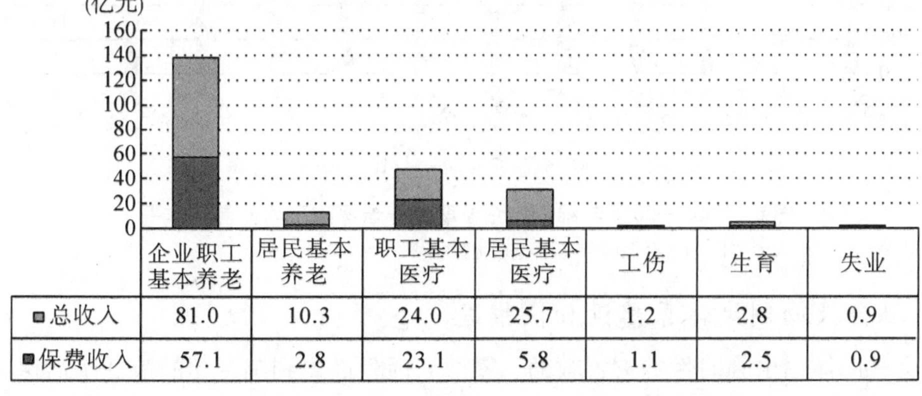

	企业职工基本养老	居民基本养老	职工基本医疗	居民基本医疗	工伤	生育	失业
■总收入	81.0	10.3	24.0	25.7	1.2	2.8	0.9
■保费收入	57.1	2.8	23.1	5.8	1.1	2.5	0.9

图 4　2016 年绵阳市单项社会保险基金总收入及保费收入

数据来源：2016 年绵阳市基金决算收支表。

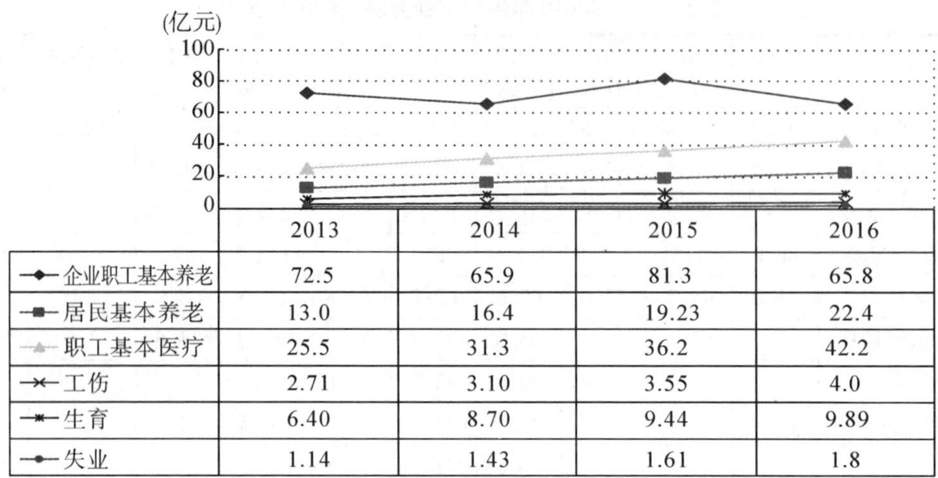

	2013	2014	2015	2016
企业职工基本养老	72.5	65.9	81.3	65.8
居民基本养老	13.0	16.4	19.23	22.4
职工基本医疗	25.5	31.3	36.2	42.2
工伤	2.71	3.10	3.55	4.0
生育	6.40	8.70	9.44	9.89
失业	1.14	1.43	1.61	1.8

图 5　2013—2016 年绵阳市社会保险基金滚存结余

数据来源：2013—2016 年绵阳市基金决算收支表。

全市企业退休人员人月均基本养老金从 2005 年的 460. 65 元增长到 2016 年的 1 470. 34 元，增长 219. 19%。至 2016 年，企业职工年养老金年均增幅达 18. 2%。城镇职工和城乡居民医疗保险合规报销费用比例分别达到 79%和 75%，城镇职工基本医疗保险、城乡居民基本医疗保险和新农合最高支付限额分别为 30 万元、16. 5 万元和 20 万元。失业待遇达到 1 104 元，生育保险人均待遇水平达到 7 228 元，工伤人员定期待遇逐年增长（见图 6）。

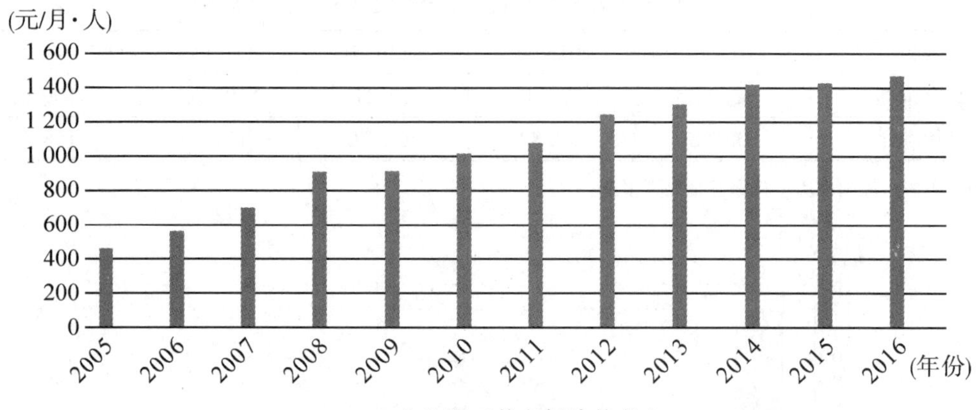

图 6　2005—2016 年绵阳市企业职工养老保险平均养老金水平

数据来源：绵阳市人力资源和社会保障信息中心系统数据。

3. 社会救助制度体系建设加快推进

社会救助体系由临时性的灾害救助、零散生活救助，到制度化的最低生活保障和大病医疗救助制度，其救助水平不断提高，救助项目不断丰富，救助方式不断优化。截至 2017 年年底，纳入城乡最低生活保障对象 24. 27 万人，累计支出保障金 63 526. 76 万元，城乡累计月人均补助分别达 283.7 元、171.19 元。全市累计医疗救助困难群众 31.38 万余人次。全市共救助供养城乡特困人员 2.4 万人。全市城乡最低生活保障标准持续提高，从 2005 年的城镇、农村分别为 160 元/月和 100 元/月，逐步增加至 2017 年的城镇、农村分别为 460 元/月、275 元/月，增幅分别达到 187.5%和 175%（见图 7）。

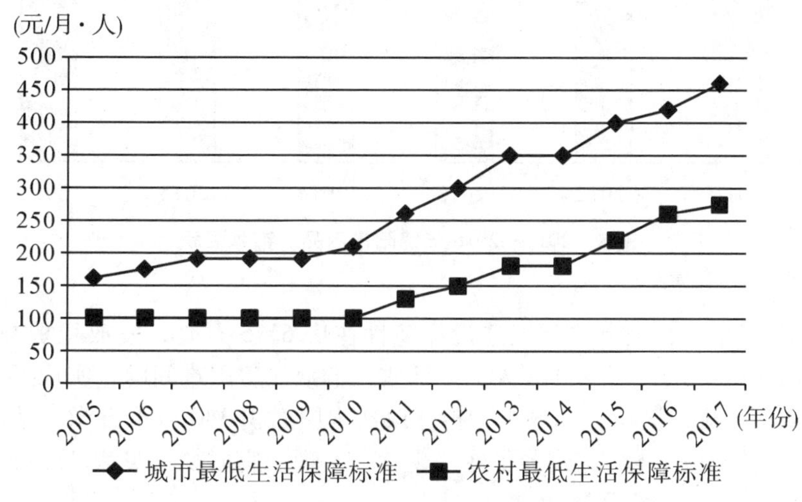

图 7　2005—2016 年绵阳市最低生活保障标准

数据来源：绵阳市民政局。

4. 妇女儿童、老年服务、残疾人社会保障水平得到提升

目前，绵阳市妇女儿童关爱和保护圈已基本形成，老龄工作大格局已基本确立。目前全市有养老机构 265 个、农村区域性养老服务中心 35 个、床位 34 099 张，每千人拥有床位数达 31 张。

落实残疾人社会保险政策：残疾人参加基本养老、医疗保险分别达到 98.7%、99.9%；给予重度残疾人参加城乡居民基本养老保险政府全额补助。全面建立了残疾人救助制度：全市 58 060 名残疾人享受低保，其中，35 830 名成年重度残疾人单独核定纳入；8 298 名残疾人纳入特困供养；残疾人医疗救助 61 184 人。建立完善的残疾人福利补贴制度：实施残疾人“两补贴”制度，重度残疾人护理补贴 197 467 人次，补助资金累计 14 269.97 万元；困难残疾人生活补贴 94 559 人次，补助资金累计 7 132.835 万元；建档立卡贫困残疾人生活补贴 9 238 人次，补助资金累计 1 087.72 万元。

5. 健全完善住房保障和供给体系

构建以政府为主提供基本保障、以市场为主满足多层次需求的住房保障和供应体系，健全住房保障制度，满足困难群众基本住房需要；完善市场供应体系，满足群众多样化住房需求，为全市各类人群提供住房保障。2001 年至今，全市共完成房地产开发投资 1 658.01 亿元，商品房销售 4 709.3 万平方米，实现销售额 1 700.9 亿元；人均住房面积达 36.6 平方米（见图 8）。

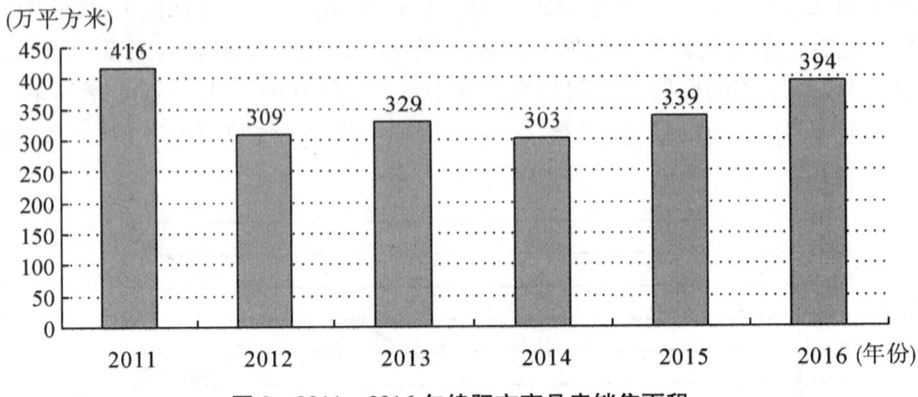

图 8　2011—2016 年绵阳市商品房销售面积

数据来源：绵阳市住建局提供。

截至 2017 年年底，全市共开工建设保障性住房 6.15 万套，发放租赁补贴 2.65 万户（次），解决了 8.8 万户约 20 万人的中低收入群众住房困难问题，实现了人民的安居梦。启动改造各类棚户区项目 208 个，拆迁改造房屋面积 340 万平方米，帮助 6.8 万户家庭约 17 万人“出棚入楼”，改善了住房现状，实现了宜居梦（见表 3）。

表 3　2012 年和 2017 年绵阳市保障性安居工程建设规模及涨幅

	2012 年/万套（万户）	2017 年/万套（万户）	涨幅（%）
保障性住房	4.43	6.15	38.83
棚户区改造	2.67	6.79	154.31
合计	7.10	12.94	82.25

数据来源：绵阳市住建局提供。

（三）基本经验

1. 高度重视和加强领导是决定社会保障事业发展的根本保证

各级党委、政府高度重视社会保障体系建设，切实把保障和改善民生摆在突出位置，统一部署，协调推进，真正做到急民之所急，忧民之所忧，充分发挥社会保障改善民生、维护稳定、助力发展的多元功能。

2. 坚持维护公平正义是社会保障事业发展的基本要求

始终坚持以人为本，把增进人民福祉、促进人的全面发展作为工作的出发点和落脚点，坚持公平正义、共建共享，不断扩大社会保障覆盖面，提高待遇水平，使人人分享社会经济发展的成果。

3. 坚持改革创新是推动社会保障事业发展的不竭动力

树立创新意识，根据不同时期社会经济发展状况和上级统一部署，不断深化社会保障体制机制改革，重点解决社会保障体制机制的突出矛盾和主要问题，努力争取试点建设，奋力走在社会保障发展前列。

4. 坚持统筹兼顾是推进社会保障事业发展的基本方法

兼顾经济发展水平、城乡统筹和不同群体利益，既重视推动各项社会保险制度不断完善，也协调推进城乡救助制度、妇女儿童权益保障制度、住房保障制度等建设，还积极探索实行社保扶贫。

5. 坚持提升服务能力是不折不扣落实社会保障政策的重要保障

坚持服务对象、服务网络、服务功能全覆盖，加强协同联动，优化再造工作流程和服务模式，提升信息化水平，推进公共服务体系建设，持续改进窗口单位作风，不断提升服务效率和质量，让群众办事更加方便快捷。

二、绵阳市社会保障体系建设的形势与现状分析

（一）面临的发展机遇和挑战

1. 发展机遇

（1）各级党委、政府历来高度重视民生工作，不断加大保障和改善民生工作的力度，为社会保障事业发展提供坚强的政治保证和有力的政策支撑。党的十九大报告提出“保障和改善民生要抓住人民最关心最直接最现实的利益问题”，四川省十一次党代会上强调“事业发展的根本力量在人民，必须始终把人民群众对美好生活的向往作为奋斗目标，把保障改善民生作为一切工作的出发点和落脚点”，市委、市政府始终围绕民生、民向、民愿，持续改善民生，积极落实10项民生工程、20件民生实事，社会保障政策不断完善，保障能力显著提升，为社会保障事业发展奠定了坚实的基础。

（2）创新驱动、军民融合、全面改革创新等一系列战略部署的实施为绵阳市社会保障事业发展提供了更加广阔的空间。国家实施创新驱动、军民融合、全面改革创新、“一带一路”和长江经济带战略，国务院批准执行中关村国家自主创新示范区先行先试政策，四川省委、省政府强力支持科技城建设等重大机遇，军民融合步伐加快，创新创业活力迸发，高端产业不断壮大，经济增长新引擎新动能加快形成，公共服务基础设施条件显著改善，为绵阳市经济社会发展带来了历史性的机遇，为社会保障事业发展提供了更加广阔的空间。

（3）经济持续稳中向好为社会保障改革发展奠定了坚实的物质基础。近年来，绵阳市经济增速虽有所放缓，但在新常态下经济增长的结构在持续改善，发展质效稳步提升，内生新动能正在集聚，稳中求进的步伐迈得更加扎实。2017年年末，全市地区生产总值实现2 074亿元，稳居全省第二位。三次产业结构不断优化，工业主导地位显著提升，电子商务、物流、金融、科技等现代服务业发展迅速。到“十三五”末，经济总量预计达到2 450亿元，经济持续平稳发展为绵阳市社会保障事业发展奠定了坚实的经济基础（见图9）。

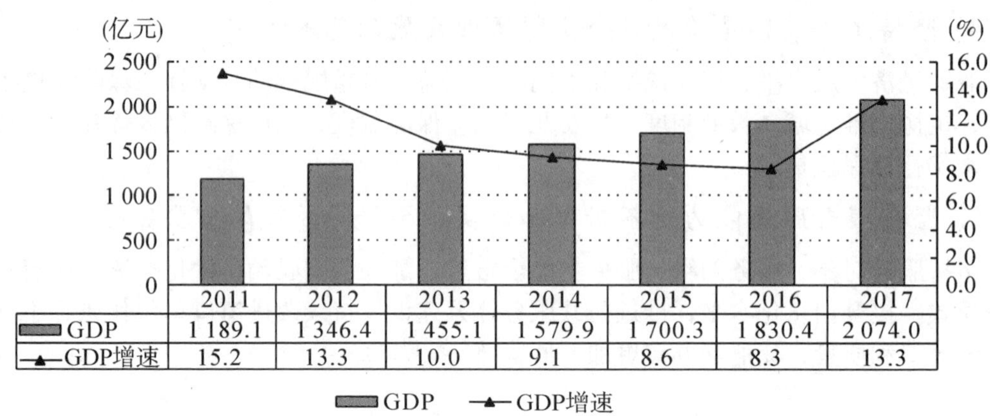

	2011	2012	2013	2014	2015	2016	2017
GDP	1 189.1	1 346.4	1 455.1	1 579.9	1 700.3	1 830.4	2 074.0
GDP增速	15.2	13.3	10.0	9.1	8.6	8.3	13.3

图 9　2012—2017 年绵阳市地区生产总值及增长速度

数据来源：2012—2016 年绵阳市国民经济和社会发展统计公报、四川省统计局最新公布数据。

2. 面临的挑战

（1）人口老龄化加剧对社会保障制度可持续性提出了挑战。绵阳市较全省更早进入老龄化社会，老年人口数量以每年 7.0%①的速度增长，老龄化形势严峻。截至 2016 年年底，全市 60 岁以上老年人口达 114.8 万人，占总人口的 21.2%，人口老龄化程度分别高于全国 16.7%和全省 21.0%的平均水平。今后一个时期，绵阳市老年人口将呈现规模化、快速化、高龄化发展，预计 2020 年，全市 60 岁以上老年人口将达到 134 万人，约占全市常住人口 23.5%。老龄化程度急剧加深，高龄、空巢、失能、独居老人数量持续增加，基本养老及医疗保险、老年救助、健康照料和养老服务支出将大幅增长，养老产品的供给压力持续加大，对社会保障制度的可持续性提出了挑战（见图 10）。

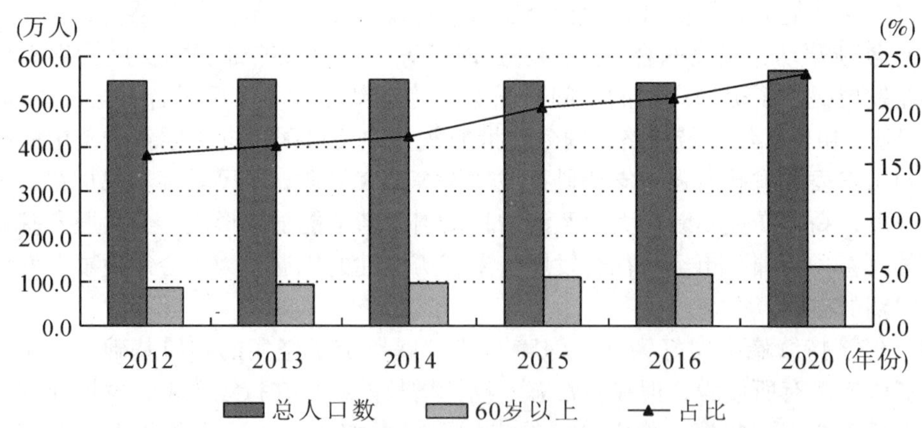

图 10　2012—2020 年绵阳市老年人口数量、占比及增长趋势

数据来源：绵阳市老龄委。

① 注：以 2010 年为基期，截至 2016 年年末绵阳市 60 岁以上老年人口年均增长率约为 7.0%。

（2）“互联网+”对社会保障服务和管理提出了新要求。“互联网+”作为经济社会发展新形态，在对社保事业发展提供新契机的同时，也对其服务和管理提出了新的更高要求。从“金保工程”的实施，到2.0版信息系统的应用，再到“网上经办”系统和“风险防控”平台的建设完善，虽然一直在进行“互联网+”应用的探索，但对照推进治理体系、治理能力现代化和适应经济社会发展形势的内在要求，以及满足城乡群众的社保经办服务需求还有很大的差距。如何运用社会治理理念和“互联网+”思维，健全权力和责任清单，规范经办流程和工作规范，构建社保经办服务管理现代治理体系，实现“互联网+”与公共资源合理配置，是当前迫切需要深入研究和积极探索的重要课题。

（3）满足城乡群众提高社会保障待遇预期面临新挑战。当前绵阳市制度赡养比持续下降，经济增速放缓导致基金收入增长低于支出增长。与此同时，用人单位希望继续降低社会保险费率以减少用工成本，而广大群众则因近些年待遇持续增长而形成了较高的预期，希望继续提高社会保障待遇水平。低保、困难群众也更加关注受助的“尊严”和有效性问题，公平参与和分享经济社会发展成果的意愿更加强烈。如何运用社会保障的再分配功能、建立健全养老保险待遇正常调整机制，如何兼顾扩面与调待、破解贫困恶性循环瓶颈，如何平衡各方利益、满足群众“待遇提升”预期，将是社会保障工作面临的严峻挑战。

（4）国家和省即将出台的一系列宏观政策将对绵阳市社会保障板块整合带来更多的要求、更大的挑战。如何在政策范围内保持并稳步提高社会保障待遇水平，如何做好政策衔接和解释等工作，对绵阳市社会保障各单位工作人员的业务能力带来了极大的挑战，也对各单位间的配合协调提出了更高的要求。

（二）面临的突出问题

绵阳市覆盖城乡居民的社会保障体系已基本建立，已解决了从无到有的问题，现在面对的是人民群众更高水平、更高质量、更方便快捷的需求，而制度公平性依然显得不足，可持续面临重大挑战。在权利义务结合、责任分担、多层次发展等方面还存在突出的问题。

1. 社会保险方面

（1）养老保险。

首先，绵阳市养老保障三支柱［国家基本养老、企业补充养老和个人储蓄性养老（商业养老保险计划）］发展不平衡的问题突出表现为：第一支柱独大，第二支柱是短板，第三支柱比较薄弱。基本养老保险负担过重，基本养老金提高空间有限。企业年金发展滞后，绵阳市建立企业年金的企业仅有8家（2014年以后已在人力资源和社会保障局备案），占参保企业总数的0.08%，仅覆盖了207人，在参加企业职工基本养老保险的人数中仅占0.01%。而全省，到2016年有360家企业建立了企业年金制度，有34.5万名职工参加，年末企业年金基金累计结余已达181.9亿元。第三支柱个人储蓄和商业保险发展缓慢，尚处于起步阶段。

其次，基本养老保险面临的突出问题是，扩面征缴难和基金压力大双重困难叠加。

一方面，尽管目前已实现基本养老保险制度的全覆盖，但由于各种原因，绵阳市仍有部分法定人员没有参保，而现有人群扩面难度大。当前未参保人群主要为灵活就业人员、部分涉及分享经济、电商、数商等新兴就业形态的从业者及其他边缘群体。同时，绵阳市还存在部分重复参保者尚未清退等问题。另一方面，养老保险基金的可持续性成为全市社会保险工作的长期攻坚点。绵阳市人口老龄化问题突出，养老保险待遇支出刚性需求增加，而基金增收普遍乏力。特别是近几年由于经济下行，国家实施阶段性降费政策，导致基金收入总量和增速进一步下降，尤其是小微企业、"僵尸"企业欠费、断保现象突出，基金发放压力持续增大。以企业职工基本养老保险为例，参保人员中在职职工与离退休人员之比（供养比）已下降至 1.60，如果按照实际缴费人数计算，全市供养比只有 1.03，2016 年剔除省级调剂金，全市企业职工养老保险基金当期收支缺口 33.4 亿元（见表 4）。

表 4　2016 年绵阳市企业职工基本养老保险基金收支表　　单位：亿元

项目	金额	项目	金额
基本养老保险费收入	57.1	基本养老金支出	87.9
投资收益	1.4	丧葬抚恤补助支出	2.2
其他收入	0.2	转移支出	0.3
转移收入	2.1	本年支出小计	90.5
本年收入小计	60.7	上解上级支出	6.0
上级补助收入	20.2	本年支出合计	96.5
本年收入合计	81.0	本年收支结余	（15.5）
上年结余	81.3	年末滚存结余	65.8

数据来源：2016 年度绵阳市社会保险基金决算表。

（2）医疗保险。

首先，制度建设水平滞后。总体上说，绵阳市医保已有基础性的政策文件和制度框架雏形，但不够完备，其中既有一些配套政策过时，不适应社会经济发展的问题，如基本医保市级统筹管理办法、基本医保付费总控办法、定点医药机构协议管理办法；又存在不少急需的政策制度缺失，如医保基金监管办法、医保智能审核监管系统建设办法、医保医师诚信管理办法、高值医用耗材医保支付标准，等等。

其次，市、县两级医保经办机构力量薄弱。城乡居民医保整合后，各县（市、区）陆续成立了医保局，全市医保经办人员总数 149 人，服务比为 1∶3.5 万，经办人员力量短缺的实际问题十分明显。

再次，医保监管形势严峻。全市共有 223 家定点医院、200 余家定点诊所、1 300 余家定点药店，市医保局对定点医药机构采取签订"服务协议"的方式实行合同管理，存在部分处罚工作信息不公开、不透明现象，有法不依、执法不严，给医药机构行贿、套取医保基金提供了可乘之机。

最后，工伤认定行政争议多、"老工伤"人员遗留问题没有得到彻底解决，工伤保险预防及康复机制不健全等问题也亟待解决。

2. 其他保障项目方面

（1）社会救助基层力量薄弱，救助水平较低。社会救助工作量大面宽，政策性强，社会关注度高，但基层缺乏专职工作人员和工作经费，基层基础力量薄弱，影响和制约了社会救助工作的正常开展，救助水平较低。2017 年绵阳市虽然实现了“两线合一”，农村低保标准达到 3 300 元/年，但与全省其他先进市（州）相比还有一定差距，总体低保待遇水平也仅处在全省中等，保障水平较低。

（2）妇女儿童和老年人权益保障有待加强，农村留守人员关爱体系有待完善。困境妇女儿童、留守老人等群体关爱服务体系不够完善，救助保护机制不够健全，情感慰藉、家庭监护、安全保障、心理健康、康复护理等项目缺失。涉老法规政策系统性、协调性、针对性和可操作性亟待强化，失能人员、半失能人员长期护理问题突出。养老服务市场供需矛盾突出，社区日间照料中心作用发挥不充分，有效供给不足，质量效率不高。

（3）残疾人政策法规落实不够，基本需求尚未得到有效满足。残疾人社会保障制度的系统性、层次性和城乡一体化程度还不足，惠残政策范围较窄，仍主要以低保或重残划线，残疾人教育、就业、康复、社会保险和社会服务等方面的政策落实有待加强。

（4）租赁市场建设相对滞后，保障性住房监管难。租赁市场供给以散户为主，缺少规模化、专营租赁服务的企业，市场发展相对滞后，需要进一步培育市场多元主体、多渠道增加租赁住房供应。租赁市场监管和行业自律制度缺失，中介机构欺瞒租赁价格、违规收费、发布虚假信息等侵犯当事人合法权益的情况时有发生，住房租赁监管制度亟须完善。保障性住房信息共享薄弱，对保障对象家庭收入、财产等信息动态监测难度大。强制腾退制度缺失，保障性住房清退率低。群众对于危旧房棚户区改造的期盼与搬迁利益诉求的矛盾仍然突出，旧区改造与新区发展尚未实现良性互动。

3. 社会保障公共服务效能方面

社会保险经办管理能力有待提升，社保资源整合不够、协同能力不强的问题较突出，不能真正满足人民群众跨区域、跨领域、跨时间、跨空间的服务需求。经办服务供给结构仍以传统模式为主，绵阳市“互联网+社会保险”惠民服务尚未有效开展，信息系统建设滞后，“金保二期”信息平台建设较晚，各类险种信息系统融合和数据整合不足，省、市数据尚未即时共享，数据质量和应用数据管理职责不清。基层公共服务力量较薄弱，平台建设不均衡，基层公共服务机构的组织、人员、经费保障不足。残疾人、老年人、妇女儿童等社会服务标准化和规范化管理有待提升，仍存在办理效率不高、办事不便、老百姓满意度不高等问题。

（三）绵阳市社会保障事业发展的比较分析

为深入了解绵阳市社会保障事业发展水平，找准定位，本节选取社会保障重要核心指标，与全省平均水平、省内先进城市水平、全国先进城市水平进行横向比较，通过数据对比分析，找到绵阳市的问题短板和差距，为进一步明确努力方向提供重大支撑和改进依据。

1. 社会保险方面

（1）参保扩面。近五年来，绵阳市各类保险参保人数稳定增长，参保人数增量、增幅在全省居于前列。2016 年城镇职工基本养老保险参保人数 128. 9 万人，较 2012 年增加 40. 5 万人，增量居全省第 2，增幅 45. 4%，较全省 33. 6%高出 11. 8 个百分点。城镇基本医疗保险参保人数由 2012 年的 128. 9 万人增加至 2016 年的 152. 3 万人，增加 23. 4 万人，增量居全省第 12，增幅 18. 1%，低于全省平均增幅。工伤保险参保人数 41. 5 万人，较 2012 年增长 5. 5 万人，增量居于全省第 5，增幅 15. 3%，较全省增幅低 0. 6 个百分点。生育保险参保人数 39. 0 万人，较 2012 年增加 9. 2 万人，增量居全省第 2，增幅 40. 0%，高出全省 31 个百分点。失业保险参保人数由 2012 年的 22. 8 万人增至 2016 年的 36. 61 万人，增加 13. 81 万人，增量居全省第 2，增幅 60. 6%，高出全省 40. 7 个百分点（见图 11）。

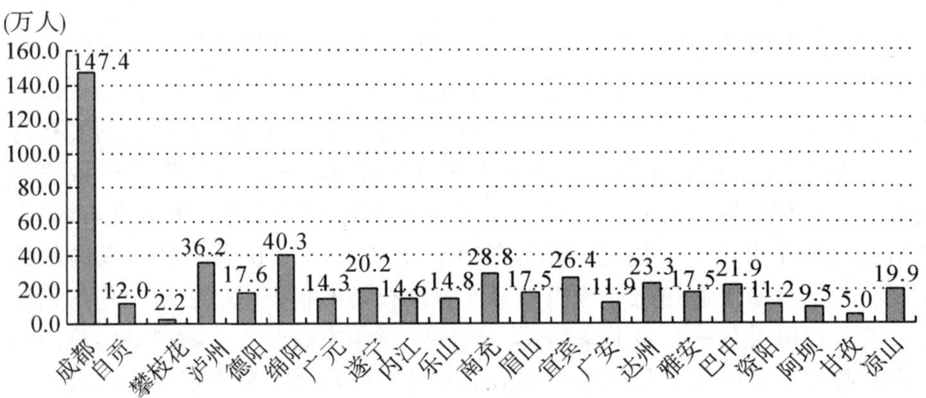

图 11　2012—2016 年四川各市（州）城镇职工基本养老保险参保人数增量

数据来源：2012 年、2016 年《四川统计年鉴》。

与成都市相比，绵阳市城镇职工基本养老保险、基本医疗保险、工伤保险和生育保险增量远远小于成都，基本医疗保险增幅低于成都 54. 3 个百分点。与德阳市相比，绵阳市五类社会保险扩面工作推进较好，参保人数增幅和增量均高于德阳（见表 5）。

表 5　2012—2016 年三市及全省社会保险参保人数增量及增幅

	城镇职工基本养老保险		基本医疗保险		工伤保险		生育保险		失业保险	
	增量（万人）	增幅（%）	增量（万人）	增幅（%）	增量（万人）	增幅（%）	增量（万人）	增幅（%）	增量（万人）	增幅（%）
绵阳市	40. 3	45. 4	23. 4	18. 1	5. 5	15. 3	9. 2	31. 0	13. 8	60. 6
成都市	147. 4	30. 4	557. 5	72. 4	55. 6	17. 6	−2. 9	−0. 7	76. 3	27. 1
德阳市	17. 6	19. 3	22. 9	20. 3	2. 8	8. 1	4. 2	12. 6	2. 5	8. 4
全省	542. 3	33. 6	3 273. 7	137. 0	109. 7	15. 9	58. 7	9. 0	116. 5	19. 9

数据来源：2012 年、2016 年《四川统计年鉴》；2012 年、2016 年《四川省人力资源和社会保障事业发展统计公报》；2016 年成都市、绵阳市、德阳市《人力资源和社会保障事业发展统计公报》。

（2）社会保险征收。2014 年绵阳市企业职工基本养老保险基金出现当期收不抵支，2013—2016 年，基金收入增幅高于基金支出增幅。保费收入占比降低，当期收支缺口加大，基金累计结余降低 9.2%。2016 年与 2013 年相比，三市中，绵阳市基金收入增幅最少，基金支出增幅最大，基金平衡压力较大。保费收入占比降低至 70.5%，与全省、德阳市发展趋势一致，较成都市低 23.9 个百分点。2016 年基金当期收支缺口 15.5 亿元，累计结余减少至 65.8 亿元（见表 6）。

表 6　2013—2016 年三市及全省企业职工基本养老保险基金收支情况

	基金收入增幅（%）	基金支出增幅（%）	保费收入占比（%）		养老金支出占比（%）		当期收支（亿元）		累计结余（亿元）		
			2013	2016	2013	2016	2013	2016	2013	2016	增幅（%）
绵阳	23.8	69.3	80.2	70.5	93.5	91.1	8.5	−15.5	72.5	65.8	−9.2
成都	29.6	64.6	93.5	94.4	91.0	86.2	109.4	47.6	659.7	878.0	33.1
德阳	24.1	56.0	89.4	64.0	93.7	92.7	11.1	−3.0	70.5	47.4	−32.8
全省	29.8	33.3	78.1	72.0	82.5	96.4	96.0	83.0	1 675.0	2 158.0	28.8

数据来源：四川省、成都市、德阳市、绵阳市 2013—2016 年基金收支决算表。

近年来由于扩面空间收窄，断保现象比较突出，绵阳市企业职工基本养老保险在职职工参保人数增长放缓，实际缴费人数还有减少的趋势，征缴率（实际缴费人员占参保人员的比例）降低至 67.4%，比全省平均水平低 15.28 个百分点，比成都市低 27.92 个百分点（见表 7）。

表 7　2016 年三市及全省城镇职工和城乡居民基本养老保险基金收入情况

地区	城镇职工基本养老保险			城乡居民基本养老保险（元）	
	遵缴率（%）	供养比	缴费费率（%）	个人平均缴费	财政对个人平均缴费补贴
绵阳	67.4	1.6	24.27	224.6	44.9
成都	95.32	2.63	25.4	1 541.1	309.2
德阳	68.13	1.7	24.86	346.2	48.5
全省	82.68	1.73	24.71	346.6	66.8

数据来源：四川省、成都市、德阳市、绵阳市 2016 年基金收支决算表。

从城乡居民基本养老保险实际缴费情况看，2016 年绵阳市人均缴费为 224.6 元，财政人均补贴 44.9 元，比全省平均水平低 122 元和 23.9 元，比成都市分别低 1 316.5 元和 264.3 元，比德阳市分别低 121.6 元和 3.6 元，绵阳市城乡居民基本养老保险人均筹资水平较低，从而也影响到待遇水平。

2016 年医疗保险基金当期收支结余 5.99 亿元，累计结余 42.16 亿元。从当期收支数据看，绵阳市城镇职工基本医疗保险基金运行平稳，但从长期看，随着医疗服务需求的进一步释放和医疗费用支出的不断增长，医保基金也将面临较大的可持续性压力（见表 8）。

表 8　2016 年三市及全省基本医疗保险基金征收情况比较

地区	城镇职工医保			新农合		城镇居民医保	
	当期收支结余(亿元)	基金累计结余(亿元)	缴费费率(%)	个人缴费标准(元)	财政补贴标准(元)	个人缴费标准(元)	财政补贴标准(元)
绵阳	5.99	42.16	8.00	120	420	150	420
成都	61.24	362.55	8.25	160	420	160	420
德阳	4.13	30.56	9.00	120	420	210	420
全省	106.47	689.63	8.55	120	420	165	420

数据来源：四川省、成都市、德阳市、绵阳市 2016 年基金收支决算表。

2016 年绵阳市城镇居民基本医疗保险个人缴费标准为 150 元，低于全省平均水平，比成都市和德阳市分别低 10 元和 60 元，城镇居民个人筹资水平仍有提高的空间。

（3）社会保险支出。目前，绵阳市城镇职工基本养老保险供养比（参保人员中在职职工与离退休人员之比）持续下降至 1.54，比全省平均水平低 0.21，比成都市和德阳市分别低 1.09 和 0.16，相比之下绵阳市企业职工养老保险供养负担更重。与此同时，绵阳市企业职工基本养老保险当期缺口加大，达到 15.47 亿元，累计结余减少至 65.81 亿元，按照 2016 年当期待遇支出计算，基金平均静态可支付能力仅可持续 9 个月，基金可持续性面临巨大挑战（见图 12）。

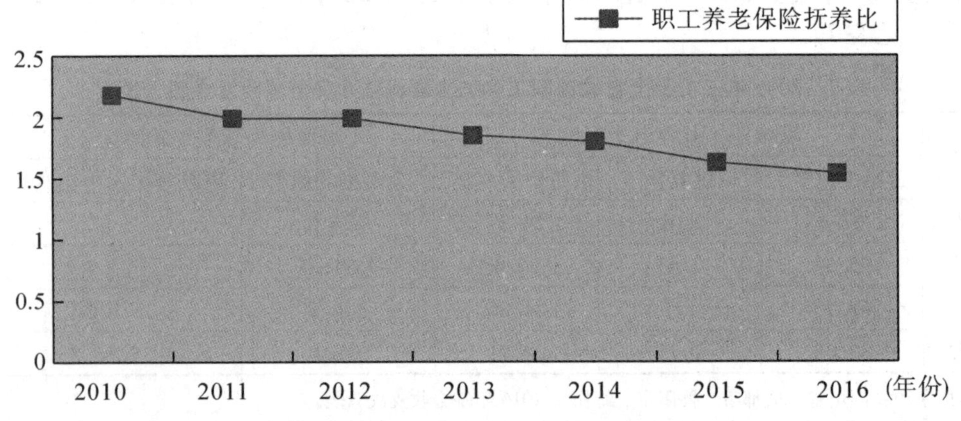

图 12　2010—2016 年绵阳市城镇职工基本养老保险抚养比变化

数据来源：绵阳市人力资源和社会保障信息中心提供。

在待遇水平方面，绵阳市企业职工离退休人员月人均养老金为 1 719.88 元，低于全省平均水平，比成都市和德阳市分别低 337.19 元和 22.55 元。城乡居民人均养老金水平在全省处于中等水平，达到 83.6 元/月，比全省平均水平低 19.6 元，比成都市低 211.6 元/月，比德阳市高 2.1 元/月。

2016 年绵阳市城镇职工基本医疗保险供养比（在职人员和退休人员之比）为 2.24∶1，略低于全省平均水平。从待遇水平比较看，城镇职工基本医疗保险住院医疗费用报销比例按一级医院、二级医院、三级医院分别为 95%、92%、88%，政策范围内的报销比例高于成都市；城乡居民基本医疗保险住院医疗费用报销比例按社区医院、一级医院、二级医院、三级医院分别为90%、85%、75%、65%，总体上比成都市低，这与绵阳市筹资水平较低有关（见表9）。

表9 2016年三市及全省新农合、城镇居民基本医疗保险个人缴费标准、政府补贴标准及报销比例比较

地区	新农合		城镇居民		报销比例（社区医院/一级医院/二级医院/三级医院）（%）
	个人缴费标准（元）	财政补贴标准（元）	个人缴费标准（元）	财政补贴标准（元）	
绵阳	120	420	150	420	90/85/75/65
成都	160	420	160	420	92/87/82/65
德阳	120	420	210	420	90/80/70/60
全省	120	420	165	420	—

原始数据来源：四川省、成都市、德阳市、绵阳市2016年基金收支决算表。

2. 社会救助方面

绵阳市最低生活保障标准与全省水平持平，2016年城市低保标准为420元/月，农村标准为220元/月。与成都和德阳相比，仍有一定差距。成都市城市低保标准主城区550元/月，二圈层500元/月，三圈层450元/月，农村低保与城市标准相同。德阳市城市低保标准486元/月，农村低保标准310元/月，分别比绵阳市标准高66元/月、90元/月。在低保标准方面，成都市和众多东部发达城市一样，已进入城乡一体化阶段，而绵阳市仍处于城乡二元结构阶段。江苏省无锡市城镇低保标准按照2015年度城市居民人均可支配收入20%的比例确定，为760元，农村最低生活保障对象按城镇居民最低生活保障标准执行，同时，与低保标准相挂钩的残疾人员生活补贴标准、退役士兵待安置生活费标准按城镇低保标准一并提高（见表10）。

表10 绵阳市城乡最低生活保障情况与其他市的比较

地区	城市最低生活保障				农村最低生活保障			
	标准（元）	人数（万人）	资金支出（万元）	人均补贴（元）	标准（元）	人数（万人）	资金支出（万元）	人均补贴（元）
全省平均	420	134.5	484 439.1	300	220	356.68	705 993	165
绵阳	420	9.59	31 130.6	271	220	16.59	28 789.1	145
成都	500	3.35	19 310.1	480	500	11.44	43 240.8	315
德阳	486	7.63	29 182.1	319	310	9.08	20 674.6	190
无锡	760	1.31	8 250.5	525	760	1.29	8 210.8	530

数据来源：《四川省统计年鉴（2017）》以及《江南晚报》2017年6月23日报导数据。

2016年绵阳市城市最低生活保障月人均补贴为271元，比全省平均水平低29元，比成都市和德阳市分别低209元和48元，比无锡市低254元。绵阳市农村最低生活保障月人均补贴为145元，比全省平均水平低20元，比成都市和德阳市分别低150元和

45 元，比无锡市低 385 元。从横向比较的结果来看，绵阳市最低生活保障水平较低，地方财政对最低生活保障的投入不足。即便如此，随着“两线合一”，农村低保标准和国家扶贫标准持续同步提高，个别经济发展水平相对落后、财力相对不足、人口基数大和救助对象多的县财政压力会加大。

（四）省内外社会保障体系建设的先进经验借鉴

1. 养老保险方面

在政策既定的前提下，各地因地制宜，积极推进具有本地特色的操作模式探索，积累了宝贵的先行先试经验。

（1）成都市探索居民养老与基本养老接续模式。在城乡居民养老保险制度并轨之前，成都市农民养老保险和现行基本养老保险统账结合的模式一致。为适应城乡统筹发展的整体要求，2009 年年底，成都市政府颁布《成都市城乡居民养老保险试行办法》，自 2010 年 4 月 1 日起施行。这标志着成都市城乡统一的养老保险体系初步形成，可衔接、可相互转移的城镇职工基本养老保险和城乡居民养老保险两大支柱由此建立。成都市城乡居民养老保险和基本养老保险一样实行统账结合制度，缴费采取和基本养老保险制度类似的比例制；个人缴费并不全部计入个人账户，个人账户的记账规模为 8%，国家新农保试点地区新农保缴费补贴划入个人账户，个人另外缴纳的 2% 或相应的耕保补贴进入统筹基金，政府补贴的 2% 也进入统筹基金（与新农保缴费补贴不重复享受，按较高额补贴）；相应地，其待遇由基础养老金、个人账户养老金和基础养老金补贴三部分组成，基础养老金和个人账户养老金与基本养老保险的计发办法相同。城乡制度模式统一的改革探索，实现了参保主体的平等性。目前成都市除了职工必须强制参加基本养老保险之外，其他城乡居民在参保上均具有自主性。一方面，可以自愿参加城乡居民养老保险，不因其系城镇居民或农村居民而不同。另一方面，鼓励有条件的农民（或城镇居民）参加城镇基本养老保险。

（2）为切实解决参保主体身份认证难问题，深圳市实行养老金领取资格“刷脸”在线认证上线。养老金领取资格“刷脸”在线认证包括微信、支付宝、城市一账通 App 三种渠道。需要办理养老金资格认证的深圳退休人员，无论身在何处，只需拿起手机摇摇头、眨眨眼、读读数字，即可完成每年一次的养老金领取资格认证手续，为行动不便的退休人员提供便捷的验证渠道，为出国或异地居住的退休人员提供了便利，免受异地奔波之苦，也大大减轻了社保窗口工作人员的工作量。

2. 医疗保险方面

目前全国普遍采取地方市级统筹模式，先进地区在经办队伍建设、制度体系建设、监管系统建设等方面均全面系统有序推进。

（1）医保经办队伍建设方面，先进地区医保经办机构人员组成基本涵盖了医学、管理、统计、财务、计算机知识等专业，专业人员比例高（见表 11）。

表 11 部分城市医保经办机构人员情况

医保经办机构名称	总人数（人）	编制数（人）	在编人数（人）	其他人数（人）	其中：专业技术人数(人)	专业人员占比（%）
绵阳市医保局	40	31	20	20	24	60
成都市医保局	189	153	147	42	151	79.89
乐山市医保局	62	35	32	30	49	79.03
自贡市医保局	58	28	28	30	45	77.58
无锡市社保中心	152	127	122	30	124	81.58
南京市医保局	173	148	143	30	138	79.77

数据来源：实地考察调研资料。

（2）医保监管系统建设方面，各城市均十分重视利用信息技术，通过对业务的标准化、规范化建设以及医保大数据分析运用等措施路径，逐步建起符合当地实际情况、行之有效的信息化医保监管系统。杭州、无锡、自贡等地均建立了较为完善医保监管指标体系，建立医保监管和智能审核系统、通过大数据分析技术有针对性的分析筛查出来的 Top10 的费用类别（如全市费用排名前十名的药品）进行有针对性的人工重点监管。乐山市医保局的主要工作重点放在了智能监控审核系统建设、数据宏观分析和对县（市、区）业务指导上。与此同时，充分运用 8 家大型医疗机构的独特资源，探索总结形成了一套高度契合本地实际的监控审核规则，提高了工作效率。

（3）医保政策制度体系建设方面，各城市均高度重视医保基本政策系统的构建和完善，建立并适时完善职工（城乡）基本医保办法，在此基础上，适时完善了大病（补充）医疗保险办法、医保基金管理办法、基本医保付费总额控制办法等制度，从而形成了较为完备的医保政策体系。深圳市尤为突出，其多层次全民医疗保险体系包括三个层次：第一层次的基本医疗保险制度“一制三档”，提供稳固可靠的基本医疗保障。第二层次的地方补充医疗保险制度具有深圳特色，保障范围包括超基本医疗保险限额外的基本医疗费用及地方补充医疗保险目录范围内的费用，报销比例与基本医疗保险一致，年度最高支付限额 100 万元。截至 2017 年 10 月，地方补充医保参保人数达到 1 378.85 万人。第三层次的重特大疾病补充医疗保险是深圳市医疗保险改革进程中的又一创新性制度，旨在为罹患重特大疾病的参保人提供更精准的医疗保障。2016 年深圳医疗保险参保人医保目录范围内住院费用平均记账比例为 89.5%，实际费用（含医保目录外的自费费用）的医保记账比例为 80.79%，处于国内各大中城市前列。深圳市自 2017 年 7 月起，在重特大疾病补充医疗保险待遇方面向特困供养人员、最低生活保障对象进一步倾斜，起付标准从 10 000 元下降至 2 000 元，报销比例从 70%提高至 80%。

3. 经办服务能力建设方面

各省市最为突出的亮点是以现代信息技术手段提升服务水平，增强群众获得感。

以浙江省为例，全省积极采用信息化手段，特别是统筹利用数据资源，实施全民参保工作。通过同步推进社保卡持卡人员基础信息库和全民参保登记库建设，建成全省统一的人力资源社会保障基础信息库，现已覆盖 4 910 万户籍人口，在各级各类信息系统之间，实现了个人和用人单位基础信息及社保卡、参保登记、待遇享受等信息的联动管理，并与工商、公安、法院等部门互联互通，实现了“一数一源”，形成了信息共享和校核机制。依托基础信息库，浙江省加快推进全民参保登记工作。对于已参保人员，通过部门间的数据校核，动态掌握参保人员情况，实现了对重复参保、重复领取待遇等行为的有效控制。对于未参保人员，利用大数据技术，定位未参保对象，确定重点扩面人群，引导广大群众参加社会保险，推动全民参保登记，真正变“群众跑腿”为“信息跑路”。

成都市则响亮提出了“智慧人社”口号，以其先进典型武侯区社会保障信息化建设情况为例，其按照“经办服务、制度运行分析与监督、决策分析”三位一体的信息系统设计构架，用“1+6”模式（一个市级数据中心平台，一体化业务、运行监控、风险管理、基金管控、档案管理和统计分析六大应用系统），开展社会保险管理信息系统 3. 0 版建设。武侯区以综合柜员制为基础，以“社会保险 3. 0 版信息系统”为依托开展社会保险标准化建设，建成了运行指挥系统。在公共服务方面，全市通过建成门户网站、12333 电话咨询服务中心、962110 就业援助服务中心、自助服务一体机、手机 App 及短信服务等，实现社保项目的网上业务经办。同时，将 75 项服务项目延伸至基层劳动保障中心（站），实现线上线下服务融合，大大提高了办事效率和服务水平，群众满意度显著提高。

三、对多层次社会保障体系的再认识

（一）党的十九大报告对多层次社会保障体系提出的新论述

多层次社会保障体系实质上体现的是政府与市场关系及其边界问题。党的十九大报告对加强社会保障体系建设提出了总目标、新要求和新任务，突出了建成多层次社会保障体系的紧迫性。只有建立多层次社会保障体系，才有利于进一步扩大社会保障覆盖面，让人人都能享受基本社会保障，有利于发挥社会政策的托底功能，切实保障群众的基本生活需求，有利于建立健全体制机制，不断提高社会保障法治化、制度化水平，有利于厘清参保人员、单位和政府的责任，实现社会保障制度可持续发展，从而进一步兜住民生保障底线，坚守社会稳定底线。

党的十九大报告对多层次社会保障体系建设提出了五个基本要求：一是覆盖全民。社会保障制度应具有普惠性。覆盖全民，就是要不断扩大社会保障覆盖面，基本实现法定人员全覆盖。二是城乡统筹。社会保障制度应当追求公平正义，打破城乡分割格局，统筹推进城乡居民社会保障体系建设，重视养老保险转移接续的有效性，重视城乡医疗保险制度整合之后“三个目录”、付费方式和异地就医问题，合理缩小社会保障领域的城乡差异，让全体人民在统一的制度安排下获得平等的社会保障权益。三是权责清晰。注重社会保障制度主体及其责任边界的明确；坚持权利与义务相结合，以互助共济的风险分担机制为基础，明确各级政府和用人单位、个人、社会的社会保障权利、义务和责任。四是保障适度。社会保障水平要与社会经济发展水平相适应，与基金安全运行相对应，与人民群众需求愿望相呼应，既满足人民群众的合理需求，逐步提高待遇水平，又不能滋生“等靠要”的福利依赖，造成负面社会效应。既要重视社会保险筹资机制、待遇给付机制的建设，又要重视费率水平和待遇水平的动态调整机制建设。五是可持续发展。社会保障制度长久正常运行不仅关乎代际公平，而且关乎社会长治久安和人民世代福祉，要求能够实现基金收支平衡和制度长期稳定运行。

党的十九大报告还明确了社会保障八个方面的主要任务：一是“全面实施全民参保计划”“完善城镇职工基本养老保险和城乡居民基本养老保险制度，尽快实现养老保险全国统筹”。二是“完善统一的城乡居民基本医疗保险制度和大病保险制度”。三是“完善失业、工伤保险制度”。四是“建立全国统一的社会保险公共服务平台”。五是“完善社会救助、社会福利、慈善事业、优抚安置等制度，统筹城乡社会救助体系，完善最低生活保障制度”。六是“保障妇女儿童合法权益，健全农村留守儿童和妇女、老年人关爱服务体系”。七是“发展残疾人事业，加强残疾康复服务”。八是“加快建立多主体供给、多渠道保障、租购并举的住房制度”。结合绵阳市的实际，全面贯彻落实十九大重大部署，是当前和今后一个时期绵阳市社会保障工作的基本遵循。

（二）市委经济工作会进一步明确了绵阳市多层次社会保障体系建设方向

2018 年 1 月 15 日，市委经济工作暨全市金融工作会议召开。在民生保障方面，市委经济工作会做出“要着力在发展中提高保障和改善民生水平，更好满足人民日益增长的美好生活需要”的重大部署。必须始终坚持正确的努力方向，明确工作指导思想和基本原则，才能把市委决策部署落实落地。

在指导思想上，务必以习近平新时代中国特色社会主义思想为指引，正确认识和把握社会主要矛盾变化对社会保障事业发展的深刻影响，不断夯实社会保障制度基础，补齐多层次社会保障体系短板，建立起为民、惠民、利民、便民的社会保障公共服务体系，在保基本基础上满足群众多样化多层次的保障需求，为建设幸福美丽绵阳做出积极贡献。在基本原则上，一要坚持政府主导，避免政府包揽。政府在社会保障中应“有所为，有所不为”，在一定范围内承担社会保障项目的供款和管理责任，同时也要调动企业、个人和社会等多方面的力量参与到社会保障之中。

（三）绵阳市全面建成多层次社会保障体系具体目标任务

总体目标是：建成与绵阳经济社会发展水平相适应，与科技城地位相匹配，全省一流的多层次社会保障体系。

具体任务是：在体系构建上，形成以社会保险为主体，社会救助保底层，住房保障、社会福利、慈善事业、优抚安置等为补充的多层次社会保障体系；在组织方式上，形成以政府为主体，市场作用得到积极发挥，实现社会保险与补充保险、商业保险有效衔接。具体来说，要积极构建基本养老保险、职业（企业）年金与个人储蓄性养老保险、商业保险相衔接的养老保险体系，实现老有所养；协同推进基本医疗保险、大病保险、补充医疗保险、商业健康保险发展，实现病有所医；统筹城乡社会救助体系，完善最低生活保障制度，完善社会救助、社会福利、慈善事业、优抚安置等制度，实现弱有所扶；建立起多主体供给、多渠道保障、租购并举的住房制度，实现住有所居。

分阶段工作目标是：

到2020年，初步建成公平性、统一性、可持续性较强的多层次社会保障体系。基本养老保险参保率上升10百分点，达到90%。职工医保与生育保险政策实现整合，基本医保参保率稳中有升，从当前的97%上升至98%以上。逐步提高各项社会保险待遇水平。社会救助体系进一步健全完善，实时提高城乡最低生活保障标准，达到全省前列。妇女、儿童、老年人关爱保护机制更加完善，机构养育孤儿基本生活费最低标准从每人每月1 300元提高至每人每月1 550元，社会散居孤儿基本生活费最低标准从每人每月810元提高至每人每月1 050元。基本建成养老服务体系，主要指标达到或超过全省平均水平。依托“金保”二期工程建设，推动绵阳市向“智慧人社”迈出坚实步伐，全面建成群众满意的社保公共服务体系，提高精准服务及管理能力。

到2025年，基本建成制度更完善、权责更清晰、待遇水平更高的多层次社会保障体系。职工养老保险参保人数力争突破150万人，基本养老保险总计参保率力争达到95%以上，退休人员养老金待遇水平不断提高，人均基本养老金较“十三五”末提高25%。健全以基本医疗保险为主体、其他多种形式补充保险和商业健康保险为补充的多层次医疗保障体系，其中，基本医保参保率持续稳步提升，力争达到99%。实现养老保险基金全国统筹，各保险基金征收相对充裕，实现基金中长期精算平衡，基金发放压力显著降低。社会保险信息化建设取得新成就，建成“智慧人社”，启动使用第三代社会保障卡，实现社会保障卡“一卡通”，社会保险服务平台建设更完善，措施更便民。社会救助标准不断提高，社会救助标准随经济发展及时调整的自然增长机制进一步健全完善。机构养育孤儿基本生活费最低标准和社会散居孤儿基本生活费最低标准，分别较“十三五”末力争提高20%和30%。努力推动城乡低保、医疗救助、住房救助、教育救助、就业救助、临时救助等救助制度的完善发展，打造困难群众的基本社会安全网。妇女、儿童、老年人关爱保护工作制度化、规范化、机制化建设更加完善。

到2035年，建成保障更充足、制度更加公平、更可持续的多层次社会保障体系，全民社保体系更加成熟，群众多样化多层次社会保障需求得到满足。实现社会保险法定人群全覆盖，社会救助、社会福利和优抚安置体系更加完善。“健康四川”战略下的医养结合体系更加健全。老有所养、病有所医、业有所乐、劳有所获、住有所居、公平正义得到充分保障。

到2050年，围绕实现“富强民主文明和谐美丽的社会主义现代化强国”目标，建成体系构建更科学，待遇水平更高，保障能力更强，体系运转更良好，经办手段更智能的现代化社会保障体系，实现城乡平衡发展，实现人人参与、人人享有，确保社会保障成为人民幸福安康美好生活的重要支柱。

四、绵阳市加强和完善多层次社会保障体系建设的重大举措

围绕全面建成多层次社会保障体系的总目标和按照“兜底线、织密网、建机制”的基本要求，紧密结合绵阳市情，同时紧扣当前市委经济工作暨全市金融工作会议关于“着力在发展中提高保障和改善民生水平，更好满足人民日益增长的美好生活需要”的决策部署，绵阳市社会保障体系建设将在“如何保、如何管、如何办”上下功夫抓落实，通过持续完善养老保险、医疗保险、失业和工伤保险、社会救助、住房保障、商业保险六项制度，全面实施全民参保计划、经办服务体系建设、信息化建设和基金安全四大工程，夯实组织保障、财政投入和人员队伍三个工作基础，朝着体制机制更加完善、经办服务更加快捷方便、保障更加有序有度的方向发展。

（一）健全六项制度

1. 完善城镇职工基本养老保险和城乡居民基本养老保险制度

一是坚持统一原则，继续按照基本养老保险省级统筹的规定，进一步规范职工和居民基本养老保险缴费政策，以突显政策权威性。二是坚持公平原则，进一步落实职工和居民养老保险互转政策，继续执行城镇、农村户籍人员平等参保政策，持续深入推进机关事业单位养老保险制度改革，深化制度“并轨”，进一步缩小城乡差距、地区差距和相关群体差距，以增强制度公平性。三是坚持权利与义务对等原则，进一步落实“长缴多得、多缴多得”的激励机制和待遇调整机制，稳步提高居民基本养老保险待遇水平，以增强制度的激励效果。四是坚持惠民便民原则，进一步完善社会保险关系跨区域转移接续办法，优化办事程序，以适应人员流动性。五是坚持可持续原则，按照中央、省有关部署推进实施渐进式延迟退休年龄政策，积极参与基金投资运营，确保基金保值增值，以增强基金抵御风险的能力。六是建立与养老保险制度相配套的退休人员社会化管理服务体系，建立市、县、街道三级社会化管理服务工作综合协调机制。

2. 完善基本医疗保险制度和大病保险制度

一是把完善基本医疗保险制度纳入全民医保体系发展和深化医改全局，突出医保、医疗、医药三医联动，加强全市基本医保、大病保险、医疗救助、疾病应急救助、商业健康保险等的衔接，强化制度的系统性、整体性、协同性。二是完善基本医保筹资和待遇调整机制，厘清政府、单位、个人缴费责任，在继续加大财政投入、提高政府补助标准的同时，适当提高个人缴费比重，建立稳定可持续的多渠道筹资机制，健全与筹资水平相适应的基本医疗保险待遇确定机制和调整机制。三是进一步深化医保支付方式改革，加强医保付费总额预算管理，建立按病种付费为主，按人头、按床日、总额预付等多种付费方式相结合的复合型付费方式，积极探索按 DRGs 或点数结算付费的方式。四是充分发挥医疗保险在重特大疾病保障方面的重要作用，适当提高重特大疾病报销比

例，增强对重特大疾病的保障力度，为重特大疾病费用支出提供高水平保障；健全重特大疾病医疗救助制度，扩大重特大疾病病种，科学确定救助标准，将低收入家庭的老年人、未成年人、重度残疾人、重病患者等低收入救助对象，以及因病致贫家庭重病患者纳入救助范围，充分发挥托底保障作用。五是积极探索和推进职工医保门诊统筹，改革职工医保个人账户制度，结合分级诊疗和推行基层首诊制，通过将单位划转个人账户的资金和个人缴费的部分资金建立门诊统筹基金，以收定支，其中重点解决门诊大病、日间手术、慢性病人、老年人门诊负担过重的问题。六是探索建立长期护理保险制度，满足老年群体日益增长的生活照料和医疗护理等服务需求。

3. 完善失业、工伤保险制度

一是完善失业保险制度，重点增强失业保险制度保生活、促就业、预防和调控失业的功能；建立健全失业保险费率调整与经济社会发展的联动机制，完善失业保险金标准调整机制，适时放宽申领条件，落实稳岗补贴、技能提升补贴政策。二是全面推开工伤预防工作，建立健全工伤预防、补偿和康复“三位一体”的工伤保险制度体系；拓展“同舟计划”实施范围，以建筑、铁路、水利、交通等行业为重点扩大工伤保险参保覆盖面；推进待遇调整机制科学化、规范化，加强工伤医疗机构的协议管理和工伤职工就医管理，逐步实行工伤医疗费用的联网结算和定期待遇社保卡发放。

4. 完善社会救助、社会福利、慈善事业、优抚安置等制度，统筹城乡社会救助体系

一是进一步丰富社会救助内涵，扩大救助领域，建立健全以最低生活保障、特困人员供养、受灾人员救助为基础，医疗、临时救助为支撑，社会力量参与为补充的“托底线、救急难”的社会救助体系，健全社会救助标准随经济发展及时调整的自然增长机制，动态调整社会救助标准。二是加强低保规范化管理建设，完善城乡低保动态管理机制，建设市、县（市区）两级低收入家庭认定中心，建立科学的低收入家庭核定平台，提升基层社会救助工作经办服务能力，提高低保管理科学化和精细化水平，切实解决基层在低保工作中办事不公、错保、漏保、人情保、以权谋私等侵害群众切身利益等问题。三是健全完善特困人员救助供养制度，到2020年，特困人员凡有集中供养意愿的全部纳入集中供养范围。四是进一步改进和完善农村敬老院设施，加强服务管理规范化建设，着力提高社会保障水平和服务能力，探索建立农村区域性社会化养老服务机制，服务本区域更多的老人，以发挥其养老服务辐射和示范功能。五是落实优抚对象医疗保障政策和住房优待政策，逐步提高优抚对象抚恤标准。六是探索建立妇联调解与司法调解、行政调解、人民调解衔接配合的工作机制和妇女儿童社会矛盾预警机制，创建覆盖到村（社区）的妇联“维权地图”和网上信访系统，健全农村留守儿童和妇女、老年人关爱服务体系，保障妇女儿童合法权益。七是发展残疾人事业，发展残疾人支持性就业和辅助性就业，让精神、智力、重度肢体残疾人享有平等就业的权力，完善残疾康复设施，加快培养康复人才，扩大基本医疗保险支付残疾康复项目的范围，加强康复服务。

5. 加快建立多主体供给、多渠道保障、租购并举的住房制度

一是“坚持房子是用来住的、不是用来炒的”定位，贯彻落实国家和省市各项房地产政策，逐步实现高端放开、中端支持、低端保障的住房供应体系。二是加强市场监测分析和研判，引导投资行为，合理引导预期，切实规范房地产市场开发行为。从市场不同需求着手，开发建设一定比例的非产品同质化、价格同质化的商品房；鼓励成品房、绿色建筑开发，结合旅游、养老、体育等新兴行业的发展，引导企业拓展房地产项目功能，提高项目品质。三是培育和发展住房租赁市场，积极推进住房租赁试点工作，培育和发展规模化住房租赁企业，制定措施吸引房源，建立健全住房租赁各项制度，规范住房租赁市场。四是根据中央、省对棚户区改造工作的统一部署，结合绵阳市实际，将继续大力推进棚户区改造工作。预计“十三五”期间，绵阳市将改造各类棚户区 2.9 万套。五是根据国家保障性住房政策调整变化，逐步将公共租赁住房实物配租和租赁补贴相结合的保障方式，转变为以租赁补贴为主的保障方式，逐渐扩大租赁补贴保障范围，减少审核环节，最大限度地保障符合条件的住房困难家庭。建立住房保障诚信机制，健全清退制度，解决租金收缴难、入住后清退难等问题。

6. 积极将商业保险建成社会保障体系的重要支柱

一是提高大病保险承办质量和统筹层次，推广税优健康保险，积极推动长期护理保障、个人税收递延养老保险试点政策出台并落地实施。二是发挥保险产品和资金优势，推动健康和养老产业发展。鼓励创新养老保险产品，发展多样化医疗健康保险服务。支持保险资金参与医疗、养老和健康产业投资，支持保险资金以投资新建、参股、并购等方式兴办养老社区。三是创新保险业服务实体经济形式。创新保险扶贫基金，助力国家脱贫攻坚战略。四是充分发挥商业保险在精算技术、专业服务和风险管理等方面的优势，利用参与经办基本医保、承办大病保险放大保障效应，参与医疗行为管控，降低不合理的医疗费用。五是发挥商业保险公司的重要作用，注重高质量发展，通过设计灵活多样的产品，提供基本医保“三个目录”之外的健康保障、医疗保健与护理服务，扩大保障范围，提高保障水平，满足人民群众多样化多层次的健康保障需求，降低老百姓的医疗负担。

（二）实施四大工程

1. 实施全民参保计划

一是强化全民参保登记成果运用，查找覆盖弱点和盲区，制定有针对性的扩面措施，健全全民参保登记数据动态管理机制，持续推进“五险合一”精准扩面征缴。二是加强对新经济领域社会保险状况的调研，研究制定灵活就业人员、新业态就业人员等群体参保政策。三是落实政府资助农村建档立卡贫困人口参加城乡居民养老保险政策，提高城乡居民养老保险持续参保缴费率。四是加强社会保险诚信等级评定及结果运用，

强化“两随机、一公开，五险合一”稽核，促进用人单位依法及时足额参保缴费。五是在实现户籍人口全民参保后，按照公平与效率相结合、权利与义务相适应的原则，激励引导参保人员加入更高水平的保障制度，推动参保质量不断提高。六是强化政策宣传，提升公众保险意识，促进和引导各类单位和符合条件的人员长期持续参保。

2. 实施公共服务平台建设工程

进一步健全服务标准，下延服务项目，推进服务对象、服务网络、服务功能全覆盖，着力打造方便快捷的社会保障服务平台。抓标准化建设，县（市、区）和乡镇（街道）基层平台标准化率要达到85%，社区服务站点（窗口）标准化率要达到80%。整合优化村级服务网点，努力让老百姓在家门口就能办好事。

3. 实施信息化建设工程。

按照省人力资源和社会保障厅提出的“把信息化建设作为全系统的‘头等大事’”，深入实施“互联网+人社”2020行动计划，推动“一卡、一网、一库”建设，持续优化线上线下社保经办服务，建设“智慧人社”。按照省政府一体化政务服务平台建设要求，持续推动线下业务上线四川政务服务网运行，积极对接使用全省一体化政务服务平台。按照“业务由流程驱动，任务由信息系统自动分配”的内涵外延，加快推进社保经办服务“综合柜员制”，并不断优化业务流程、岗位设置及运行机制。优化拓展网上经办系统、自助服务一体机界面及功能，配合建立自助服务一体机运行维护管理制度。着力扩大社保业务网上经办覆盖面，稳步拓展手机App、微信、支付宝等移动服务平台业务功能，实现个体参保人员参保缴费、养老保险待遇领取资格人脸识别认证、异地就医备案等业务通过移动终端自助办理。

4. 实施基金安全工程

加强社会保险基金预算管理工作，推动实现财政对社会保险投入规范化、制度化。健全行政监督与社会监督相结合、行政执法与刑事司法相衔接的社会保险基金监督体系，完善监管机制，实施事前、事中、事后全程依法监管。全面推进社保基金监管工作信息化，推进医保智能审核监控系统建设，在全市所有定点医药机构全覆盖。加强社保基金精算分析和运行管理，持续增强社保基金可持续保障能力。

（三）夯实三个工作基础

1. 建立与经济发展水平适应的社会保障和财政投入机制

在继续争取中央和省财政加大对全市社会保障的转移支付力度的基础上，积极调整市、县两级财政支出结构，提高社会保障财政支出比重。一是城乡居民养老保险基础养老金在省统一标准之上的增加部分，所需资金由市、县两级财政承担；二是加大市、县级财政资金投入，努力提高救助标准和保障水平。三是适时提高市、县、乡三级经办机构工作经费和专项经费的保障标准，保证业务经办运行顺畅、高效。四是设立公共服务体系建设财政专项，每年列支一定数额专项资金用于支持基层平台设备购置和信息网络建设，对财政困难县的网络运行维护和工作经费予以适当补助。

2. 建立多层次社会保障体系建设部门联动机制

建议成立以市领导牵头，由编办、发改委、人社、财政、公安、卫生、民政、工商、国土、住建、人民银行、银保监会、保险协会、老龄委、残联、妇联等相关部门组成的联席会，充分发挥各自职能，统筹研究关于完善政策、基础项目、机构编制、经费保障和信息平台建设等重大问题，确保形成相关部门齐抓共管、密切沟通的协调机制，顺利推进多层次社会保障体系建设工作。

3. 建立社会保障专业化人才队伍建设机制

切实加强自身建设，建设一支社会保障专业化队伍。按照社会保障专业化建设和精细化管理要求，大力提升经办机构专业化管理水平。从管理体制、机构设置、人员编制和经费保障等方面积极支持社会保险经办服务能力建设。整合经办管理资源，建立设置科学、职责明晰、统一高效的经办管理体系和信息化建设管理队伍；根据人均险种管理服务标准和信息化建设管理工作要求，确定全市社会保障经办机构和信息化建设管理机构人员编制；增设社会保障管理必需的专业管理职位，加强社会保障专业技术人才队伍建设，确保管理服务工作的规范有序，实现优质服务。

主要参考文献：

[1] 习近平. 决胜全面建成小康社会夺取新时代中国特色社会主义伟大胜利［M］. 北京：人民出版社，2017.

[2] 郑功成. 中国社会保障改革与发展战略（总论卷）［M］. 北京：人民出版社，2011.

[3] 金维刚，等. 中国社会保障发展现状与前景展望［M］// 中国劳动保障发展报告（2017）. 北京：社会科学文献出版社，2017.

[4] 彭宇行. 科学发展加快发展，为开创国家科技城和幸福美丽绵阳建设新局面而努力奋斗：在中国共产党绵阳市第七次代表大会上的报告［R］. 中共绵阳市委办公室工作通讯，2016.

[5] 褚福灵. 多层次社会保障体系应定型［J］. 中国社会保障，2015（8）.

[6] 住房城乡建设部. 住房城乡建设部关于加快培育和发展住房租赁市场的指导意见（建房〔2015〕4号）［Z］. 2015.

[7] 四川省住房和城乡建设厅. 关于调整2016年公共租赁住房筹集计划的紧急通知（川建保发〔2016〕103号）［Z］. 2016.

[8] 国务院办公厅. 关于加快培育和发展住房租赁市场的若干意见（国办发〔2016〕39号）［Z］. 2016.

[9] 住房和城乡建设部、财政部. 关于做好城镇住房保障家庭租赁补贴工作的指导意见（建保〔2016〕281号）［Z］.

[10]《2005—2016 年四川省统计年鉴》.

[11]《2011—2016 年四川省人力资源和社会保障事业发展统计公报》.

[12]《2016 年成都市人力资源和社会保障事业发展统计公报》.

[13]《2013—2016 年绵阳市人力资源和社会保障事业发展统计公报》.

[14]《2010—2011 年绵阳市国民经济和社会发展统计公报》.

（主笔：饶风　唐青　王汉鹏　成欢　马学杨）

人事人才篇

四川省人力资源开发现状分析及对策研究[①]

摘　要：人力资源是经济社会发展的宝贵资源，对促进区域经济发展具有基础性、战略性的作用。经过分析，目前四川省人力资源及开发存在的主要问题是：青壮年劳动力减少，农村剩余劳动力转移难；人才资源总量不足，创新创造能力不强；人力资源市场供需结构性矛盾突出；人力资源开发政策法规不完善；教育培训能力不足，体系不健全；人力资源服务业发展滞后。经过人力资源开发的省际比较，得出以下几点启示：应注重人力资本投资，尤其应加大财政对教育的投入，继续加强义务教育普及，提升人力资源的整体素质；注重人才培养与引进，积极打造吸引人才的软硬环境，加强对“高精尖”人才培养与引进；注重创新引领，发挥人才在创新驱动中的核心价值。在四川人力资源开发中，要深入贯彻落实党的十九大精神，紧紧围绕全省推进“一个愿景、两个跨越、三大发展战略”的总体谋划，坚持面向市场、服务发展、促进就业的人力资源开发导向，实施人才优先发展战略，实行更加积极、更加开放、更加有效的人才政策，破除妨碍劳动力、人才社会性流动的体制机制弊端，鼓励引导人才向边远贫困地区、民族地区、革命老区和基层一线流动，以改善人力资源环境为基础，以人力资源素质提升为重点，着力优化人力资源结构，激发人力资源活力，加快建设人力资源与实体经济、科技创新、现代金融协同发展的产业体系，积极推动人力资源优势向人力资本优势转变，为全省经济社会发展提供有效的人力资源支撑。

关键词：人力资源　开发　规划

人力资源是经济社会发展的宝贵资源，对促进区域经济发展具有基础性、战略性的作用。党的十九大报告中强调“着力加快建设实体经济、科技创新、现代金融、人力资源协同发展的产业体系”“建设知识型、技能型、创新型劳动者大军”，因此大力开发人力资源、构建人力资源产业体系是贯彻新发展理念，建设现代经济体系的重要任务，结合四川实际，开展人力资源开发规划这项课题研究具有重要的现实意义和长远的战略意义。

① 本课题是 2017 年度中国人事科学研究院地方合作课题（项目编号：HZ2017-10）。

一、四川省人力资源开发现状及问题分析

（一）人力资源及其相关概念辨析

1. 人力资源以及相关概念

人力资源是一定区域中经济单位可开发利用的各种形态劳动力的总和。人口本身不是人力资源，而是人力资源的形成基础和载体。人力资源概念与劳动年龄人口相近，社会经济中能够供给劳动力的这部分人口称为劳动年龄人口，为了使分析更具有现实意义，本研究中将劳动年龄人口界定为年龄阶段位于16~59岁的人口。严格地讲，劳动年龄人口并不是现实的人力资源，从劳动年龄人口中扣除丧失劳动能力的人员后，剩下的才是人力资源，再从中扣除在校学生、离退休、料理家务以及其他无就业意愿人员后称为经济活动人口，也就是就业人口和失业人口之和。人力资源变动主要取决于人口年龄结构变化，在人口总量既定的前提下，决定人力资源总量的就是总人口中劳动年龄人口所占比例（见图1）。

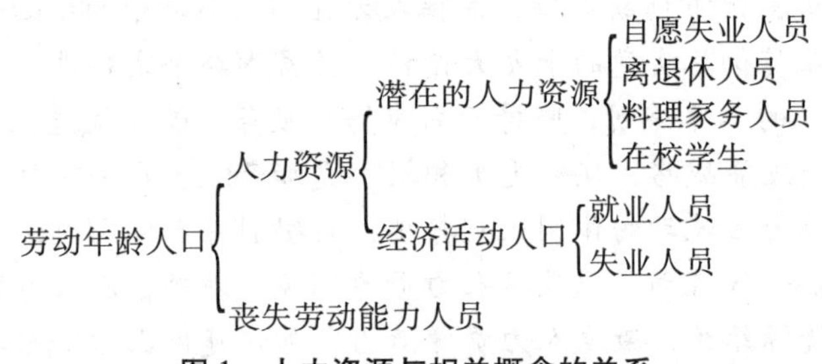

图1　人力资源与相关概念的关系

人才资源是指一个国家或地区中具有较多科学知识、较强劳动技能，在价值创造过程中起重要作用或有较高生产效率的那部分人力资源。人才资源是人力资源的一部分，即优质的人力资源（见图2）。

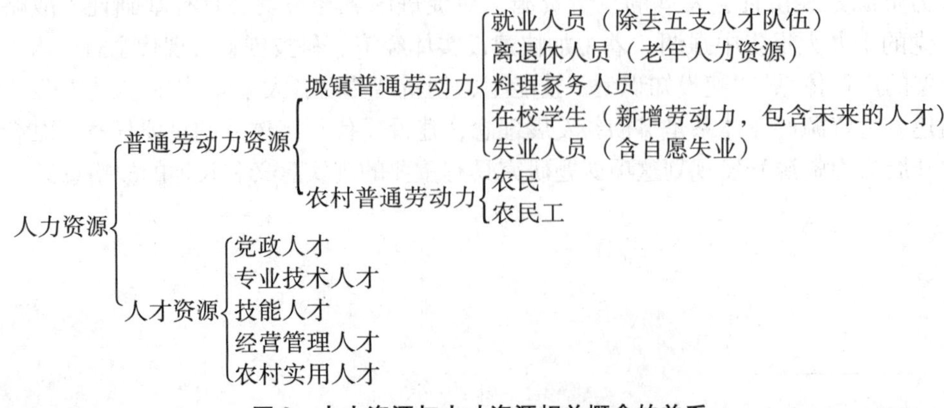

图2　人力资源与人才资源相关概念的关系

人口资源、人力资源、人才资源之间既紧密联系又存在差异。人口资源是基础，人力资源、人才资源都是建立在人口资源的基础之上，三者存在着递进的关系。人口资源注重生物学特征；人力资源注重社会学中的劳动特征；人才资源注重发展中的创新性特征和科学性特征。人口资源的基本素质决定人力资源的规模和水平。人力资源的规模、水平又是人才资源的基础。三者之间因为内在条件和外部条件的改变，随时相互转化。

2. 人力资源开发概念

人力资源开发概念包含宏观、中观和微观三个层面，中观层面的人力资源开发可以称为区域人力资源开发，是指地方政府为实现一定经济目标或社会发展目标，通过教育、就业、医疗、社会保障、人口等政策措施，促进全区域人力资源数量增长、能力提升和结构优化的过程。政府在人力资源开发过程中的职能主要包括制定规则、财政投入、宏观调控、信息服务、市场监管、争议仲裁、权益保障、中介服务等方面，具有战略性、目的性、系统性的特点。

（二）四川省人力资源开发现状

1. 人力资源基本情况

（1）人力资源总体呈逐年下降趋势。截至 2016 年年末，全省常住人口 8 262 万人，其中城镇人口 4 066 万人，乡村人口 4 196 万人，户籍人口缺口逐步缩小。2011 年四川省 16~59 岁人口达到历史峰值 5 260 万人后产生拐点，从 2012 年以来持续下降，到 2016 年减少为 5 134 万人。即使将劳动年龄人口上限放宽到 64 岁，这一下降趋势的判断仍然成立，2016 年劳动年龄人口总量为 5 690 万人。从未来 15 年四川省人口发展态势来看，劳动年龄人口减少的趋势还将进一步深化，到 2030 年 16~59 岁人口总量为 4 534 万人，占 16 岁以上人口的比重为 66%；16~64 岁人口总量为 5 243 万人，占 16 岁以上人口的比重为 76.3%。

（2）人力资源在产业中的配置进一步优化。第一产业就业人数占比持续下降，第二产业略有提升，第三产业持续占比上升。2016 年，四川省总就业人数 4 860 万人，与 2012 年相比较，三次产业就业结构由 41.5%：25.7%：32.8%调整为 37.6%：26.8%：35.6%。人力资源在行业间流动随着产业结构升级调整逐步加快，部分传统劳动密集型行业就业容量减弱，新兴经济体集中行业就业容量增加。

（3）人力资源整体素质有所提高。人口平均受教育年限延长，人力资源学历层次持续提高。2015 年四川省人口平均受教育年限为 8.49 年；高等教育毛入学率从 2012 年的 28.4%增长到 2015 年的 34.34%。人才资源总量持续快速增加，2015 年比 2010 年增加 190.9 万人，达到 669.9 万人。初中及以下学历人数占比下降，高中及以上学历人数占比上升。

2. 人才资源基本概况

（1）人才资源整体优化。人才总量规模扩大，专业技术人才、高技能人才增长明显，四川省人才密度提高。截至 2015 年年底，四川省人才总量达 669.9 万人，比 2010

年增加 190. 9 万人，增加比例为 40%；四川省人才资源总量占人力资源总量的比例为 10. 1%。在全部人才总量中，党政人才 50. 4 万人，企业经营管理人才 159. 3 万人，专业技术人才 292. 3 万人，高技能人才 102. 4 万人，农村实用人才 111. 1 万人。四川省 2015 年常住人口数量为 8 204 万人，由此测算四川省常住人口人才密度为 817 人/万人，比 2010 年每万人多 222 人（见图 3）。

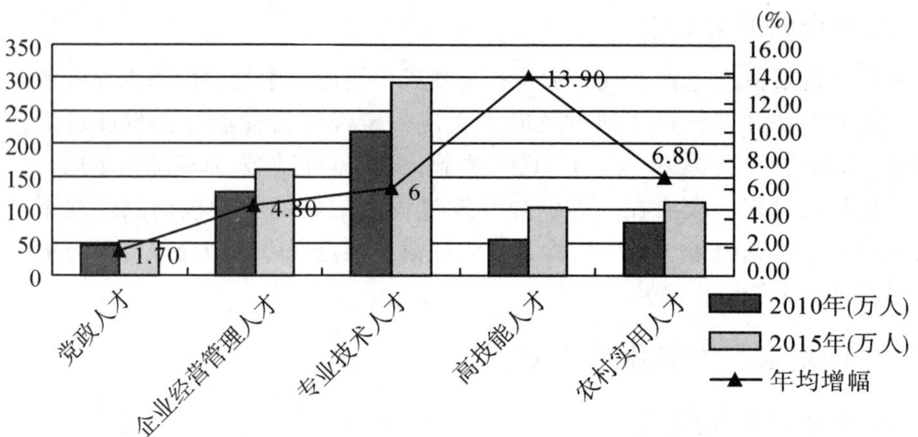

图 3　2010—2015 年四川省各类人才队伍增长规模

数据来源：《四川人才资源统计报告（2015）》。

人才年龄结构较年轻，各年龄段人才数量均有上升。四川省人才队伍年龄结构呈金字塔形分布，35 岁及以下、36～40 岁、41～45 岁、46～50 岁、51～54 岁、55 岁及以上占人才总量的比例分别为 32. 8%、20. 5%、19. 2%、14. 1%、8. 3%、5. 2%（见图 4）。

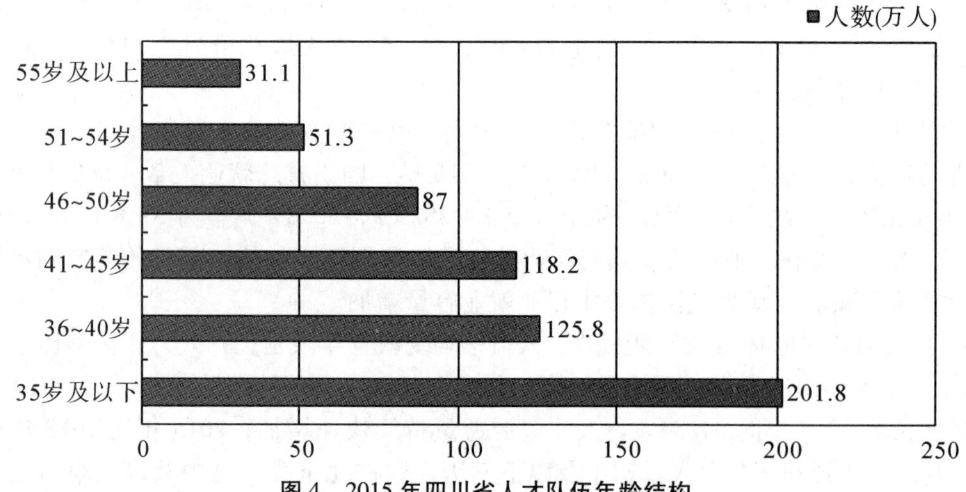

图 4　2015 年四川省人才队伍年龄结构

数据来源：《四川人才资源统计报告（2015）》。

人才受教育水平提升，高学历人才占比增加。截至 2015 年年底，四川省主要劳动年龄人口受过高等教育的比例为 15. 7%，大专以上学历人才占人才总量的 48. 6%，高技能人才占技能劳动者的比例为 16%。与 2010 年相比，研究生学历人数从 9. 7 万人上升到 23.5 万人；大学本科学历从 103.4 万人上升到 185.9 万人；大学专科学历从 131.9 万人上升到 176.4 万人；中专及以下从 146.4 万人下降到 118.2 万人（见图 5）。

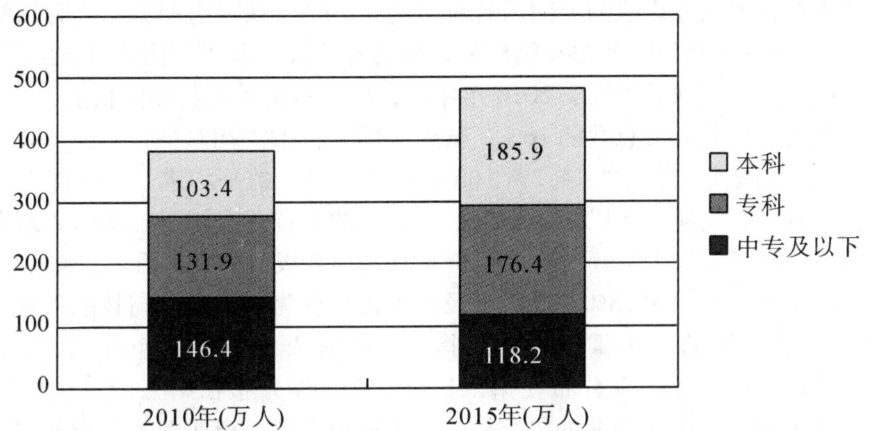

图 5　2010—2015 年四川省人才队伍学历结构

数据来源：《四川人才资源统计报告（2015）》。

（2）党政人才年轻化。2015 年四川省党政人才总量达到 50.4 万人，年均增幅 1.7%，其中大学本科及以上学历人数超过 30 万，占党政人才总量比例的 64.3%，35 岁及以下党政人才总数达 15 万人，占总量的 30%，干部队伍年轻化。

（3）高层次专业技术人才增长较快。截至 2015 年年底，四川省专业技术人才总量为 292.3 万人，比 2010 年增加 74.3 万人。其中高级岗位（一至七级）共计 37.4 万人，占比 12.8%；中级岗位（八至十级）共计 97.3 万人，占比 33.3%；初级岗位（十一级及以下）共计 152.7 万人，占比 52.2%；其他人员 5.0 万人，占比 1.7%。初级和中级岗位是主要构成，但高级岗位人数增长较快。2015 年四川省初级和中级岗位人数占比达到了人才总量的 85.5%，但高级岗位人数从 2010 年的 19.3 万人增长到 2015 年的 37.4 万人，年均增幅达到了 14.2%，同时期中级岗位的年均增幅为 9.5%，初级岗位年均增幅为 9%（见图 6）。

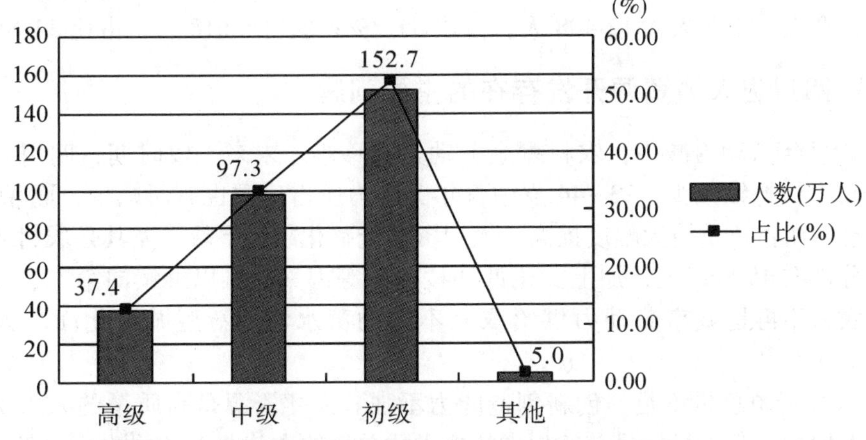

图 6　2015 年四川省专业技术人才等级结构

数据来源：《四川人才资源统计报告（2015）》。

按行业对专业技术人才划分，教育行业占 27%；制造业占 15.9%；建筑业占 12.7%；卫生和社会工作行业占 9.8%，教育、制造业、建筑业、卫生和社会工作四类行业聚集的专业技术人才规模约为四川省总量的 65.4%。按所有制分，公有制经济领域占 53.7%，与 2010 年相比，非公有制经济领域的专业技术人才占比有明显提高。

（4）技能人才仍是突出短板。2016 年年底，四川省劳动年龄段内技能人才总量 774 万人，约占四川省就业人员总数的 16%，低于全国 20%的平均水平；其中，高技能人才 110 万人，约占技能人才总量的 14.2%，低于全国 27.3%的平均水平。技能人才状况呈现以下特征：其一，技能人才以初、中级工为主。四川省现有初级工 251.2 万人，中级工 412.8 万人、高级工 101.7 万人、技师 7.4 万人、高级技师 0.9 万人。全部技能人才中，初、中级工占比约为 85.8%，高级工及以上占比仅为 14.2%，高技能人才短缺，成为制约高端产业发展的一个重要因素。其二，技能人才主要分布在第二、三产业。8.5%分布在第一产业，48.9%分布在第二产业，42.6%分布在第三产业；从职业（工种）来看，主要集中在第二产业的传统机加工类职业和第三产业的传统服务类职业。其三，技能人才队伍的文化程度普遍偏低。2012—2016 年四川省累计新取得职业资格证书的技能人才，高中及以下学历约占 82.4%，大专及以上学历约占 17.6%，文化程度偏低，制约了技能人才的进一步发展。

（5）企业经营管理人才市场化程度较高。2015 年，四川省企业经营管理人才总量为 159.3 万人。按年龄划分，35 岁及以下占 31.6%，36～40 岁占 23%；41～45 岁占 20.9%。45 岁以下企业经营管理人才占到了总量的 75.5%。企业经营管理人才主要集中在非公有制经济领域，占 72.8%。第二、三产业企业经营管理人才占比高，第三产业人才增长快。按行业划分，制造业企业经营管理人才占 26%，建筑业占 13.1%，批发和零售业占 11.9%，以上三类行业经营管理人才占比达到总量的 51%。

（6）农村实用人才集中于生产领域。2015 年，四川省农村实用人才总计 111.1 万人，其中大专及以上仅占 3.1%，高中学历的占 22.5%，农村实用人才近七成人只受过初等教育。

（7）社会工作专业人才规模较小。2015 年四川省社会工作专业人才供给 19 028 人，其中城市社会工作专业人才 12 408 人，占比 65.2%；农村 6 618 人，占比 34.8%。

（三）四川省人力资源开发存在的主要问题

（1）青壮年劳动力减少，农村剩余劳动力转移难。未来一段时期，四川省 16～22 岁新增劳动力将持续减少，23～44 岁中青年劳动力所占比重也有所减少，而 45 岁以上中老年劳动力所占比重将大幅度提高，人力资源老龄化趋势严峻。尤其是农村剩余劳动力绝大部分都在 45 岁以上，加上文化低和技能差等因素，难以继续向第二、三产业转移就业，农村不再是城市劳动力供给取之不尽的蓄水池，新型城镇化面临人力资源瓶颈。

（2）人才资源总量不足，创新创造能力不强。人才资源是高质量的人力资源，是推动创新发展的中坚力量。目前四川省技能人才总量约占就业人员总数的 16%，低于全国 20%的平均水平；高技能人才约占技能人才总量的 14.2%，低于全国 27.3%的平均水平，人才资源的缺乏对四川省经济转型升级发展不利。

（3）人力资源市场供需结构性矛盾突出。传统行业对人力资源需求逐步减弱，新产业、新业态快速发展产生了大量新岗位，人力资源开发滞后于产业发展，中低端技能求职者难以就业，急需紧缺专业技术人才和高技能人才，人力资源市场供需不匹配的矛盾较为突出。各市（州）劳动力供需差异大，求职者多集中于成都平原经济区，成都市劳动力供给相对充足，经济相对落后的地区劳动力流失明显。此外，信息不对称，工种转换过程人岗匹配难等因素使得结构性就业矛盾更加突出。

（4）人力资源开发政策法规不完善。人力资源开发涉及人口、教育、劳动人事、科学技术和收入分配等政策，人力资源开发综合性规划缺乏，人才培养使用与管理的专门法律法规欠缺，人才要素参与分配等政策仍需进一步完善。

（5）教育培训能力不足，体系不健全。四川省教育资源，尤其是优质教育资源稀缺，教育培训队伍相对薄弱，不适应创新型、研究型业务发展对人才的需求。

（6）人力资源服务业发展滞后。四川省人力资源服务业规模仍然较小，尤其是民营机构目前仍处于粗放式发展的阶段，呈现“大市场、小产业”的特征，缺乏具有带动效应的龙头企业，机构规范性较差，质量良莠不齐。基层政府对人力资源服务业发展的支持政策偏少，对公共就业和人才服务机构的投入仍显不足。

二、人力资源开发的省际比较分析

（一）人力资源开发状况比较分析

1. 四川省人力资源基数大但劳动年龄人口占比在全国靠后

通过人力资源数量分析，四川省人口基数大，劳动力资源总量大，但劳动年龄人口占比在全国靠后，人口自然增长率较慢。具体来说，2015 年四川省总人口 8 204 万人，在全国排名第 4，仅次于广东、山东和河南。劳动年龄人口占比 71%，低于全国 2 个百分点，在全国排名第 22 位，处于下等水平①；在西部地区排名第 7，位于内蒙古、陕西、甘肃、青海、宁夏、云南之后。死亡率为 6. 94‰，在全国位于前五，死亡率较全国稍低，但相比其他省（市、区）死亡率明显偏高。人口自然增长率为 3. 36‰，低于全国 1. 6 个百分点，在全国排名靠后（见表 1）②。

① 被统计的 31 个省级行政区，排名 1～10 为上等水平，11～20 为中等水平（11～15 为中上等，16～20 为中下等），21～31 为下等水平。

② 西部地区包括的省级行政区共 12 个，分别是四川、重庆、贵州、云南、西藏、陕西、甘肃、青海、宁夏、新疆、广西、内蒙古；中部地区有 8 个省级行政区，分别是山西、吉林、黑龙江、安徽、江西、河南、湖北、湖南；东部地区包括的 11 个省级行政区没变。

表 1　全国及部分省（区、市）人力资源数量等相关指标情况

省（区、市）	总人口（万人）	劳动年龄人口占比（%）	死亡率（‰）	人口自然增长率（‰）	省（区、市）	总人口（万人）	劳动年龄人口占比（%）	死亡率（‰）	人口自然增长率（‰）
全　国	137 462	73	7. 11	4. 96	河　南	9 480	69	7. 05	5. 56
北　京	2 171	79	4. 95	3. 01	湖　北	5 852	74	5. 83	4. 91
天　津	1 547	8	5. 61	0. 23	湖　南	6 783	7	6. 86	6. 72
河　北	7 425	72	5. 79	5. 56	广　东	10 849	77	4. 32	6. 80
山　西	3 664	76	5. 56	4. 42	广　西	4 796	68	6. 15	7. 90
内蒙古	2 511	77	5. 32	2. 40	海　南	911	72	6. 00	8. 57
辽　宁	4 382	77	6. 59	-0. 42	重　庆	3 017	71	7. 19	3. 86
吉　林	2 753	77	5. 53	0. 34	四　川	8 204	71	6. 94	3. 36
黑龙江	3 812	79	6. 60	-0. 60	贵　州	3 530	68	7. 20	5. 80
上　海	2 415	78	5. 07	2. 45	云　南	4 742	72	6. 48	6. 40
江　苏	7 976	74	7. 03	2. 02	西　藏	324	71	5. 10	10. 65
浙　江	5 539	76	5. 50	5. 02	陕　西	3 793	75	6. 28	3. 82
安　徽	6 144	71	5. 94	6. 98	甘　肃	2 600	74	6. 15	6. 21
福　建	3 839	73	6. 10	7. 80	青　海	588	73	6. 17	8. 55
江　西	4 566	69	6. 24	6. 96	宁　夏	668	73	4. 58	8. 04
山　东	9 847	72	6. 67	5. 88	新　疆	2 360	71	4. 51	11. 08

数据来源：《中国统计年鉴（2016）》。

2. 四川省人力资源整体质量不高

通过人力资源质量指标分析，四川省人均受教育年限、人均预期寿命逐年延长，受教育程度不断提高，专业技术人员数量大幅增加，但远低于全国平均水平；人口老龄化使得社会抚养负担较重；文盲率相对较高。具体来说，在智力质量方面，2015 年四川省 6 岁以上人口平均受教育年限为 8. 49 年，较全国平均水平少 0. 69 年，全国排名第 27 位；在西部地区排名第 8，位于山西、内蒙古、新疆、重庆、宁夏、广西、甘肃之后。2015 年四川每 10 万人口接受高等教育人数 2 312 人，排名 14，居于全国中下水平；在西部地区位列前三，仅次于陕西和重庆。2015 年四川每万人中公有经济企事业单位专业技术人员 140 人，全国排名靠后（见图 7）。2015 年四川省文盲率为 8. 14%，高于全国 2. 72 个百分点，文盲率排名全国第 7，次于西藏、青海、贵州、甘肃、云南及宁夏。

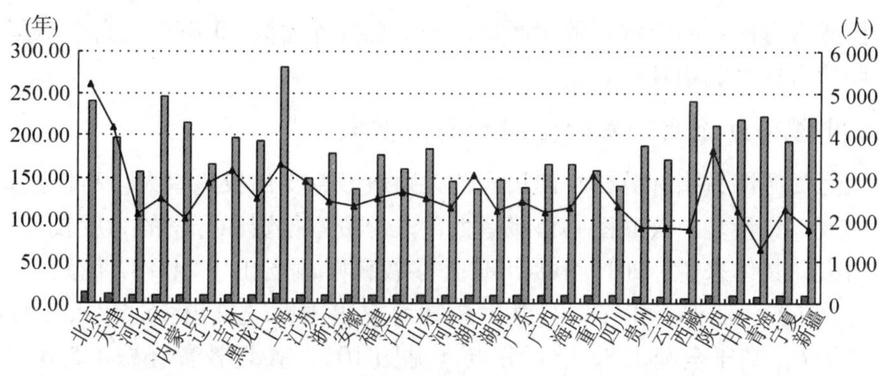

图 7　各省（区、市）智力质量指标统计情况表

数据来源：《中国劳动统计年鉴（2016）》。

在身体质量方面：2010 年四川省人均预期寿命为 74.75 年，与全国平均水平持平，在西部地区排名第三，仅次于重庆、广西（见图 8）。

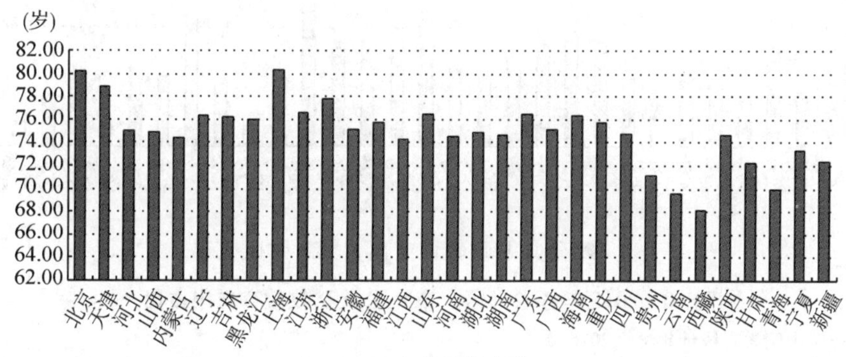

图 8　各省（区、市）人均预期寿命情况表

数据来源：2011 年全国第六次人口普查数据。

在精神质量方面：2015 年四川省每万人专利申请授权数为 8 件，在全国排名第 12。在西部排名第 3，仅次于陕西和重庆（见图 9）。

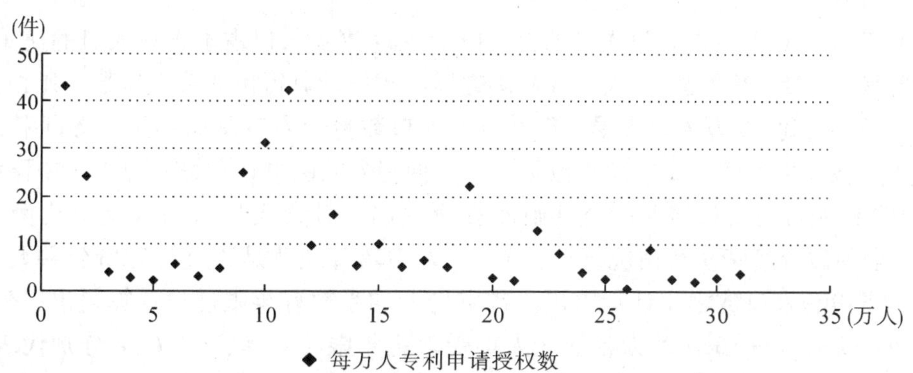

图 9　2015 各省（区、市）万人专利申请授权数

数据来源：《中国科技统计年鉴（2016）》。

在负担能力方面：四川省老龄化严重，人口总抚养比为 40.49%，高于全国 3.52 个百分点，劳动力抚养负担较重。

3. 四川省人力资源开发的空间和潜力较大

通过人力资源潜力指标分析，四川省公共财政教育支出投入量大，高校数量和接受小学教育的人口数量多，公共图书馆藏量大，人力资本投资和开发的力度较大，人力资源增值潜力大。具体来说，2015 年四川省公共教育财政支出 1 243.87 亿元，全国排名第 4，仅次于广东、江苏、山东。公共财政教育支出占财政支出 16.59%，约占四川省财政支出的 1/6，高于全国 1.82 个百分点（见图 10）。人均教育经费 1 516.18 元，每 10 万人口小学生在校人数 6 655 人，人均拥有公共图书馆藏量 0.41 本，低于全国水平。高等院校 109 所，全国排名第 11。

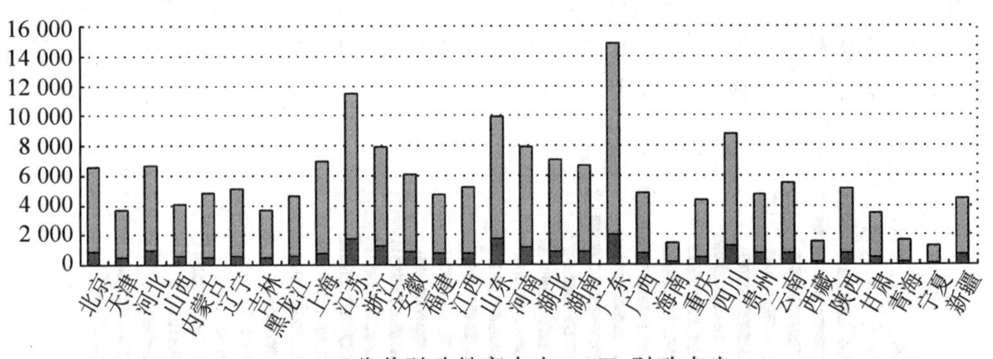

图 10　2015 年各省（区、市）公共财政教育支出占比

数据来源：《中国教育统计年鉴（2016）》。

（二）各省人力资源状况总体得分及排名

本文运用 SPSS19.0 统计软件对数据进行了归一化和无量纲化处理，然后采用因子分析法对人力资源状况指标进行描述，再采用综合评价的方法得到各个省份人力资源状况的综合得分。

（1）劳动年龄人口占省总人口的比重以 15~64 周岁人口占本省总人口的比重计算，本文主要采用 2015 年全国 1%人口抽样调查样本数据计算得出。总人口数、死亡率、人口自然增长率、每 10 万人口接受高等教育的人口数量、人口总抚养比、文盲率、每 10 万人口小学在校生人数、高等院校数量、人均拥有公共图书馆藏量来源于《中国统计年鉴（2016）》及各省统计年鉴。公共财政教育支出、教育支出占财政支出比例来源于《2015 年全国教育经费执行情况统计公告》，人均教育经费是通过各省份公共财政教育支出与本省份总人口数之比计算得出。各省份人均受教育年限通过计算得出，公式为：$X=6a+9b+12c+15d+16e$。X 为各地区人均受教育年限，a、b、c、d、e 分别代表小学、初中、普通高中、专科、本科及以上教育人口数量占总人口的比重，6、9、12、15、16 分别指在我国接受小学、初中、普通高中、专科、本科及以上教育所需要的时间。人均预期寿命数据来源于国家统计局根据“六普”资料计算得到的中国人口 2010 年平均预期寿命。万人中专业技术人员主要是指各省份每万人中公有经济企事业单位 2015 年专业技术人员数量。原始数据来源于《中国科技统计年鉴（2016）》。每万人专利申请授权数为 2015 年各省每万人专利申请授权数量与本省总人口之比。数据从《中国科技统计年鉴（2016）》与《中国统计年鉴（2016）》提取并计算得出。

（2）数据标准化处理首先收集和计算得出 31 省（市、区）的 17 个指标的原始数据，对死亡率、人口总抚养比和文盲率 3 个指标进行正向化处理（本文采用逆指标倒数的方式），并对样本数据进行标准化处理。

（3）KMO 及 Bartlett's 球体实验就通过对样本数据分析，KMO 统计量为 0.662，大于最低标准 0.5，适合做因子分析；卡方统计值的显著性水平为 0.000 < 0.001，说明样本数据满足因子分析的条件。

（4）提取公因子采用主成分法提取公因子，从原始数据中提取的前 3 个公因子的特征值累积总方差贡献率达到 77.031%（见表 2），可以用这 3 个主成分（分别用 F1、F2、F3 表示）来替代原来 17 个指标对各地区人力资源状况进行衡量。每个主成分的权重以各自的因子方差贡献率占总体累积贡献率的比重来确定。

表 2 解释的总方差

成分	初始特征值			提取平方和载入			旋转平方和载入		
	合计	方差的百分比	累积百分比	合计	方差的百分比	累积百分比	合计	方差的百分比	累积百分比
F1	6.907	40.627	40.627	6.907	40.627	40.627	6.548	38.515	38.515
F2	4.511	26.537	67.165	4.511	26.537	67.165	3.963	23.310	61.824
F3	1.677	9.866	77.031	1.677	9.866	77.031	2.585	15.207	77.031

提取方法：主成分分析。

数据来源：SPSS 数据分析及计算得出。

（5）旋转后的因子载荷经过旋转后，主成分 F1 在劳动年龄人口占比、人口自然增长率、人均受教育年限、人均预期寿命、每 10 万人接受高等教育人数、每万人专利申请授权数、社会抚养比、文盲率和每 10 万人口小学在校生人数等指标上具有较大载荷。这 9 个指标主要反映人力资源的数量及质量情况。主成分 F2 在总人口、万人中专业技术人员数量、公共财政教育支出、教育支出占财政支出比例、高等院校数量等指标上具有较大载荷，这 5 个指标主要反映人力资源开发的潜力和力度。主成分 F3 在死亡率、人均教育经费和人均拥有公共图书馆藏量上载荷量较大，反映了人口持续能力和财政支持力度（见表 3）。

表 3　旋转成分矩阵[a]

	成分		
	F1	F2	F3
2015 年总人口（万人）	−0.014	0.894	−0.275
劳动年龄人口占比	0.859	−0.215	0.236
死亡率	0.082	−0.148	0.751
人口自然增长率（‰）	−0.863	0.029	0.349
人均受教育年限	0.847	0.221	0.126
人均预期寿命	0.813	0.366	0.167
每 10 万人口接受高等教育人数	0.798	0.101	0.206
万人中专业技术人员人数	0.192	−0.597	0.556
每万人专利申请授权数	0.544	0.437	0.542
社会抚养比	0.877	−0.218	0.243
文盲率	0.831	0.047	0.053
公共财政教育支出	0.106	0.934	0.036
教育支出占财政支出比例	−0.275	0.688	−0.141
人均教育经费	−0.066	−0.392	0.762
每 10 万人口小学在校生人数	−0.919	0.185	−0.004
高等院校数量	0.279	0.869	−0.260
人均拥有公共图书馆藏量	0.486	−0.125	0.590

提取方法：主成分。旋转法：具有 Kaiser 标准化的正交旋转法。

a. 旋转在 5 次迭代后收敛。

数据来源：SPSS 数据分析及计算得出。

（6）各省（区、市）人力资源综合得分及排名通过方差贡献率加权平均计算得出（见表 4），计算公式：$Si=0.5F1i+0.3026F2i+0.1974F3i$。

表 4　各省份人力资源状况综合得分及排名

省（区、市）	F1	F2	F3	S 总值	排名
北　京	2.115 78	0.232 36	2.103 64	1.543 46	1
上　海	1.615 53	−0.539 07	2.174 64	1.073 92	2
广　东	0.149 55	2.112 71	1.362 49	0.983 04	3
天　津	1.929 49	−0.751 07	0.380 67	0.812 62	4
江　苏	0.462 22	1.785 46	0.096 04	0.790 35	5
浙　江	0.244 56	1.231 2	1.334 95	0.758 36	6
山　东	−0.238 69	1.729 79	−0.081 88	0.387 93	7
辽　宁	1.485 27	−0.496 93	−1.466 72	0.302 73	8
吉　林	1.145 88	−0.997 31	−0.794 83	0.114 25	9

表4(续)

省（区、市）	F1	F2	F3	S 总值	排名
黑龙江	1.389 25	−0.972 48	−1.470 13	0.110 15	10
陕　西	0.404 28	−0.134 57	−0.334 71	0.095 35	11
湖　北	0.265 98	0.274 86	−0.704 16	0.077 16	12
福　建	−0.323 38	0.422 16	0.334 57	0.032 1	13
山　西	0.406 62	−0.472 45	−0.216 44	0.017 62	14
河　北	−0.322 12	0.786 48	−0.543	−0.030 26	15
四　川	−0.213 48	0.764 46	−0.986 87	−0.070 22	16
安　徽	−0.394 32	0.637 08	−0.512 4	−0.105 53	17
湖　南	−0.219 26	0.588 64	−0.937 48	−0.116 57	18
河　南	−0.653 37	1.153 47	−0.913 14	−0.157 9	19
内蒙古	0.552 88	−1.271 64	−0.354 62	−0.178 36	20
江　西	−0.676 44	0.466 27	−0.280 36	−0.252 47	21
重　庆	0.074 51	−0.424 64	−0.909 69	−0.270 81	22
广　西	−0.979 31	0.531 95	−0.144 84	−0.357 28	23
新　疆	−1.187 84	−0.221 49	1.454 93	−0.373 74	24
海　南	−0.581 31	−0.707 38	−0.036 56	−0.511 93	25
甘　肃	−0.480 18	−0.769 65	−0.233 65	−0.519 11	26
宁　夏	−0.705 6	−1.172 92	0.816 43	−0.546 56	27
云　南	−0.795 14	−0.318 12	−0.696 86	−0.631 39	28
贵　州	−1.338 67	0.005 99	−0.424 73	−0.751 36	29
青　海	−1.033 21	−1.825 03	0.108 18	−1.047 5	30
西　藏	−2.099 48	−1.648 15	1.876 54	−1.178 04	31

数据来源：SPSS 数据分析及计算得出。

表 4 显示，四川省人力资源发展水平处于全国中等水平，位于第 16 位，在西部四川省位于第 2，仅次于陕西省。

（三）比较分析的主要结论

结合四川省人力资源发展状况省际比较分析及基于因子分析得出的各省份人力资源状况综合排名情况，本章比较研究的主要结论如下：

1. 人力资源总量优势减弱，素质水平有待提高

随着劳动年龄人口数量不断减少，四川省人口红利的比较优势即将消失。在质量方面，四川省人力资源受教育情况、健康状况和创新能力均低于全国水平。在潜力方面，四川省公共财政教育支出投入量大，高校数量和接受小学教育的人口数量多，公共图书馆藏量大，人力资本投资和开发的力度较大，未来人力资源增值潜力较大。

2. 人力资源数量优势尚未有效转化为人力资本优势

人口资源大省江苏、山东的人均受教育情况及创新能力明显优于四川，人力资源潜能得到了较好利用，并转化为人力资本投入经济社会发展中。2015 年江苏和山东人均受教育年限分别为 9. 57 和 9. 12 年，而四川人均受教育年限只有 8. 49 年；在创新方面，四川创新能力和水平大幅提升，但与江苏差距仍较大。

3. 东部、中部和西部人力资源发展水平差距较大

区域经济发展与人力资源发展呈正相关关系。我国经济发达的地区如北京、上海、广东、天津、江苏、浙江等省（市），人力资源发展水平较高；经济落后地区如西藏、青海、新疆、宁夏等省（区），人力资源发展及开发水平较落后；在西部地区，四川省人力资源发展处于领先水平。

各省份人力资源开发经验对四川省的启示主要有几下几点：一是注重人力资本投资。2015 年江苏、山东、四川公共财政教育支出总量依次位于全国第二、第三和第四，但四川省人均教育经费、教育支出占公共财政支出量的比例仍然较低。下一步，应继续加大财政对教育的投入，继续加强义务教育普及，提升人力资源的整体素质。二是注重人才培养与引进。教育投资需要较长的时间才能见效，为了加速改变现状，在与各省的人才争夺中取胜，四川省应加强对“高精尖”人才培养与引进，积极打造吸引人才的软硬环境，形成良好的用人机制，体现人才的价值，从而提高现有人才资源的存量。三是注重创新引领。从 R&D 经费投入强度看，北京和上海分别为 6. 01%和 3. 73%，达到世界领先水平。从创新投入总量看，江苏和广东作为区域创新和高新技术产业基地，创新投入一直占据全国第一和第二的位置。未来四川省应加快科技创新步伐，加快科技创新环境、科技活动投入、科技活动产出、高新技术产业化和科技促进经济社会发展 5 个方面均衡发展。

三、四川省人力资源开发规划的总体要求及主要措施

（一）总体要求

1. 指导思想

深入贯彻落实党的十九大精神，紧紧围绕四川省推进“一个愿景、两个跨越、三大发展战略”的总体谋划，坚持面向市场、服务发展、促进就业的人力资源开发导向，实施人才优先发展战略，实行更加积极、更加开放、更加有效的人才政策，破除妨碍劳动力、人才社会性流动的体制机制弊端，鼓励引导人才向边远贫困地区、民族地区、革命老区和基层一线流动，以改善人力资源环境为基础，以人力资源素质提升为重点，着力优化人力资源结构，激发人力资源活力，加快建设人力资源与实体经济、科技创新、现代金融协同发展的产业体系，积极推动人力资源优势向人力资本优势转变，为四川省经济社会发展提供有效的人力资源支撑。

2. 基本原则

（1）创新驱动，协同发展。围绕创新驱动发展战略，坚持招商引资和引才引智引项目相结合，依托产业链，协同创新链，推送人才链，着力加快构建符合产业发展需要的人力资源协同体系，建设知识型、技能型、创新型劳动者大军，激发人力资源创新创业活力，以创新驱动促进产业转型升级；以创业引导推动重点产业发展。

（2）突出重点，聚焦开发。遵循人力资源发展规律，以高级技术人才、高级管理人才、高技能人才、基层及一线人才队伍建设为重点，以提升能力素质为主线、以使用为根本，优化人力资源行业、知识、年龄等结构，不断提升应用型、技能型人力资源的整体能力和素质。

（3）集聚高端，开放发展。瞄准尖端和新兴产业科技，加快集聚国内外重大创新平台、科研院所、风投创投机构、人力资源服务业企业等要素，在国内外大力招揽急需紧缺人才，聚天下英才而用之，以高层次人才引领高水平发展，以人才优势增创发展优势。

（4）市场主导，政府推动。理顺人力资源市场价格机制，发挥市场在人力资源配置中的决定性作用，推进统一规范的人力资源市场建设，鼓励各类人力资源服务机构适应市场需求，提供优质高效的人力资源服务。适应加快转变政府职能和建设服务型政府的要求，处理好政府与市场的关系，通过法规和政策对人力资源市场进行间接干预和调整，加强人力资源市场监管，建立人力资源供求的均衡机制。

3. 主要目标

（1）就业规模不断扩大。到 2020 年，四川省城乡就业人员达到 4 900 万人左右，每年城镇新增就业 100 万人左右，农村劳动力转移就业规模达到 2 500 万人左右。

（2）人力资源素质显著提高。到 2020 年，四川省新增劳动年龄人口平均受教育年限达到 13.5 年。专业技术人才达到 367 万人；技能人才总量达到 1 000 万人，高技能人才占技能人才比例提高到 25%。

（3）人力资源产业分布进一步优化。第三产业从业人员比重不断提高，新产业、新业态就业人员总量大幅增长。到 2020 年，第一、二、三产业从业人员比例分别达到 33%、26%、41%。

（4）人力资源发展环境全面改善。推动就业、社保等公共服务体系向常住人口全覆盖，到 2020 年，劳动合同签订率高于 95%，社会保险实现全覆盖，劳动者权益得到全面保护。深化收入分配制度改革，努力实现居民收入增长和经济发展同步、劳动报酬增长和劳动生产率提高同步，2020 年，实现城镇居民人均可支配收入、农村居民人均纯收入比 2010 年翻一番。形成“四个尊重”的浓厚氛围，开创人人皆可成才、人人尽展其才的生动局面。

（二）主要措施

1. 建设知识型、技能型、创新型劳动者大军

大力弘扬劳模精神和工匠精神，紧扣《中国制造 2025 四川行动计划》和四川省七

大传统优势产业、七大战略性新兴产业、五大高端成长型产业、五大新兴先导型服务业需要，加快培养造就技术技能人才和高素质产业大军。一是顺应产业结构迈向中高端水平、建立健全以创新创造为导向的人才培养机制，优化高校学科专业结构，依托省内、外知名高校，建立联合人才培训基地，开设相关专业和课程，加快培养一大批科技创新人才和高水平创新团队。二是基本建成适应经济转型升级的现代职业教育体系，建立教育链、人才链、知识链和产业链协同发展机制，强化校企协同育人，实现现代职业教育体系与现代产业体系建设有机融合。三是积极发挥技工院校在技能人才培养中的重要作用，加大对本地技工院校的扶持力度，加强校企合作人力资源开发模式，引导产业园区和大型企业开展定制化培养、专业定向吸纳。四是建立覆盖城乡劳动者的终身职业培训制度，大规模开展岗前、在岗职业技能培训和创业培训，推动职业培训由服务特定群体向实行普惠培训转变，由侧重就业技能培训向强化岗位技能提升培训转变。五是综合应对劳动年龄人口总量下降和结构老龄化趋势，加大女性人力资源开发力度，进一步推进家务劳动社会化，提升职业女性发展空间；加强对大龄劳动力、残疾人、低收入家庭、长期失业者等困难人员的就业援助和服务，提高就业技能和市场竞争力。

2. 培养造就战略科技人才、科技领军人才、青年科技人才和高水平创新团队

大力实施更加积极开放有效的人才政策，加快培养具有国际竞争力的高层次人才，统筹用好国内和国外优秀科技人才，为创新驱动发展提供坚实的人才支撑。一是完善和实施省学术技术带头人及后备人选、有突出贡献优秀专家制度，加快培养适应创新驱动转型发展、能够突破关键技术、引领学科发展、带动产业转型的创新型领军人才。二是改革完善博士后管理制度，实施博士后创新人才支持计划，加强博士后科研流动（工作）站和创新实践基地建设，加快培养造就一批创新型、复合型、战略型青年拔尖人才。三是完善海内外高层次专业技术人才来川创新创业特殊支持政策，依托海外人才工作联络站、海外引才工作站，打造国际人才交流平台，鼓励和扶持海外留学生、高校师生与科研院所专家通过带技术、带专利、带项目、带团队等形式来川创业，引导人才向产业带和经济区聚集。四是以科技型企业为重点，重点扶持运用自主知识产权或核心技术创新创业的优秀创业人才，培养造就一批具有创新精神的企业家。五是加大投入力度，创新培养培训机制，深入实施专业技术人才知识更新工程，推进分层分类专业技术人才继续教育体系建设，大力提升能力素质。

3. 积极开发农村人力资源

适应实施乡村振兴战略的需要，推动就业工作和人才工作领域向农村拓展，人力资源政策和服务向农民延伸，培养造就一支懂农业、爱农村、爱农民的“三农”工作队伍。一是结合新型城镇化建设、产业转移升级和新农村建设，建立适应新型城镇化、新农村建设需求的农村人力资源开发和流动新模式，促进城乡人力资源开发和人力资本投资一体化发展。二是整合城乡教育培训资源，加大对农村人力资源投资力度，提升农村劳动力转移就业能力。三是科学制定涉农产业规划，加快形成一、二、三产融合发展涉

农产业新格局，推动农村劳动力的新型兼业转移。四是完善农村土地制度，加大涉农产业在税收、贷款等方面的优惠政策，鼓励支持农民工等人员返乡下乡创业。五是统筹选调生工作、“一村（社区）一名大学生干部计划”“三支一扶计划”“农村义务教育学校教师特设岗位计划”“大学生志愿服务西部计划”等各类引导大学生到基层服务、创业的项目和政策，完善大学生服务农村的长效机制，积极引导高校毕业生到农村就业创业。

4. 完善人才发展体制机制

以全面创新改革试验区建设为引领，创新人才培育、引进、评价、使用、激励机制，深化人才发展体制机制改革，加快推动人才开发与产业发展、创新发展深度融合。一是优化人才培养机制。加大创新创业人才培养支持力度，完善基础教育与职业技术教育相结合、教育与实践相结合的人力资源培养体系，注重系统培养、分类培养和个性化培养。二是创新引聚人才的方式。以宜居、宜业为导向，制定实施特殊政策，为引进人才提供施展才华的良好平台，大力引进用好科学发展急需的人才和智力；以重大引才工程为牵引，建立刚性引才与柔性引才并重，引进留学人才与外籍人才、优秀人才与顶尖人才、个体与团队并重的引才工作体系。三是强化人才的市场化评价。从规范职位分类和职业标准入手，建立以岗位职责要求为基础，以品德、能力和业绩为导向，符合各类人才特点的评价标准；改革评价方式，评价人才主要看实践、看贡献，创新评价手段，推进人才评价的科学化、社会化。四是注重人才的分配激励。加快建立健全与社会主义市场经济体制相适应、充分体现人才价值、有利于激发人才活力和维护人才合法权益的分配激励和保障制度，让一流人才得到一流待遇；健全支持人才创业创新的服务机制，为人才特别是高层次人才提供良好服务，解除人才的后顾之忧，使他们把精力放在干事创业上。五是确立人才投资优先地位。逐步改善经济社会发展的要素投入结构，较大幅度增加人力资本投资比重，进一步加大人才专项投入，并切实提高投入效益；鼓励和引导社会、用人单位、个人以多种方式加大人才投入，形成多元化人才投入机制，加快形成人力资本积累优势。六是科学调节人才流向。促进人才合理分布，鼓励引导人才向边远贫困地区、民族地区、革命老区和基层一线流动。

5. 大力加强人力资源市场建设

将加强人力资源市场与推动实施就业优先战略、人才优先发展战略和创新驱动发展战略相结合，充分发挥市场在人力资源配置中的决定性作用和更好地发挥政府作用，最大限度激发和释放人力资源创业创新活力。一是健全人力资源市场法规政策体系，完善人力资源市场管理制度，规范人力资源市场秩序。二是进一步整合人才市场和劳动力市场，制定统一规范的人力资源公共服务标准，加快建立和发展布局合理、统一规范、灵活开放、功能完善的人力资源市场。三是推进基层人社公共服务平台规范化、信息化建设，提升平台服务承载能力，推动服务下延，推进平台由城镇向农村拓展，服务从市民向农民覆盖。四是建立完善政府监管、机构公开、协会自律、社会监督相结合的人力资源市场监管体系，营造公平、竞争、有序的市场环境。

6. 加快发展人力资源服务业

以产业引导、政策扶持和环境营造为重点，健全管理制度，完善服务体系，提高服务质量，推动人力资源服务业快速发展。一是加强人力资源服务业理论研究，完善人力资源服务业发展的政策体系。二是实施人力资源服务业骨干企业培育计划，通过引导资本、技术、人才等要素集聚，重点打造一批有核心产品、技术含量高的人力资源服务业骨干企业，推进人力资源服务业产业化发展。三是实施人力资源服务产业园建设计划，以成都、省内18个区域中心城市、绵阳等8个国家级新区、高新技术开发区、经济技术开发区等产业聚集区域为依托，培育建设一批有规模、有辐射力、有影响力的国家级人力资源服务产业园。四是实施人力资源服务业领军人才培养计划，建立人力资源服务培训基地和实训基地，开展行业高层次人才培训；举办高研班，开展学术交流和研修活动，培养行业领军人才；加大行业高层次人才引进力度，将其纳入国家和地方有关人才计划和人才引进项目，享受相关优惠政策；建立行业领军人才库，及时准确全面地掌握行业领军人才情况。五是实施“互联网+”人力资源服务行动，鼓励人力资源服务企业与互联网企业开展技术合作，支持人力资源服务企业运用互联网技术探索开展与金融、教育、医疗等行业的跨界服务模式，引导互联网企业跨界兼营人力资源服务业务。六是根据人力资源服务业发展需求，建立健全与国家标准、行业标准相配套，与国际化标准相衔接的地方标准体系。

7. 建立健全人力资源监测体系

人力资源监测对于及时准确反映人力资源供给和产业发展需求，为各级党委政府决策服务发挥着重要作用，必须统筹考虑、统一规划，制定科学的人力资源监测统计制度和指标体系。一是建立四川省人力资源市场供求信息监测平台和跨部门、跨平台数据共享机制，运用大数据等新技术推动人力资源有效开发、高效管理和优化配置。二是整合现有的统计制度，健全以人口普查、人才普查和劳动力调查为基础，以人力资源市场供求监测为主体，以就业失业登记、重点调查、统计报表和模型推算为补充的人力资源监测统计制度体系，全面反映人力资源供给总量、年龄、学历、专业和技能结构、行业、地区分布等情况。三是规范人力资源统计指标口径，清晰、准确界定指标内涵外延、调查渠道和钩稽关系，建立健全统计台账制度，通过定期摸底调查、与社保信息联动、利用大数据，增强数据的代表性、真实性和时效性。

8. 优化人力资源发展环境

一是优化人文法制环境。积极培育创新创业文化，加大知识产权保护力度，以更加开放的姿态和海纳百川的胸怀接纳各类优秀人才，引导全社会共同为各类人才施展才华提供良好的环境和宽广的平台。二是优化公共服务环境。围绕打造服务型政府，深化“放管服”改革，借助大数据、互联网搭建劳动者满意的人力资源服务平台，根据不同群体、不同就业创业阶段、多层次需求，提供均等化、专业化、智能化就业创业服务和人才服务。三是优化生活工作环境。全面推进实施各区、县（市）人才安居工程，探索实施高层次人才住房补贴和奖励政策，优化四川省生活设施环境和国际化的生活环境。全面推进企业社会责任建设，完善工资决定和正常增长机制，提高劳动者工资收入水平，完善政府、工会、企业共同参与的协商协调机制和组织体系，促进劳动关系和谐稳定。

主要参考文献：

[1] 国家统计局. 中国统计年鉴（2016）[M]. 北京：中国统计出版社，2016.

[2] 四川省统计局，国家统计局四川调查总队. 四川统计年鉴（2016）[M]. 北京：中国统计出版社，2016.

[3] 国家统计局社会科技和文化产业统计司，科学技术部创新发展司. 中国科技统计年鉴（2016）[M]. 北京：中国统计出版社，2016.

[4] 余兴安，李维平. 中国人力资源发展报告 [R]. 北京：社会科学文献出版社，2016.

[5] 张爽. 中国人力资源发展现状与开发策略研究 [M]. 上海：上海教育科技出版社，2016.

[6] 中共四川省委组织部，四川省人力资源和社会保障厅，四川省统计局. 四川人才资源统计报告 2015 [R]. 2016.

[7] 王播，王军. 2010—2015 年四川人才有何变化？ [J]. 四川省情，2017（3）：16-17.

[8] 四川省人力资源和社会保障厅. 四川省人力资源和社会保障事业发展“十三五”规划纲要 [R]. 2016.

[9] 四川省人力资源和社会保障厅. 2014—2017 年四川省人力资源市场供求情况分析报告 [R].

[10] 四川省人力资源和社会保障厅. 2012—2016 年四川省人力资源和社会保障事业发展统计公报 [R]. 2017.

[11] 四川省人力资源和社会保障厅. 大力推进“技能四川”建设，加快技能人才队伍发展研究报告 [R]. 2016.

[12] 四川省教育厅，四川省人力资源和社会保障厅. 推动教育改革创新，培养适应未来战略发展需要的高素质人才 [R]. 2017.

[13] 中央财经大学，中国人力资本与劳动经济研究中心. 中国人力资本报告 [R]. 2016.

[14] 吴冬梅. 人力资源理论的五次创新 [J]. 企业经济，2012（11）：5-9.

[15] 胡鞍钢，才利民. 从“六普”看中国人力资源变化：从人口红利到人力资源红利 [J]. 清华大学教育研究，2011（4）：2-8.

[16] 范燕玲. 各省人力资源状况研究 [J]. 商丘师范学院学报，2014（3）：15-18.

[17] 王妍. 河南省人力资源开发现状及与中部其他省份的对比分析 [J]. 人力资源开发，2014（10）：32-33.

[18] 陆远权，马垒信，何倩倩. 我国 31 个省（区、市）人力资源状况比较研究 [J]. 科技与管理，2010，12（5）：117-121.

（主笔：饶风　唐青　王汉鹏　马杰）

加强四川省高层次人才队伍建设，助推经济高质量发展①

摘　要：四川省正在由经济大省向经济强省迈进，在经济发展动能由要素驱动向创新驱动转变的过程中，产业发展已从资本竞争逐渐过渡到技术和人才的竞争，高层次人才对四川省产业结构升级发展的引领带动作用至关重要。本文通过对高层次人才供需基本现状进行分析，重点从全省高层次人才现状、高层次人才政策、人才市场化程度以及服务保障完善度四个方面归纳总结四川省高层次人才队伍建设过程中存在的突出问题，寻找全省高层次人才队伍建设与发达地区的差距，学习发达地区的成功经验和优秀做法，并对四川省如何加强高层次人才队伍建设提出了对策建议。

关键词：高层次　人才队伍　高质量发展

一、相关理论探讨

（一）研究背景

党的十九大报告提出，人才是实现民族振兴、赢得国际竞争主动的战略资源。四川省委第十一届三次全会提出了“一干多支、五区协同”“四向拓展、全域开放”战略推动四川省经济高质量发展，四川省“5+1”现代产业体系的提出也对重点产业发展作出了明确部署。四川省正在由经济大省向经济强省迈进，在经济发展动能由要素驱动向创新驱动转变的过程中，产业发展已从资本竞争逐渐过渡到技术和人才的竞争，高层次人才对全省产业结构升级发展的引领带动作用至关重要。一支规模化高素质人才队伍不仅能放大甚至倍增资本要素的投入产出比，更能通过行业领军人才的技术技能突破创新撬动关键环节，带动行业、产业的整体发展，助推区域经济进入良性循环。

当前，四川省高层次人才队伍规模和结构还不足以支撑推动全省经济高质量发展和“5+1”“10+3”现代产业体系发展战略的需求，高层次人才政策综合竞争力和吸引力仍有待进一步加强，政策体系“最后一公里”仍需打通，人才资源市场化机制仍需完善，

① 本课题是2019年人社厅报省政府政务调研课题。

信息化平台建设和服务保障仍较落后。加强四川省高层次人才队伍建设，摸清全省高层次人才供需情况，完善政策引导，完善高层次人才“引、育、用”体系，培育多元化市场主体，健全服务体系，围绕全省产业发展战略大力引进和培养高层次人才，保障高层次人才供给的持续性、稳定性，通过高层次人才的辐射带动作用推动全省重点产业、重点行业突破提升，促进人才与技术、资本等生产要素有机融合，对促进全省人才事业发展和经济社会发展深度融合，推动全省高质量发展，增强全省区域发展优势具有重要现实意义。

（二）研究思路

准确把握四川省经济高质量发展的内涵对全省高层次人才工作提出了哪些方面的要求，聚焦全省经济高质量发展的重点产业，确定本课题的研究对象。

通过对四川省重点产业高层次人才的基本情况分析，一方面准确把握高层次人才现状及特征，另一方面在推动四川省经济高质量发展的大背景下，结合全省构建现代产业体系对高层次人才的新需求，通过高层次人才的供需分析找出全省高层次人才队伍现状可能存在的问题。

梳理总结现有高层次人才相关政策，并与其他省份或发达地区的人才政策进行综合对比，重点分析全省高层次人才政策有待补充完善之处。

根据前文的现状分析结果和现行政策梳理总结，针对四川省经济高质量发展中重点产业的高质量发展，提出加强高层次人才队伍建设的相关建议，重点提出高层次人才的“引、育、用”政策的完善建议。

（三）相关理论及研究综述

1. 相关理论

（1）协同理论。人力资本这一特殊的生产要素在促进经济增长方式的转变方面发挥着双重作用。首先，人力资本通过不断积累（接受教育、参加培训、工学一体等）能够提高本身的生产效率；其次，人力资本对其他的投入要素具有协同效用，通过重新配置使要素更具使用效率，提高物质资本产出效率，削弱或抵消资本边际收益递减的影响，扩大生产可能性边界，使得在相同的要素投入情况下产出增加，提高经济的集约度水平。刘兵（2010）等学者以大连经济开发区为例，通过协同度评价模型研究发现，开发区人才聚集与区域经济发展的协同关系主要体现为正反馈协同效应和多层级协同效应。王崇锋（2015）以山东半岛蓝色经济区为例，对人才聚集与区域经济协同发展理论模型构建与机制进行了研究，从产业聚集、社会治理和管理的角度分别阐述了协同效应，认为人才聚集与区域经济发展的作用不是单向的：一方面，区域经济的发展可以对人才产生强拉力，促使人才聚集；另一方面，人才聚集效应会反作用于区域经济使其得到更好的发展，只有二者有机结合才能产生 1+1>2 的效果。

（2）人才聚集效应。人才聚集效应是指在一定的时间和空间范围内，人才按照一定的相互联系相对集中在一定区域所产生的超过各自独立作用的效应。人力资本的增加不仅会增加人力资本总量，也会引起资本在内的其他要素集聚。如果一个产业部门的人力资本水平高，则其物质资本的有机构成也相应较高，产品的技术含量及附加值较高。辛建（2019）认为人才聚集可能会出现经济和不经济两种现象，人才聚集环境不理想、人才流通不畅、人才内在交流机制不完善等因素会导致人才聚集不经济；政府应通过扶持创新的税收政策、财政政策，充分激发企业和人才创新的内在动力，最大限度激发人才聚集的经济效应。牛冲槐（2006）等学者认为，人才聚集效应总体特征可分为人才聚集的组织效应、人才聚集的环境效应和人才聚集成员的自身效应，具体特征又可分为信息共享效应、知识溢出效应、创新效应、集体学习效应、激励效应、时间效应、区域效应、规模效应等八个方面。殷凤春（2014）认为高端人才区域聚集的经济效应有以下三种特征：推动区域新兴产业的发展、促使区域产业链更加完整、带动区域经济转型。

（3）激励理论。激励理论是研究如何调动人的积极性的理论，包括马斯洛的需求层次理论、赫茨伯格的双因素理论、麦克利兰的成就需要理论等。激励理论认为，工作效率和劳动效率与职工的工作态度有直接关系，而工作态度则取决于需要的满足程度和激励因素。经济高质量发展不仅要求大力提升人才的量与质，优化人才结构，促进人才在地区间合理有序流动，同时要求优化鼓励创新、激励构建创新的制度和环境，最大限度地发挥人才的创造力。因此，经济发展过程中仅有人才的简单聚集还远远不够，如何正确地吸引、使用和培养创新人才，调动其积极性，提高人力资本存量，使创新人才在区域经济发展中扮演不可替代的角色，才是提升区域经济素质、促进区域经济持续发展的中心议题。王通讯（2008）研究区域经济与人才开发的关系发现，后发区域应该重视人才引进，充分利用“后发优势”，实现“赶超效应”，同时培养创新型人才，造就有利于创新人才成长、成功、成事业的环境与社会氛围，实现经济社会又好又快的发展。吴志林（2000）认为，经济发展从工业经济转向知识经济，需要制定相应的人才资源开发战略，因此要重点强调以下五个方面：发展教育，加快培养知识经济时代、现代化建设需要的合格人才；建立符合社会主义市场经济规律的人才开发和使用机制；完善人才市场，建立“人才银行”；实现教育和生产发展相融合，在人才开发、科技研究和经济发展一体化的前提下，全方位、系统化地开发人才资源；造就以创新意识、创新精神为核心的高素质的创造性人才，更新人才培养模式。江世英（2009）等学者认为，各地区应建立健全人才的吸引与聚集机制、人才评价机制、人才牵引机制，调动人才积极性，提高生产效率，培养创新型人才，进而实现区域经济高质量发展。

2. 国内外研究现状

在人才竞争策略方面。主流策略分为两大类型：一类是以知识换公民，主要以美、加、澳等发达国家为代表，以移民政策为核心建立高层次人才引进体系；另一类是以资本换人才，以中国、巴西、南非等新兴经济体为代表，通过竞价策略提升对高层次人才的吸引力。美国将职业类移民划分为五个优先类型：杰出人才（EB1）、优秀人才（EB2）、高技能人才（EB3）、特殊职业人才（EB4）、投资创业人才（EB5）。在职业移民政策的基础上，为引进急需科技人才，美国政府专门实施了 H-1B 签证制度，颁发给学士学位以上并从事专业工作的人才。日本政府在 2011 年年底出台了“外国人高级人才积分制”新政策，对外国人根据学历、职历及年收入等进行评分，如果达到一定以上标准，日本则认定其为“高级人才”，对这些人将给予优惠待遇，包括放宽永住资格、配偶就业条件、父母永住申请等。英国于 2002 年开始实施“高技术移民计划”，并在 2011 年提出“杰出人才签证”，每年签发 1 000 个，吸引科学、人文、工程和艺术领域的国际级领军人才或潜在的国际级领军人才。德国政府出台“加强德国在全球知识社会的作用——联邦政府的科学研究国际化战略”，提出了吸引国际优秀人才的一系列措施，如发布“工作移民行动项目”；设立“青年教授”制度吸引青年学者从事科研工作；马普学会对所有在其所属研究所从事研究的博士生采用签订工作合同的方式，为其提供长期可靠的工作机会，使外籍博士生享有与本国博士生同等的待遇；设立科研奖项（“国际研究基金奖”“德国总理奖学金”“洪堡教席奖”等）吸引海外人才。法国政府为提升法国的全球竞争力，提出“优秀人才居留证”，为赴法留学的外籍学生、研究人员、企业家、艺术家及运动员提供更多便利，并在 2014 年提出将发放“人才护照”，为高素质大学毕业生、创业者、投资者、企业代表和高端人才，提供为期 4 年的居留证。以色列专门设立“科学吸收中心”，为科技移民提供就业咨询，并对本国高科技单位提供补助，在开始两年，用人单位只需支付所雇佣的科技移民工资的 15%~20%，其余都由“科学吸收中心”支付，以提高科技单位的用人积极性。

在人才培养策略方面。发达国家建立了较为完善的人才培养体系，美国人才培养的重点主要表现在三个方面：一是强化基础及高层次教育，拓展本土人才培养和储备，如设立夏季学院培训与教育项目、硕士项目、高级实习项目、专项奖学金等提升基础教育教师素质和扩大基础教育师资队伍；二是优先资助基础研究，加强杰出人才储备，2006—2013 年，以每年 10%的速度持续增加联邦政府对基础研究的长期投资，并每年对全国青年科学家提供研究资助；三是重视高风险性、高回报性及跨领域研究团队的建设，如设立“总统奖”“总统创新奖”、每年选择 3~5 个不同实验室分别提供至少 100 万~200 万美元资助经费等激励政策，加强人才培养，促进美国本土创新。日本的人才培养重点在以下三个方面：一是着力培养国际顶尖高端人才，日本政府在《第二期科学技术基本计划》中提出，50 年内产生 30 名左右的诺贝尔奖获得者；二是培养青年优秀人才，为青年人才提供科研经费，优先让青年人承担项目，以国际标准进行人才评价，实行任期制招聘全球人才，完善社会保障体系，解决青年人才的后顾之忧，完善收入分配制度；三是建立良好的社会氛围，具体表现为建立公正透明的人才录用与管理体系，搭建青年学者施展才华的舞台，鼓励国外学者留居日本。英国将自然科学作为基础教育的优先重点，并在各研究理事会的资助模式下进行研究生的竞争性以及“认可式培养”，提升高等教育的质量。德国联邦政府启动“科研、教育和职业培训创新”改革计划，2005 年实施大学创优计划，并推出“与企业结合的应用技术大学研究计划”，同时通过“研究与创新协定”增加资助经费，增强科学研究的竞争力、促进合作和强化科学精英的培养。法国在人才培养方面重视青年科研人才，2005 年提出“空白计划”，鼓励青年研究人员自主确定科研方向、设计研究项目，2009 年为极具潜力的科研人员提供为期五年的合同，每年颁发奖金 6 000～15 000 欧元，并配套下拨相应的科研经费，2017 年法国政府启动青年科学家项目，进一步加强对青年科研人才的培养。

（四）概念界定

1. 经济高质量发展的内涵

经济高质量发展是指高附加值产业、高端要素配置、高效率生产组织模式充分融合叠加的发展。在投入上能利用科技进步科学配置资源要素，推动效率变革，实现资源要素配置从过去的粗放经营转向集约节约经营，使得资源要素的利用效率明显提高；在产出上能通过科技进步和管理创新推动质量变革、动力变革，使产出的品质明显提升，效益大大提高。同时，经济高质量发展不仅仅限于经济范畴之内，还应考虑社会、政治、文化、生态等方面的影响因素。

根据《关于全面推动高质量发展的决定》《关于加快构建“5+1”现代产业体系推动工业高质量发展的意见》，省委十一届三次全会提出：“四川要重点培育电子信息、装备制造、食品饮料、先进材料、能源化工等万亿级支柱产业，大力发展数字经济，构建具有四川特色优势的现代产业体系。”丰富和明确了经济高质量发展在四川省的实践内涵和实施战略，为构建具有四川特色优势的现代产业体系指明了方向。

2. 高层次人才的界定

2010 年国务院印发的《国家中长期人才发展规划纲要（2010—2020）》中指出“高层次人才是指具有一定专业知识或专门技能，进行创造性劳动并对社会做出贡献的人，是人力资源中能力和素质较高的劳动者，是经济社会发展的第一资源”。这是国家从宏观层面对高层次人才进行了抽象定义，并不具体。为明确研究重点和划分研究对象，紧密结合助推四川省重点产业高质量发展的要义，本课题将高层次人才研究范围界定在两类人才队伍：①专业技术人才队伍中副高级职称及以上；②技能人才队伍中高级工及以上。其中，涉及顶尖人才及团队的部分以 2016 年《四川省高层次人才特殊支持办法（试行）》明确划分四类高层次人才为标准。

二、四川省高层次人才队伍建设基本情况

（一）四川省人才队伍现状

1. 四川省高层次人才队伍现状

（1）高层次专业技术人才。截至 2018 年，四川省专业技术人才总量为 344 万人，其中高层次专业技术人才 40 万人，占比为 11.63%。与 2016 年相比，专业技术人才总

量增长 39. 5 万人，高层次专业技术人才增长 6. 5 万人，但高层次专业技术人才占专业技术人才的比例增幅较为平缓（见图 1）。

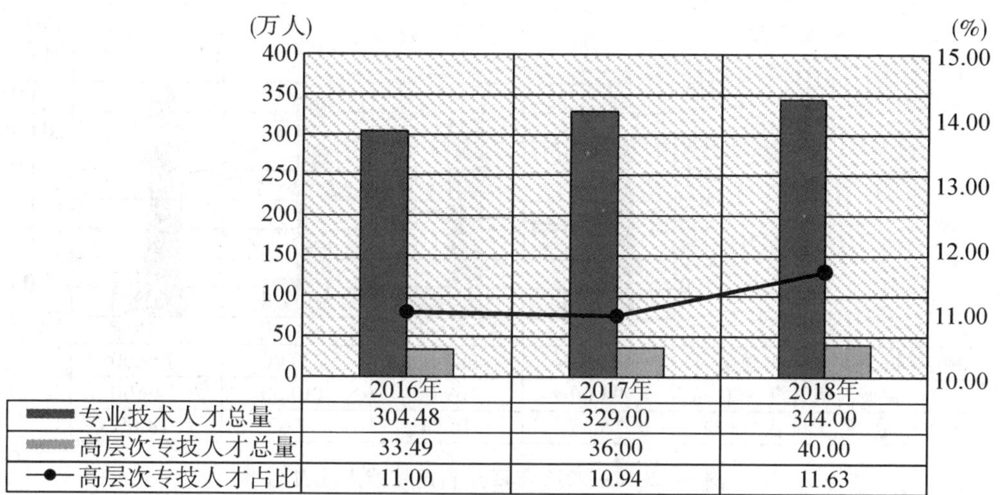

	2016年	2017年	2018年
专业技术人才总量	304.48	329.00	344.00
高层次专技人才总量	33.49	36.00	40.00
高层次专技人才占比	11.00	10.94	11.63

图 1　2016—2018 四川省高层次专业技术人才占比

数据来源：四川省人力资源和社会保障厅专业技术人员管理处统计数据。

从 2018 年已备案的 19 500 名高级专业技术人才职称系列来看，有 10 601 人集中在工程系列，6 263 人集中在卫生技术系列，其次分别为中医（850 人）、经济（553 人）、会计（438 人）、中小学正高级教师（200 人）、自然科学研究（191 人）等。可以看出，新增高层次专业技术人才主要集中在工程系列（占比超过 54%）和卫生系列（占比 32%），其他系列新增量之和不超过 15%（见图 2）。

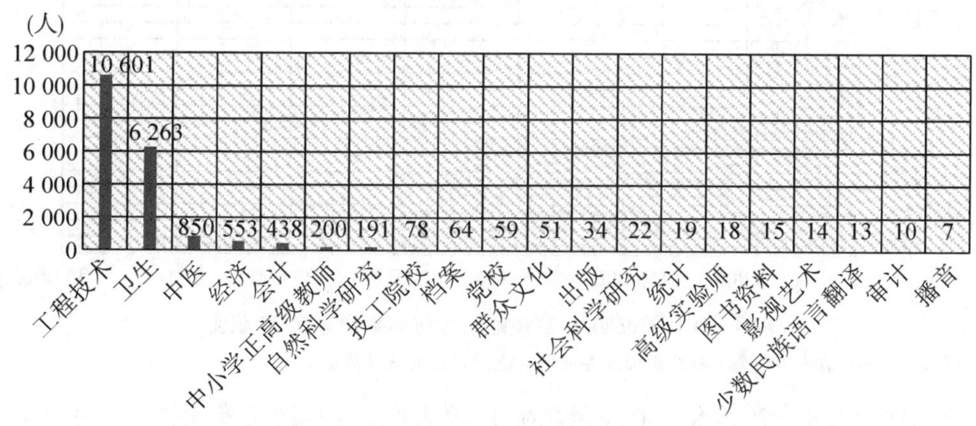

图 2　2018 年备案新增高级职称人员系列（专业）分布情况

数据来源：四川省人力资源和社会保障厅专业技术人员管理处统计数据。

（2）高技能人才。截至 2018 年年底，全省技能人才总量 799 万人，其中高技能人才 149 万人，较 2015 年分别增加 184. 6 万人和 56 万人。高技能人才近 4 年年均增速均高于技能人才整体增幅，因此高技能人才（高级工、技师、高级技师）占技能人才总量的比例持续提升，从 2015 年的 15. 13%提高到 2018 年的 18. 65%。但与其他省级行政区相比，仍然分别低于广东、浙江 12.2、11.5 个百分点，也分别低于河南、云南、重庆 10、10.6、6 个百分点（见图 3）。

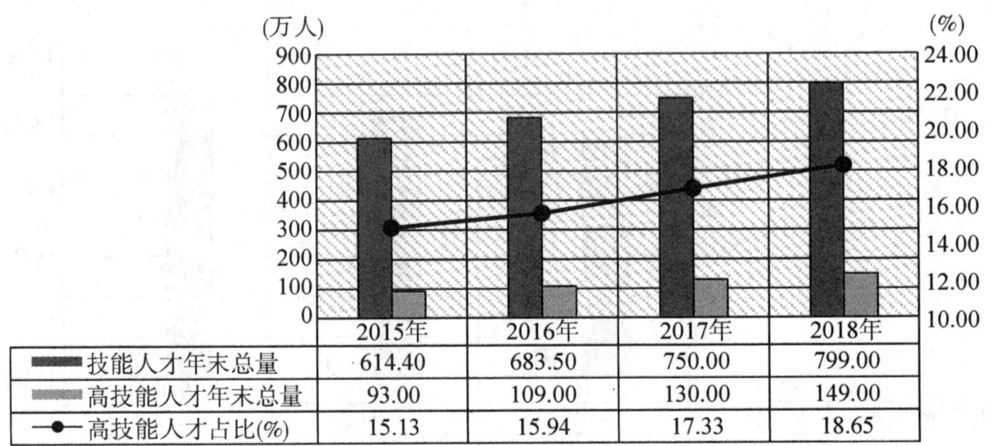

	2015年	2016年	2017年	2018年
技能人才年末总量	614.40	683.50	750.00	799.00
高技能人才年末总量	93.00	109.00	130.00	149.00
高技能人才占比(%)	15.13	15.94	17.33	18.65

图 3　2015—2018 年四川省高技能人才占比

数据来源：四川省人力资源和社会保障厅专业职业能力建设处统计数据。

2018 年，四川省已备案新增高技能（高级工、技师、高级技师）职业资格证书 162 958 人次，其中新增量排序前 20 的工种主要集中在机械设备修理、美容美发服务、烹饪、生活照料服务等职业，共 160 148 人次，占当年新增高技能证书发放量的 98.28%，取证工种高度集中（见图 4）。

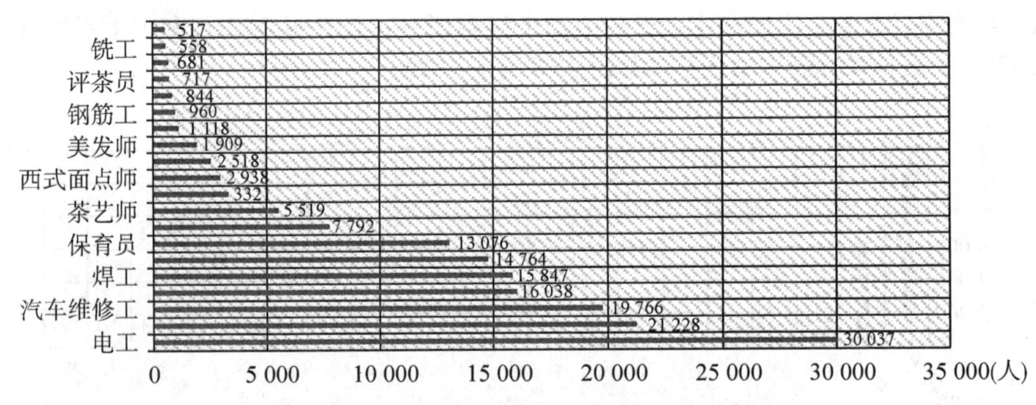

图 4　2018 年四川省高技能人才备案新增量前 20 职业

数据来源：四川省人力资源和社会保障厅专业职业能力建设处统计数据。

（3）顶尖人才。2018 年，在川两院院士 59 人次，全国杰出专业技术人才 6 名，百千万人才工程国家级人选 136 名，享受政府特殊津贴人员 5 000 余名（其中四川省推荐 3 023 人），省学术技术带头人 2 902 名，省有突出贡献优秀专家 2 650 名，省学术技术带头人后备人选 5 436 名；全省累计招收博士后研究人员 5 500 余人，现有在站博士后 2 400 余人（见表 1）。

表1 2013—2017年六类高层次人才入选前十省份的数量统计表 单位：人次

排序	省份	中国科学院院士	中国工程院院士	优秀青年	总计
1	北京	60	56	619	1 858
2	上海	12	9	257	909
3	江苏	6	6	194	582
4	广东	1	6	113	419
5	湖北	6	4	107	413
6	浙江	4	3	109	341
7	安徽	5	4	91	259
8	陕西	3	2	71	243
9	四川	2	1	51	224
10	天津	0	0	61	181

数据来源：四川省专家服务中心统计数据。

2."5+1"产业体系人才队伍整体情况

（1）五大现代产业。参照四川省统计局《战略性新兴产业分类（2017）（试行）》《高技术产业（制造业）分类（2017）》等相关统计分类标准，在现行《国民经济行业分类》的基础上将"五大现代产业"活动做了划分，共包含5个行业大类、40个行业中类和504个行业小类，数字经济则包括176个行业小类。按行业划分后，"5+1"产业体系主要集中在制造业，采矿业，信息传输、软件和信息技术服务业，电力、燃气、水的生产和供应业四个行业。

根据以上划分原则和四川省统计局第四次经济普查先期数据反映，截至2018年，全省五大现代产业期末从业人员数为136.3万人，占2018年全省人才资源总量的比重为18.4%。其中，电子信息业53万人、装备制造业35.7万人、食品饮料业22.3万人、先进材料业11.5万人、能源化工业13.8万人。按照现有统计口径和数据的可获得性，对五大产业从业人员中的技能人才和专科及以上学历人才进行了分类统计，技能人才共计13.8万人，其中装备制造业占比最大达到5万人，其次为能源化工业3.4万人；专科及以上学历人才共计58.8万人，其中电子信息业31.2万人，超过其他四类产业之和（见表2）。

表2 五大现代产业人才队伍现状

产业	从业人数（万人）	技能人才（万人）	专科及以上学历人才（万人）
电子信息业	53.0	2.4	31.2
装备制造业	35.7	5.0	12.8
食品饮料业	22.3	1.9	6.6

表2(续)

产业	从业人数（万人）	技能人才（万人）	专科及以上学历人才（万人）
先进材料业	11.5	1.1	2.8
能源化工业	13.8	3.4	5.4
合计	136.3	13.8	58.8

数据来源：四川省统计局统计数据。

技能人才在各自产业中占比从高到低依次为电子信息业 58.87%、能源化工业 39.13%、装备制造业 35.85%、食品饮料业 29.6%、先进材料业 24.35%；专科及以上学历人才在各自产业中占比从高到低依次为能源化工业 24.64%、装备制造业 14.01%、先进材料业 9.57%、食品饮料业 8.52%、电子信息业 4.53%。根据全省人才资源总量推算数据来看，全省五大现代产业高技能人才数约为 3.06 万人，占全省高技能人才资源总量的比重为 2.5%（见图 5）。

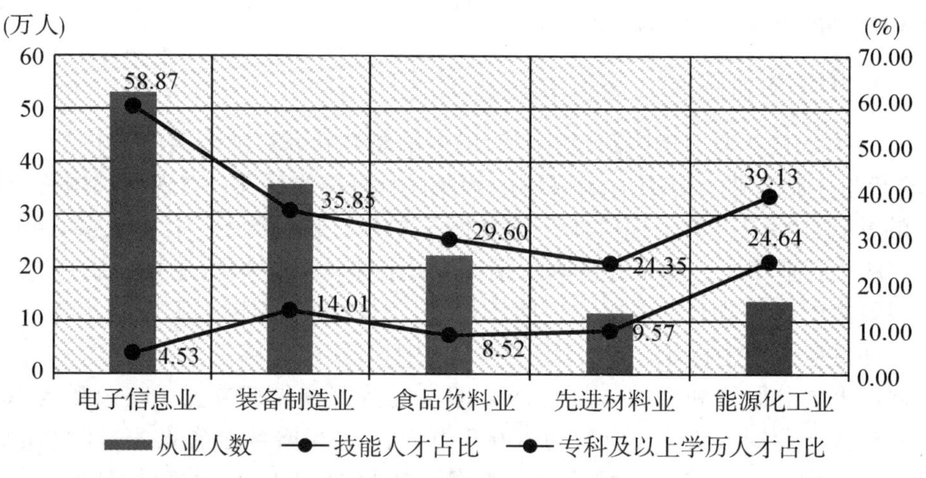

图 5　五大产业分产业人才占比

数据来源：四川省统计局统计数据。

（2）数字经济。按照数字经济包含的 176 个行业小类划分来看，全省数字经济从业人员数为 118 万人，主要集中在四个行业，分别是：信息传输、软件和信息技术服务业 40.7 万人、制造业 34.6 万人、科学研究和技术服务业 17.3 万人、交通运输、仓储和邮政业 10.8 万人，其余产业均不足 10 万人。数字经济相关行业技能人才 8.3 万人，专科及以上学历人才 68.3 万人，37%的技能人才和 48%的专科及以上学历人才集中在信息传输、软件服务业，其次为制造业、科学研究和技术服务业（见表 3）。

表3 数字经济相关行业人才队伍现状

行业	从业人数（万人）	技能人才（万人）	专科及以上学历人才（万人）
信息传输、软件服务业	40.7	3.1	33.1
制造业	34.6	2.1	11.4
科学研究和技术服务业	17.3	2.0	11.0
交通运输、仓储和邮政业	10.8	0.7	3.7
文化、体育和娱乐业	6.1	0.2	3.6
租赁和商务服务业	3.6	0.2	2.2
教育业	2.8	0	2.3
批发零售业	1.3	0	0.6
水利环境和公共设施业	0.5	0	0.2
金融业	0.3	0	0.2
数字经济	118.0	8.3	68.3

数据来源：四川省统计局统计数据。

（二）四川省重点产业高层次人才需求现状

课题组根据《关于加快构建“5+1”现代产业体系推动工业高质量发展的意见》中重点发展产业的部署，对专业技术系列以及职业技能鉴定职业工种分类表进行比对，课题组对聚焦度较高专业技术岗位和技能职业工种进行了梳理（详见表4）。

1. 电子信息业

电子信息业重点发展行业包括集成电路与新型显示、新一代网络技术、大数据、软件和信息服务等。

专业技术类人才需求主要集中在计算机科学与技术、通信工程、电子信息工程、软件工程、微电子学、信息安全、物联网、大数据及云计算、人工智能、智能终端等方向。

技能人才需求主要集中在计算机制造人员，电子器件、元件制造人员，电子设备装备调试人员，信息通信网络运行管理、维护人员，计算机维护人员等。

2. 装备制造业

装备制造业重点发展行业包括发电输变电与储能装备、智能制造与基础制造装备、油气化工与海洋工程装备、工程与矿山冶金装备、民生用机械装备、节能环保与资源综合利用装备、航天与卫星应用装备、新能源与智能汽车产业等。

专业技术类人才需求主要集中在机械设计制造及其自动化、材料科学与工程、电子信息工程、计算机科学与技术、航空工程、通信工程、自动化、电力电子相关、航空航天等。

技能人才需求主要集中在电线电缆、光纤光缆及电工器材制造人员，输配电及控制设备制造人员，机械热、冷加工人员，通用工程机械操作人员，机械设备修理人员，金属加工机械制造人员，工装工具制造加工人员，检验、检测和计量服务人员，汽车整车制造人员，汽车摩托车修理技术服务人员等。

表 4　重点产业、行业高层次人才需求相关专业、工种

产业	行业	相关专业技术		相关技能职业	
电子信息业	集成电路与新型显示	计算机科学与技术、通信工程、电子信息工程、软件工程、电气工程、微电子学、信息安全、物联网、大数据及云计算、人工智能、智能终端	高级软件测试工程师、软件工程师相关、自动化设备设计工程师、研发工程师、IC 设计、结构工程师、EDA 仿真工具测试工程师、DSP 算法工程师、电子元件研发、大数据开发工程师、数字集成电路相关、芯片相关、硬件工程师、人工智能开发、大数据开发等工程师	计算机制造人员	计算机及外部设备装配调试员
				电子器件制造人员	液晶显示器件制造工
					半导体芯片制造工、半导体分立器件和集成电路装调工
				电子元件制造人员	电子产品制版工、印制电路制作工
	新一代网络技术、大数据、软件和信息服务			电子设备装配调试人员	广电和通信设备电子装接工、广电和通信设备调试工
				信息通信网络运行管理人员	信息通信网络运行管理员
				信息通信网络维护人员	信息通信网络机务员
					信息通信网络线务员
				计算机和办公设备维修人员	信息通信网络终端维修员

表4(续)

产业	行业	相关专业技术		相关技能职业	
装备制造业	发电输变电与储能装备	机械设计制造及其自动化、材料科学与工程、电子信息工程、计算机科学与技术、航空工程、通信工程、自动化、电力电子相关、航空航天类	模具工程师、高级软件工程师、硬件工程师相关、机械设计工程师、动力系统工程师、智能驾驶工程师、复合材料工程师、推进器研发、电子技术研发工程师、装配工艺技术人员、气动设计工程师、叶片结构设计工程师、建模计算工程师	电线电缆、光纤光缆及电工器材制造人员	电线电缆制造工
				输配电及控制设备制造人员	变压器互感器制造工
					高低压电器及成套设备装配工
	智能制造与基础制造装备、油气化工与海洋工程装备、工程与矿山冶金装备、民生用机械装备、节能环保与资源综合利用装备、航天与卫星应用装备			焊工	
				机械热加工人员	铸造工、锻造工、金属热处理工
				机械冷加工人员	车工、铣工
					钳工、磨工、冲压工
					电切削工
				通用工程机械操作人员	起重装卸机械操作工
				机械设备修理人员	设备点检员
					电工
					锅炉设备检修工
					变电设备检修工
					工程机械维修工
	新能源与智能汽车产业			金属加工机械制造人员	机床装调维修工
				工装工具制造加工人员	模具工
				检验、检测和计量服务人员	机动车检测工
				汽车整车制造人员	汽车装调工
				汽车摩托车修理技术服务人员	汽车维修工

表4（续）

产业	行业	相关专业技术		相关技能职业	
食品饮料业	粮油加工、肉制品加工、调味品制造、果蔬加工	计算机科学与技术、生物化学、生物工程	市场总监、营销策划主管、食品工程师	粮油加工人员	制米工、制粉工、制油工
				仓储人员	（粮油）仓储管理员
				检验、检测和计量服务人员	农产品食品检验员
	乳制品制造			乳制品加工人员	乳品评鉴师
	饮料制造			酒、饮料及精制茶制造人员	酿酒师、品酒师
	优质白酒				酒精酿造工、白酒酿造工、啤酒酿造工、黄酒酿造工、果露酒酿造工
	精制茶加工				评茶员
	医药健康			药物制剂人员	药物制剂工
				中药饮片加工人员	中药炮制工
				医疗器械制品和康复辅具生产人员	矫形器装配工、假肢装配工

表4（续）

产业	行业	相关专业技术		相关技能职业	
先进材料业	新型建筑材料	机械设计制造及其自动化、电气工程及其自动化、工业工程、高分子材料与工程、材料类、光电、物理	太阳能玻璃镀膜工艺工程师、镀膜设备工程师、研发工程师	水泥、石灰、石膏及其制品制造人员	水泥生产工、石膏制品生产工
					水泥混凝土制品工
	钒钛钢铁稀土材料			硬质合金生产人员	硬质合金成型工、硬质合金烧结工、硬质合金精加工工
	先进有色金属材料			金属轧制人员	轧制原料工、金属轧制工、金属材热处理工、金属材精整工
					金属挤压工、铸轧工
				轻有色金属冶炼人员	氧化铝制取工、铝电解工
				重有色金属冶炼人员	重冶火法冶炼工、电解精炼工
					重冶湿法冶炼工
				炼钢人员	炼钢原料工、炼钢工
				炼铁人员	高炉原料工、高炉炼铁工、高炉运转工
	先进轻纺材料			印染人员	印染前处理工、印花工、印染后整理工、印染染化料配制工
					纺织染色工
				织造人员	整经工、织布工
				纺纱人员	纺纱工
					缫丝工
				纤维预处理人员	纺织纤维梳理工、并条工
				检验、检测和计量服务人员	纤维检验员
	先进无机非金属功能材料			陶瓷制品制造人员	陶瓷原料准备工、陶瓷烧成工
				玻璃纤维及玻璃纤维增强塑料制品制造人员	玻璃纤维及制品工
					玻璃钢制品工

表4(续)

产业	行业	相关专业技术		相关技能职业	
能源化工业	清洁能源、节能环保	电气工程及其自动化、计算机科学与技术、建筑环境与设备工程、环境工程、化学工程与工艺、机械工程及其自动化	太阳能光伏系统工程师、燃料电池研发工程师、晶体硅太阳能电池制造工程师	炼焦人员	炼焦煤制备工
					炼焦工
				水生产、输排和水处理人员	水生产处理工
					工业废水处理工
				气体生产、处理和输送人员	工业气体生产工
					工业废气治理工
					压缩机操作工
				环境治理服务人员	工业固体废物处理处置工
	绿色化工			化学肥料生产人员	合成氨生产工、尿素生产工
				基础化学原料制造人员	硫酸生产工、硝酸生产工、纯碱生产工
					烧碱生产工、无机化学反应生产工
					有机合成工
				化工产品生产通用工艺人员	化工总控工
					防腐蚀工
					制冷工
				涂料、油墨、颜料及类似产品制造人员	涂料生产工、染料生产工

3. 食品饮料业

食品饮料业重点发展行业包括粮油加工、肉制品加工、调味品制造、果蔬加工、乳制品制造、饮料制造、优质白酒、精制茶加工、医药健康等。

专业技术类人才主要需求集中在食品生物技术、食品营养与检测、食品加工与安全、食品科学与工程、生物化学、生物工程、酿酒技术、制药工程等。

技能人才主要需求集中在粮油加工人员，仓储人员，检验、检测和计量服务人员，酒、饮料及精制茶制造人员，药物制剂人员，中药饮片加工人员，医疗器械制品和康复辅具生产人员等。

4. 先进材料业

先进材料业重点发展行业包括新型建筑材料、钒钛钢铁稀土材料、先进有色金属材料、先进轻纺材料、先进无机非金属功能材料等。

专业技术类人才需求主要集中在电气工程及其自动化、计算机科学与技术、建筑环境与设备工程、环境工程、化学工程与工艺、机械工程及其自动化、能源化学工程等。

技能人才主要需求集中在水泥、石灰、石膏及其制品制造人员，硬质合金生产人员，金属轧制人员，轻（重）有色金属冶炼人员，炼钢（铁）人员，印染人员，织造人员，纺纱人员，纤维预处理人员，检验、检测和计量服务人员，陶瓷制品制造人员，玻璃纤维及玻璃纤维增强塑料制品制造人员等。

5. 能源化工业

能源化工业重点发展行业包括清洁能源、节能环保和绿色化工等。

专业技术类人才需求主要集中在电气工程及其自动化、建筑环境与设备工程、环境工程、化学工程与工艺、机械工程及其自动化、能源化学工程等。

技能人才主要需求集中在炼焦人员，水生产、给排水和水处理人员，气体生产、处理和输送人员，环境治理服务人员，化学肥料生产人员，基础化学原料制造人员，化工产品生产通用工艺人员，涂料、油墨、颜料及类似产品制造人员等。

（三）四川省高层次人才相关政策情况

结合四川省“5+1”产业发展战略梳理高层次人才政策，纳入整理的政策文件包括四川省政务公开网直接获取文件，发文机关为省委、省政府及其直属机构，政策类型主要为规划、意见、办法、通知公告等，复函、批复不纳入。考虑到政策的时效性，删除了被后期政策文件覆盖的政策及失效政策，只对现行有效政策进行汇总梳理，共 31 条（见表 5）。

表 5　四川省高层次人才相关政策汇总

类型	文件	名称
综合政策	川委发〔2016〕10 号	《关于深化人才发展体制机制改革促进全面创新改革驱动转型发展的实施意见》
	川委发〔2018〕10 号	《关于大力引进海外人才加快建设高端人才汇聚高地的实施意见》
	川委办〔2016〕47 号	《四川省激励科技人员创新创业十六条政策》
	川委办〔2014〕25 号	《关于改革完善体制机制大力促进大学生和科技人才创新创业的意见》
	川委办〔2017〕29 号	《关于加强技能人才队伍建设大力培养高素质产业大军的意见》
发展规划类	川委办〔2016〕13 号	《四川省“十三五”人才发展规划》
	川组通〔2017〕34 号	《四川省专业技术人才队伍建设“十三五”规划》
	川组通〔2017〕35 号	《四川省企业经营管理人才队伍建设“十三五”规划》
	川组通〔2017〕36 号	《四川省技能人才队伍建设“十三五”规划》
引进聚集类	川人社办发〔2016〕27 号	《“天府高端引智计划”实施办法》
培养开发类	川人社发〔2016〕43 号	《四川省学术和技术带头人评定管理办法》
	川组通〔2015〕64 号	《关于实施创新型企业家培养计划的意见》
	川办发〔2018〕73 号	《“天府工匠”培养工程实施方案》
	川人才办〔2016〕26 号	《关于实施网络安全“五个一批”人才培养工程的意见》
评价激励类	川委办〔2018〕13 号	《关于深化职称制度改革的实施意见》
	川科人〔2016〕39 号	《四川省自然科学研究人员专业技术职务任职资格申报评审基本条件（试行）》
	川人社办发〔2014〕232 号	《关于进一步做好留学回国人员专业技术职务任职资格评定工作的通知》
评价激励类	川改办发〔2014〕4 号	《激励科技人员创新创业专项改革试点总体工作方案》
	川卫办发〔2015〕64 号	《关于全面推进卫生计生科技创新和成果转化的实施意见》
	川办发〔2016〕71 号	《四川省促进科技成果转移转化行动方案（2016—2020 年）》
	川农改组办〔2016〕8 号	《关于进一步扩大农业科技体制改革试点激励科技人员创新创业的实施方案》
	川科改〔2016〕5 号	《四川省职务科技成果权属混合所有制改革试点实施方案》

表5（续）

类型	文件	名称
评价激励类	川国资委〔2017〕23号	《四川省省属非上市企业实施中长期激励试点的指导意见》
	川人社办发〔2018〕125号	《关于推广事业单位采取灵活多样分配形式引进紧缺或高层次人才改革举措的通知》
	川科协发〔2017〕77号	《四川省青年科技奖评选管理办法》
管理服务类	川人才办〔2017〕9号	《关于建设四川省人才之家服务高层次人才十二条措施》
	川委办〔2017〕30号	《关于加强外国人永久居留服务管理的实施意见》
	川财社〔2016〕56号	《关于对高层次引进人才未就业家属实行医保优待政策的通知》

2014—2018年省级层面出台及现行有效与高层次人才相关政策共计31个，其中省委部门出台18个、政府部门出台13个，显示高层次人才工作中以省委部门主要是组织部领导为主，其他部门配合执行。按文件类型划分，综合政策性文件5个、发展规划类4个、引进聚集类3个、培养开发类5个、评价激励类11个、管理服务类3个，显示四川省高层次人才政策较为重视人才评价和人才激励。按照政策类型分类，战略型、指导型、实施执行型文件分别有4个、10个、17个，显示四川省高层次人才政策重视政策落地及实行。

对政策文件内容关键词进行梳理和提取，“科技人才”“专业技术人才”被13个文件提及；“技能人才”出现3次；“管理人才”出现3次，可以看出高层次人才政策的出台对象重点是专业技术类人员，尤其是高精尖技术的自然科学人才，与课题组在调研过程中了解到的企业需求情况有一定出入，实体企业在短期内对高技能人才的需求强于对高精尖技术人才的需求。

从政策导向来看，“人才引进”这一关键词出现10次，且与“海外人才”“外籍人才”（共涉及7个文件）关联度较高，反映四川省在高层次人才的竞争集中较为重视海外市场，对海外人才引进重视程度较高。“人才培养”出现7次，多与“专业技术人才”同时出现；“人才激励”出现13次、“评价使用”出现8次、“服务保障”出现5次、“平台建设”出现5次，反映出四川省高层次人才政策手段集中在激励措施，对人才的管理评价较为明确，但在平台建设和服务保障方面相对较少。

三、四川省高层次人才队伍建设存在的问题

结合前文对四川省高层次人才供需基本现状的分析，课题组同时选取广东、浙江、上海三个高层次人才工作先进典型地区进行对标，重点从四川省高层次人才现状、高层次人才政策、人才市场化程度以及服务保障完善度四个方面归纳总结全省高层次人才队伍建设过程中存在的突出问题，重点研究全省在高层次人才队伍建设过程中与发达地区

的差距，学习吸收先进地区的成功经验和优秀做法。

（一）高层次人才对产业发展支撑力度不足

1. 高层次专业技术人才队伍质量不优，对经济增长的贡献率不足

总量和结构方面，四川省高层次专业技术人才在专业技术人才总量中的占比近三年维持在11%左右小幅浮动，整体水平与发达地区仍有不小差距。对经济增长的贡献率方面，四川省与发达地区的差距主要体现在科研经费投入强度、科技创新对经济增长贡献率、科技成果转化率、输出技术合同登记成交额四个核心指标排名均不高，2018年四川省R&D投入强度为1.81%，位于全国第13，西部第3（陕西2.18%、重庆2.01%），低于全国2.19%的平均水平；同期，上海、广东、浙江分别为4.16%、2.78%、2.57%。2018年全省输出技术合同登记成交额1 004亿元，位于全国第7，较上年提升了两位，但科技创新对经济增长贡献率为56%，低于全国58.5%的平均水平。

2. 重点产业高技能人才需求仍有缺口，职业结构有待优化

根据前文数据，在总量方面，四川省高技能人才总量和占比近年持续上升但与全国平均水平仍有差距，供应仍然不足；在增量方面，2016—2018年高技能人才取证量较大的技能职业为餐饮服务人员、美容美发服务人员、汽车维修工、电工、焊工、车工、钳工等。结合四川省“5+1”发展战略可看出，高技能人才增量与产业战略需进一步紧密结合。

3. 高端人才及研发团队占比较低，辐射带动效应不足

总量方面，2013—2017年四川省六大类高端人才增量224人次，总量排名全国第九，但占全国同期增量不足4%，与四川省经济体量在全国排名第六不相适应。服务四川省经济发展方面，四川省的两院院士90%以上集中在央属在川单位，且大多数分布在军工类高精尖科研院所，服务于国家国防战略，在实际工作中对四川省民生经济发展直接的辐射范围较小，这一部分顶尖人才对四川省区域经济带动能力较弱。

4. 重点战略产业高层次人才供不应求，制约产业高质量发展

2018年四川省五大重点产业技能人才总量约占五大重点产业人才总量的10.12%，高技能人才总量约占2.25%，存在人才不足的客观事实。据专家预测，2020年四川省重点优势产业和战略新兴产业人才缺口达80万人左右，其中既包括高层次专业技术人才，也包括高技能人才。从产业类别来看，课题组的调研显示，四川省高层次人才供不应求在先进材料业和能源化工行业最突出；从人才类别来看，五大重点产业对高技能人才的需求量大于高层次专业技术人才。

（二）高层次人才政策需进一步完善

1. 流动配置类高层次人才政策空缺，不利于充分发挥高层次人才效用

四川省现有流动配置类政策主要针对精准扶贫及乡村建设，没有针对高层次人才的流动配置类政策。在专项政策方面，2017年3月人力资源和社会保障部出台《关于支

持和鼓励事业单位专业技术人员创新创业的指导意见》后，浙江省针对事业单位专项出台《浙江鼓励支持事业单位科研人员离岗创业创新实施办法》，上海市2015年已出台《关于完善本市科研人员双向流动的实施意见》，对鼓励体制内科技人员、专业技术人员向市场流动创新创业作了政策突破及规定。四川省2015年出台《关于进一步做好新形势下就业创业工作的意见》，2016年出台《深化科研院所改革试点推进方案》提出“鼓励科技人员离岗创办企业”“3年内保留人事关系”等原则，但没有提出有针对性的具体实施方案。

2. 缺乏面向博士及博士后的综合人才政策，不利于吸引和培养潜在高层次人才

博士及博士后是推动重点产业发展的重要力量，同时也是高层次人才密集群体。广东省2017年出台《关于加快新时代博士和博士后人才创新发展的若干意见》，浙江省2018年出台《进一步加强博士后工作培养高层次创新型青年人才的意见》，上海市虽没有针对博士及博士后出台指导意见类的政策，但也于2018年出台《上海市“超级博士后”激励计划实施办法》。其中，浙江、上海有博士后科研项目特别资助申报以及面向博士后设站单位的需求信息征集工作，广东省对博士及博士后的综合政策完整度最高，从培养、引进、流动激励、平台搭建及服务保障等方面都有详细的落实措施及方案。四川省2016年出台《四川省高层次人才特殊支持办法（试行）》中部分内容涉及取得全日制博士学位的紧缺专业人才，但试行办法有效期为2年，至今已过有效期，尚未修订。且全省目前没有提出类似广东省的综合性办法或方案，缺乏专门面向博士、博士后高层次人才的综合政策。

3. 政策可操作性不强，部门之间政策关联度不高

在政策实施细化程度方面，以高层次人才认定为例，深圳市按照四类不同层次人才分别囊括国家级、广东省、深圳市等不同级别的各类项目、评选、基金等，其中杰出人才包括4大类，国家级领军人才8大类22小类，地方级领军人才26大类68小类，后备级人才32大类62小类，涵盖了从顶尖人才（团队）到普通全日制博士、高技能人才各个不同层面人才，满足条件之一即可申请相应层次的人才认定并享受相应政策；四川省在高层次人才的认定标准上较为笼统，细化程度不足，仅提出了4大类15小类，标准较模糊，也没有相应的认定实施细则对其进行补充，导致实施标准难以界定，实施效果随意性大。在政策具体实施路径方面，四川省2017年出台《关于建设四川省人才之家服务高层次人才十二条措施》，其中提出“建立全省统一的高层次人才库”“运用大数据、云计算等手段定期分析研判重点领域和产业人才储备及人才缺口，为加强高层次人才队伍建设提供决策咨询”。但由哪个部门建立高层次人才库、如何组织、具体实施路径等均没有涉及，缺乏可操作性。在部门之间联动落实政策方面，一方面“政出多门”导致政策内容重复度较高，如“天府高端引智计划”和省部分政策内容重叠；另一方面部分职能部门之间政策缺乏衔接，全省涉及高层次人才相关的工作政策制定部门包括省委组织部、人才办、人社厅、财政厅、科技厅、国资委等，职能分散，各部门在

制定自身职能相关政策时缺乏纵向统筹与横向协调，政策之间关联度不高，碎片化特征较明显，导致人才政策合力不强，落实效果欠佳。

4. 高层次人才政策总体力度不够，缺乏吸引力

在高层次人才引进及激励力度方面，深圳市对顶尖高层次人才（两院院士等）奖励补贴600万元，团队项目资助最高可达1亿元，平均资助强度达到2 000万元；全省对同等级别顶尖人才则是提供一次性补助200万元及每月2 000元的岗位激励，团队项目资助为500万元。在高层次人才培养力度方面，广东省出台《广东省培养高层次人才特殊支持计划》，分3个层次9类人才，最高对有潜力培养为两院院士的入选人才给予一次性补助100万元，如成功当选则给予500万元工作经费及100万元一次性住房补贴；最低对“百千万工程青年拔尖人才”给予一次性补助10万元，且直接将“国家特支计划”入选者纳入“广东特支计划”，按中央财政资助额度1∶1进行资金配套。

（三）高层次人才市场化服务能力相对不足

1. 围绕高层次人才的多元化市场主体发育程度较低

杭州市在培育多元化市场主体方面主要依靠政府推动，一是成立大量专业人才协会及组织（信息经济人才协会、市金融人才协会、市旅游休闲人才协会、市文化创意人才协会、猎头专业委员会等），有序承接部分政府转移职能对相关专业人才进行组织评定；二是创建国家人力资源产业园和全国首个国际人力资源产业园，2017年集聚各类人力资源服务机构503家，各类市场主体举办的创业活动平均每天达8.8场。深圳市则主要是通过当地成熟的市场化机制，利用大量社会化专业机构开展高层次人才供需双方信息整合业务，向高层次人才及用人单位提供专业化的咨询及办理服务，政府经办部门则专注于提供企业资质审核、人才认定等公共服务，效率极高。四川省市场化培育不足主要体现为市场化参与主体形式单一、参与层次较低。中介服务组织和信息服务较缺乏，现有人力资源服务机构主要从事劳务派遣、劳务外包等中低端服务，专业化水平不高。成都市近年人力资源市场发展速度较快，但成都市国家人力资源服务产业园机构入驻数量、活动频率、信息平台活跃度与杭州、深圳也仍有较大差距。

2. 围绕技术技能成果转化及转让的市场机制不完善，活跃度较低

浙江省对技术成果开发、受让、中介服务、风险投资、私募投资基金投资等市场化运营主体重点培育扶持，促进其共同参与技术技能成果开发及转化，转化率达到70%左右。据统计，2017年杭州有各类风投、创投机构1 006家、备案基金2 844支、规模达3 080.72亿元，杭州市在2016年成立“人才服务银行”，当年为人才企业提供授信支持50亿元。四川省参与成果转化主体尤其是中介服务、风投、创投等机构数量、专业化程度及投资规模均低于浙江等发达地区，市场活跃程度达不到激发高层次人才研发技术技能再创新的效果，直接影响到四川省中长期科研成果转化率的提高。2015年调查数据显示，四川省当年科研成果转化率不到30%，而2016年浙江省转化率则达到了68.4%。

（四）高层次人才基础工作扎实程度不够

高层次人才基础工作扎实程度不够主要体现在各参与主体信息缺失，信息流通严重不足，无法充分利用市场化机制配置高层次人才。

1. 高层次人才底数不清，信息不全，部分重点行业高层次人才没有纳入统计范围

在高层次专业技术人才方面，27 个系列高级职称评定权分属不同行政主管部门，每年仅通过备案形式向人社部门汇总相关信息，无法对相应高层次专业技术人才详细信息进行登记及跟踪，导致已有的高层次专业技术人才底数不清，存量人才信息更新困难。在高技能人才方面，技能人才资源流动性极强，取得职业资格的高技能人才是否在岗，或是否在四川省就业无法确定，即取证量不等于就业量，实际技能人才在岗数量无法在数据统计上得到真实反映。在统计范围方面，部分行业尤其是新兴行业及高精尖行业，如 IT 行业中大部分计算机硬（软）件、应用技术、信息系统服务类等技术密集型岗位的从业人员对四川省电子信息产业及数字经济的发展举足轻重，但大部分并没有参与职称级别认定，因此这部分高层次人才没有纳入统计范围，在统计数据上也没有得到真实反映。

2. 人才服务平台功能不足，便利化程度不够

在高层次人才信息化平台建设方面，深圳市人社局网站设立人才服务工作专栏，对人才相关政策（包括人才引进、人才激励、职业培训、职业能力鉴定、专业技术资格、博士后、高层次专业人才认定等）归类汇总，相关业务内容均可通过网上服务窗口申报办结；职业培训与技能鉴定开设网上服务系统并链接到广东政务服务网，个人、企业、机构三方均可登录进行相关操作，服务内容涵盖人才引进、人才激励、职业培训及补贴发放、职业能力鉴定、专业技术资格认定等，且每项办理事项均有完整的办理引导流程，并可对办理进度进行跟踪，清晰直观。四川省现有“四川人才工作网”作为人才工作的信息公开平台，但该网站功能主要集中在现有人才政策的汇总宣传以及部分项目介绍，服务性质较弱；四川另有“四川建设人才网”开辟了部分人才服务，但多数为告知性事项，缺少类似网上申报办理的服务渠道。

四、加强四川省高层次人才队伍建设的对策

全面落实新发展理念，牢固树立“人才引领发展”的思想，围绕“一干多支”发展战略部署，按照“建设西部创新人才高地”的总体要求，坚持党管人才、高端引领、市场主导、政府促进的原则，充分发挥市场在高层次人才资源配置中的决定性作用，注重高层次人才资源开发与产业事业发展需求对接，加快建立完善高层次人才培育、引进、评价、使用、激励机制，优化人才发展环境，构建与经济高质量发展相适应的高层

次人才体系，加快集聚培养高精尖人才和高水平创新团队，建设知识型、技能型、创新型技能人才队伍，统筹用好国内和国外优秀人才，充分激发高层次人才创新创造活力，聚力建设国家创新驱动发展先行省，推动四川实现高质量发展。

（一）高度重视高层次人才队伍建设工作，充分发挥高层次人才在促进经济高质量发展中的关键作用

建立并完善党政领导干部联系高端人才的制度，重点将四川省重点战略产业发展急需的高层次创新创业人才和优秀企业家、技术技能专家代表以及为经济社会发展做出突出贡献的高端人才纳入各级党委（党组）领导班子成员联系服务范围，定期开展高层次人才工作专题汇报，加强对人才工作的督促，营造尊重视人才的良好氛围。

建立高层次人才专项工作机制，完善并落实高层次人才工作目标责任制考核办法，将各市（州）和省人才工作领导小组成员单位列为重点考核对象，对人才工作的组织机构、人才发展体制机制改革、重点人才工程推进、人才发展重大平台建设、人才发展环境五个方面进行考核，考核结果作为领导班子评优、干部评价、人才项目和资金安排的重要依据。

（二）进一步完善高层次人才政策，构建更加有利于经济高质量发展的人才体系

填补政策“空白”。出台高层次人才流动配置类的综合性政策。根据四川省产业发展战略和高层次人才“引、育、用”的逻辑完善高层次人才政策体系，打通高层次人才流动渠道，在政策层面保障既有“引进来”也有“走出去”，更有“活起来”，进一步消除高层次人才流动中的区域、部门、行业、身份、所有制等限制，建立有利于高层次人才充分施展才能的人才流动机制，激发人才活力。出台针对博士及博士后的综合性人才政策。针对博士及博士后等高层次人才密集群体出台完整的高层次人才外部引进、本省培养留用的综合性政策，增强对博士及博士后群体的政策吸引力。及时修订完善《四川省高层次人才特殊支持办法》。

完善政策配套。部分没有配套具体实施方案的人才政策，如科研人员离岗创业等，需尽快出台配套实施办法或方案；对已有的实施方案需明确实施路径，定期发布全省引进高层次人才及项目合作需求信息指南，需明确包括牵头部门、实施方式方法、所需资金来源等细节。结合四川省实际，参考深圳市认定范围细化和明确四川省高层次人才认定标准。

加大政策吸引力。结合四川省产业发展战略和比较优势，确立差异化发展目标，加大高层次人才引进、激励、培养力度。除适当加大常规性政策激励（项目经费、奖励补贴、住房优惠政策、教育医疗等），提供与发达地区相比具有竞争力的多元化政策包，还需加大对高层次人才技术技能等知识产权保护力度，保护高层次人才干事平台和成长空间，提高高层次人才获得感和成就感。加强顶尖人才及团队引进的针对性，在关键人才引进政策上切实实行一事一议，提供具有竞争力的政策包。采取特殊政策引进，提供个性化服务，进一步增强政策的灵活性和有效性，突出四川省重点产业发展优势、重大

项目建设优势，突出项目引进、团队引进、柔性引进，突出服务四川省产业高质量发展的目的。

加强人才评价制度科学性。结合四川省实际多元化创新高层次人才评价机制，科学设置评价指标，改进评价工具，丰富评价方法。针对不同类型的高层次人才制定人才分类评价细则，充分发挥政府、市场、用人单位三方评价作用，建立以贡献为导向而非学历、论文导向的人才评价机制，重点突出实际受益主体的评价，形成以实际贡献和创造成果评价和激励人才的评价体系，确保高层次人才政策的客观性和科学性，体现一流人才、一流成果、一流报酬的价值取向，增强高层次人才政策整体吸引力度。

（三）大力培育多元化人才市场主体，充分利用市场机制对接产业高质量发展需求

加大对高层次人才市场参与主体的多元化培育。鼓励标准化、专业化人才协会发展壮大，承接高层次人才相关技术技能评价认定服务工作。扩大人才服务产业园等载体规模，多渠道多方式扶持社会化人力资源机构和组织发展壮大，丰富高层次人才人力资源服务渠道，提升人力资源服务专业化水平，优化服务结构，充分发挥市场在配置高层次人才资源中的主导作用。

加大技术技能转化运营主体的培育和引进。以完善的知识产权保护体系为基础，加强培育技术技能成果转化的开发主体、受让主体、中介服务主体，引进风险投资机构、私募投资基金等社会化运营主体共同参与开发转化，鼓励开展技术授信业务，丰富资金渠道和分担市场风险，提高技术市场的科研成果转化率和增强市场活力。

（四）夯实高层次人才基础性工作，为推动经济高质量发展提供有力保障

加大对高层次人才培养的投入力度。依托四川省科教大省优势，充分利用在电子信息、大数据分析、新型材料、轨道交通、经济金融等重点领域的良好学科基础，结合优势产业链及产业集群的发展需求，面向市场调整教学方向，加强高校、科研院所与企业的“产学研”联合培养高层次专业技术人才，设立重点技术高层次人才培养专项工程，建立多元化人才培养投入机制。依托四川省人口大省优势，大力推动职业院校（含技工院校）的发展，鼓励和引导行业、企业加大对高技能人才培养的投入力度，与职业院校、职业培训机构共建职教集团和实训基地，加强高技能人才培养力度和方向引导。建立高技能人才紧缺职业（工种）目录定期调查分析的工作机制，对部分重点产业发展急需高技能人才进行订单式培养。

尽快建立四川省高层次人才数据库。切实落实技术技能评审归口部门备案制度，摸清四川省高层次人才底数，补全人才信息。以新增高层次人才即时入库为切入点，将高校、科研院所等重点高层次人才培养源头纳入人才地图绘制范围，精确把握高层次人才增量，及时补充完善高层次人才存量。对职业技能紧缺（工种）目录进行不定期监控和调整，确保职业技能培训满足人才发展的实际需求。鼓励非公用人单位专业技术人才参与职称评定，尤其是将互联网行业专业人才纳入统计范围，扩大高层次人才信息采集覆盖面。

加强高层次人才信息平台建设。整合服务资源，充分利用信息化技术打造人性化的高层次人才“一站式”服务方案。完善网上服务平台和综合性网上服务窗口建设，对服务保障工作进行模块化和清单式管理，整合政策宣传、政策咨询、事项办理、服务反馈等多方面服务资源，建立服务保障项目的规范化、程序化流程，提升服务效率和服务质量；开发人才服务一站式应用平台，提高办事便利性和服务效率，提高人才服务温度和人性化程度。整合信息资源，搭建常态化高层次人才交流平台，破除信息壁垒。加强以项目为载体的高层次人才合作交流，依托全国性、国际性会议及项目开展高水平开放合作交流平台，定期为双方信息沟通创造更多有利条件。建立高层次人才需求目录定期发布机制，借鉴企业用工情况季度调查的模式，采取一揽子指标对市场高层次人才需求进行定期抽样调查，加强与重点行业、关键企业的调研，摸清产业发展的人才需求趋势，可参照四川省人事考试网建立人才需求发布渠道，定期向社会发布产业高层次人才需求目录，形成持续稳定的高层次人才发布机制，增强产业发展与高层次人才队伍之间的搜寻匹配力度。

（五）加强多部门人才工作统筹协调，确保高层次人才政策落地

明确相关部门高层次人才政策主体责任。高层次人才队伍建设各个环节涉及的职能部门，要结合本部门实际制定出台具体实施办法，由部门负责人牵头高层次人才工作，落实责任主体。

加强高层次人才政策统筹协调力度。建立人才工作多部门联席会议制度，省委组织部、经信委、财政厅、人社厅、教育厅等相关部门共同参与制定出台高层次人才政策，强化配合、统筹推动，共同做好高层次人才相关工作。

加强高层次人才相关工作经费保障。设立专项高层次人才工作经费，保障高层次人才开发培养、激励引进、数据库建设、信息平台及服务平台建设、人才交流平台建设、创新创业大赛、职业技能大赛等各项工作顺利开展。

加强高层次人才政策宣传引导。大力做好政策宣传，加强政策解读，主动回应人才关切，在四川省树立高层次人才发光发热典型，发挥其引领带动作用。

主要参考文献：

［1］刘苗苗．地方政府高层次人才引进政策研究［D］．成都：西南交通大学，2014.

［2］张亚宁．河北省产业结构与人才结构的匹配度分析［J］．经济论坛，2015（12）：8-10.

［3］杨益民．人才结构与经济发展协调性分析的指标及应用［N］．安徽大学学报（哲学社会科学版），2007（1）.

［4］虞捷．人才政策与人才集聚的实证研究［D］．杭州：浙江工商大学，2017.

［5］刘晓光，黄愜．我国东西部高层次人才引进政策文本比较：以四川省和江苏省为例［J］．科技管理研究，2018（24）：51-56.

［6］张车伟，蔡翼飞．中国“十三五”时期劳动供给和需求预测及缺口分析［J］．人口研究，2016（1）：38-56.

［7］崔宗超．基于人力资本聚集效应的高层次人才培训模式与优化策略［N］．河南师范大学学报（哲学社会科学版），75-79.

［8］黄海刚，曲越．中国高端人才政策的生成逻辑与战略转型：1978—2017年［J］．华中师范大学学报（人文社会科学版），2018（7）：181-192.

［9］王志玲．京津冀协同发展背景下河北高校高层次人才队伍建设研究［D］．石家庄：河北科技大学，2018.

课题组成员名单

课题组组长：
胡　斌　四川省人力资源和社会保障厅党组书记、厅长
课题组副组长：
赖　荣　四川省人力资源和社会保障厅党组成员、副厅长
王　勇　四川省人力资源和社会保障厅党组成员、副厅长
向可华　四川省人力资源和社会保障厅党组成员、机关党委书记
付　林　四川省人力资源和社会保障厅二级巡视员
课题组成员：
黄学宁　四川省人力资源和社会保障厅专业技术人员管理处处长
雷　劲　四川省人力资源和社会保障厅职业能力建设处处长
黄禄先　四川省人力资源和社会保障厅政策研究处处长
王成富　四川省人力资源和社会保障厅规划财务处处长
饶　风　四川省人力资源社会保障科研所所长
徐　波　四川省人力资源和社会保障厅专业技术人员管理处副处长
刘　云　四川省人力资源和社会保障厅职业能力建设处副处长
唐　青　四川省人力资源社会保障科研所副所长
李光复　四川省人力资源社会保障科研所副所长
王汉鹏　四川省人力资源社会保障科研所助理研究员
马　杰　四川省人力资源社会保障科研所助理研究员
余海燕　上海社会科学研究院 博士研究生
陈燕伊　四川省社会科学研究院 硕士研究生

（主笔：马杰　饶风）

四川省技能要素参与企业收入分配现状研究[①]

摘　要：技能要素在提升制造业发展水平中的作用越来越重要，贡献率越来越大，技能要素参与企业收入分配的问题也成了学界关注重点之一。课题组在对四川制造业部分典型企业进行问卷调查及实地调研的基础上，通过综合数据分析及归纳，总结出四川省技能要素参与企业收入分配存在的问题包括：参与程度低、参与形式单一、收入分配未完全体现技能价值、劳资双方对技能要素价值评价差异较大等问题。针对以上问题课题组提出相应对策建议：建立体现技能要素价值的收入分配体系、构建技能提升体系以增加技能溢价水平，畅通技能人才职业发展通道以提升收入预期、完善技能要素市场化评价、完善工资集体协商机制、满足技能人才体面劳动需求等，以求改善技能要素在企业收入分配中的现状。

关键词：技能要素　收入分配　技能溢价　薪酬结构

一、导论

（一）研究背景及意义

1. 研究背景

党的十九大报告中指出“坚持按劳分配原则，完善按要素分配的体制机制，促进收入分配更合理、更有序。”“坚持在经济增长的同时实现居民收入同步增长、在劳动生产率提高的同时实现劳动报酬同步提高。”近年来，在产业转型升级发展的大背景下，大量先进技术和生产设备在工业制造业中的应用对劳动形成了显著的替代，资本偏向型技术进步对劳动收入份额形成挤压。根据国家统计局数据，按照收入法计算，我国劳动收入份额在1990年高达54.08%，随后持续下降至2007年的44.92%，此后有所回升，2015年恢复至47.89%。但与国际劳工组织公布的全球2017年劳动收入份额51.4%仍

① 本课题是2019年度中国劳动和社会保障科学研究院地方合作项目。

有差距，与西方发达国家平均约60%的水平其差距更明显。资本偏向型技术进步扩大了资本收入份额和劳动收入份额的差距，同时由于诱发了技能偏向型技术进步，使得技能劳动者和非技能劳动者之间的分配差距也迅速扩大，导致不同类型劳动者需求和劳动结构的改变，具备较高素质的技能人才在劳动力市场上的竞争力更强，越来越成为工业制造业发展的重要支撑力量，同时高素质技能人才的需求缺口也明显扩大。

为加强技能人才队伍建设，国家相继出台了一系列相关规划和政策法规，包括2010年国务院发布《国家中长期人才发展规划纲要》，2017年2月印发《新时期产业工人队伍建设改革方案》，明确提出增强生产服务一线岗位对劳动者的吸引力，建设知识型、技能型、创新型劳动者大军，把提高技术工人收入水平作为增强技术工人获得感、自豪感、荣誉感，激发技术工人积极性、主动性、创造性的重要方式。2018年中办、国办印发的《关于提高技术工人待遇的意见》中指出：完善符合技术工人特点的企业工资分配制度，提出了强化工资收入分配的技能价值激励导向的进一步要求。

从四川省的基本情况来看，技能人才队伍缺口大，高水平技能人才缺乏更为显著。根据《关于提高技术工人待遇的意见》中提到的相关要求与措施，课题组通过专项问卷调查的方式，结合四川省典型企业进行调研和分析，对准确把握四川省技能人才队伍工资收入情况、技能要素参与收入分配的实际情况具有重要作用，为当前和今后一个时期四川省创新技能导向的激励机制提供了样本和参考，为技能人才收入水平提升、技能人才队伍稳步扩大、技能水平稳步提升提供了研究基础。

2. 研究意义

研究技能要素参与收入分配的机制，是深入贯彻落实党的十九大精神的需要。对进一步解读党的十九大“坚持按劳分配原则，完善按要素分配的体制机制，促进收入分配更合理、更有序”和具体落实《新时期产业工人队伍建设改革方案》，提高技术工人待遇具有重要意义。

研究四川省技能要素参与企业分配现状，是丰富和完善全国技能要素现状研究的现实需要。四川省制造业序列完整，轻、重工业企业典型，涵盖各层次、各类规模，技能工种丰富且集中，具有集中调查研究的条件和优势，对摸底全国技能要素现状具有研究的典型意义。

研究技能要素参与企业收入分配现状，是新时期下四川省推动经济高质量发展，落实省委“一干多支、五区协同”发展战略的需要。全面认识四川省技能要素在初次分配中的真实情况，对进一步提高技能人才群体生产积极性、提升自我技能水平的自觉性、激发企业生产和发展活力，进一步对四川省经济建设、培养新时期下产业人才、打造产业大军有重要意义。

（二）相关理论探讨

1. 古典经济学收入分配理论

亚当·斯密的收入分配理论。斯密认为：在土地和资本私有化前提下，产品不完全属于劳动者所独有，劳动者劳动与原材料增加的价值被分为三个部分：工资、资本利润和地租。他认为，劳动者的工资水平和劳动产品价值如何分配取决于三个因素：第一，工人的工资取决于工人与资本家订立契约的能力，工资的高低取决于工人与资本家协商的结果。第二，工人工资有最低标准限制，工人的最低工资至少能维持其基本生存以及延续后代。第三，工人工资随供需状况而变化，在资本家对工人的需求不断增加的时候，资本家竞相出高价来雇佣工人，工人的工资大幅度提高。

大卫·李嘉图的收入分配理论。李嘉图的分配理论建立在劳动价值论的基础上，核心思想也分为工资、利润和地租理论。李嘉图认为劳动者为维持自身及其家属生存所需要的物质资料的价值就是劳动的自然价格。而劳动的市场价格是指“根据供求比例的自然作用实际支付的价格”。

萨伊的收入分配理论。其核心是“三位一体”的分配公式。由于生产的三要素——劳动、资本和土地在生产中都提供了作用，因此三种生产要素需得到三种收入，即工资、利润和地租。

2. 偏向型技术进步理论

新古典增长理论假设资本与劳动的替代弹性为 1，但在实际情况中技术进步是偏向于某一特定生产要素的，从而有利于经济生产中某些要素和个体。偏向性技术进步在劳动经济学领域的典型应用则是“技能溢价”，技能工人供给增加的同时工资水平同步呈现上升趋势，这种与传统供给需求理论相悖的现象即“技能溢价”，解释为伴随着技能工人供给的增加，技能偏向型技术进步加快，从而导致对技能工人的需求增加和技能溢价的发生。

3. 工资决定理论

一是边际生产力工资理论。该理论从劳动力的需求方面解释了工资水平的决定因素，雇主雇佣的最佳人数是劳动力的边际收入等于劳动力的边际成本。二是均衡价格理论。该理论认为工资水平由劳动力供求双方在市场竞争中形成的均衡价格决定。但该理论的基础前提为自由市场经济，市场各方能够自由流动，追求利益最大化。三是集体谈判工资理论。又称为“集体交涉工资理论”，劳动力市场上工资在一定程度上是雇主和雇员之间集体交涉的产物，工资水平由劳资双方的谈判力量决定。

（三）国内外研究现状

1. 国内研究现状

目前我国理论界普遍认同技能要素必须参与企业收益分配，但在如何参与、具体操作的问题上还未形成统一的认识。学术界对此问题的探讨理论层面居多，在分配方式落地、对策建议这一部分，基本上都是从宏观层面进行理论探讨，没有真正解决当前技能要素参与收益分配的实际操作问题。尤其是当前产业工人的技术技能要素如何科学规范地参与企业分配，缺少数据支持。周振华（2003）认为由于技能要素作用不断增强、贡献率不断提高，其作为一个独立的要素按贡献分配显得合理，从而使原有要素的作用和地位发生重大变化。同时，学者们对技能要素参与收益分配的形式进行了研究。肖昌国和李茜（2002）指出当前技能劳动的分配模式有岗位工资制、基本工资+项目效益提成、工资+期股期权制、科技入股、工资+高福利待遇五种。孔玉生和朱乃平（2004）对技能要素参与分配的现有形式进行了评价，认为科技奖励的随意性较大，不利于科技人员对所获奖项目的改进和创新；岗位技能工资定量较难，难以实现差距化；科技项目承包奖励项目收益滞后，无法调动积极性，但这三种操作形式因成本较低仍有适用性。技术成果转让、收益分享和技术入股三种形式比较科学规范，但实施的成本较高。曹玉贵和李一秀（2008）发现技能要素参与企业收益分配应该是多种分配方式的组合，并对高层管理人员与科技人员采用利润提成和技术入股的方式。周振华（2002）指出技能要素参与企业收益分配的具体操作上存在“四大难题”，即技术成果评估难、成果产权界定难、分配比例确定难和存量成果分配难。

2. 国外研究现状

国外对劳动、资本、技术等生产要素参与分配的理论认为，生产要素相对价格的变化会刺激技术创新以节约较贵要素为目的的技术进步。Acemoglu（1998）提出了“技能偏向性效应”。20 世纪 80 年代后全球劳动收入占比持续下降，许多国家出现了技能/非技能劳动收入差距持续扩大。Acemoglu 认为在市场规模效应和价格效应的作用下，技术的快速发展使厂商对高技能劳动力的需求迅速增加，从而产生技能偏向性。Krusell（2000）认为，生产设备中的新的、高效的技术是与技能劳动相匹配的，资本与技能具备互补性。因此发展中国家出现了大量的技能劳动需求，使技术进步呈现技能偏向特征。Xu 和 Li（2008）测算出 1995 年我国技能劳动工资水平与非技能劳动的工资水平之比为 1.17 并持续不断上升，2000 年比值达到 1.64，技能偏向型技术进步是使技能溢价上升的原因之一。

（四）相关概念内涵及其界定

1. 技能要素的内涵及其界定

目前学界对技能要素这一概念并无统一准确的定义，借用常见的按生产要素参与分配的基本概念，资本、土地、技术、劳动力，以及企业家才能（即管理要素）构成了参与分配的五大生产要素，同时结合本课题研究对象和对比对象以及制造业从业人员管理、技术、技能三类岗位序列的区分，这里将技能要素定义为劳动者通过个体的实际生产操作技巧进行产品生产、加工的一种能力。这里还需要对技能要素与技术要素进行一定的区别：一是技能操作存在与劳动者个体难以剥离的特性，其价值必须通过个体的实际操作得以体现；二是技术要素主要通过技术进步及革新带来生产方式的转变和生产效率的提升，技能要素主要通过操作熟练度及操作水平的提升来提高产品的产量及质量。由于在国家相关政策文件以及本次发放的调查问卷中涉及“技能人才”“技术工人”“技能操作人员”“技能劳动者”等几类称谓，为明确研究对象，本研究均视为对同一群体，即具有一定技能要素劳动者的不同称呼，在后续行文中不做特殊区分。

2. 技能要素的评价及价值体现

对技能要素的评价标准应从两个层面进行测度：一是技能要素与管理要素、技术要素之间的相对价值尺度。在以产品制造为核心的产业及行业，技能要素的多少、优劣程度直接影响到产品的数量及质量，因此技能要素不仅要参与收入分配取得相应的收益权，而且在这一部分行业对技能要素的价值评价应区别于一般资本密集型、技术密集型行业，充分体现技能要素作为整体与管理、技术要素在生产中的相对价值和贡献率。评价其价值和贡献率的指标包括产品生产率、合格率、生产成本降低水平、质量及产量提升水平等。二是不同类型、不同层次的技能要素内部之间的相对价值尺度。技能要素的具体评价标准应结合岗位价值、劳动者能力素质、业绩贡献等多方面因素综合考虑，在技能要素内部体现按劳分配和按贡献分配的价值导向，通过综合评价要素及其权重的设置体现技能要素的评价标准，具体要素可包括上岗技能要求、岗位工作责任、劳动强度、岗位工作条件等。技能要素价值体现可通过薪酬结构来反映，具体方式可包括岗位工资单元、能力工资单元、绩效工资单元、加班工资单元、津补贴单元、一次性奖励等；对顶尖技能要素可参照高级管理或高级技术要素，进行成果转让、综合参与成果转化收益分配、以入股的方式参与企业利润分红和股权激励等。

3. 技能溢价

技能溢价是指高技能劳动工资水平与低技能劳动工资水平的比率。该指标主要用于反映不同技能水平劳动者之间的收入差距。部分研究以非生产性劳动者（白领）与生产性工人（蓝领）来区分高技能劳动者和低技能劳动者；也有研究以学历水平进行区分，如专科及以上学历界定为高技能劳动者，专科以下学历界定为低技能劳动者。由于本课题研究实际主要集中在制造业，研究主要对象为生产操作工人，因此课题组将技能溢价界定为不同技能等级的生产操作工人间的收入水平的比率。

（五）研究方法及技术路线

1. 研究方法

文献研究法。对课题涉及的相关经济学及管理学理论从宏观、中观、微观三个层面进行梳理分析，整理了相关收入分配理论、偏向型技术进步理论以及企业工资决定理论；并对技能要素参与企业收入分配相关国内外研究文献进行了梳理，整理了相关学者的观点和研究成果。

问卷调查法。根据调查问卷所涉及的调查内容及具体要求，课题组选取四川省内11个典型城市开展问卷调查，共涉及工业企业115家，发放企业问卷115份，劳动者问卷899份，主要集中在制造业行业。

2. 技术路线

本课题技术路线如图1所示。

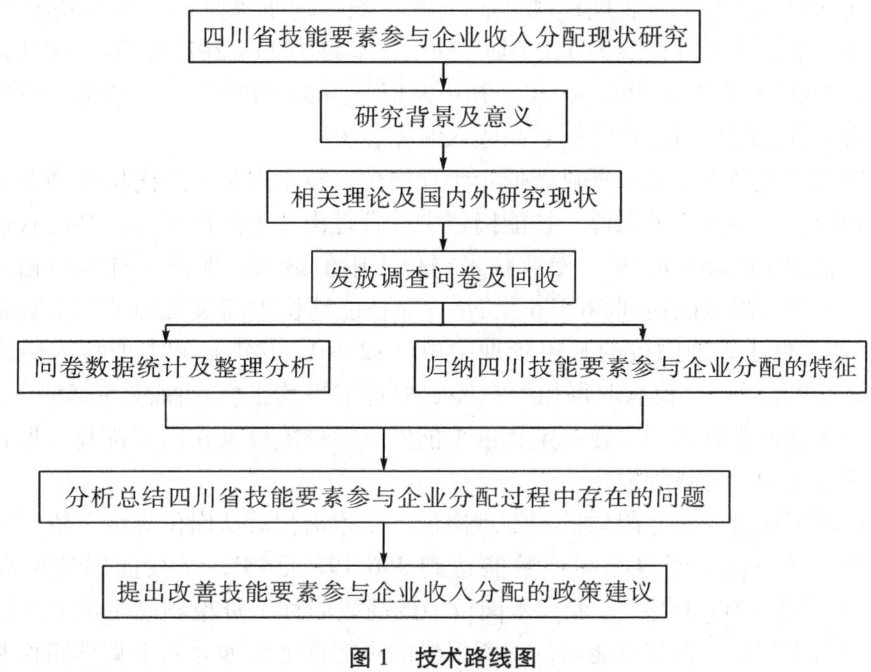

图 1　技术路线图

二、四川省技能要素参与企业收入分配现状分析

（一）四川省企业员工收入水平概况

四川省平均工资水平增长较快，但制造业从业人员平均工资水平及增幅低于全省平均水平。四川省工业制造业主要集中于四川盆地，整体发展情况较好，近年来增速位于全国前列：2018 年，四川省全年工业增加值 12 190.5 亿元，比上年增长 8.1%，对经济增长的贡献率达到 37.6%；规模以上工业 41 个行业大类中有 36 个行业增加值增长，高技术制造业增加值增长 13.6%。全省 2018 年从业人员平均人工成本为 82 888 元/年，其中劳动报酬占比超过七成，劳动者人均工资报酬为 70 166 元/年，与 2017 年的 59 275 元/年相比增幅为 18.37%；其中制造业劳动者 2018 年人工成本水平为 78 368 元/年，人均工资报酬 65 239 元/年，与 2017 年的 57 455 元/年相比增幅为 13.55%。数据反映出四川省制造业劳动者人工成本水平、平均工资报酬低于全省平均水平，增幅也低于全省平均增幅。从人工成本构成来看，制造业从业人员劳动报酬占人工成本总额比例为 77.3%，与全行业 77.1%的平均水平接近；其次为社保费用占比 14.8%；福利费用占比 3.6%、住房费用占比 1.4%、劳动保护费用占比 0.8%、教育经费占比 0.5%，其他人工成本占比 1.6%。

劳动者工资报酬水平与企业规模及学历水平正相关。全省从企业规模划分来看劳动者收入水平，大型企业为 83 634 元/年，中型企业 68 254 元/年，小型企业 53 026 元/年，微型企业 47 685 元/年。企业规模越大，工资报酬平均水平越高。从学历水平划分来看，研究生学历平均工资报酬为 174 419 元/年，本科为 114 281 元/年，专科为 79 777 元/年，高中或中专等为 57 003 元/年，初中及以下为 47 929 元/年。总体上学历水平越高，劳动者工资报酬越高，且学历越高收入级差越大。

技能岗位工资平均收入水平显著低于管理岗位、技术岗位。从岗位序列及等级划分来看，管理岗位、专业技术岗位、技能岗位中，管理岗位上限值最高，高层管理岗位平均工资报酬达到 156 556 元/年；专业技术岗位下限值最高，即使没有取得相关专业技术职务平均工资报酬也能达到 66 175 元/年；而技能岗位中高级技师平均工资薪酬仅为 86 396 元/年，低于管理岗位的基层管理岗位（92 461 元/年）和专业技术岗位的中级职称（102 824 元/年），没有取得相关技能资格证书平均工资薪酬仅 50 589 元/年，是所有岗位等级均值中最低的。在一定程度上能够反映技能要素在以工资收入形式参与分配的过程中处于相对弱势的地位。

技能岗位工资级差及上限均低于管理岗位、技术岗位。从岗位等级工资报酬高位数来看，高层管理岗位工资报酬高位数能达到 396 197 元/年，是技能岗位中高级技师（139 745 元/年）的近 3 倍，专业技术岗位中的高级职称工资报酬高位数也能达到高级技师高位数的 1. 7 倍，表明技能岗位工资报酬的可能性上限远远低于管理岗位和专业技术岗位。从低位数来看，各序列岗位差别没有高位数区别明显，但技能岗位仍然是三类序列中最低的。从同等级工资报酬内部差距来看，管理岗位、专业技术岗位波动幅度大于技能岗位，在一定程度上反映出管理岗位及技术岗位的工资报酬与企业经营状况挂钩更为紧密，技能岗位工资报酬水平与企业个体经营情况挂钩更少。从岗位等级工资报酬增幅来看，管理岗位、专业技术岗位每晋升一级，平均工资报酬增幅显著，最高能达到约 40%，而技能岗位向上晋升一级平均工资报酬增幅明显低于管理岗位及技术岗位，从高级工晋升到技师工资报酬平均增幅仅 5. 76%，从技师晋升为高级技师增幅仅 4. 08%，技能水平的提升带来的收入水平提高不显著，影响了相关从业人员提升自身技能水平的积极性（见表 1）。

表 1　2018 年四川省不同类型岗位调查收入情况

岗位类型	岗位等级	平均工资报酬(元/年)	较下一级增幅（%）	高位数（元/年）	低位数（元/年）	高位数/低位数
管理岗位	高层管理岗	156 556	32. 52	396 197	48 522	8. 17
	中层管理岗	118 140	27. 77	268 573	43 000	6. 25
	基层管理岗	92 461	44. 51	203 929	35 591	5. 73
	管理类员工岗	63 982	—	130 898	30 000	4. 36
专业技术岗位	高级职称	145 024	41. 04	239 027	55 296	4. 32
	中级职称	102 824	35. 11	178 823	42 652	4. 19
	初级职称	76 106	15. 01	124 744	34 200	3. 65
	没有取得专业技术职务	66 175	—	106 085	28 902	3. 67

表1(续)

岗位类型	岗位等级	平均工资报酬(元/年)	较下一级增幅(%)	高位数(元/年)	低位数(元/年)	高位数/低位数
技能岗位	高级技师	86 396	4.08	139 745	48 111	2.90
	技师	83 011	5.76	128 533	47 833	2.69
	高级技能	78 487	8.52	117 905	45 496	2.59
	中级技能	72 324	28.49	110 070	37 613	2.93
	初级技能	56 290	11.27	94 361	26 668	3.54
	没有取得资格证书	50 589	—	88 626	25 448	3.48

数据来源：课题组根据调查问卷数据统计。

课题组选取四川省内 11 个代表性地市（成都、宜宾、内江、达州、泸州、德阳、绵阳、自贡、广安、乐山、攀枝花）开展问卷调查工作，共回收有效问卷 1 014 份，其中企业问卷 115 份，劳动者问卷 899 份。被调查企业集中在第二产业，共计 115 家，其中成都 42 家，除成都外各地级市共计 73 家；根据调查问卷以工业企业为主要发放对象的要求，参与此次调查的企业的行业分布高度集中，以制造业为主共计 86 家，建筑业企业 10 家，电力、交通运输等企业合计 19 家。

（二）四川省技能要素参与企业收入分配劳动者问卷分析

1. 技术工人统计基本情况

从回收的有效问卷情况来看，参与问卷调查的劳动者近半数来自成都，共计 436 人，其他 10 城市合计 463 人；从户籍情况来看，494 人为城镇户口、405 人为农村户口；从性别来看，男性 515 人、女性 384 人；以上特征基本符合四川省制造业企业的地理分布、城镇化及工业从业人员性别分布情况。

（1）技术工人年龄分布后延，受教育水平明显提高（见图 2）。

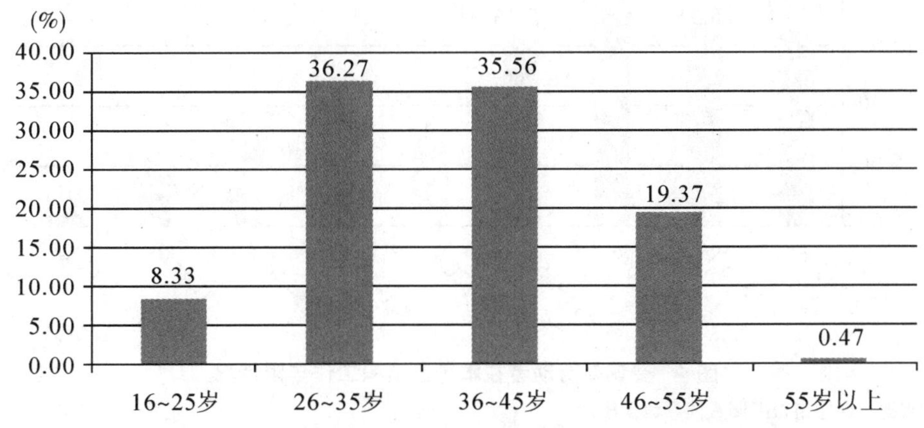

图 2 受调查者年龄分布情况

数据来源：课题组根据调查问卷数据统计。

从劳动者年龄分布情况来看，超过七成劳动者年龄集中在 26~45 岁的青壮年区间，45 岁以上占比约两成，16~25 岁劳动者仅占 8.33%，年轻劳动者较少，这与劳动者平均受教育年限延长有一定关系，也与人口老龄化和产业结构转型升级导致劳动力从第二产业逐渐向第三产业转移有关（见图 3）。

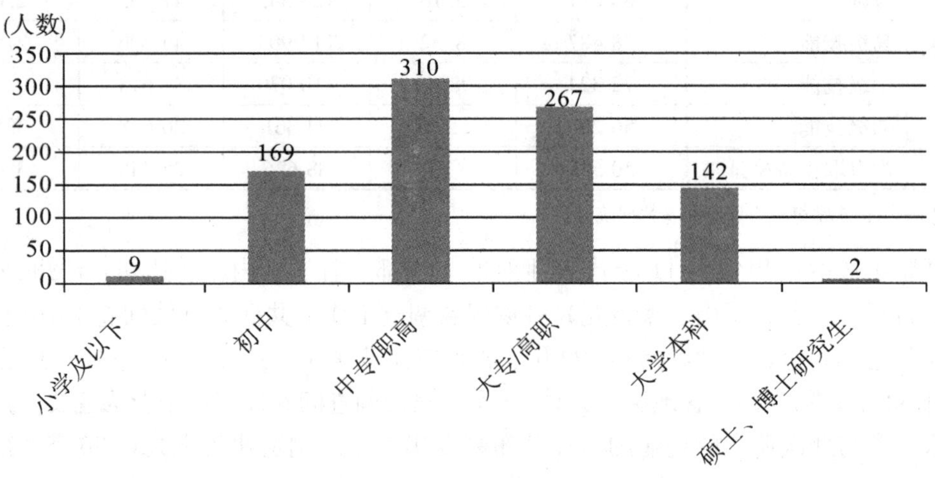

图 3　受调查者学历水平分布情况

数据来源：课题组根据调查问卷数据统计。

从学历结构来看，中专/职高及以上学历占比达到了 80%，接受过职业教育的劳动者占比达到64%，本科及以上学历劳动者占比达到16%，接近全省全行业抽样调查劳动者学历分布状况，表明制造业劳动者素质有了较为显著的提升。

（2）制造业劳动力供给相对稳定，无显著行业挤出现象（见图 4）。

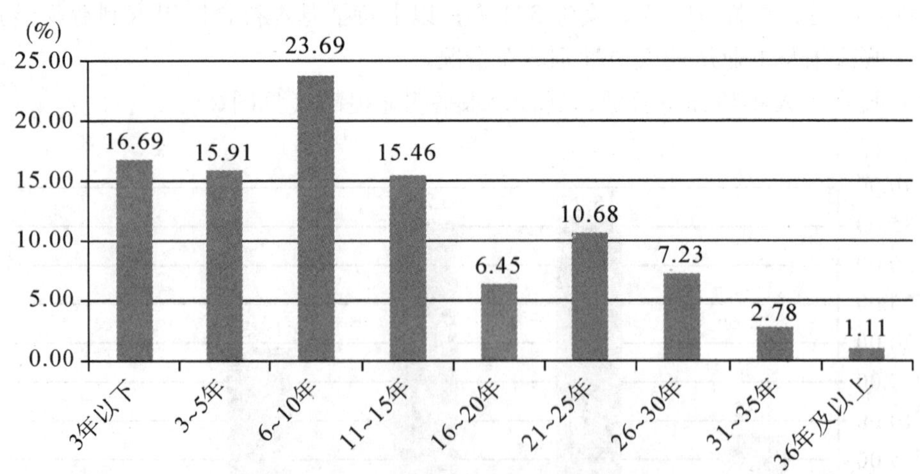

图 4　受调查劳动者在本行业累积工作年限情况

数据来源：课题组根据调查问卷数据统计。

从劳动者在本行业累计工作年限分布情况来看，工作年限低于 15 年的劳动者占比达到 71.75%，其中工作年限少于 3 年的占比为 16.69%，6~10 年工作经验的占比最高，达到23.69%。基本与全省劳动者工龄结构相匹配，说明从劳动供给一方来看，制造业劳动者供给情况较为持续和稳定，不存在明显波动和行业挤出情况。

（3）技术工人技能等级水平偏低，多数企业未完善内部评价体系（见表2）。

表2 劳动者获得国家/企业职业资格等级证书情况

劳动者持有职业资格等级证书情况（国家认定）	无国家认可的证书	初级工	中级工	高级工	技师	高级技师	上岗作业证（无等级证书）	其他
数量	308	113	131	96	28	28	143	52
劳动者持有职业资格等级证书情况（企业认定）	企业无技能等级评价体系	初级工	中级工	高级工	技师	高级技师	首席技师、技能带头人	
数量	429	149	129	102	49	29	12	

数据来源：课题组根据调查问卷数据统计。

从技术工人取得职业资格水平情况来看，34.26%的劳动者未取得任何国家认可的相关技能等级证书，仅有上岗作业证的占比近16%；取得初、中级工证书占比约27%；高技能人才占比近17%（高级工10.67%、技师3.11%、高级技师3.11%）。结合课题组实际调研情况分析，没有取得国家认可的相关证书的技术工人中的部分原因是所在岗位没有被纳入国家职业技能标准目录，如德阳特变电工，该企业电线电缆工人属核心工种，但电线电缆操作人员并未纳入职业标准目录，因此也没有取得国家认可相关证书的渠道。有47.72%的技术工人表示企业并未建立内部技能评价体系，这主要集中在小微企业；在已建立企业内部职业资格评价体系的企业中，主要以企业内部评价体系为主，国家认定职业技能水平仅作为岗位等级晋升的条件之一。有12名劳动者取得了企业内部首席技师/技能带头人称号，据调研情况反映，取得企业内部技能等级水平认定在技术工人收入水平一般体现为技能津贴，且仅针对高级工及以上发放，金额200～500元不等，仅体现了一定的激励员工提升技能的导向。

（4）技术工人薪酬包完整度较低，长效分配机制较少见（见图5）。

从薪酬包的构成统计情况来看，约85%的技术工人薪酬包括岗位工资，采用年薪制或项目工资制的占比为10%左右；工龄工资（68.3%）、加班工资（65.29%）、年终奖（63.4%）、计时/计件工资（50.61%）等常见薪酬构成占比超过一半人数，但员工持股（10.57%）、技术成果转化提成（15.91%）等长效分配机制占比少。津补贴方面，带薪休假（60.73%）、特殊劳动补贴（50.28%）、值班补贴（47.94%）占比相对较高，通岗津贴（13.01%）以及其他带有福利性质补贴较少。在福利方面，常见的为“节假日礼品”（85.21%）、“免费年度体检”（72.97%）、“餐补”（68.97%）“文体活动”（66.63%）、“生日礼品或礼金”（55.95%）等。总体来看，受调查劳动者总体上的薪酬包项目较为多样化，但具体到个体样本来看，技术工人薪酬包完整度低于管理岗位和技术岗位人员，且在加班工资、体检、带薪休假、值班（倒班）津贴等重要部分的权利受到不同程度的损害；尤其是将样本按企业性质划分分别统计，国有企业、集体企业、外资企业薪酬包完整度更好，而民营企业对本企业技术工人的收入权益保障程度相对较差。

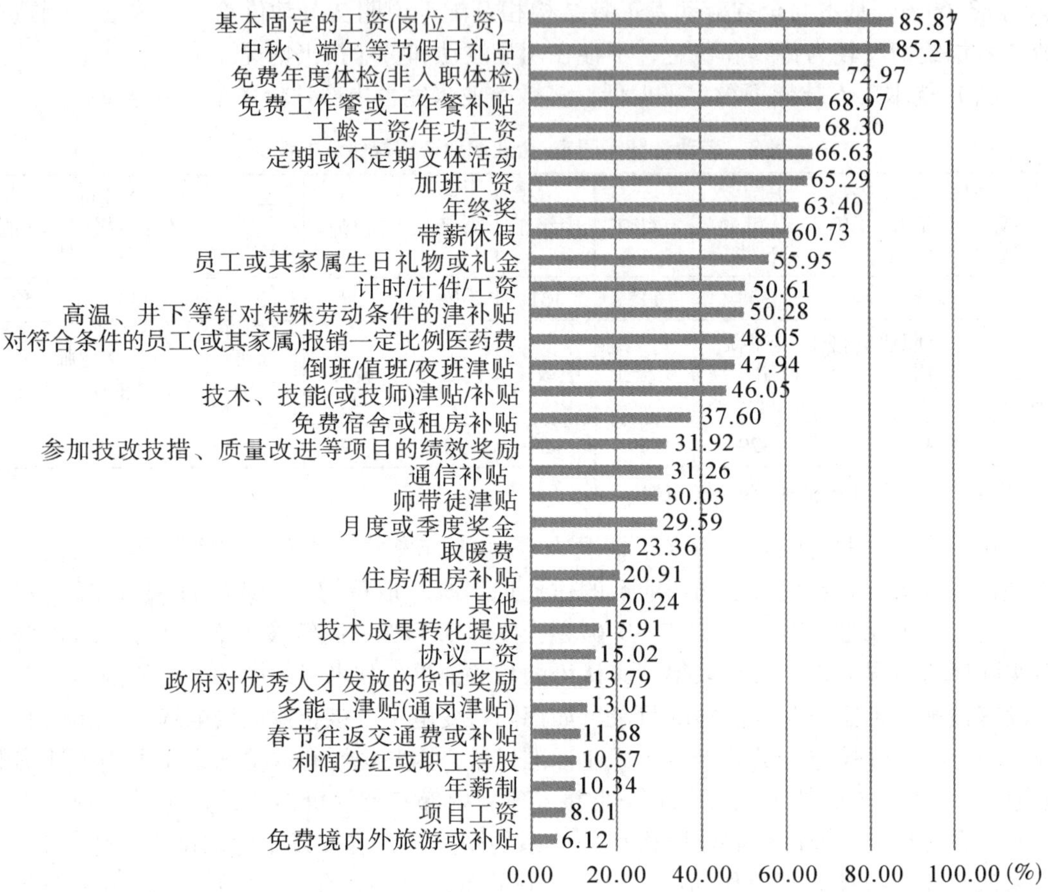

基本固定的工资(岗位工资) 85.87
中秋、端午等节假日礼品 85.21
免费年度体检(非入职体检) 72.97
免费工作餐或工作餐补贴 68.97
工龄工资/年功工资 68.30
定期或不定期文体活动 66.63
加班工资 65.29
年终奖 63.40
带薪休假 60.73
员工或其家属生日礼物或礼金 55.95
计时/计件/工资 50.61
高温、井下等针对特殊劳动条件的津补贴 50.28
对符合条件的员工(或其家属)报销一定比例医药费 48.05
倒班/值班/夜班津贴 47.94
技术、技能(或技师)津贴/补贴 46.05
免费宿舍或租房补贴 37.60
参加技改技措、质量改进等项目的绩效奖励 31.92
通信补贴 31.26
师带徒津贴 30.03
月度或季度奖金 29.59
取暖费 23.36
住房/租房补贴 20.91
其他 20.24
技术成果转化提成 15.91
协议工资 15.02
政府对优秀人才发放的货币奖励 13.79
多能工津贴(通岗津贴) 13.01
春节往返交通费或补贴 11.68
利润分红或职工持股 10.57
年薪制 10.34
项目工资 8.01
免费境内外旅游或补贴 6.12
0.00 20.00 40.00 60.00 80.00 100.00 (%)

图 5　技术工人薪酬及福利构成统计情况

数据来源：课题组根据调查问卷数据统计。

（5）技术工人固定工资水平偏低，奖金福利少（见图 6、图 7）。

(%)
35.00
30.00
25.00
20.00
15.00
10.00
5.00
0.00
8.34
26.36
31.48
20.58
7.68
4.00
1.00
0.22
0.00
0.00
0.33
2 000元以下
2 001~3 000元
3 001~4 000元
4 001~5 000元
5 001~6 000元
6 001~8 000元
8 001~10 000元
10 001~12 000元
12 001~15 000元
15 001~20 000元
20 000元以上

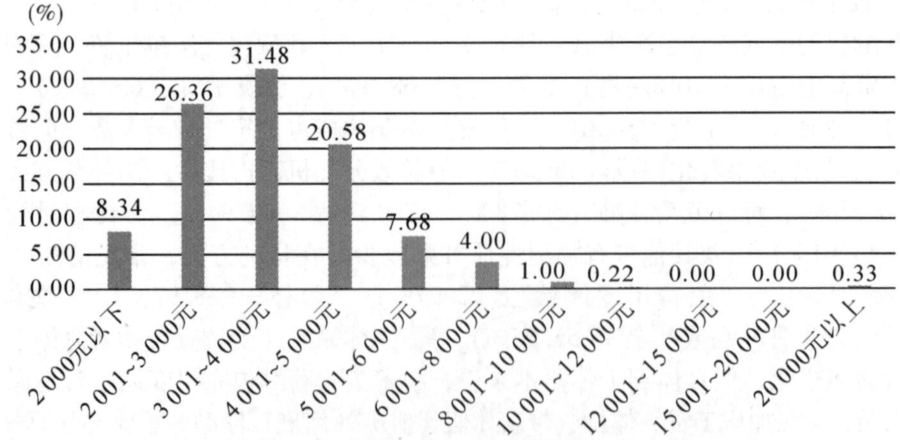

图 6　2019 年 8 月技术工人固定工资收入分布情况

数据来源：课题组根据调查问卷数据统计。

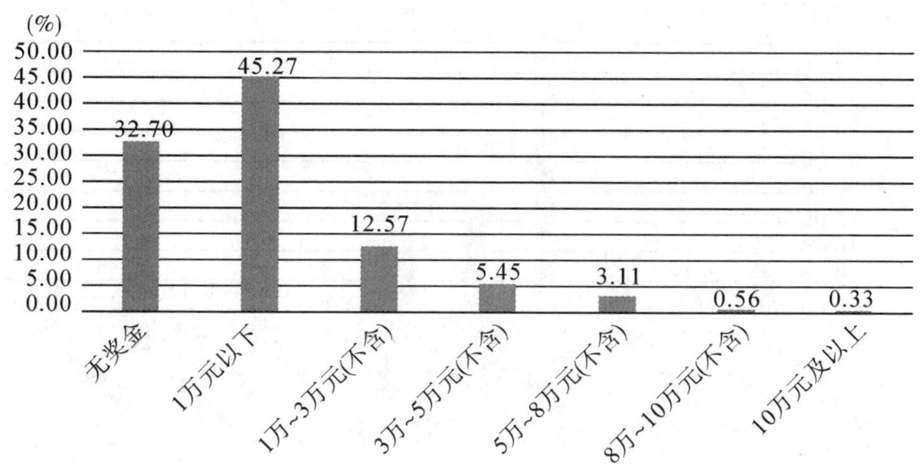

图7　2019年技术工人全年奖金及提成情况

数据来源：课题组根据调查问卷数据统计。

问卷对劳动者8月份当月的固定工资收入和全年奖金收入情况进行了调查，从问卷数据来看，月固定工资收入2 000元以下占比为8.34%，2 001~3 000元占比26.36%，占比最高的为3 001~4 000元达到31.48%，4 001~5 000元占比20.58%。月固定收入低于4 000元的劳动者占比合计超过65%，月固定收入超过5 000元的劳动者占比合计约13%，总体呈现右偏分布。从年奖金情况来看，近1/3受访者表示无奖金，约45%受访者表示年终奖金在1万元以下，12.57%受访者年终奖金为1万~3万元，3万元以上占比约为10%。与2018年四川省制造业年平均收入水平65 239元对比，本次接受问卷调查的群体收入水平相对略低，这与制造业不同岗位序列收入差距有一定关系，生产操作人员收入平均水平普遍低于管理岗位及专业技术岗位。

2. 技术工人主观评价情况

劳动者调查问卷从生产操作人员收入变动幅度、与企业效益之间的关系、与其他序列、其他层级员工之间收入对比关系、收入水平满意度等维度进行了调查，主要反映出以下问题：

（1）平均工资水平变动较小，收入水平与工作量关联度更高，与企业效益关联度不显著（见图8）。

生产操作人员对自身近两年平均工资水平变动幅度的评价，有约19%认为收入水平有不同程度下降；约40%表示收入持平；约23%认为收入增幅小于5%，考虑到通货膨胀的因素，这里将增长幅度高于5%视为工资收入水平有实际增长，约占17%（见图9）。

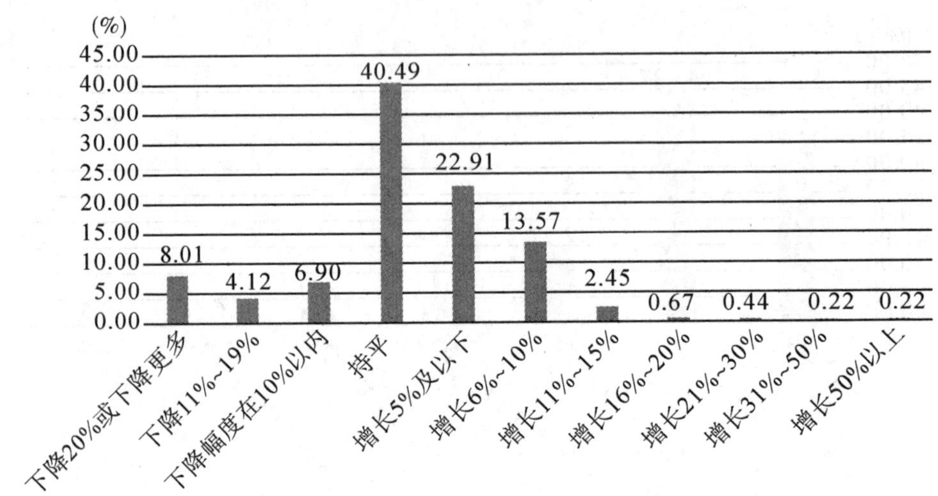

图 8　技术工人近两年工资收入平均变动幅度分布情况

数据来源：课题组根据调查问卷数据统计。

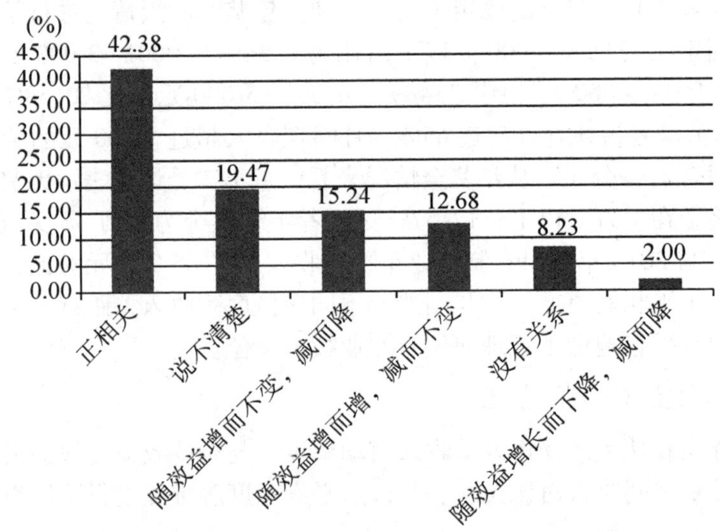

图 9　劳动者工资收入与企业效益之间的关系

数据来源：课题组根据调查问卷数据统计。

在收入水平与企业效益的关系上，约 42%的技术工人认为自身收入水平与企业效益正相关，约 20%的认为“说不清楚”，约 15%的认为企业效益增加工资水平不变，但效益减少时工资水平会下降；约 12%的认为自身工资水平具有一定黏性，企业效益增加时随之增加，效益降低时不随之减少。总体上看，正面评价占比约占 55%，负面评价约占 25%，近 20%受访者评价较为中性。其中，对持正面评价的问卷来源进行分析，大型企业技术工人持正面评价比例高于中小企业，国有企业技术工人持正面评价比例高于其他所有制类型企业。根据调研走访情况反映，一线操作工人工资构成中计件制占比最大，因此普遍认为自身收入水平与工作量关联度最高，企业效益只能从订单量来影响工作量，与收入水平没有直接关联。

（2）技术工人普遍认为收入水平与中层干部/管理人员差距明显，对工资水平满意度不高。

在与中层干部/管理人员相对收入水平的评价中，高达 97.55%和 90.77%的技术工人认为自身收入水平低于中层干部和管理序列员工，其中认为工资水平是管理序列人员和中层干部 30%及以下的高达 32.59%和 39.93%。仅 9%的技术工人认为自身收入超过管理序列员工，不到 3%的技术工人认为自身收入水平超过中层干部（见图 10）。

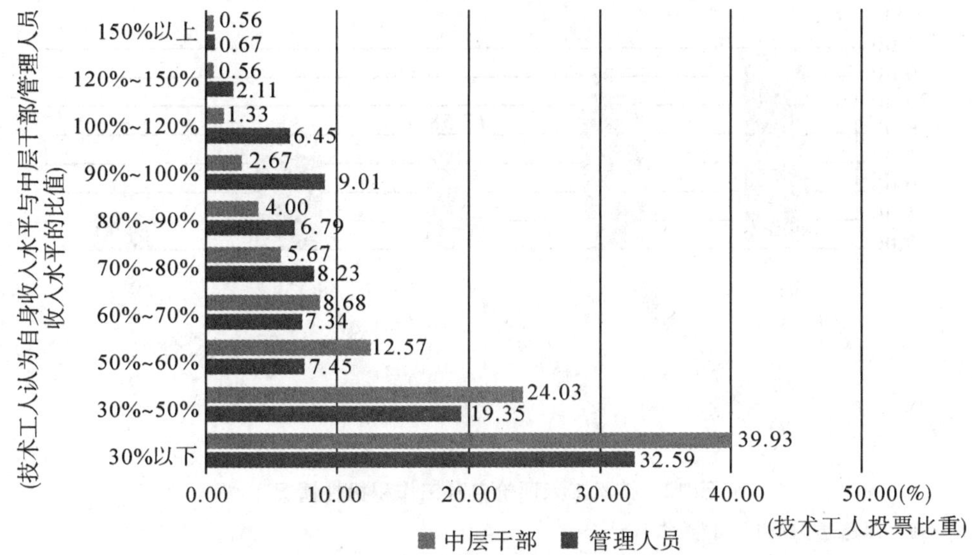

图 10 技术工人自评与中层干部及管理序列人员收入水平之间的关系

数据来源：课题组根据调查问卷数据统计。

延伸到对目前工资水平的满意程度评价，持正面评价（表示“满意”和“比较满意”）占比约 31%，认为满意程度“一般”占到了约 43%，持负面评价（表示“不太满意”和“很不满意”）的占比约 25%（见图 11）。

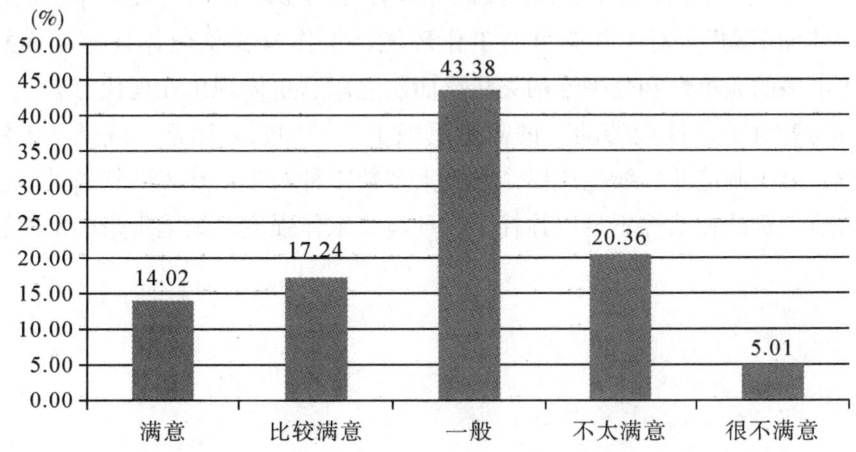

图 11 技术工人对目前工资水平的满意度统计情况

数据来源：课题组根据调查问卷数据统计。

（3）技术工人对工作积极性评价不高，对“体面劳动”的需求强烈。

在对自身工作积极和主动性评价中，31.92%的技术工人认为“多数人工作积极主动”，27.03%的认为“没有主动性和积极性”，17.58%的认为“少数人积极主动”，16.46%的认为“说不清楚”，另有7.01%的认为“多数人抱怨、消极”。持较负面评价的受访者占比近7成（见图12）。

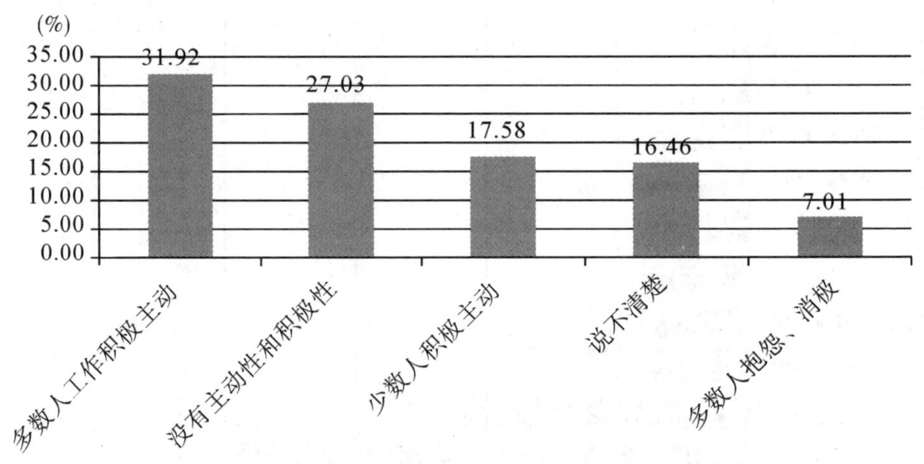

图12　技术工人评价自身工作积极性情况

数据来源：课题组根据调查问卷数据统计。

在制约技术工人工作积极性的主要影响因素中，71.08%的技术工人认为“工作强度大、苦脏累险”，59.62%的认为“企业制度不能客观反映人才价值”，36.04%的认为“工资收入过低”，31.48%的选择了“工资收入内部不公平”，“社会地位偏低，缺乏职业荣誉感”“工资增长空间受到限制”“几乎没有话语权和管理权”分别有26.47%、24.25%、15.24%。从总体选择来看，反映比较强烈的影响技术工人工作积极性的因素主要围绕“体面劳动”，对工作强度、工作环境、工作自我价值体现等方面缺乏满意度；对收入水平的竞争性和公平性的关注反而次之。这也体现出在现代劳动关系和劳动环境下，劳动者对于“体面劳动”的需求更强于单一的收入因素；或是从工资补偿性的角度来看，由于制造业一线生产操作人员大多数工种及生产环境的特殊性，生产操作人员认为目前工资的补偿性不足以弥补工作环境及工作强度等缺陷带来的负面影响（见图13）。

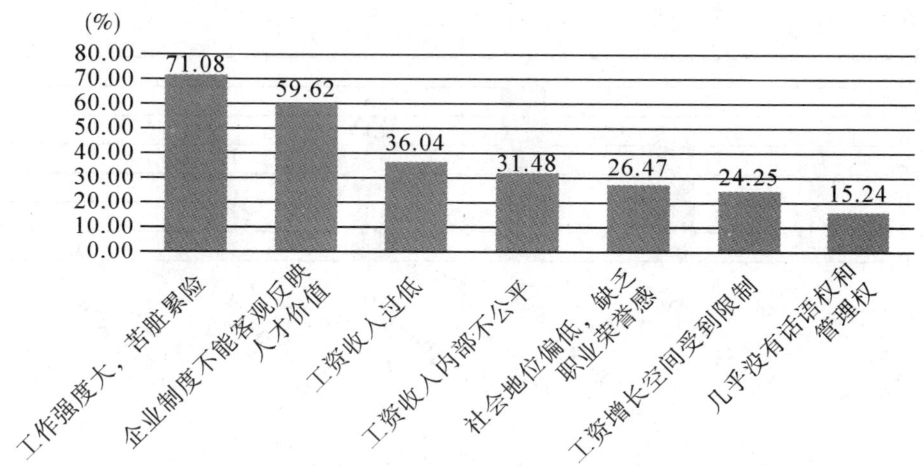

图 13　制约技术工人工作积极性的主要因素

数据来源：课题组根据调查问卷数据统计。

（三）四川省技能要素参与企业收入分配企业问卷分析

1. 企业统计基本情况

（1）受访制造业企业以民营、中小企业为主。

从所有制类型来看（见图 14），本次调查问卷发放民营企业 50 家，国有企业 41 家，包括外资、合资等类型在内的企业共 24 家，从所有制结构来看较均衡，具有一定的代表性。

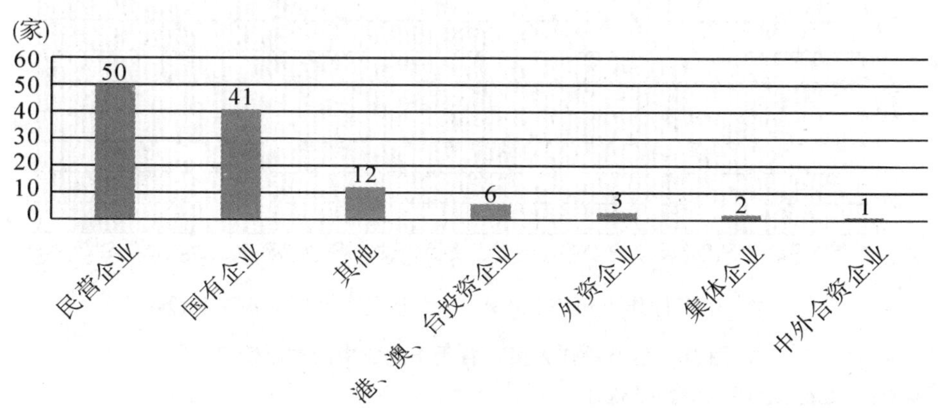

图 14　受调查企业所有制类型统计分布情况

数据来源：课题组根据调查问卷数据统计。

从企业规模统计来看，员工人数 3 000 人及以上有 21 家，1 000~3 000 人有 21 家，300~1 000 人有 32 家，100~300 人有 25 家，100 人及以下的 16 家。根据工业企业规模划分标准，本次问卷调查的企业样本以大中型企业为主，小微企业较少（见图 15）。

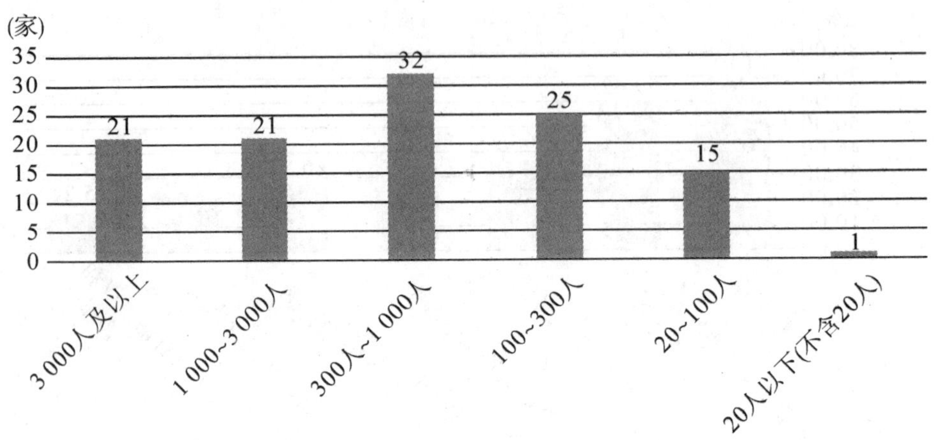

图 15　企业员工人数统计分布情况

数据来源：课题组根据调查问卷数据统计。

（2）员工类型以生产操作人员为主，高技能人才占比较少。

在受访企业的员工类型结构上，生产操作人员超过 50%的企业共计 81 家，占比超过 75%的企业共计 37 家，仅 12 家企业生产操作人员占比少于 25%。从 115 家企业整体人员结构来看，技术类人员及管理类人员两类合计占比不超过员工总人数的一半，生产操作人员为制造业企业的主要构成（见图 16）。

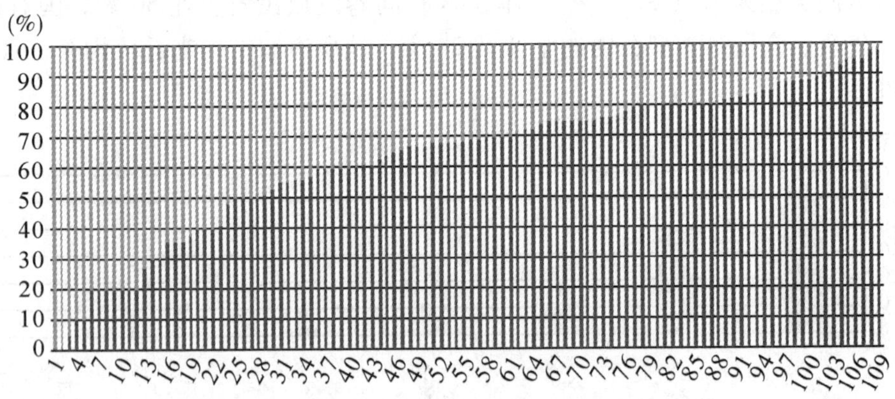

图 16　生产操作人员在各受访企业中的占比情况

数据来源：课题组根据调查问卷数据统计。

66%的受访企业表示高技能人才数量在本企业技术工人中占比小于 10%，12.17%的受访企业高技能人才占比为 10%~20%；高技能人才占比超过 50%的企业仅 6%。整体上看企业的技术工人技能等级结构偏低，从企业类型划分来看，国有企业和大型企业高技能人才占比相比民营企业、中小企业高（见图 17）。

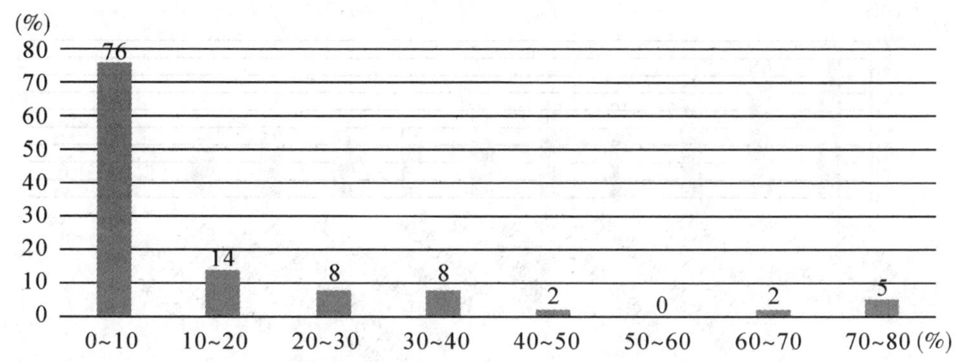

图 17　受访企业高技能人才在企业内部占比分布情况

数据来源：课题组根据调查问卷数据统计。

（3）原材料成本、人工成本上涨是制造业企业最关注的影响盈利因素。

受访的 115 家企业在 2019 年 1~6 月期间经营收入与上年同期相比增幅为负的企业 25 家，持平 19 家，增幅为正 71 家；受访企业总体上经营情况良好；企业净利润水平同比变化 33 家增幅为负，19 家增幅持平，63 家增幅为正，87 家企业净利润波动幅度集中在±30%区间，占比超过 75%，总体上受访企业净利润水平良好（见图 18）。

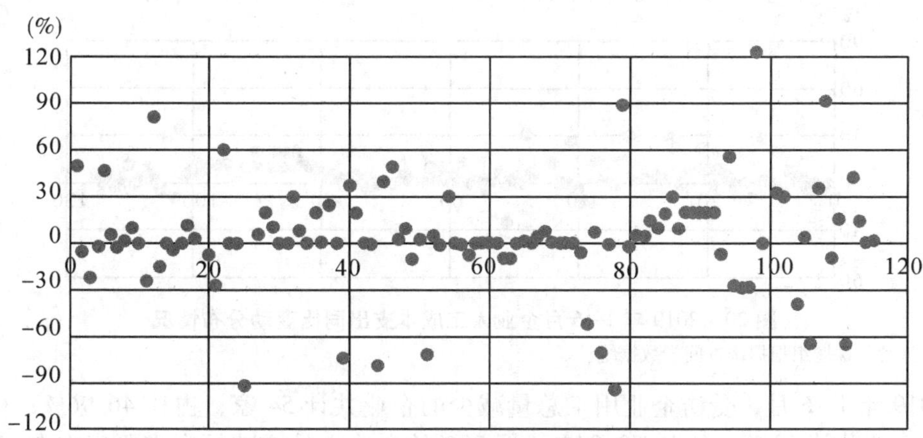

图 18　2019 年 1~6 月企业净利润同比变动分布情况

数据来源：课题组根据调查问卷数据统计。

影响企业当前盈利水平的主要因素中排名前三的分别为：79 家选择了“原辅材料成本继续上涨”，68 家选择了“劳动者工资继续上涨”，52 家选择了“社会保险缴费压力依然较大”。可以看出由于受访企业主要为制造业企业，原材料成本的上升是影响利润的首要因素；紧随其后的是劳动者工资及社保相关人力成本支出，体现了劳动密集型企业的典型特征（见图 19）。

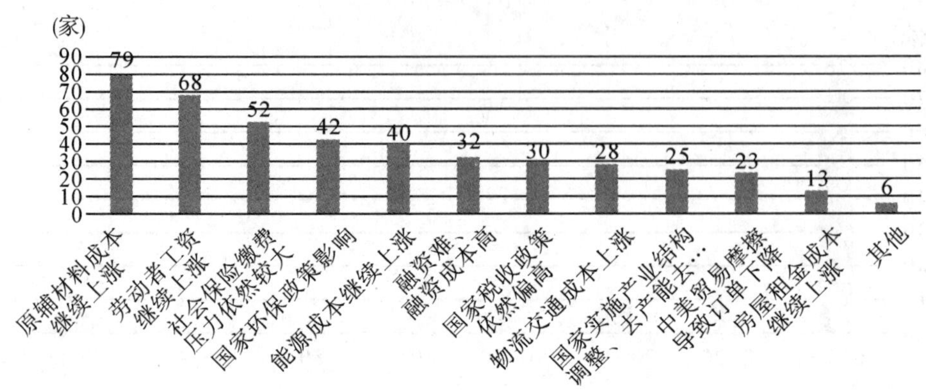

图 19　目前影响企业盈利的主要因素

数据来源：课题组根据调查问卷数据统计。

（4）受访企业用工量各有增减，但总体波动幅度平稳。

针对人力成本变动这一关注点，受访企业反映 2019 年 1~6 月人工成本支出同比上涨的有 80 家，占比 69.56%；持平 16 家，占比 13.91%；下降的有 19 家，占比 16.52%。根据散点图直观判断，受访企业整体人工成本支出增幅集中在 0~30%区间，印证了人工成本支出压力增大的客观事实（见图 20）。

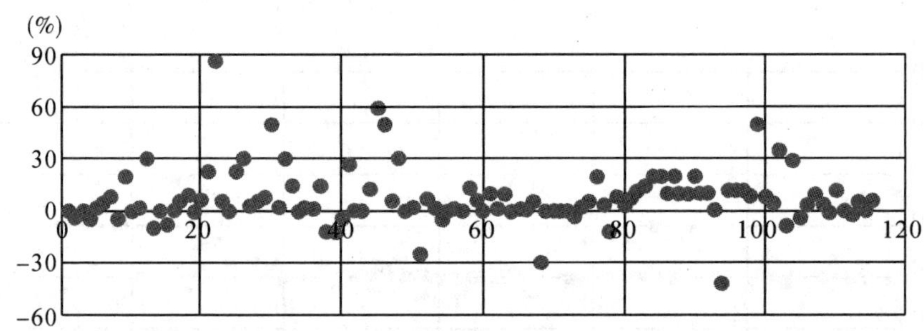

图 20　2019 年 1~6 月企业人工成本支出同比变动分布情况

数据来源：课题组根据调查问卷数据统计。

2019 年 1~6 月，受访企业用工总量减少的企业共计 54 家，占比 46.96%；用工量增加的企业共计 60 家，占比 53.04%；但 70%的企业人员增减幅度主要集中在±10%的区间，少数企业出现用工幅度波动较大的情况（见图 21）。

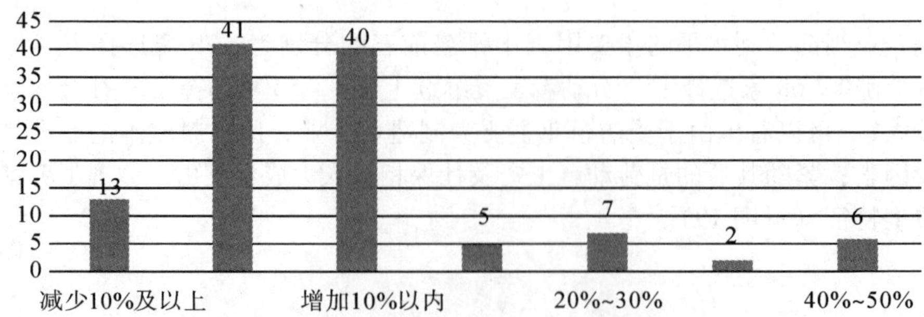

图 21　2019 年 1~6 月受访企业用工总量同比变动情况

数据来源：课题组根据调查问卷数据统计。

（5）各序列人员薪酬福利构成差异不大，生产操作人员工作补贴相对更多（见表3）。

表3 受访企业各岗位序列人员薪酬构成情况统计分布

薪酬内容	经营层（高级管理人员）	中层及以下管理人员	专业技术人员	生产操作人员	各类员工都不执行该工资/福利项目
年薪制	80	25	15	10	35
基本固定的工资	46	82	94	74	13
计时工资或计件工资	15	22	33	80	34
加班工资	17	51	72	102	10
工龄工资或年工工资	44	64	67	82	25
月度或季度奖金	36	50	55	56	47
年终奖	67	73	77	73	29
倒班/值班/夜班津贴	16	39	47	91	22
高温、高空、有毒有害等特殊津贴/补贴	28	39	59	83	31
技术、技能津贴/补贴	16	35	65	65	36
学历津贴	19	27	32	33	67
多功能津贴	13	12	22	33	78
师带徒津贴	8	19	39	39	55
通信补贴	65	65	45	24	32
住房/租房补贴	18	24	25	32	74
取暖费	15	25	25	28	82
交通补贴	50	40	34	33	52
参加科技攻关等项目的绩效奖励	24	33	46	28	59
技术成果转化提成	15	22	44	21	71
利润分红或职工持股	31	19	18	17	79
政府对优秀人才发放的货币奖励	28	22	37	20	65
补充养老保险	47	45	45	52	63
补充医疗保险	73	73	74	78	37
带薪休假	84	82	82	84	21
免费境内外旅游或补贴	17	15	13	12	94
免费工作餐或工作餐补贴	74	75	77	84	29
免费宿舍	47	48	50	57	56
春节往返交通费或补贴	23	19	15	14	83
免费年度体检（非入职体检）	74	78	71	78	28
员工或其家属生日礼物或礼金	61	67	68	73	40
中秋、端午等节假日礼品	81	87	86	94	25

表3(续)

薪酬内容	经营层(高级管理人员)	中层及以下管理人员	专业技术人员	生产操作人员	各类员工都不执行该工资/福利项目
定期或不定期文体活动	77	80	81	82	33
报销部分医药费或提供病假待遇	54	56	57	61	51
其他	20	19	19	22	86

数据来源：课题组根据调查问卷数据统计，表中数据为样本中选择项的数量。

受访企业不同类型员工薪酬内容的构成情况。分为高级管理人员、中层及以下管理人员、专业技术人员及生产操作人员四大类。企业调查问卷反映出采用年薪制的岗位绝大部分为高级管理人员，生产操作序列有实行年薪制的企业共计 10 家，占比约 8%，但在实际走访调研过程中接触到的制造业企业均没有为技能岗位序列设置年薪制或协议工资制。在福利类薪酬构成中，如通信补贴、员工宿舍、体检、生日福利、餐补等等，受访企业反映出三种序列员工差别不大，与课题组在实际调研中了解到的情况有所出入。总体上看，生产操作人员加班加点工资收入及特殊补贴比重较高，即以增加工作量、工作项目或是工作环境补偿为条件的津补贴中，生产操作人员占比较高；以分红或持股等长期收益为主的收入渠道则是管理岗位占比最大。

2. 管理者主观评价情况

（1）受访企业认为不同序列员工收入水平变动基本一致，与生产操作人员主观感受较为一致。

企业管理者在评价近两年不同序列员工收入水平变动幅度时基本认为管理序列、专业技术序列、生产操作序列变动趋势及幅度是同步的，其中约 19%的企业认为收入水平呈负增长；约 62%的认为增幅小于 10%，约 19%的认为增幅大于 10%。结合劳动者调查问卷，生产操作员工对近两年自身收入水平变动幅度的评估：约 19%的认为收入水平下降，约 63%的认为接近基本持平，17%的认为有实质性增长，双方在收入水平变动趋势及幅度上有较为客观和统一的认识（见图 22）。

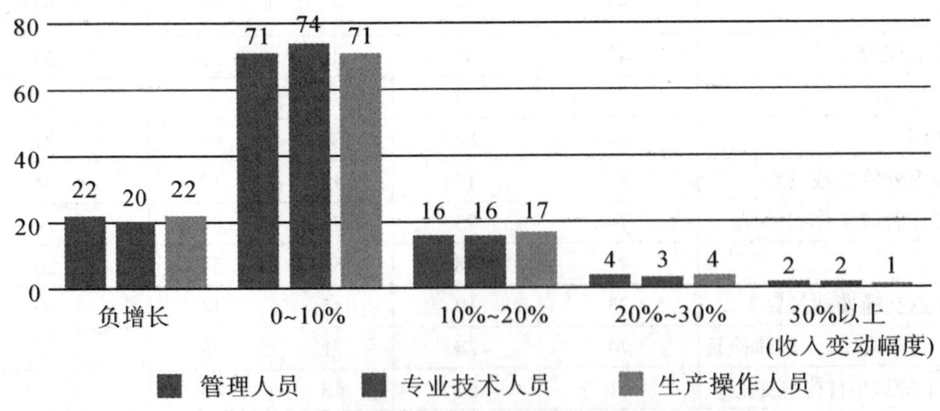

图 22　受访企业评价各类员工收入水平同比变化情况

数据来源：课题组根据调查问卷数据统计。

（2）企业效益状况是调整员工工资水平首要因素，工会协商因素影响力最小。

企业决定进行职工工资调整的主要依据中，85.22%的企业选择了“企业效益状况”；58.26%的选择了“劳动者素质能力和劳动生产率”；46.09%的选择了“本地区同类岗位/职位市场价位”；40.86%的选择了“地方最低工资标准”；39.13%的选择了“集团公司薪酬策略”；21.73%的选择“不同岗位/职位的员工流失率和市场供求情况”；19.13%的选择“本地区上年度物价涨幅”；12.17%的选择“地方政府出台的工资指导线或劳动力工资指导价位”；7.83%的选择“工资协商中工会或职工代表方提出的诉求”。从选择结果来看，决定企业工资水平的核心因素是企业自身生产及经营情况，其次是出于成本核算和外部劳动力市场竞争需要等，工会协商在工资决定中的作用最小（见图23）。

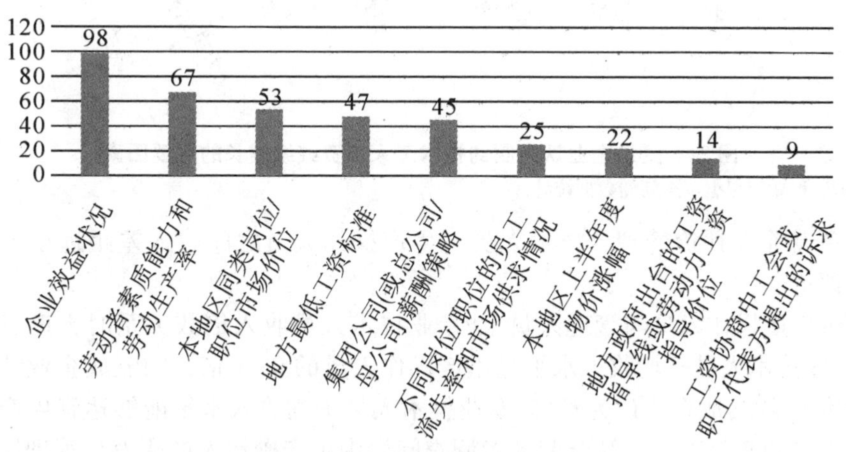

图23 受访企业决定和调整职工工资的主要依据

数据来源：课题组根据调查问卷数据统计。

（3）成本上涨、生产订单减少是影响调资的主要因素。

企业认为制约技术工人工资增长的主要因素中，首先，“成本上升，增资空间被压缩”“订单减少，企业效益不好”“劳动者素质能力不高，生产率低”选择最多，分别达到了74.78%、53.91%、40.86%，认为核心限制因素是企业的生产及经营状况，与工资调整的依据保持了一致；其次是受限于“集团公司薪酬策略限制增资幅度”“受国有企业工资总额管控政策限制”等客观因素；再次是出于对劳动力市场供给和价格水平的预期判断，“担心工资易涨难降”“劳动力供给充足，不用增资”，最后是认为缺乏工资制度设计经验（见图24）。

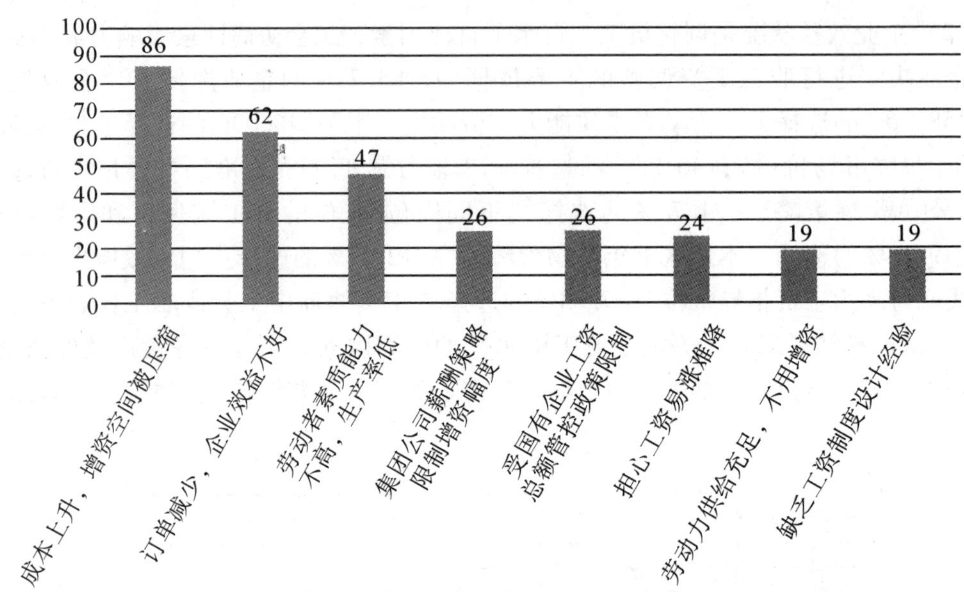

图 24　受访企业认为制约技术工人工资继续增长的主要因素

数据来源：课题组根据调查问卷数据统计。

（4）受访企业评价管理、技术人员与生产操作人员之间收入差距远小于生产操作人员主观评价。

在评价生产操作人员与管理人员 、专业技术人员收入倍数关系时，近三成企业认为管理/专业技术人员平均收入水平是生产操作人员的 0~1 倍，约五成企业认为倍数关系为 1~2 倍，约两成企业认为管理/专业技术人员平均收入水平能够达到生产操作人员平均收入水平的 2 倍以上。结合劳动者调查问卷中生产操作人员认为与管理岗位人员收入水平之间的关系，有超过 50%的生产操作人员认为收入水平低于管理岗位人员的一半，约 40%生产操作人员认为收入水平为管理岗位人员的一半至相等，不到 10%的认为自己的收入水平高于管理岗位人员。这与企业主观评价差别较大：80%的企业认为管理岗位人员平均收入水平并没有高于生产操作人员，双方在收入水平的对比关系上出现了较大的评价差异（见图 25）。

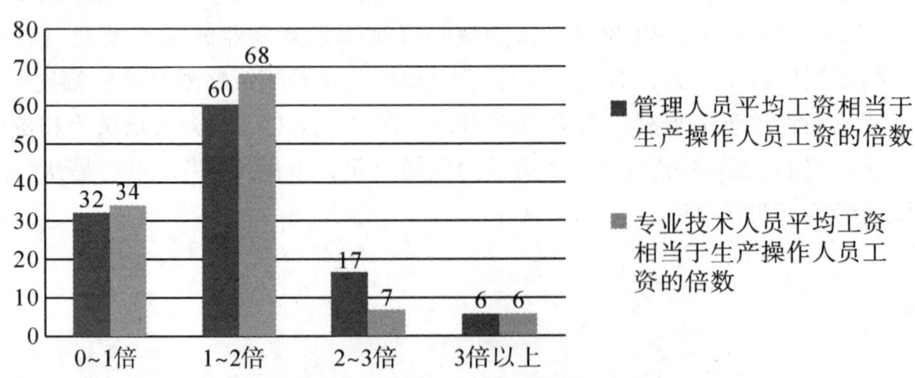

图 25　企业评价管理、专业技术人员与生产操作人员收入倍数关系

数据来源：课题组根据调查问卷数据统计。

（5）受访企业希望得到提高技能人才待遇的措施以降低成本和直接激励为主。

在提高技能人才待遇方面，受访企业希望获得的政府支持依次为“继续减税降费，降低企业经营成本”（79.13%）、“扩大政府对优秀人才的物质奖励范围”（56.52%）、“完善人才的评价机制，发挥企业作用”（53.91%）、“政府收集推广先进企业的做法，为企业提供经验借鉴”（34.78%）、“减少或取消硬性要求企业配套给予人才津补贴和奖励的政策”（31.30%）、“政府提供供求信息，帮助企业了解劳动力市场状况”（29.57%）、“由政府提供岗位工资指导线等更权威的信息服务”（26.09%）、“政府以中立态度指导工资集体协商”（10.43%）。从统计结果来看，企业希望获得的政府支持形式较为多元化，但仍然以减税降费或物质奖励等直接与收益挂钩的方式为主，其次为规范引导、平台搭建、减少企业收入分配干预等间接措施（见图26）。

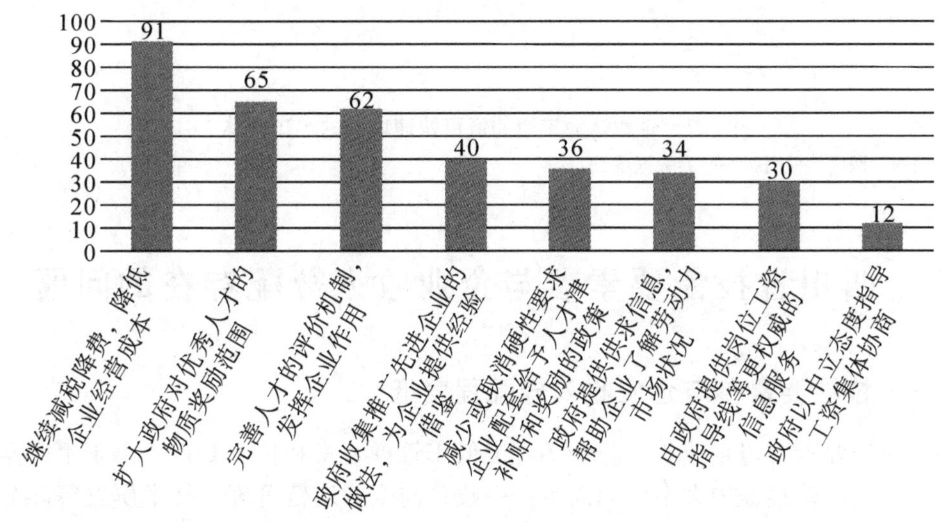

图26 企业希望在提高技能人才待遇方面的政府支持措施

数据来源：课题组根据调查问卷数据统计。

（6）受访企业认为工资可快速增长的群体仍然是管理人员、技术人员优先于生产操作人员。

企业认为工资水平较低，且可以较快增长的员工群体，46.09%的企业管理者选择了“基层管理人员”，45.22%的选择了“发挥关键作用的技术人员”；其次有34.78%的选择“操作水平较高的操作工人”；“全体技术人员”和“全体操作人员”均有29.57%的企业选择，“中层管理人员”和“高层管理人员”分别仅有13.91%和4.35%的企业选择。统计结果表明，企业管理者在考虑工资增长群体时对生产操作人员的重视程度仍然低于管理人员和技术人员，仅有近三成企业管理者认为全体操作人员工资偏低且可快速增长；即使是“发挥关键作用的操作工人”选择率也低于“基层管理人员”“发挥关键作用的技术人员”，反映出管理者对企业内部不同序列员工的认可度（见图27）。

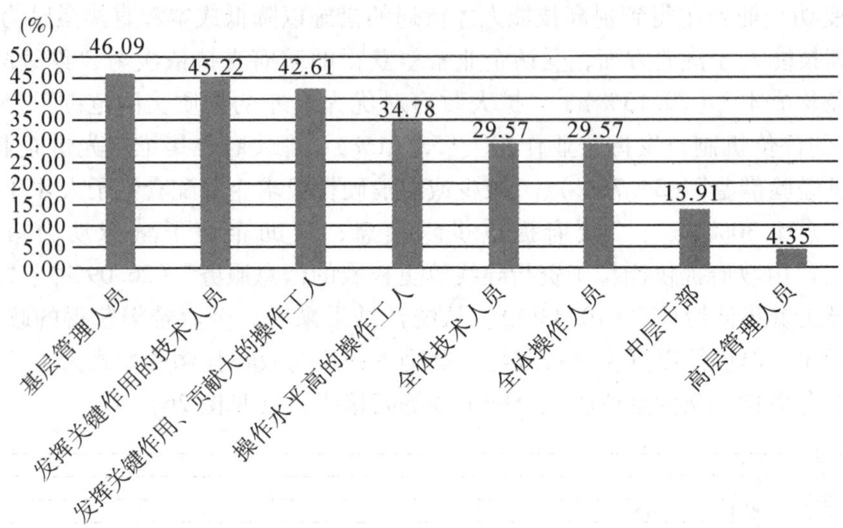

图 27　企业认为工资偏低可快速增长的员工群体

数据来源：课题组根据调查问卷数据统计。

三、四川省技能要素参与企业收入分配存在的问题

（一）技能要素参与企业收入分配程度低

一是技能要素参与企业收入分配的程度低于管理要素和技术要素。由于生产操作人员在企业生产经营过程中大多数面向生产一线，与企业运营管理、技术研发等环节的结合并不十分紧密，技能要素与管理要素、技术要素相比在收入分配的过程中较为弱势。企业实际的情况反映出，生产操作岗位序列普遍等级设置起点较管理岗位、专业技术岗位低一至二级，相应的薪酬水平起点也更低；生产操作岗位的薪酬上限也明显低于管理岗位和专业技术岗位，高级技能工人的薪酬水平基本与管理岗位及专业技术岗位的中层岗位收入水平相当。部分经营状况较好的大型国有企业在岗位等级设置中虽有设置首席技能大师等等级更高的生产操作岗位，但岗位空悬的现象并不少见，没有将高级技能岗位的设置带来的收入增加落到实处。二是技能要素与企业效益挂钩程度更弱。对劳动者的调查反映出，当企业经营效益增长时，增长的利润更多由管理人员及专业技术人员获得，生产操作人员较少能获取这一部分的利润；而在企业经营效益相对较差或业务转型时期，则往往通过压缩生产操作人员成本来降低企业负担，这一现象在民营企业、小微企业表现得尤为突出。

（二）技能要素参与企业收入分配的形式单一

一是生产操作人员多以低水平固定薪酬+计时或计件工资制为主要工资构成，薪酬包完整度低于管理岗位和技术岗位人员，且加班工资、体检、带薪休假、值班（倒班）

津贴等重要部分的权益受到不同程度的损害；尤其是将样本按企业性质划分统计，国有企业、集体企业、外资企业薪酬完整度更好，而民营企业对本企业生产操作人员的收入权益保障程度相对较差。二是即使在经营状况较好的大型国有企业，技术工人序列实行年薪制或协议工资制的都较为少见，而管理序列和专业技术序列人员多数都有实行年薪制或协议工资制的渠道。三是在以技术成果转化提成、利润分红或员工持股等方式参与企业分配的重大长期收益项目上，生产操作人员持股率也低于管理岗及专业技术岗人员：企业问卷调查中反映出实行技术成果转化提成这一项的企业中较多针对管理人员和专业技术人员，利润分红或员工持股则主要集中在管理人员，生产操作人员依然更多是以工作量、工作时长体现劳动价值。

（三）生产操作人员内部收入差距没有充分体现技能要素价值

从四川省平均水平来看，四川省制造业生产操作人员的内部收入分配在体现技能溢价方面效果并不显著。生产操作岗位不同等级之间的收入级差小，从高级工晋升到技师带来的收入增长平均水平仅5%，从技师晋升到高级技师带来的收入增加平均水平仅为4.08%，低于管理、专业技术岗位不同等级的收入级差，即技能水平提升对收入增加的影响更加有限，这对生产操作从业人员提升自我技能水平的积极性产生了一定的不利影响。由于先进技术的吸收和设备的应用需要大量的技能劳动者与之相匹配，对劳动方式和相关技能也产生了新的要求，劳动者内部的收入结构也会随之变化。普遍来讲，（高）技能劳动者的收入份额不断提升，非（低）技能劳动者的收入份额不断被压缩，形成合理的技能溢价有利于提升生产操作人员收入和发展预期。从调查问卷及实地调研情况的反映来看，个别大型企业在结合产业转型升级对生产操作岗位进行工资结构改革取得了较好的激励效果。如德阳东方机电，生产操作序列收入水平最高级与最低级之间收入差距能够达到4~5倍，充分体现了技能溢价对从业人员提升技能水平的激励导向，生产操作人员队伍得到较好稳定，企业内部相关人才技能水平得到较好提升。

（四）劳资双方对技能要素价值评价差异较大

企业管理者与生产操作人员在收入水平相对关系、技术价值及贡献程度、技能要素重要性等方面评价差异较大。一是劳资双方对生产操作人员与其他序列岗位人员收入水平的相对关系评价差异较大。受调查企业约半数认为生产操作人员与其他人员收入水平差距在一倍以内，还有少部分认为管理岗位、专业技术岗位人员收入水平低于生产操作人员；但从劳动者调查问卷统计结果来看，对相同问题的评价超过90%的生产操作人员认为自身收入水平低于管理岗位人员，97%认为低于中层管理人员，双方在相对收入水平的评价上出现较大出入。二是企业对技能要素价值的认可度仍然不足。调查问卷结果显示，企业认为收入水平偏低可快速增长的员工群体中首先是基层管理人员、其次是关键岗位技术人员、再次是关键岗位生产操作人员，而认为全体操作人员工资偏低可快速增长的企业占比仅仅高于中高层管理人员的占比，总体上看生产操作人员的排序仍然低于管理人员和专业技术人员；而在对劳动者的调研中普遍反映出他们认为自身的劳动投入并没有得到相对较为合理的报酬水平，双方在对生产操作劳动的价值评价上没有较为一致的评价结果。三是部分工种缺乏相对客观的技能水平评价标准。

（五）企业对提高技能要素收入参与收入分配的比例缺乏主动性

企业普遍将对劳动力的给付视为成本的一部分，在生产经营过程中压缩成本、扩大企业利润，从而缺乏主动提高生产操作人员收入水平的动力和积极性。调查问卷反映出，企业认为提高生产操作人员收入水平、推动技能要素积极参与收入分配的主要因素仍然是政府：首先是继续减税降费，降低企业经营成本；其次是政府直接对人才进行物质奖励；再次才是对技能人才的评价机制的建立完善，同时要求减少或取消硬性要求企业配套给予人才津补贴和奖励的政策等，对技能要素通过政策形式参与企业内部收入分配较为排斥。

（六）生产操作人员普遍缺乏对自身职业的认同感

受调查劳动者对工作积极性评价较为负面的占到受调查总量的超七成，自身收入水平满意度不高。受调查劳动者对此持正面评价的仅占受调查总量的1/3，在影响工作积极性评价的主要因素中，71%受访者首先选择了工作强度大、工作内容苦脏累险；其次是认为企业制度无法体现技能人才价值；再次才是涉及收入水平竞争性和公平性。调查结果反映出受访者对于体面劳动的需求不仅体现在收入水平，更有工作强度、工作环境、社会地位、话语权、发展空间、自我价值体现等多元化需求，而这些更高层次的需求并没有得到更好满足，导致这一部分人群对职业认同感低，更容易流失到其他行业。

四、关于技能要素参与企业收入分配的政策建议

（一）建立体现技能价值的收入分配制度体系，为技能要素参与分配提供制度支撑

一是落实技能人才激励计划，完善多劳多得、技高多得的收入分配政策，以岗位价值、能力素质、业绩贡献为基础确定收入分配，强化技能价值激励导向。将技能要素、创新成果纳入工资集体协商内容，鼓励和推动签订技术创新专项集体合同，提高技术工人工资待遇。对部分紧缺型职业（工种）新取得技师、高级技师职业资格证书的职工进行奖励。二是在工资待遇定岗定级别时，体现技能要素与技术要素价值同等的重要性。职业技术类院校毕业生工资标准可根据实际情况对标大专、本科学历执行。鼓励企业建立技能人才岗位津贴制度和首席技师、特聘技师职务津贴制度，加大对做出重要贡献和急需紧缺高技能人才的薪资激励力度。三是对聘用的技能人才可实行更加丰富的薪酬包。包括技能等级工资、协议工资、项目工资、年薪制、发明奖励和报酬等收入分配形式，以及股权、期权、分红权等中长期激励机制，促进技能人才通过多元化渠道参与企业收入分配。鼓励企业对有突出贡献的技能人才实行特殊奖励政策。四是进一步完善技能人才津贴制度，增加高技能人才占享受政府特殊津贴人员的比例，同时鼓励企业内部实行技能人才津贴制度。

（二）构建技能形成与提升体系，支持技术工人凭技能提高待遇

一是深入实施职业技能提升行动，大幅提升劳动者的人力资本水平，将大量的非技能劳动者转化为技能劳动者，充分体现技能溢价价值。重点关注资本与技能劳动之间的互补关系，大力开展职业技能培训，提升资本、技术与高素质技能劳动的结合程度，通过各种渠道促进资本与劳动特别是技能劳动的相互融合。二是大力发展在职教育和成人教育，完善技能培训制度，制定技术工人职业发展规划，将技能溢价带来的收入分配差距转化为技术工人不断提升自身的人力资本水平的动力；鼓励企业拿出职工教育培训经费作为奖励技能人才的培训费，出资保送优秀技能人才深造。三是建立技能人才多元化评价机制，对有突出贡献的技能人才可破格参评或直接认定为技师、高级技师。四是进一步加快职业技能标准目录的更新及完善。将尚未纳入标准范围的部分职业尽快纳入职业标准目录。

（三）畅通技能人才职业发展通道，提高技术工人收入预期

一是鼓励企业为高技能领军人才制定职业发展规划和年资工资制度。鼓励企业建立技能人才职位体系，在关键岗位和生产流程设立“技能专家”“首席技师”，拓展技能人才晋升通道。二是打通技能人才与工程技术人才间的发展通道，探索技术技能人才融合发展的职业道路，符合条件的技能人才可参加工程系列专业技术资格评审，推荐列入专业技术人才培养工程。三是打通企业技能人才向机关和事业单位流动的通道，技能人才参加公务员招考、事业单位招聘时，高级工按照全日制高职（大专）教育享受相应政策待遇，技师及以上职业资格技能人才按照全日制本科毕业生享受相应政策待遇。四是建立完善企业技能人才担任职业院校教师制度。技师及以上职业资格人员，可直接应聘职业院校兼职教师岗位并享受待遇；从享受国务院政府特殊津贴的技能人才、中华技能大奖和全国技术能手获得者、国家级或省级技能大师工作室带头人中选聘部分作为职业院校和技校的特聘教师，并根据工作量等由财政给予一定教师津贴。

（四）完善技能要素市场化评价体系，为确定技术工人参与企业收入分配制度提供基础

通过建立并规范技能要素评价体系达到技能要素价格市场化的目的。一是建立技能要素的行业专业化标准，规范评价流程，依托各类行业协会组织提供技能要素等级及水平认定服务，为技能要素市场化定价提供客观度量标准。二是完善人力资源市场体系，打破限制劳动力流动的不利因素，减少人为干预，促进技能要素自由流动，劳动力市场供需信息更加畅通有效，以形成合理的要素价格机制，使生产要素最大限度获得利用，促进技能要素配置优化，形成具有外部竞争性的技能要素价格，使劳资双方对技能要素的市场价格有较为一致的预期和判断。

（五）完善工资集体协商机制，提高技能要素议价能力

一是明确工资集体协商机制的定位是调节收入分配、改善收入不平等的重要渠道和手段。二是合理利用集体谈判机制，平衡劳资双方在企业内部劳动力市场中针对技能要

素价格的议价能力。提高技能要素议价能力，并非等同于“一刀切”提高全部从事生产操作工作的劳动者收入水平，而是通过集体协商机制调节管理、技术、技能要素收入分配，改善收入在不同岗位类型、同一类型不同贡献程度岗位之间的分配，达到收入分配的相对公平。三是合理确定年资起点和工资级差，在技能要素内部分配过程中充分体现技能溢价，提高技能要素收益水平，增强技能岗位、高技能水平岗位的吸引力。

（六）加强对技术工人的保护及支持力度，满足其体面劳动的基本需求

一是改善技术工人工作环境及工作条件，加强对技能人才的权益保护。设立员工服务中心，提供生产及劳动咨询服务，重视技术工人的基本工作权益和需求，改善技能劳动岗位的吸引力，提高相对管理、技术岗位的人才竞争力。二是提高技术工人职业荣誉感和认同感，提高技能劳动者的社会地位及政治地位。高技能领军人才、工匠型人才能够享受各类（住房、落户、子女就学等）特殊政策支持，参与行业主管部门、行业协会、群团组织等标准化规则的制定等。

主要参考文献：

[1] 谷卓越. 技能溢价的要素收入分配效应 [J]. 辽宁师范大学学报，2015，38（5）.

[2] 马婉君. 新常态下我国技术进步技能偏向性和生产率提升研究 [D]. 长春：吉林大学，2016.

[3] 邹薇，袁飞兰. 劳动收入份额、总需求与劳动生产率 [J]. 中国工业经济，2018（2）.

[4] 郑猛，杨先明. 要素替代增长模式下的收入分配效应研究：基于中国省际面板数据的经验分析 [J]. 南开经济研究，2017（2）.

[5] 申广军. “资本—技能互补”假说：理论、验证及其应用 [J]. 经济学（季刊），2016（4）.

[6] 马红旗. “资本—技能互补”对我国技能溢价的影响 [J]. 上海财经大学学报，2016（2）.

[7] 刘兰. 偏向性技术进步、技能溢价与工资不平等 [J]. 理论月刊，2013（2）.

[8] 黄先海，徐圣. 中国劳动收入比重下降成因分析：基于劳动节约型技术进步的视角 [J]. 经济研究，2009（7）.

[9] 戴杰. 我国的技术进步偏向性及其影响因素分析 [D]. 长春：吉林大学，2012.

[10] 油永华. 技术资本与技能劳动要素替代弹性分析 [J]. 劳动经济评论，2018（2）.

[11] 王宏. 技能人才收入分配与激励政策改革分析 [J]. 中国人力资源社会保障，2019（8）.

[12] 陈晓燕. 从“抢技工大战”看劳动力市场完善 [N]. 工人日报，2018-04-05（2）.

[13] 姚毓春，袁礼，王林辉. 中国工业部门要素收入分配格局：基于技术进步偏向性视角的分析 [J]. 中国工业经济，2014（8）.

[14] 钟世川. 要素替代弹性、技术进步偏向与我国工业行业经济增长 [J]. 当代经济科学，2014（1）.

[15] 王苍峰，司传宁. 经济开放、技术进步与我国制造业的工资差距 [J]. 南开经济

研究，2011（6）.

［16］邹薇，刘勇．技能劳动、经济转型与收入不平等的动态研究［J］．世界经济，2010（6）.

［17］龚刚，杨光．论工资性收入占国民收入比例的演变［J］．管理世界，2010（5）.

［18］陈钊，万广华，陆铭．行业间不平等：日益重要的城镇收入差距成因：基于回归方程的分解［J］．中国社会科学，2010（3）.

［19］徐圣．中国劳动收入比重变动研究［D］．杭州：浙江大学，2011.

［20］周明海．中国劳动收入份额变动的测度与机理分析［D］．杭州：浙江大学，2011.

［21］张涛．技术进步与工资差距［D］．上海：复旦大学，2003.

［22］张涛．经济增长、收入分配与竞争力研究［M］．上海：复旦大学出版社，2010.

［23］梁雯．偏向型技术进步与开放条件下的劳动收入占比问题研究［D］．大连：东北财经大学，2011.

［24］周皞．技术进步对制造业劳动力就业的影响［D］．南昌：江西财经大学，2019.

（主笔：马杰　饶风）

四川省贫困地区基层公共服务人才队伍现状调查研究①

摘　要：开展贫困地区基层公共服务人才队伍调查研究，对加快推进实现基本公共服务均等化、进一步保障贫困地区民生改善、促进贫困地区经济社会发展、打赢脱贫攻坚战具有重要的现实意义。本文以四川省省级贫困县武胜县及深度贫困县喜德县作为研究案例和重点调研走访对象，对当地基层公共服务人才的现状及特征进行了描述，对存在的问题进行了总结，对问题存在的原因进行了归纳分析。四川省不同贫困程度的地区基层公共服务人才问题既有共性点，也有各自的不同点。本文认为四川省贫困地区基层公共服务人才存在总量短缺、结构性短缺的问题，同时人才整体素质水平较低、使用效率较低，贫困地区在人才引进和留用上仍然存在不同程度的困难。在总结问题的基础上分析导致以上问题的原因主要有：贫困地区本身缺乏吸引力等环境因素；贫困地区自身对人才需求定位不清晰、人才政策偏差、管理理念落后、激励约束制度失灵等组织因素；人才价值观差异等微观因素。针对形成问题的原因提出了改善和加强四川省贫困地区基层公共服务人才队伍建设的相应思路及措施，以达到保障贫困地区基本公共服务人才竞争力、提高贫困地区基层公共服务水平、推动贫困地区实现脱贫攻坚重大目标的目的。

关键词：贫困地区　基层公共服务　人才队伍

一、导论

（一）研究背景及意义

1. 研究背景

党的十八大以来，引导人才向基层一线流动，健全人才向基层、艰苦地区和岗位流动的激励机制逐渐形成；党的十八届三中全会通过的《中共中央关于全面深化改革若干重大问题的决定》做出明确部署：“健全人才向基层流动、向艰苦地区和岗位流动、在

---

① 本课题为 2018 年度中国人事科学研究院地方合作课题（项目编号：HZ2018-19）。

一线创业的激励机制。”党的十九大报告进一步提出“加快建设人才强国”“鼓励引导人才向基层一线流动”。在国家各项政策的重视和鼓励下，艰苦地区、基层部门的人才缺口压力得到了不同程度的缓解，人才队伍得到了明显充实和改善。但与此同时，我国经济社会已经进入全面深化改革的关键时期，产业转型、消费升级、人口红利衰减让各大中心城市充分认识到了人的重要性，加之市场经济的不断发育完善使得人力资源在各个部门间的流动便利性大大增强，人才向优势产业、行业、地区快速聚集趋势越来越明显。尤其是2017年以来，全国30多个区域中心城市出台了各项“人才引进”的政策，吸引了大量应届大学毕业生等重点群体扎堆“落户”。这些政策的出台无疑加速了对落后地区的人才“抽血”，也不可避免地对国家引导人才向基层一线流动的政策产生了抵消效果。

四川省位于我国中西部，辖区内的贫困县众多，随着人力资源流动性的不断增强，人才现状和流动情况更加复杂化，不同地区基层公共服务事业发展对人才的需求与人才供给在各个层面的矛盾突显：人才流失、结构性短缺、整体专业化水平不高、人才使用效率不高、人才培养的相关长效机制不足等问题长期存在。“引不进、留不住”仍然是目前广大贫困地区基层部门面临的重要现实问题。尤其是经济发展落后的藏区、彝区等地的深度贫困县，基层公共服务人才的缺乏成了制约这些地区提供有效社会服务以及实现脱贫目标的重大不利因素。四川省贫困地区基层公共服务人才队伍的建设问题有待进一步分析和探讨，保障贫困地区基本公共服务的这一类人才的现状及人才队伍存在的问题有待进一步调查研究，相关政策引导也有待进一步完善。

2. 研究意义

（1）理论意义。对四川省贫困地区基层公共服务人才进行研究，探讨贫困地区基层公共服务人才队伍现状和公共服务面临的人才困境，既有人才流动过程中产生的共性问题，也具有贫困地区、基层公共部门问题的特殊性。通过对基层公共服务人才困境的特殊成因的研究，期待能够丰富人力资源在基层层面的问题分析和原因研究。

（2）实践意义。在外部环境复杂化的背景下，准确把握贫困地区基层公共服务人才队伍现状，以便对现有的政策效果和可完善的方面进行准确的研判，使基层公共服务人才队伍政策更具有针对性，更好地解决贫困地区基层公共服务人才的引进、稳定、留用、培养等重点问题，以达到保障贫困地区的基本公共服务需求的重要目的。对进一步保障贫困地区民生改善，尤其是提高落后地区基层人民的生活水平、促进贫困地区经济社会发展、实现基本公共服务均等化等方面具有重要的现实意义。

（二）研究思路及方法

首先对研究对象基层公共服务人才进行界定，从人力资源管理的角度，以四川省内具有代表性的地区作为实地调研和案例分析的对象，通过对当地基层公共服务人才总量及分布情况、年龄结构、学历结构、技术等级结构、流入及流出情况等描述性信息进行统计和梳理，对基层公共服务人才的现状形成较为准确的描述，与四川省平均水平进行对比分析，找出基层公共服务人才队伍可能存在的问题。然后通过访谈的形式获取基层公共服务人才需求、工作满意度、影响满意度的主要因素等主观信息，对影响人才队伍稳定性的因素进行分析及归类。将人才流失按照其表现形式分为显性流失和隐性流失两大类，并逐一加以细分。在调研和访谈的基础上对四川省贫困地区基层公共服务人才队伍存在的问题及原因进行了总结，主要从环境因素、组织因素、个人因素三个方面，总结宏观及微观层面的影响因素，结合理论基础，提出有针对性的对策建议。

本文的研究方法包括文献研究、调查访谈、比较分析、归纳论证等。通过大量阅读各种文献资料，搜集理论依据；通过调查访谈了解所研究的目标群体的真实想法和实际问题，客观准确地反映现实制度中存在的问题；对国内外相关管理制度进行研究对比；再通过对所产生原因的分类归纳，总结归纳后提出解决问题的对策建议。

二、调研范围相关概念界定

1. 贫困地区

我国对贫困地区的划分以县（区）为单位，国家层面设立国家级贫困县（也称国家扶贫工作重点县）标准，少数民族自治地区评定标准略有降低。在此基础上，各省根据自身情况设立了省级贫困县。本文中所指四川省贫困地区包括了国家级贫困县和省级贫困县两部分，按照2018年最新标准，四川省贫困县共计88个，其中国家级贫困县66个，省级贫困县22个。

2. 公共部门

公共部门是指被国家授予公共权力，并以社会的公共利益为组织目标，管理各项社会公共事务，向全体社会成员提供法定服务的公共组织，是相对于以营利为首要目标的私人部门而言的。其既包括依靠国家财政运转的国家政权组织，尤其是管理社会公共事务的行政组织，又包括有政府直接投资，在所有制形式上属于国有的公营企业、公立学校、公立医院与相当数量得到行政授权的，并依靠国家财政运转的机构或公共事业性组织等。

3. 基层公共服务人才

中央国家机关公务员考试录用工作中将“基层工作经历”规定为：在县级及以下党政机关、国有企事业单位、村（社区）组织及其他经济组织、社会组织等工作的经历。参照该规定，本文将基层公共服务人才定义为由国家财政承担工资福利的县级及以下机关、党政机关、事业单位、社团组织工作人员，其中包括编制内人员，也包括编外人员，为了便于数据获取和统计分析，本文此次主要的调查和访谈对象为县级及以下事业单位工作人员。

三、四川省贫困地区基层公共服务人才队伍现状、问题及原因分析

（一）四川省贫困地区基层公共服务人才现状

1. 背景数据

四川省贫困地区主要集中于秦巴山区、乌蒙山区、大小凉山地区、阿坝和甘孜两州地区（简称“四大片区”），共计 88 个贫困县，其中民族地区 54 个，国家扶贫开发工作重点县 36 个，集中连片特殊困难地区 60 个。四大片区辖区面积 36.7 万平方千米，占全省面积的 75.6%；常住人口 2 882.9 万人，占全省总量的 35.4%；2014 年生产总值 6 196.2 亿元，占全省生产总值的 21.7%，人均生产总值 21 532 元，仅为全省平均水平的 61.3%。88 个贫困县中深度贫困县有 45 个，涵盖阿坝藏族羌族自治州（以下简称“阿坝州”）（13 个县）、甘孜藏族自治州（以下简称“甘孜州”）（18 个县）全部、凉山彝族自治州（以下简称“凉山州”）（11 个县）及乐山市（3 个县）。深度贫困县辖区面积共计 27.94 万平方千米，占全省的 57.5%，但常住人口总量仅占全省的 5.97%，2017 年，深度贫困地区生产总值为 1 058.04 亿元，仅为全省生产总值的 2.86%，45 个深贫县平均每个县地区生产总值为 23.51 亿元，比全省平均水平低 88.4%；人均地区生产总值为 21 375 元，仅为全省平均水平的 47.9%①（见表 1）。

表 1　四川省贫困地区基本数据对比

	全省	贫困地区（四大片区）（2014 年）	深度贫困地区（2017 年）
面积（万平方千米）	48.60	36.70	27.94
常住人口（万人）	8 302.00	2 882.90	495.86
城镇化率（%）	50.79	35.30	28.85
地区生产总值（亿元）	36 980.20	6 196.20	1 058.04
人均 GDP（元）	44 651.00	21 532.00	21 375.00

2014 年以来，随着扶贫攻坚工作的推进，四川省陆续出台了一系列人才扶贫以及鼓励引导人才向基层一线流动的具体政策措施，其中既包括《四川省“十三五”脱贫攻坚规划》等面上政策，也包括《关于加强基层专业技术人才队伍建设的实施意见》等专项政策，以及针对深度贫困县集中地区出台的《关于实施深度贫困县人才振兴工程的意见》《凉山州脱贫攻坚综合帮扶工作队选派管理实施方案》等地方系列政策。这一系列政策出台后取得了初步的成效，全省贫困地区，尤其是基层部门的公共服务人才队伍发生了一些新的变化。

以四川省事业单位工作人员为例，2017 年全省事业单位工作人员共计 1 683 313

① 数据来源：四川省统计局。

人，比 2015 年增加 83 443 人；其中贫困县高度集中的广元、南充、广安、达州、巴中、甘孜、阿坝、凉山 8 个市（州）共计 559 739 人，占全省总量的 33.25%，比 2015 年度的占比 33.07%增加了 0.18%；深度贫困县集中的三州地区（甘孜、阿坝、凉山）共计 177 852 人，占全省总量的 10.57%，比 2015 年的占比 10.12%增加了 0.45%（见图 1）。

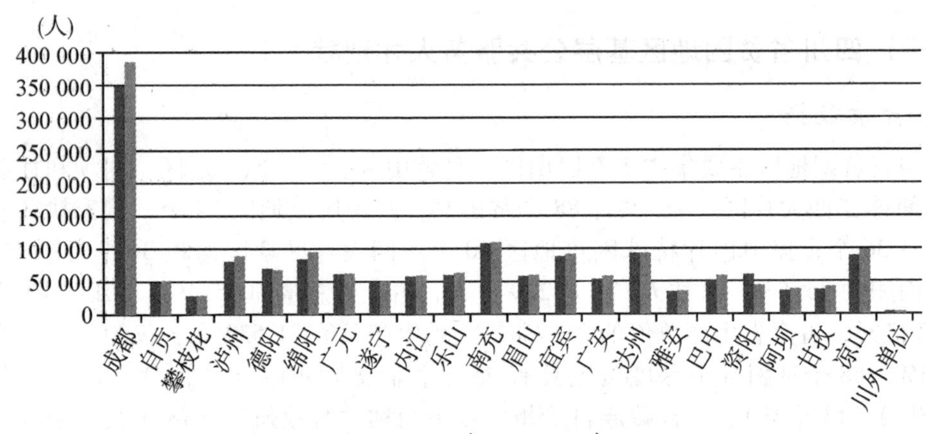

图 1　2015—2017 年四川省各市（州）事业单位人员增减情况

数据来源：四川省人社厅事业单位管理处统计数据。

从人员的行业分布情况来看：教育，卫生和社会工作，公共管理、社会保障和社会组织三个行业的人员占比最大，分别达到了 48.03%、23.47%、10.83%，总人员数量占比达到了 82.33%，是公共服务的主要构成部分，其中最主要的人员类型为专业技术人员（见图 2）。

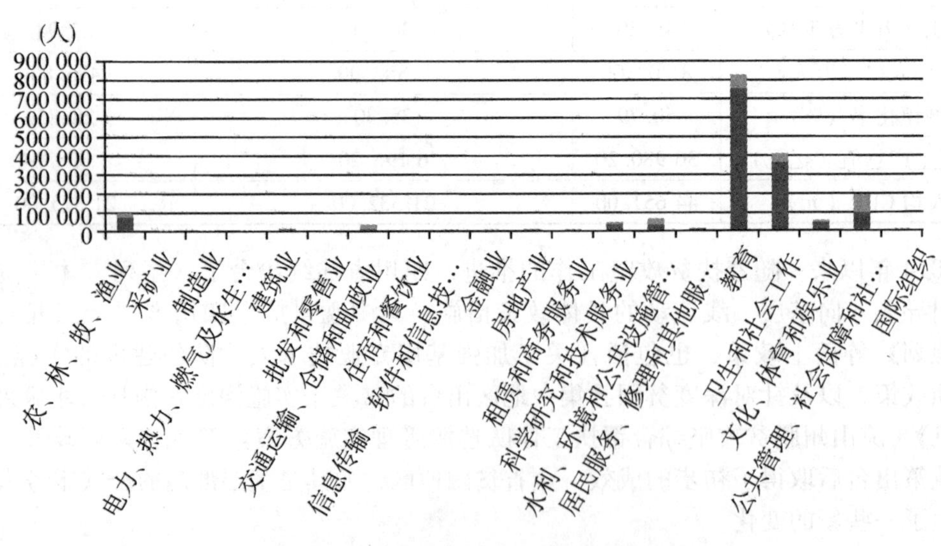

图 2　2017 年四川省事业单位人员行业分布情况

数据来源：四川省人社厅事业单位管理处统计数据。

从事业单位人员层级分布来看，省本级人员占比为 8.5%，地（市）级人员占比 14.75%，县级人员占比 43.18%，乡镇级人员占比 33.57%。县级及以下事业单位人员占比总和达到 76.75%。与 2015 年人员层级结构相比较，县、乡两级占比提高了 1.12%。从人员类别来看，事业单位各层级中专业技术人员占比最大，且层级越往下占比越大，全省乡镇级事业单位人员中 77.94%为专业技术人员（见图 3）。

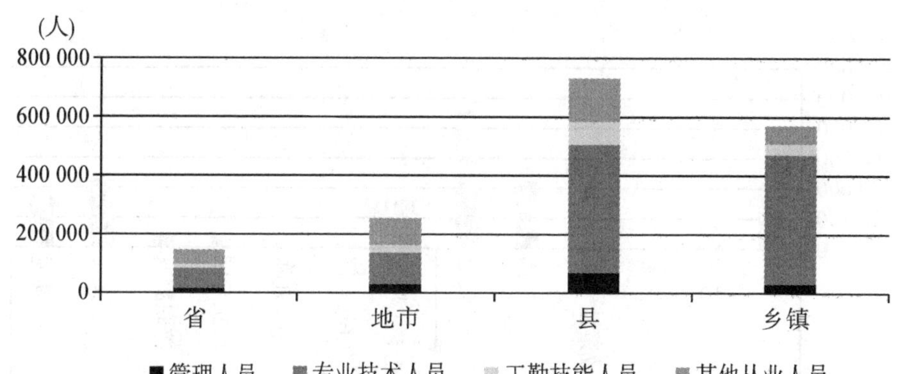

图 3　2017 年四川省事业单位人员层级分布情况

数据来源：四川省人社厅事业单位管理处统计数据。

从人员变动情况来看，2016 年年末至 2017 年年末，全省增加事业单位人员 200 438 人，减少 142 799 人，净增人员 57 639 人。净增人员主要集中在县、乡两级，其中县级净增人数最大，地市州级人员有所减少（见图 4）。

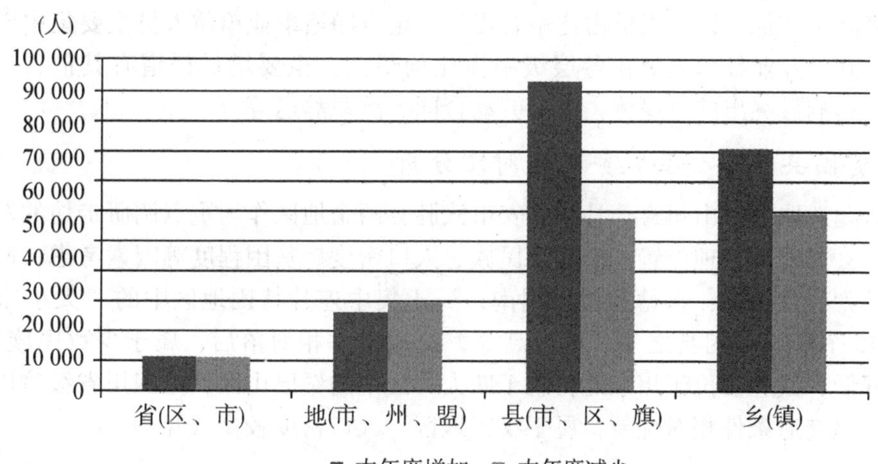

图 4　2017 年四川省事业单位人员各层级增减情况

数据来源：四川省人社厅事业单位管理处统计数据。

根据人员增减渠道的划分，以公开招聘方式（考试、考核）进入编制内的人员占比向下逐级递增，乡镇级达到 34.96%，比全省平均水平 25.83%高出 9.13%；以解除合同和辞职、辞退方式减少的人员占比向下逐级递减：省、市级为 20.52%，地市级为 19.56%，县区级为 16.29%，乡镇级为 13.22%。

全省事业单位因“交流”方式导致人员增减变动的比例较大，但从全省来看对人员的净增（减）影响非常小。“其他”这一项指标包括了转岗、划转以及其他从业人员，其变动最主要的影响来自其他从业人员。总体上来看，对于增员影响最为突出的因素是公开招聘（包括考试、考核两种方式），对减员影响最突出的是退休、解除合同及辞职辞退等（见图 5）。

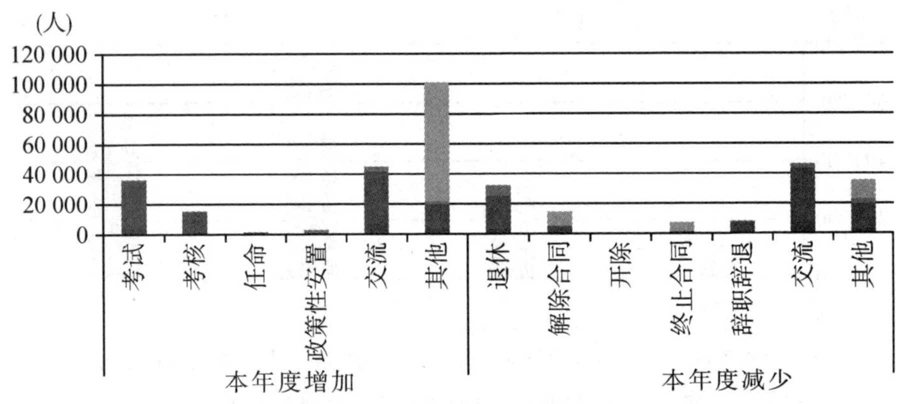

图 5　2017 年四川省事业单位人员增减渠道情况

数据来源：四川省人社厅事业单位管理处统计数据。

小结：2015—2017 年数据反映，四川省事业单位人员规模逐年平缓增加，贫困地区增幅略高于其他地区，人员占比略有提升。全省净增事业单位人员主要集中于县区级及以下，其中专业技术人员在各层级中占比均最大。主要增员渠道有其他、交流、考试；减员影响最突出的是退休、解除劳动合同、辞职辞退等。

2. 贫困县基层公共服务人才对比分析

本课题选取了凉山州喜德县和广安市武胜县两个地区作为重点调研走访的对象。选取这两个县主要从地理位置、交通、民族、人口密度、贫困程度等因素考虑，两地差别较大，较为有代表性：喜德县位于川南，属于集中连片特困地区中的“大小凉山”彝区，是 45 个深度贫困县之一，地处高原，交通条件相对落后，属于少数民族聚集地，人口密度低；武胜县位于川东北，属于四大片区中的秦巴山区，是四川省级贫困县，地处山区，但交通条件相对优越，属于汉族地区，人口密度较高（见表 2）。

表 2　武胜县，喜德县基本情况对比

	武胜县	喜德县
地理位置	川东北	川南
面积（平方千米）	966. 00	2 200. 40
常住人口（万人）	83. 68	22. 58（其中少数民族 20. 64 万人）
人口密度（人/平方千米）	866. 28	102. 62

表2(续)

	武胜县	喜德县
城镇化率（%）	37.23	25.35
公路里程数（千米）	2 156.20	1 342.70
地区生产总值（亿元）	203.10	22.78
人均 GDP（元）	24 270.00	13 136.00
城镇居民人均可支配收入（元）	28 222.00	22 529.00
农村居民人均可支配收入（元）	12 596.00	7 816.00

数据来源：武胜县和喜德县 2017 年国民经济和社会发展统计公报。

贫困地区基层公共服务人才概况描述主要以省统计局、武胜县和喜德县政府部门获取的数据和调研走访情况为主，对两县的各项指标主要与全省平均水平进行对比，反映不同级别贫困县的情况。

（1）两县公共服务人才密度均低于全省平均水平，武胜县人才密度低于喜德县。从人员规模来看，截至 2017 年年底，武胜县事业单位人员总数 9 592 人（县级事业单位 3 698 人，乡镇级事业单位 5 894 人），喜德县事业单位人员总数 3 442 人（县级事业单位 1 462 人，乡镇级事业单位 1 980 人）。与当地常住人口相比，武胜县事业单位人员人均对应的当地常住人口为 1∶87.24，喜德县为 1∶65.60，均高于全省 1∶49.32 的平均水平（见表 3）。

表 3　2017 年两县人才密度对比

	全省	武胜县	喜德县
事业单位工作人员（人）	1 683 313.00	9 592.00	3 442.00
常住人口（万人）	8 302.00	83.68	22.58
人均服务量	1∶49.32	1∶87.24	1∶65.60

注：该数据包括正式在册工作人员及编制外从业人员。

数据来源：四川省人力资源和社会保障厅事业单位管理处统计数据。

（2）两县公共服务人才增幅均高于全省平均水平，喜德县增幅高于武胜县。从人员增量来看，2016 年年末至 2017 年年末，全省事业单位人员增幅为 3.42%，武胜县为 6.2%，喜德县为 9.09%。贫困地区人员增幅高于全省平均水平，其中喜德县人员增幅高于武胜县。从人员类型结构来看，增员主要集中在专业技术人员和其他从业人员两大类，其中其他从业人员的增幅最大，全省平均为 17.29%，武胜县达到了 44.52%，喜德县更是从 2016 年年末的 9 人增加到 2017 年年末的 240 人；从数据反映来看，工勤技能人员在全省均处于减员状态（见表 4）。

表 4　2017 年两县事业单位工作人员增速情况

	全省		武胜县		喜德县	
	上年年末总数	本年年末实有数	上年年末总数	本年年末实有数	上年年末总数	本年年末实有数
总计（人）	1 625 674	1 683 313	8 997	9 592	3 129	3 442
增幅（%）	3.42	6.20	9.09			

注：该数据包括正式在册工作人员及编制外从业人员。

数据来源：四川省人力资源和社会保障厅事业单位管理处统计数据。

（3）两县临聘人员增幅明显，武胜县正式在册人员新增渠道主要为考试录用，喜德县主要为考核录用。从人员增减渠道来看，武胜县新增人员主要来源渠道为考试（419 人）、其他（412 人）和交流（250 人），喜德县为其他（271 人）、考核（114 人）和考试（64 人）。可以看出，一方面，武胜县通过公开招聘尤其是考试的方式能够吸引到较多的人才，临聘工作人员（体现在“其他”这一指标）新增人数较多。喜德县新增人员主要体现在临聘工作人员的增长上，全县 2017 年净增人数 313 人，其中其他从业人员占 231 人，正式在册工作人员净增仅 82 人，其中大部分也是以考核方式而非考试的途径新增。另一方面，武胜县辞职、辞退减员高于喜德县，喜德县临聘人员离职高于武胜县。从人员去向看，武胜县主要是交流（260 人）、退休（169 人）和终止合同（94 人）；喜德县是其他（113 人）、交流（48 人）和退休（36 人）。两县比较来看，武胜县辞职、辞退 54 人，喜德县为 8 人，离职率武胜县较喜德县高；喜德县临聘工作人员离职比例较高（见图 6）。

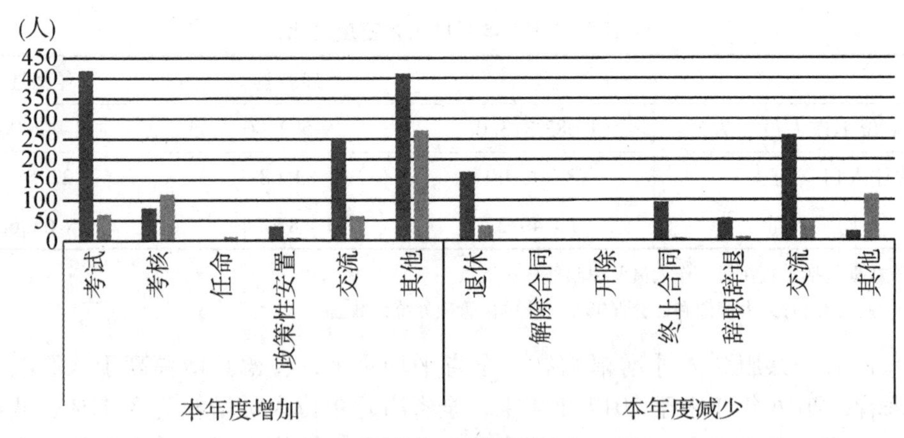

图 6　2017 年两县事业单位人员增减渠道情况

数据来源：四川省人力资源和社会保障厅事业单位管理处统计数据。

（4）两县空编率均高于全省平均水平，喜德县空编率高于武胜县。从空编率来看，全省事业单位空编率为 10.70%，武胜县空编率与全省平均水平相近，仅高出 0.22%；喜德县空编率为 13.60%，高出全省平均水平 2.9%。两县参公事业单位空编率分别比全省参公事业单位空编率高 14.09%、9.06%（见表 5）。

表 5 2017 年两县事业单位空编率情况

	事业单位（人）		参公事业单位（人）		空编率（%）
	编制数量	在册正式工作人员	编制数量	在册正式工作人员	
全省	1 498 122	1 306 846	776 196	724 179	10.70
武胜县	9 441	8 455	452	358	10.92
喜德县	3 587	3 103	184	155	13.60

注：该表统计人员包括事业单位及参公事业单位人员，不包括机关单位配备的工勤人员。

数据来源：四川省人力资源和社会保障厅事业单位管理处统计数据。

（5）武胜县人员年龄结构与全省平均水平相近，喜德县人员年龄结构相对年轻。从年龄结构情况来看，武胜县与全省平均水平高度吻合，喜德县年龄结构相对年轻：35 岁及以下、36~40 岁这两个年龄阶段人员占比分别为 48.31%、18.39%，比全省平均水平分别高出 10.01%、2.91%，41 岁及以上年龄段占比均低于全省平均水平（见图 7）。

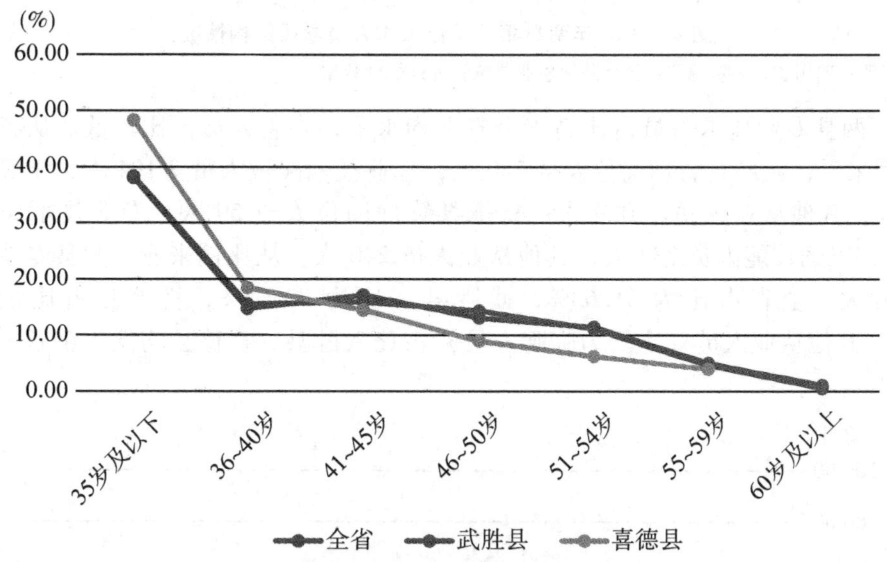

图 7 2017 年两县事业单位人员年龄结构情况

数据来源：四川省人力资源和社会保障厅事业单位管理处统计数据。

（6）武胜县人才本科及以上学历占比高于全省平均，喜德县人才学历水平相对较低。从学历结构上看，2017 年武胜县事业单位共有研究生学历 42 人，大学本科学历 4 530 人，大学专科学历 3 262 人，中专学历 567 人，高中及以下 1 191 人，大学本科及以上人员占比较全省平均水平高出 1.87%；与全省平均水平相比，喜德县事业单位工作人员学历水平集中于专科，占总人数的 52.35%，比全省平均水平高出 17.86%；大学本科及以上学历则比全省平均水平低 15.55%（见图 8）。

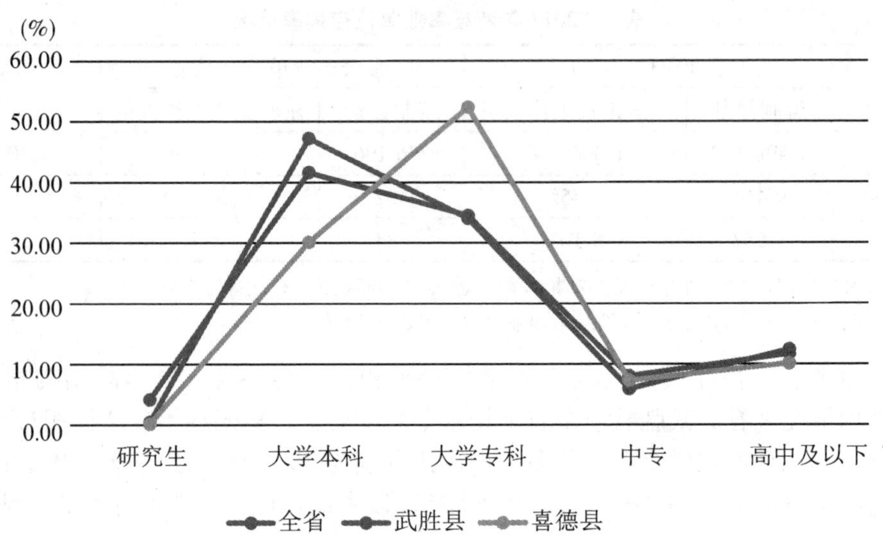

图 8　2017 年两县事业单位工作人员学历结构情况

数据来源：四川省人力资源和社会保障厅事业单位管理处统计数据。

（7）两县专业技术人员占比高于全省平均水平，临聘人员占比较低。从各类人员岗位类型来看，武胜县管理岗位人员 740 人，专业技术岗位人员 7 194 人，工勤技能人员 814 人，其他从业人员 1 029 人；喜德县管理岗位人员 59 人，专业技术岗位人员 2 810 人，工勤技能人员 333 人，其他从业人员 240 人。从比例来看，两县专业技术人员占比最大，全省占比为 61. 63%，武胜县占比为 73. 07%，喜德县占比最高，为 81. 64%。其他从业人员（主要为临聘人员）占比武胜县、喜德县均低于全省平均水平（见图 9）。

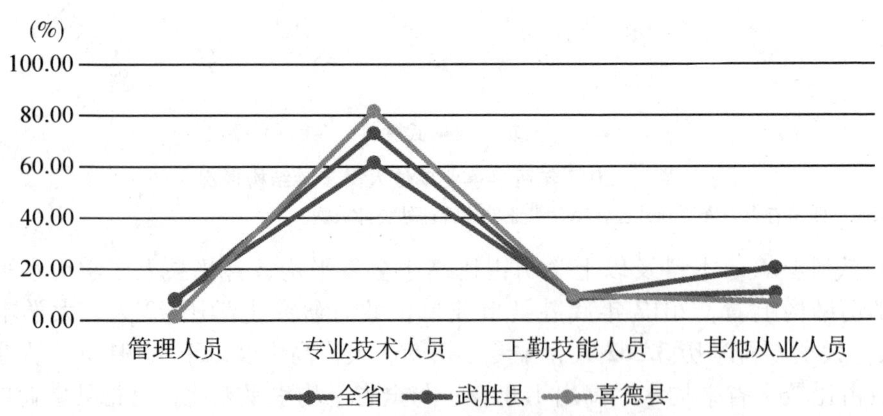

图 9　2017 年两县事业单位各类人员占比情况

数据来源：四川省人力资源和社会保障厅事业单位管理处统计数据。

（8）武胜县专业技术人员层级结构与全省平均相近，喜德县低层级专业技术人员占比较大。事业单位系统中主要是专业技术岗位人员，武胜县与全省平均水平结构吻合度较高，副高级、中级人员数量占比较全省平均水平还分别高出 0. 54%、0. 98%；喜德县人员层级结构相对偏低，正高为0，副高占比6.49%，比全省平均水平低7.66%，初级专业技术人员占比达到了61.91%，比全省平均水平高17.62%（见图10）。

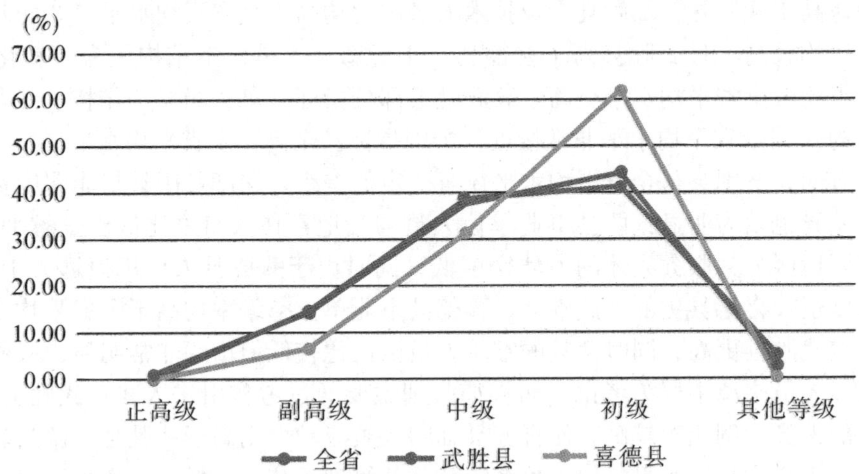

图10 2017年两县专业技术人员层级结构情况

数据来源：四川省人力资源和社会保障厅事业单位管理处统计数据。

（9）两县教育系统人才占比均高于全省平均，卫生系统及公共管理系统人才低于全省平均。从人员行业分布来看，两县基层公共服务人才主要集中于教育、卫生和社会公共管理三个行业。与全省平均水平相比，武胜县和喜德县教育行业人员占比较高，均超过了当地事业单位人员总量的60%，远高于全省48.03%的平均水平；卫生和社会工作从业人员分别为14.29%、15.82%，低于全省23.47%的平均水平；公共管理、社会保障和社会组织从业人员分别为6.93%、6.11%，也低于全省10.83%的平均水平（见图11）。

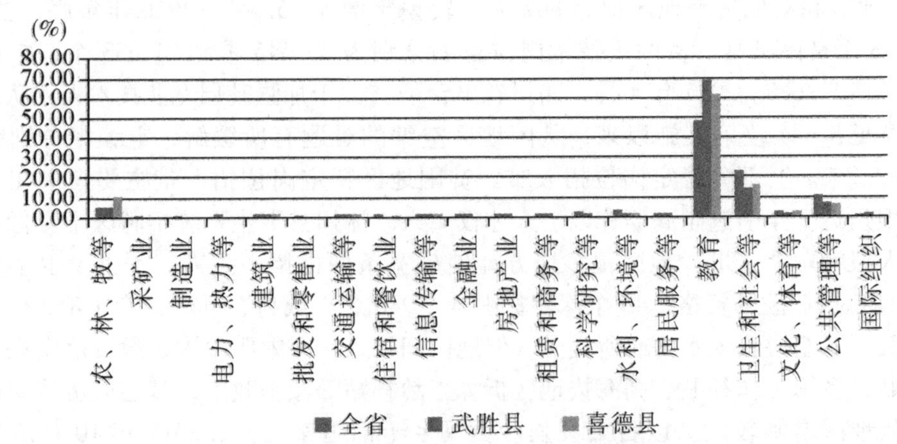

图11 2017年两县事业单位人员行业分布情况

数据来源：四川省人力资源和社会保障厅事业单位管理处统计数据。

小结：近年随着各项扶贫政策的出台和实施，尤其是鼓励人才向基层一线流动的专项政策的落地，四川省贫困地区的基层公共服务人才队伍面临的困境得到了不同程度的缓解，针对深度贫困县的专项人才政策也发挥了较为显著的作用。一方面，从调研两县的事业单位反映出的情况来看，①两贫困县公共服务类人才增速均高于全省平均水平，喜德县增速高于武胜县；②两县专业技术人员占比均高于全省平均水平。③两县教育系统人才占比均较高，且武胜县高于喜德县；④喜德县人员年龄结构更为年轻化，40 岁以下人员占比较全省平均水平更高。⑤武胜县部分指标（如人员学历结构、专业技术人员层级结构）与全省平均水平非常接近，个别指标甚至高于全省平均水平。

另一方面，贫困县与全省平均水平还有一定的差距，深度贫困县与非深度贫困县的基本情况差异也较为明显：两县事业单位人员与当地常住人口之比低于全省平均水平，意味着贫困地区公共服务人才的人才密度低，同时由于武胜县人口规模远大于喜德县，其人才密度也较喜德县更低；武胜县、喜德县事业单位空编率均高于全省平均水平，其中喜德县较武胜县更高，同时两县的临聘人员虽占比较低但增幅非常明显；武胜县正式在册的新增人员来源主要为考试，而喜德县则主要通过考核引进人才；武胜县因辞职、辞退减员的人员比例相对较高，而喜德县临聘人员流动性则高于武胜县；两县教育系统人员占比高于全省平均水平，但卫生系统及公共管理系统人才低于全省平均水平；喜德县公共服务人才平均学历水平相对较低，反映在专业技术人员群体上则表现为低级别专业技术人员占比大。

3. 调查访谈情况

（1）四川省统计局调查访谈情况。省统计局访谈结果主要反映在以下几个方面：①贫困地区人才引进难有所改善。四川省出台相关政策对偏远贫困地区人才招录适当放宽限制条件，规定“三支一扶”等项目大学生服务期满可直接考核招聘到县、乡事业单位，一定程度上增强了基层吸引力。2016 年全省共 27 803 名大学生报考“三支一扶”计划，同比增长 48.6%，人员到岗率由 53.9%提高到 68.3%，均创历史新高。其中，为“三州”地区和其他贫困地区招募 867 人，较去年增加 25.3%。2016 年年底，“三州”地区和 88 个贫困县县、乡两级技术岗位空编分别为 39 645 个和 21 633 个，空编率达 12.31%和 12.26%。2017 年 4 月，四川省出台了《关于加强基层专业技术人才队伍建设的实施意见》，该政策实施以来，贫困地区空编的难题有所缓解，空编率分别降低了 1.6%和 3.2%。②部分特定岗位招人难。贫困地区特定岗位招人难主要集中在卫生系统。阿坝州近 3 年引进副高职称以上人才仅 1 人。沐川县卫生系统招聘医学影像等岗位一直无人报考。“三州”地区很多地方即使放宽条件也招不到人，不少乡卫生院只有 1~2 人具有执业医师资格，45 个深度贫困县 6 980 个行政村，其中尚有 1 812 个村没有合格村医。③基层收入水平有所提升，但地区间收入水平差距较大。通过落实艰苦边远地区津贴、乡镇工作补贴、高海拔地区折算工龄补贴等倾斜政策，基层人员待遇明显提高，民族地区增幅较大。以石渠县长沙贡马乡干部王某为例，2017 年 10 月应发工资 10 152 元，比 2012 年 10 月增加 5 239 元，5 年工资收入翻番。在甘孜州和阿坝州的乡镇比在县城月均收入高 800~1 600 元。但地区目标奖差异、两州尚未车改等原因，总体待遇横向比差距仍然较大。③贫困地区留人难。贫困地区基层人才面临住房、就医、交通、婚恋、子女入学等实际生活困难，同时缺乏对基层人才的激励措施，依然面临留住人才的难题：南江县 5 年累计招聘各类事业人员 1 200 名，至 2017 年年末已流失 60%，根据全省面上数据显示，全省 45 个深度贫困县基层医务人员在试用期（12 个月）内离职的比例达到了 24%；旺苍县职业中学利用政策优惠大力引进 1 名茶学专业人才，也仅工作 1 年离职。

（2）武胜县访谈情况。武胜县下辖 31 个乡镇，515 个行政村。调研访谈结果主要反映在以下几个方面：①高层次人才“留住难”。2017 年武胜县引进继续紧缺专业高层次人才 98 人（其中硕士研究生 94 人、博士研究生 1 人、副高级专业技术职称人员 3 人），现仍在武胜县工作的仅为 65 人。高校毕业生普遍存在“练手”“骑驴找马”积累工作经验的心态，待特大城市有好的工作机会便一走了之，本地工作部门成了“培训学校”。②人才“条块分割”现象普遍。现有人才存在“部门所有、单位所有”的现象，在人力资源开发问题上各自为政，加重了人才尤其是专业技术人才对单位的依赖性，形成了“单位人”的固有现象，在一定程度上造成了公共服务人才整体使用效率不高和人才资源浪费，人才闲置问题普遍。③缺乏对本地人才的重视。部分部门热衷于引进外来人才，对引进来的人才较为重视，忽视了本地现有人才的潜力挖掘和作用发挥，存在“外来的和尚会念经”的现象。④外地人才稳定性差。2018 年以来，武胜县调出到县外工作的事业单位人员共 47 人，其中 38 人的原户籍均非该县户籍，占比达到 81%，非本地户籍人员外调的概率较大。⑤教育行业人才队伍稳定得到明显提高。2016 年以来武胜县共招聘各类事业单位工作人员 1 203 名，其中教育系统占 759 名，空编率低于 5%。2017 年以来无教职人员辞职辞退，高层次人才引进 3 人，均无人离职。2017 年全县教职工年平均收入达到 97 743 元，略高于本地公务员年平均收入。义务教育阶段农村教师生活补助、乡镇工作补贴政策落实到位，缴纳“五险两金”，人才队伍稳定状况较好。⑥卫生行业空编情况严重，临聘人员占比高。武胜县级公立医疗卫生机构总编制 658 名，卫生专业技术人员 1 257 名（在编人员 539 名、临聘人员 718 名），空编率 18%；基层医疗卫生机构（县妇幼保健计划生育服务中心，县疾控中心、31 个乡镇卫生院、1 个精神病专科医院）总编制 1 077 名，卫生专业技术人员 976 名（在编人员 884 名，临聘人员 92 名），空编率 17.9%。形成了卫生系统一方面空编率居高不下，另一方面临聘人员规模也较大的局面。

（3）喜德县访谈情况。瓦库村是喜德县两河口镇下彝族行政村，该村共有下派干部 3 名，年龄均在 35 岁以下，驻村第一书记为本科学历，另外两人为专科学历。访谈结果主要反映在以下几个方面：①工作人员少，工作量大。该村共有 6 名工作人员，其中下派扶贫干部 3 名，另有 3 名人员为村支书、村主任、文书，扶贫攻坚相关工作主要由下派挂职人员开展。在调研走访喜德县拉克乡乡镇便民服务中心的过程中也反映出同样的问题，该便民服务中心无专职工作人员，所有经办窗口服务均为各乡政府工作人员兼职。一名乡政府工作人员除了自己的本职工作，同时兼任社保窗口经办和拉克乡下属某贫困村脱贫攻坚工作，大量工作时间忙于应对各项日常杂事和往返各工作地点，凉山州地广人稀，喜德县人口密度仅为 102 人/平方千米，入户工作量较为繁重。②语言障碍，增加工作难度。瓦库村全村 1 225 人，均为彝族，大部分贫困户不会汉语。下派干部均为汉族，因此在走村入户的过程中需要翻译人员陪同，工作推动难度较大。③办公条件差，影响工作效率。瓦库村办公硬件设施条件较差，无电脑办公设备，在入户调查过程中取得的贫困户信息需先手动填表录入，再由下派干部乘车前往2小时车程以外的喜德县城，使用县城办公设备将数据信息录入电脑并上传，在信息获取和录入这两个过程耗时较长；另外，贫困户信息稍有变动则需重复以上过程，工作效率不高。拉克乡便民服务中心由各级财政统一一次性拨款配备了场地和硬件设施等，但每年需要购买网络服务的资金以及临聘人员专职经办窗口业务的费用都需乡财政负担，但目前没有专门的资金对此进行补贴。④收入水平偏低，与工作强度不相符。下派工作人员除基本工资和绩效工资外，另有每月1 200元补贴，艰苦偏远地区高寒补贴则推迟一年发放。由于贫困村工作条件差、工作强度高，加上事业编制人员与公务员编制人员收入差距较大，平均年收入差距为2万元左右，对工作人员的积极性影响较大。

（二）四川省贫困地区基层公共服务人才队伍存在的问题

根据数据分析和调查访谈的结果，总结四川省贫困地区基层公共服务人才队伍在深度贫困县和非深度贫困县反映出的各方面的问题既有共性的一面，也有各自特殊的问题。主要包括以下几个方面：

1. 贫困地区整体人才总量短缺依然明显，深度贫困县人才短缺更严重

从事业单位数据反映出的情况来看，四川省贫困地区基层公共服务人才密度相对全省平均水平更低。①非深度贫困县基层公共服务人才相对不足。这一点在人口密集程度较高的非深度贫困县表现更突出：武胜县公共服务人才总量接近于喜德县的三倍，但由于武胜县人口规模也远高于喜德县，因此公共服务人才密度反而低于喜德县。②深度贫困地区是更为直接的人才短缺。部分地区尤其是乡镇及以下基本公共服务保障要求都无法达到，例如部分村镇没有具备执业资格的医师；村小、幼儿园没有具备幼师资格或教师资格的教师，等等，对当地教育、医疗、社会管理等基本公共产品的提供产生了严重的影响。从近年全省范围来看，贫困地区基层公共服务人才增速高于全省平均水平，且深度贫困地区增长率高于非深贫地区，但由于前期基数小、差距大，因此仍然不足以满足当地社会公共服务的需求，尤其是深度贫困县，“缺人”依然是当地公共服务面临的最基本的难题。根据四川省委编办的初步统计，2018年45个深度贫困县事业编制12.5万余名，实有人员10万余人，空编1.8万余名，空编率达到14%，与调研中喜德县反映出的13.60%的空编率情况基本相符。

2. 贫困地区基层公共服务人才结构性矛盾突出，非深度贫困县矛盾更加尖锐

贫困地区基层公共服务人才结构性短缺的问题在贫困地区均有不同程度的表现，但在非深度贫困县矛盾更为明显。根据省统计局座谈和武胜县调研情况可以看出，贫困地区基层公共服务人才的结构性矛盾主要集中在行业、层级、空编与临聘三个方面。①各行业之间公共服务人才情况差距大。教育系统由于各项政策措施的落实情况较好，收入

水平和社会保障情况到位，教职工队伍稳定性明显高于其他行业，空编率低于5%的目标基本已经达到，这与前文数据反映出的贫困地区教育系统人才占比高于全省平均水平的情况吻合。而卫生系统人才短缺则较为严重，从面上数据来看，卫生系统人员占比低于全省平均水平，从调研两县的数据来看卫生系统空编率也接近二成，部分急需紧缺专业岗位（如牙科医师、康复治疗医师）长期无法满员。以武胜县的数据为例，教育系统人才达到5 570人，卫生系统为1 385人，行业人员规模差距较大。②县级编制与乡镇一级编制分配不均。武胜县编办数据反映，该县占用事业单位县级编制工作人员的比例达到95.79%，占用乡镇级事业编制工作人员的比例仅仅为4.21%，与事实上的工作人员层级分布情况出入非常大，意味着有较大部分县级编制的工作人员实际上在乡镇及以下单位工作。③空编率较高与临聘人员规模增长快的情况并存。前文的数据统计反映出人员新增渠道“其他从业人员”增速较大，其中最主要的新增就是临聘工作人员；根据调研访谈的情况，临聘人员的增长主要集中在卫生系统、教育系统中的幼儿教师、乡镇一级的社会管理和社会保障类综合岗位三个大的方面，其中规模最大的集中在卫生系统。武胜县县级公立医疗机构总编制658名，在编人员539名，临聘人员达到718名。一方面存在18%的空编，另一方面临聘人员的规模已经超过了编制总量；喜德县2017年新增人员超七成也为临聘人员，主要集中行业仍然是卫生系统，与高空编率形成了明显反差。

3. 深度贫困县人才整体素质水平低，工作胜任能力亟待提升

深度贫困地区基层公共服务人才整体文化水平普遍较低，对当地公共服务能力的限制明显。①学历结构偏低。喜德县超过七成的事业单位工作人员学历为专科及以下，具有研究生学历的仅5人（其中4人都属于教育系统），学历水平相对较低，在社会公共管理及服务方面能力不足，在调研走访中也反映出部分从事社会管理的工作人员在理论指导实际工作和规划发展、应对复杂问题的能力等方面明显欠缺，甚至一些年龄较大的工作人员不具备基本办公技能（如基本电脑操作）。②专业技术水平偏低。一方面，在专业技术人员群体上的数据反映为没有正高人员，副高、中级人员占比均较低，而初级岗位占比超过总量的六成，低级别专业技术人员占比远高于全省平均水平。另一方面，具备执业资格的专业技术人员比例偏低。专业技术人员绝大多数集中在教育、公共卫生系统，这就对当地的教育水平、医疗卫生水平的提升造成了严重的限制，成为阻碍当地基本公共服务的现实问题。

4. 贫困地区人才使用效率普遍较低，其能力作用没有得到充分发挥

贫困地区基层公共服务部门人才使用效率低，主要体现在以下几个方面：①学非所用现象普遍。一方面，贫困地区在公开招聘的时候为了能够确保招到人，部分岗位设置不限专业，导致招到的人才往往与实际岗位需求不符，后续培养成本高和使用效果较差。以武胜县为例，在调研走访过程中了解到该县教师招考部分人员并非师范相关专业，这一部分人员的平均工作水平相比于师范生要低。另一方面，专业技术人才向行政岗位流动，没有发挥自身专业水平的优势。根据统计数据反映，武胜县专业技术人才在

管理岗位共 185 人，其中多数为 41~50 岁具备本科及以上学历的人才，在调研中也反映出这一部分人大多为教育、卫生系统骨干人才，在专业技术职称达到一定级别以后转向了行政岗位。②一人身兼数职的情况较普遍。兼职工作情况普遍主要集中于基层社会公共管理类工作，绝大多数都是与群众打交道的事务性工作，贫困地区乡镇一级甚至县区一级工作人员身兼数职的情况普遍存在，尤其是深度贫困县地广人稀，部分基层工作人员兼职便民中心窗口工作、扶贫工作，大量时间忙于应对繁杂事务以及往返于各工作地点，降低了工作效率。③语言障碍增加工作难度。在民族地区工作的部分外地人才因为语言障碍增加了工作推动的难度，效率也受到较大影响，自身工作能力也没能得到很好地发挥。

5. 深度贫困县人才“引不进”问题突出，本地人才供给明显不足

在市场对人才资源起决定性配置作用前提下，贫困地区由于自身条件的限制，对于人才的吸引力天然不足。近年来在各项政策措施的促进下贫困地区人才引进的量的问题得到一定程度的缓解，但根据调研情况反映，深度贫困县和非深度贫困县有较为明显的差别：人口总量较大、经济及交通条件相对优越的非深度贫困县引进满足当地公共服务需求的人才难度大幅降低，但对各方面条件相对更为落后的深度贫困地区人才引进促进作用并不明显。①无人报考或达不到开考比例岗位较多。深度贫困地区在人才招聘的准入条件上有所放宽，如降低学历、职称、工作年限等方面的要求，但部分地区和岗位依然招不到人，尤其是卫生系统。根据调研走访情况反映，武胜县和喜德县均存在长期无法引进急需医学专业人才的情况，公开招聘长期无人报考；2018 年武胜县因达不到开考比例而撤销招聘的岗位达到 5 个，调减招聘名额的有 36 个。②人员到岗率偏低。一部分人才通过公招考试以后，并没有选择到岗任职。2017 年深度贫困地区大学生“村官”及“三支一扶”人员到岗率仍然不足六成，深度贫困地区仍然处于人才“引不进”的困境。③深度贫困县本地人才供给明显不足。“三州”地区人均受教育年限仅 8 年，绝大多数人无法达到供职要求的素质水平，少数通过国家各项优惠政策达到本科或专科学历水平的人才大多也选择到经济条件更好的地区工作，如喜德县的大学毕业生通过市场化的自由流动大多前往西昌市工作，极少回到喜德县本地就业，导致本地无人才可用。

6. 非深度贫困县“留人难”问题严重，人才流失群体较集中

从数据统计反映来看，非深度贫困县人才引进的问题得到了有效的解决，但人才流失问题成了一个重要问题，人才“来得多、去得快”。①非深度贫困县主动离职比例较高，高层次人才流失明显。2017 年全省因“辞职、辞退”减少的人数占总量 5.74%，这一数据在武胜县和喜德县分别为 8.99%、3.81%，武胜县高于全省平均水平，而喜德县反而低于全省平均水平。2017 年武胜县引进硕士及以上人才 98 人，在一年内流失率达到 1/3，甚至一部分人才不满六个月试用期即离职。其原因分析可能有以下两点：首先，近几年鼓励人才到基层工作的一系列政策对非深度贫困县的人才引进促进作用较深度贫困县更为显著，从数据上也反映出武胜县人才引进量上的问题得到了有效解决，但

喜德县仍然存在比较明显的人才"引不进"的困扰，从"入口"一端武胜县新增的规模明显大于武胜县；其次，从新增的人员渠道来看，武胜县大多数通过考试途径新增，处于择业期的应届大学毕业生占比较高；而喜德县则是通过考核形式新增人员占大多数，就业目的更为明确，这可以从另一角度解释武胜县人员流动大于喜德县。②非深度贫困县外地人才流失严重。从全省来看，人才的流动除了跨地区，在本地跨行业的流动也较为常见；但从两县的调研走访情况反映，无论是深度贫困县还是非深度贫困县，人才流失主要是跨地区流失，即流出当地的情况最普遍，而离开本部门但仍在本地就业的情况则比较少见，其中非深度贫困县表现更为突出。在流失的这部分人才中大多以非本地户籍为主：2018 年武胜县事业单位调到县外工作的共 47 人，其中 38 人原户籍所在地都非该县，占比达到 81%，这一部分人才稳定性较差，就职期限明显较短，一部分还未过试用期即离职，一部分正式转正之后也通过各种渠道调离。

（三）四川省贫困地区基层公共服务人才队伍问题原因分析

参考改进后的普莱斯离职模型（Price-Mueller 2000）对贫困地区基层公共服务人才存在的问题进行原因归类分析，结合调研走访的贫困县的客观情况和与受访者座谈情况，本文将影响因素归类为环境因素、组织因素和个人因素三个方面。

1. 贫困地区整体环境对人才吸引力不足

贫困地区外地人才引不进、本地人才留不住，导致整个基层公共服务部门人才短缺，其原因之一就是贫困地区往往自身先天条件不足，缺乏对人才的吸引力。结合本课题走访调研情况总结为以下三个方面：①社会保障水平落后。贫困地区相对而言财政力量薄弱，公共服务及社会保障水平相对落后。尤其是住房、就医、子女就学、社会保障水平等与个人密切相关的配套，贫困地区都难以提供足够的相关资源来吸引人才到贫困地区工作。②生活及工作条件落后。整体而言，贫困地区基层工作部门生活及工作条件相对较差。基层一线条件简陋，工作环境艰苦，缺乏便利性，尤其是深度贫困县往往地处偏远地区，交通条件十分不便，部分条件恶劣的地区甚至缺乏宿舍、食堂等基本的生活条件和办公设施，无法保障引进人才的基本生活和工作需要。③人才观念相对落后。贫困地区对人才的社会支持不足，这也是人才流失的原因之一。尤其是深度贫困县以及民族地区，人才意识并不强烈，对人才的重视多数仅仅停留在上级部门的政策层面，基层部门在实际工作中并没有落实，没有认识到在重要领域的公共服务人才的真正价值。

2. 过度重视引进外地人才，忽视本地人才的培养

①过度重视引进外地人才。部分贫困地区用人单位对不同人才的注意力有一定的偏差，热衷于引进外地人才，对本地人才缺乏重视。在人才引进的环节对外地人才制定一系列优惠政策，对本地现有人才进行区别对待，同时忽视了对工作经验丰富的本地人才的进一步培养和充分使用。尤其是部分民族地区，外地人才本身存在一定的语言障碍甚至是文化习俗障碍，对人才发挥自身的能力造成了一定的影响；对于条件相对较好的地区，通过各种优惠政策吸引来层次较高的外地人才，大多数也是起到职业生涯的"跳

板”的作用，等到服务期满或优惠政策享受完毕，这一部分人才也就通过各种渠道流失了，对长期在本地工作的本土人才来讲缺乏公平性，这一部分本土人才既没有享受到优待政策，也没有得到进一步的培养和使用。②缺乏对本地人才继续教育和培养的投入。贫困地区由于整体财力有限，加之人才培养与开发周期长，普遍存在只想用人不想培养人的思想，导致本地人才长期在学习能力、专业技术水平上得不到提升。尤其是深度贫困地区，其本土人才学历及水平偏低，又缺乏对本地人才的培养投入，这对提高本地整体公共服务水平产生负面影响。

3. 人才管理水平滞后于现实发展需要

①对人才需求定位不清晰。部分贫困地区，尤其是深度贫困地区对自身缺乏剖析和认识，对人才需求没有精确的定位，在制定人才政策的时候盲目性较大，容易产生两种较为极端的现象：一方面重量不重质。部分用人单位在公开招聘过程中没有摸清真实需求，对人才招聘工作也没有正确的认识，认为只要能招来人就达到了目的。部分贫困地区基层部门对招聘条件设置几乎不设限，不管专业是否对口、技能技术水平是否达到需求，认为只要能招到人就可以，这也导致了招来的人才与需求不符，学非所用、使用效率低下，人才流失率自然较高。另一方面是盲目追求高端人才。在人才引进的过程中缺少与自身实际情况的合理对接，单纯追求高精尖人才的引进，没有考虑市场规律和人才引进的可操作性，一些部门在人才引进的时候要求一步到位，引进高层次人才、成熟人才，忽视了自身实际情况，造成招不进人，即使招来人才也很快流失的困境。②没有充分利用人才激励政策。一方面表现为部分贫困地区基层部门出于怕担责的心态，对相关人才政策没有使用充分，对一些国家、省级层面出台的吸引基层人才和激励基层人才的招聘放宽政策态度谨慎，没有按照相应的鼓励政策充分使用和落实，这也导致了一部分用人单位空编率居高不下和临聘人员规模快速增长并存等问题的出现；在深度贫困地区甚至存在个别地方为减少财政支出，故意有编不用、削减“三支一扶”人员计划的现象。另一方面表现为贫困地区人事管理模式条块化。普遍缺乏对人才市场化的客观规律的准确认识，存在“部门所有、单位所有”的心态。以贫困地区普遍缺乏的医疗人才为例，相关部门早已出台允许符合条件的执业医师多点执业的政策，但在调研走访过程中了解到武胜县、喜德县县本级医疗机构并没有医生实际开展多点执业，主要原因为所在单位不批准、不放人，对人才合理享受的政策设置障碍，对人才工作的积极性产生了不良影响。③平台建设落后，人才政策同质化严重。一方面，引进本地急需专业人才或高层次人才的吸引政策高度同质化，一般均以分期发放安家补助和生活补助为核心，但补助的额度与其他地区的人才政策相比并没有太强的竞争力。另一方面，在高层次人才更为看重的平台搭建方面，贫困地区的平台建设相对落后，不能提供更好的发展或深造空间，这也造成了高层次人才引进政策的形式化，导致人才引进困难。

4. 薪酬水平和福利政策的补偿性功能不足

薪酬和福利是核心的保障因素，保障因素的缺失是人才流失的核心因素。根据调研反映，贫困地区基层部门的多数工作人员对现行的政策满意度较低。①区域间薪酬差距较大。从地域选择来看，贫困地区与发达地区经济发展水平悬殊，在大部分客观条件处于相对劣势的情况下，同样的岗位贫困地区基层公共部门的补偿性工资水平明显不足，不足以弥补由于各方面条件落后所带来的损失，导致人才向高收益地区流动的风险增大。②行业间薪酬差距较大。就调研走访获得的信息来看，贫困地区人员占比最高的教育系统、卫生系统和社会公共管理行业间薪酬差距较大，以武胜县为例，2017 年武胜县教育系统教职工平均收入 71 983 元，据了解加上各类奖金奖励，人均年收入达到了 97 743 元，略高于本地公务员年平均收入；卫生系统年人均收入为 66 408 元；公共管理、社会保障和社会组织类人员年均收入为 59 130 元，行业间收入差距明显。收入水平的差距也直接解释了贫困地区教育系统人才引进、留用等情况较好的原因。但行业间收入差距过大，尤其是不同行业间投入产出比差距过大，对收入较低的基层公共服务人才会产生较大的工作积极性打击，降低了这部分人群的工作满意度。③福利政策缺失。贫困地区额外的收入补偿措施主要是偏远地区补贴、高寒补贴以及下派驻村干部的工作补贴，但金额并不大；卫生系统工作人员长期加班、夜班轮值、节假日轮值等均没有加班工资或相应的补贴，对于在乡镇及以下部门工作，尤其是身负扶贫攻坚的这一部分人才而言，“5+2”“白加黑”的工作模式非常普遍，但同样也没有落实相应的加班工资及补贴。除此之外，在贫困地区基层工作并没更多的补贴保障，如就医、住房、子女教育等方面人才核心关切的问题基本上并没有相关政策提供保障，个人的这些困难难以得到解决。保健因素的缺失容易使基层人才产生不满，导致其消极怠工甚至离职等行为的发生。

5. 考核、奖惩制度的激励约束功能不强

从激励因素来看，一方面贫困地区奖励性工资的总额较低、分配缺乏公平性；另一方面几乎没有额外的机制对基层人才进行激励，直接影响了人才的工作热情和工作积极性。①奖励性收入总额较低。据调查访谈了解，喜德县基层公共部门工作人员 2016 年平均年终奖金仅为 1 000 元，2017 年也仅为 5 000 元，虽然涨幅较大但总额仍然较少；武胜县基层公共部门工作人员年终奖励性收入与周边区县也有较大差距。②工作绩效与奖励关联程度较低。个人成绩与组织奖励之间缺乏合理关联。在部门考核分数确定的前提下，同职级的人员之间个人部分的奖金金额基本无差异，在同一团体中，个人工作内容的多少、工作表现的优劣，对绩效收入没有直接影响，最核心的影响因素仍然是岗位。此外，虽然近年来已没有新的离职退养人员出现，但由于前期退职人员的年龄较年轻，人员数量较多，这些离养员工并不担任具体的职务，担任工作的强度也远低于在岗的员工，但收入却与在岗上班人员相同，甚至可能更高。“干与不干、干多干少”与收入水平并没有直接联系，缺乏分配的公平性，也极大地影响了基层人才工作的积极性。

从约束机制来看，对基层公共服务工作人员的考核和奖惩流于形式，没有起到约束作用。①缺乏细化和明确的考核标准。考核内容较为笼统，考核结果无法有效区分不同岗位人员做出的实绩和贡献，可操作性不强，考核的结果也缺乏可参考性。②惩罚机制极少实施。虽然从 2011 年开始，我国已在多个公共部门进行试点改革，但目前仍以终身雇佣制为主，公共部门只进不出，只升不降，即使其能力无法胜任本职工作或工作态

度消极不作为，但只要不犯严重错误，基本可以一岗干到退休，退出渠道不够畅通。因为这种稳定性，导致公共部门中许多人对待工作缺乏责任心和积极性。约束机制并没有发挥实际效果，对工作人员的工作态度也会产生不良影响。

6. 晋升机制不完善，人才与组织缺乏目标一致性

晋升发展是贫困地区基层公共服务人才高层次需求的重要部分，当他们的生存需要得到满足之后，转而会向高层次的关系需求和成长需求转变，一旦这种努力受到阻碍时，他们就有可能选择离开，造成贫困地区的人才流失。贫困地区晋升机制不完善，①职业“天花板”低。公共服务人才在基层部门，尤其是在人员规模较小的地区的职业“天花板”很低。以专业技术岗位为例，不同级别的岗位数量设置有一定的比例限制，在人数基数较小的部门可能无法满足设置高级岗位的条件，导致晋升空间十分有限。对大部分基层公共部门工作人员来讲，都无法按工作中的实际业绩和工作年限及时得到正常晋升机会，对这部分人员的工作积极性也会造成负面影响。②垂直流动困难。由于基层部门层级较低，如果离开本地进行交流或流动，人员垂直向上流动的渠道仅限于乡镇级向区县级。但在调研中已了解到，从岗位层级的编制设置来看九成以上已经是区县级岗位，仅不足一成为乡镇岗位，加上在近年的脱贫攻坚重大任务的推动实施中，实际情况是区县级工作人员下派到乡镇以及行政村工作较为普遍，以弥补相关工作的缺口。一方面对于本身在乡镇一级工作的人员来讲向区县流动的机会很少，另一方面对于本身是区县级编制的人员来讲更缺乏流动空间。③人才个体价值观与组织缺乏一致性。根据调研情况反映，贫困地区基层公共服务人才整体工作满意度评价较低，其中重要的因素之一就是个体价值观与组织缺乏一致性。工作价值观差异是导致贫困地区基层公共服务人才显性和隐性流失的重要因素。当遇到个人目标和组织目标不一致时，个人对职业满意度的评价大幅下降。一部分人员抱着高收入、工作体面、社会地位高的预期，当感到在贫困地区尤其是基层部门工作与预期的差距较大时，便会产生离职意图。

四、四川省贫困地区基层公共服务人才队伍建设的对策建议

（一）总体思路

遵循人才资源配置基本规律，以提升贫困地区基层公共服务在保障和改善民生中的兜底作用为目的，加强贫困地区基层公共服务人才队伍建设，重点解决贫困地区基层公共服务人才在引进、留用、培养、发展等重要环节的突出问题，强化人才向基层一线、艰苦地区和岗位流动的内在驱动力，增强贫困地区基层公共服务人才队伍的稳定性、优化人才结构、增强人才工作积极性，为贫困地区实现脱贫攻坚的重大目标提供基础保障和智力支撑。

（二）具体措施

1. 改善贫困地区环境条件，提供基本支持

一是积极改善贫困地区就业环境。加快推动乡村振兴战略，切实改善贫困地区社会发展条件和改善就业环境，加大对贫困地区的交通基础设施建设、教育、医疗卫生、社会保障等各个方面的投入，为到基层一线、艰苦地区和岗位工作或就业的人才解决住房、医疗、子女就学等问题。提高社会保障服务水平，保障良好的就业服务，对到基层一线、艰苦地区和岗位工作或就业的人才实行自由落户的政策，以及享受免费的人事代理服务等。二是积极改善人才的生活及工作的基本条件。加大贫困地区基层公共服务设施建设力度，积极改善人才的基本工作生活的硬件设施，包括改善基层人才工作、就餐和住宿区环境等。对贫困地区建立统一的标准，逐一进行改善，尤其是乡镇及以下，积极进行危旧办公场所改造，配备必要的办公设备，完善必要的文体、卫生设施，妥善解决饮食、居住等问题，提供基层人才开展工作所必需的基本保障。三是改善贫困地区人才观念，提高社会支持度。从社会关系需求出发对贫困地区基层工作人才给予关注，构建和谐的人际关系，及时沟通交流，了解他们的思想动态，如建立人才关心制度，把重大节假日关怀纳入常态工作，增强人才的荣誉感和成就感增强基层公共服务人才与组织的融合度。通过提高组织内部对基层公共服务人才的支持，营造良好的组织文化和氛围，改善贫困地区的人才使用和培养观念，形成“尊重劳动、尊重知识、尊重人才”的意识，尤其是在深度贫困地区、民族文化地区，通过深入解读促进人才到基层一线、艰苦地区和岗位工作的各项优惠政策；及时向社会发布基层一线、艰苦地区和岗位的人才供需状况以及引导人才向基层一线、艰苦地区和岗位流动的工作动态、政策成效；加强宣传人才先进事迹，积极提高公共服务人才的社会认同和社会地位。在保障基层公共服务人才基本生活的前提下，关心他们的政治生活，为他们参政议政提供平台。

2. 人才引进和培养并重，避免“偏心”政策

一是合理加大人才引进力度。根据实际人才需求，对不同层次的人才采取不同的引进方式：对一般急需专业的公共服务人才通过切实落实放宽招录条件、降低招录门槛、加大人才专项保障等措施增加吸引力度；对高层次专业人才采取柔性引进，结合自身发展需要，本着“不求所有、但求所用”的原则，在不接转人事关系的前提下以顾问、兼职、讲学、咨询服务、科研项目攻关与技术合作等多种渠道，以技术引进、项目引进、课题引进等方式引进高层次人才，打破部门、行业、尤其是地域的限制。二是重视贫困地区自身的人才培养。对于人才引进目前仍有一定困难的深度贫困县，通过定期培训、学费代偿等方式加强自有人才的培养和本地人才的培养，可实施“上岗退费”政策，对愿意到基层工作的毕业生逐年退还其大学期间的学费，以此增加贫困地区基层公共服务部门对本地人才的吸引力，鼓励本地户籍大学毕业生回归本地基层公共部门工作；对自有人才加强继续教育，一方面可选拔工作能力较优秀的基层公共服务人才进行定向培养、继续深造，做到人尽其才、扬长避短；另一方面制定差异化的培养措施，加

强基层公共服务人才在特定岗位工作的能力水平，尤其是专业技术岗位的人才，通过定期县本级培训和委托培训、定期考核等方式提升专业技术水平，调动现有人才工作和提升自我的积极性，盘活存量人才。

3. 提升人才管理理念，突出基层优势

一是准确定位人才需求，提高基层公共服务人才的人岗匹配度。贫困地区在推动脱贫攻坚和促进经济发展的同时，对人才需求的重点仍然是在保障基本公共服务。有针对性地解决贫困地区基层公共服务人才结构性紧缺的问题，降低空编率，围绕公共部门事业发展的实际需求，建立动态的人才需求目录并定期向社会公布。通过实施专项人才计划，大力实施人才服务基层项目，重点保障深度贫困地区县级及以下的医疗卫生人才岗位设置和聘用工作，加强贫困地区乡镇一级社会事务管理服务工作人员招录和使用。贫困地区公共服务部门的岗位设置要尽力做到符合科学性、合规性、实用性等总体要求。针对人才流动性相对较高的非深度贫困县，在明确人才需求的前提下，在人才引进过程中尽量提高岗位与人才匹配度。专业性较强的岗位、技能需求较特殊的岗位，严格按照人才技能与岗位需求对口的要求进行招录设置。可在专业对口的前提下适当降低专业技术要求等级，不能为了招人而盲目放宽条件、不设专业限制。根据录用人员的专业能力和发展意愿，结合贫困地区基层部门的需求，尽可能把人才安排到合适的工作岗位上，以充分利用个人优势，调动工作的积极性，提高公共服务人才在各个岗位上的工作效率。二是充分使用各级政府部门的人才吸引和鼓励政策，落实用人单位的自主权。确保现有的吸引和鼓励人才到贫困地区基层部门工作的政策落实到位，充分使用现有编制，每年划拨一定的名额面向基层公共服务从业人员招考，在保证招录质量和招录公平的前提下适当放宽招录条件，将长期在基层一线工作，具有丰富经验和良好工作素质的公共服务人才纳人，以平衡空编率高与临聘人员较多并存的矛盾。根据目前基层卫生系统人才队伍的现状，对流失水平较高的医务工作人员，将用人自主权落实到用人单位，使其能更加合理、科学地设置招聘条件，简化招聘程序，在对短缺专业人才的招考上，能够采用适当灵活的招考方法，让用人单位可根据实际条件和现实需求自行安排用人计划及确定报考条件。三是在人才政策上与发达地区进行差异化竞争。强化贫困地区、基层地区的工作经历和能力优势。如搭建招录平台：在以基层工作经历为前置条件的竞争性报（招）考或选拔活动中，在考（面）试结果相同的情况下，具有基层一线、艰苦地区和岗位工作经历的人才具有优先录用资格；基层工作经历作为专业技术人才职务晋升的基本条件，在专业技术人才公开招聘中，给具有基层专业技术岗位工作经历的人才适当加分。搭建晋升平台：基层人才向地市级及以上政府直属事业单位以及政府部门所属事业单位流动的，凡是任中级专业技术职务及以上级别专业技术职务之前具有 2 年及以上基层一线、艰苦地区和岗位工作经历的，在满足基本规定条件的前提下，优先晋升专业技术职务或职级。

4. 提供合理薪酬保障水平，增强补偿功能

一是缩小地区间薪酬差距。贫困地区根据各地自身实际情况因地制宜地制定具有有

效补偿功能的薪酬水平，形成合理的、不同梯度的贫困地区收入“溢价”。原则上按照公共服务部门平均收入水平乡镇高于区县、偏远地区高于中心地区进行补贴，整体形成深度贫困县基层公共服务部门收入水平略高于非深度贫困县，非深度贫困县略高于其他区县、偏远地区高于中心地区的收入梯度，增加落后地区的吸引力。二是合理确定贫困地区行业间收入差距水平。充分尊重人才的客观培养规律和使用规律，对卫生系统医务工作人员等培养周期长、培养成本高且工作强度相对较大、工作压力较大的岗位进行贫困地区专项补贴；落实轮班及节假日值班补贴等基层医务人员关切的问题，凸显补偿性工资的特点；针对贫困地区几乎没有医学博士就职等问题，可采取对已取得执业医师的研究生按中级主治医师的待遇发放奖金，等等，以提高在贫困地区从事医务工作的收入级别，减少医务工作人员与其他部门的收入差距。三是加强针对基层公共服务人才的福利及保障政策。一方面要完善和加强基本社会保障和公共服务保障，提供“五险二金”和免费便捷的公共服务等；严格保障贫困地区公共服务人才享受正常法律、法规规定的休假，特别是带薪休假制度；对长期工作在基层一线工作的基层公共服务人才，如果连续八年年度考核均为合格以上，经人事部门审批可享受高一级的待遇；对做出突出贡献和在边远山区工作的人才进行奖励等。另一方面要加强针对用人单位的保障政策，如建立人才发展专项资金，将各项人才工作经费纳入财政预算体系，保障人才发展重大项目的实施；提供优先安排涉及人才保障工作的资金支持。加大对基层工作单位的财政和对人才奖励制度方面的财政支持力度，通过加强薪酬和福利保障向贫困地区基层倾斜的政策，以达到改善基层公共服务人才保健因素的目的。

5. 完善激励约束机制，加强管理效果

完善贫困地区基层公共服务人才激励约束机制，其核心是减少人才的隐性流失。一是增强激励机制效果。一方面是适当提高激励力度，其中既包括提高物质激励力度，提高中长期激励的期望水平，也包括加强精神激励力度，如大力表彰在贫困地区基层一线长期做出贡献的优秀人才，完善鼓励优秀人才参政议政的政策措施，提高政治待遇，使在基层服务的人才真正能够“名利双收”；另一方面强化绩效与激励水平的关联度，加强基层公共服务人才获得感与付出水平的关联性，增强激励手段的公平性，如完善绩效分配办法，建立向关键岗位、重点专科和优秀人才倾斜的绩效工资分配机制，适当调高奖励性绩效工资比例；对没有专人开展便民服务中心的基层部门窗口兼职工作的人员，根据兼职工作情况给予窗口工作兼职补贴；真正做到多劳多得、多贡献多得、优绩优得，打破单位内部“大锅饭”，促进优秀人才脱颖而出，营造良好的干事创业氛围。二是加强约束机制效果。建立科学的绩效评价体系，落实考核力度，明确考核细则，将能够进行量化考核的指标尽量量化，并落实考核结果，将考核结果作为续聘和岗位晋升依据，等等，督促其提升业务素质和专业水平、认真履行职责，提高公共服务效能，提高基层公共服务人才工作参与度，充分调动工作人员的积极性，减少人才隐性流失。

6. 畅通基层人才流动渠道，增强组织认同

一是突破基层职业发展瓶颈，对岗位进行统筹设置。合理管理现有编制，一方面对

职能弱化的用人单位展开集中清理规范，通过撤、并、转等方式，加大编制整合力度，优化整合编制资源；另一方面在贫困地区适当提高中高级岗位比例，同时中高级岗位的设置在全县范围内进行统筹设立，按照不同部门的实际情况进行具体的分配设置，以解决规模较小的用人单位无法单独设立高级岗位的问题。二是加强职业发展激励，提高人才在贫困地区基层部门工作的发展预期。满足人才发展的高层次需求，促进贫困地区基层公共服务人才成长。一方面从拓宽基层人才培养渠道入手，探索建立向基层全科型、实操型、推广型人才倾斜的职称评审和职业资格政策，主要包括优先晋职晋级、提供培训和职业发展指导等，拓展职业发展空间、优先获得职业发展机会、降低职业发展成本等；另一方面从满足人才的成长需求出发，将贫困地区基层公共事业发展与人才成长需要结合起来，提高基层公共服务人才与组织的目标一致性，激励他们放手工作、做出实绩并给予应有的奖励；为人才施展才华提供平台，使人才享有实现自身价值的自豪感、贡献社会的成就感、得到社会承认和尊重的荣誉感。三是正确建立基层公共服务人才的价值观。引导基层公共服务人才树立正确的职业观，提升对基层工作的认识，培养公共精神、责任精神、服务精神和进取精神，对扎根基层、推动贫困地区基本公共服务事业发展负有使命感。

主要参考文献：

［1］李成亮. 彼得原理视角下基层公共部门人才流失分析［J］. 决策咨询，2014（6）.

［2］吕楠. 马斯洛需要层次理论视域下我国公务员激励机制完善研究［D］. 成都：电子科技大学，2012.

［3］JAMES PRICE. The Study of Turnover［M］. AmesIowa State University Press，1977.

［4］赵曙明，倪炜. 日本企业人力资源管理的传统与改革［J］. 世界政治与经济，1996（3）：48-51.

［5］黄永军. 人才流动的饱和度趋衡论［J］. 科学管理研究，2001（5）：23-26.

［6］张弘，赵曙明. 人才流动探析［J］. 中国人力资源开发，2000（8）：4-6.

［7］叶仁荪，郭耀煌. 企业员工离职的博弈分析模型［J］. 系统工程，2003（3）：87-90.

［8］于娟英. 北京市宣武区专业技术人才流动意愿影响因素研究［D］. 北京：首都经济贸易大学，2006 .

［9］余兴安，李志更，奉莹. 引导人才向基层一线、艰苦地区和岗位流动激励政策研究［J］. 中国人力资源开发，2015（19）.

［10］孟素臻. 公共部门人才流失问题及对策［D］. 合肥：安徽大学，2007.

［11］王峰. 基层公务员流失原因分析与对策研究［D］. 北京：中国政法大学，2007.

［12］张玉. 公务员制度下我国政府人才流失的问题与思考［J］. 学理论，2012（22）.

［13］韩本兰. 激励视角下我国基层公务员流失问题研究［D］. 沈阳：东北师范大学，2012.

［14］陈春花，肖智星. 人才流动的微观动因分析［J］. 科技进步与对策，2000（6）.

[15] 彭本瑜. 攀枝花市人才流失和人才激励问题研究 [D]. 成都：电子科技大学，2010.

[16] 李纲成. 影响企业人才流失的因素分析及其管理对策 [D]. 北京：首都经济贸易大学，2007.

[17] 范敏. 从人力资源管理与薪酬管理谈人才流失危机 [J]. 北方经济，2011 (10).

[18] 史晋媛. 浅析国有企业人才流失的原因及对策 [C]. 2010 全国机械装备先进制造技术（广州）高峰论坛论文汇编，2010.

[19] 周三多. 管理学：原理与方法 [M]. 上海：复旦大学出版社，2011.

[20] 萧政鸣. 人力资源开发与管理 [M]. 北京：北京大学出版社，2009.

[21] 焦玉辉. 公共部门人力资源管理激励机制存在的问题研究 [J]. 现代商业，2013 (21).

[22] 邢虹. 公共部门人力资源激励机制研究：以昆山市为例 [D]. 上海：上海交通大学，2013.

[23] PATRIZIA GARENGO，STEFANO BIAZZO. Performancemeasurement system in SMEs：A review for a research agenda [M]. International journal of Management Reviews.

[24] SNELL A. Competing through Knowledge：The Human Capital Architecture [M]. Cornell University，2001.

[25] 张旭剑. 广东省欠发达地区基层公共组织人才流失问题研究 [D]. 广州：华南理工大学，2005.

[26] 孙健敏. 人才流动的“社会协同论”[J]. 中国人才，2004 (9).

（主笔：饶风　马杰）